“十四五”职业教育规划教材
高职高专财经类专业教材

税费计算与申报

（第2版）

主　编　李　静　欧阳欣卉
副主编　吴　迅　吕　剑

中国财经出版传媒集团
中国财政经济出版社
·北京·

图书在版编目（CIP）数据
税费计算与申报 / 李静，欧阳欣卉主编. -- 2版.
北京 : 中国财政经济出版社，2025. 3. --（“十四五”
职业教育规划教材）（高职高专财经类专业规划教材）.
ISBN 978-7-5223-3771-5
Ⅰ. F812.423
中国国家版本馆CIP数据核字第2025LV3829号

责任编辑：蔡　宾　　　　责任校对：徐艳丽
封面设计：陈宇琰　　　　责任印制：史大鹏

税费计算与申报（第2版）
SHUIFEI JISUAN YU SHENBAO

中国财政经济出版社 出版
URL：http：//www. cfeph. cn
E－mail：cfeph@ cfeph. cn

社址：北京市海淀区阜成路甲28号　邮政编码：100142
营销中心电话：010－88191522　编辑中心电话：010－88190666
天猫网店：中国财政经济出版社旗舰店
网址：https：//zgczjjcbs. tmall. com
北京密兴印刷有限公司印刷　各地新华书店经销
成品尺寸：185mm×260mm　16开　19.25印张　472 000字
2025年3月第2版　2025年3月北京第1次印刷
定价：48.00元
ISBN 978－7－5223－3771－5
（图书出现印装问题，本社负责调换，电话：010－88190548）
本社质量投诉电话：010－88190744
打击盗版举报热线：010－88191661　QQ：2242791300

再版前言

税收是国家（政府）公共财政最主要的收入形式和来源。税收的本质是国家为满足社会公共需要，凭借公共权力，按照法律所规定的标准和程序，参与国民收入分配，强制取得财政收入所形成的一种特殊分配关系，同时也是国家实行宏观调控的一个重要经济杠杆。

本次教材修订遵循课程思政先行，岗课赛证融通的原则，教材编写团队认真贯彻落实党的二十大报告精神，在每一模块结合教学内容设计了不同的教学案例，以培养“用心、细心、耐心、专心、齐心、初心、诚心、法心”的“八心”高素质爱党报国、敬业奉献财会工匠。针对数智化社会变革需求，教材编写团队在持续进行调研的基础上，依托高职高专会计专业人才培养目标要求，立足于职业岗位对涉税业务知识的需要，将“财务共享中心”“智慧财税”等岗位操作技能和知识要求与初级会计师、1+X证书、会计技能竞赛、智能税务竞赛的实操训练和理论学习有机结合，按照最新税收法规对教材进行修订，真正实现岗、课、赛、证大融通。全书理论联系实际，注重实践能力和应用能力的培养，与职业标准、职业资格对接，通过职业情境突出应用，力求以通俗易懂的方式使学习者掌握企业主要税种的计算与申报，培养出适应当今社会需要的复合型数智化新商科人才。

在此次教材修订的同时，编写团队对教材进行了数字化开发建设，开发并制作了电子课件、理实一体化实训操作演示、技能实训、教学视频等配套的信息化资源，让学习者能够进行自主学习。同时课程平台的信息化功能在每个学习任务结束后设置了教学评价，所有项目评价合成全部课程评价，为教学和教材不断更新和完善提供依据。

全书注重对学生实践能力和应用能力的培养，对重点和难点增设例题，便于学生掌握和巩固；以认识税法基本内容、应纳税额计算和纳税申报为主线，通过职业情景引入学习目标，突出应用，以例题讲解示范，力求以通俗易懂的方式使学习者掌握企业主要纳税种类的税额计算和申报处理，并了解税法新动向，为具备岗位从业能力打下坚实的基础。

本书由李静副教授和欧阳欣卉副教授担任主编，吕剑高级会计师、吴迅副教授担任副主编。具体编写分工如下：李静负责编写模块一认知纳税工作流程、模块二增值税计算与申报、模块三消费税计算与申报；吴迅负责编写模块五企业所得税计算与申报；吕剑负责编写模块七其他税种计算与申报；欧阳欣卉负责编写模块四关税计算与申报、模块六个人所得税计算与申报。初稿完成后由李静对全书进行了修改定稿。

本教材主要适用于高职高专大数据与会计、大数据与审计、大数据与财务管理、会计信息管理、财税大数据应用等专业教学以及企业员工培训使用，也适合即将参与初级会计师职业资格考试的考生学习，还适合各行各业的会计从业者在进行继续教育、能力提升时作为参考用书。

在本教材的编写过程中，我们参考了大量的相关教材和学术专著，在此向相关作者表示诚挚的感谢！

由于编者水平有限，本书难免存在不妥与错误之处，恳请同行和读者批评指正，以便今后修改。

编　者

2025年1月

目 录

1 模块一 认知纳税工作流程

学习目标

知识目标：

1. 掌握税收的概念、特征和分类
2. 熟悉税收制度的构成要素
3. 了解我国现行税收管理体系
4. 熟悉税务登记的程序
5. 掌握企业纳税申报的基本程序

能力目标：

1. 能够理解税收的特征
2. 能进行税收的正确分类
3. 能够进行税务登记和发票的开具
4. 能够进行纳税申报

素质目标：

1. 培养学生独立进行纳税申报的能力，唤醒职业精神
2. 培养学生的文化自信，树立民族文化自信心和爱国情怀
3. 培养学生的法治思维和依法纳税意识，树立社会主义核心价值观

本模块知识导图（见图1－1）

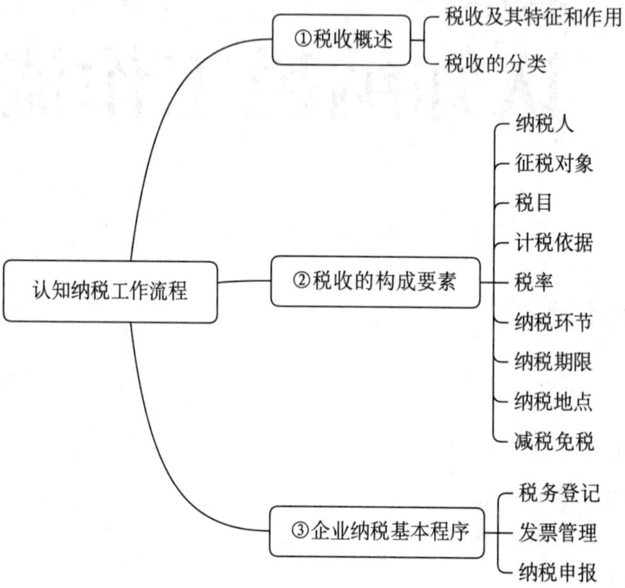

图1－1 模块知识导图

小案例

税收与生活

我们每天都在消费各种各样的产品——花3元钱从自动贩售机中买一瓶矿泉水，花10元钱从便利店买一罐牛奶，花30元钱从书店买一本书……衣食住行，都需要我们向商家付钱购买才能使用。然而，细心的同学们一定会发现，生活中还有很多东西似乎是不用花钱的。比如，夜间为我们照明的路灯、我们每天都会去玩耍的社区公园、美丽整洁的校园、笔直宽阔的马路……这些设施我们并没有花钱购买，但为什么我们也能每天使用呢？除了我们身边看得见、摸得着的公共基础设施，国防、治安、外交、立法、司法、环保、公共管理等服务，人们也不用花钱，就可以共同使用它们。这些公共产品通常是政府提供给大家的。

请同学们想一想，政府建设这些免费提供给我们使用的公共产品所需要的钱都是从哪里来的呢？

项目一
税收概述

一、税收及其特征和作用

（一）税收概念

税收是政府为了满足社会公共需要，凭借政治权力，强制、无偿地取得财政收入的一种形式。税收是国家取得财政收入的一种重要工具，其本质是一种分配关系。国家要行使职能必须有一定的财政收入作为保障。取得财政收入的手段多种多样，如征税、发行货币、发行国债、收费、罚没等，其中税收是国家取得财政收入的主要形式。国家征税的依据是政治权力，国家课征税款的目的是满足社会公共需要。

（二）税收特征

1. 强制性

强制性是指国家以社会管理者身份，用法律、法令、条例等形式对税收征、纳双方权利与义务进行规定和制约。国家征税是凭借政治权力，而不是凭借财产所有权。税收的强制性包括两个方面：一是税收分配关系的建立具有强制性，它是通过立法程序确定的。国家依法征税，纳税人必须依法纳税。二是税收征收过程具有强制性，税收征收关系的法律保证是税法，税法从征税和纳税两方面来规范和约束征纳行为。

2. 无偿性

无偿性是指国家征税对具体纳税人既不需要直接偿还，也不付出任何形式的直接报酬和代价。无偿性是税收的关键特征。它使税收区别于国债等其他财政收入形式。无偿性决定了税收是筹集财政收入的主要手段，并成为调节经济和矫正社会分配不公的有力工具。税收的无偿性特征，是针对具体纳税人而言的。但是，从整个社会来讲，税收具有间接的偿还性，国家征税并不是最终目的，国家取得的税款最终要转化为财政支出提供各种公共产品，以满足社会公共需要。

3. 固定性

固定性是指国家征税必须通过法律形式，事先规定课税对象和课征额度，也可以理解为规范性。税收固定性的含义包括三个层次：即课税对象上的非惩罚性、课征时间上的连续性和课征比例上的限度性。

（三）税收作用

随着现代国家治理复杂性的增大，势必需要税收在其中发挥越来越大的作用。税收在现代国家治理中的作用主要有以下几个方面。

（1）为国家治理提供最基本的财力保障。为提供更好的公共产品，更大程度地满足民众对美好生活的需求，政府必须有一定的财力作支持，这种支持在现代国家主要通过税收来解决。从这个意义上来说，税收是真正的“国家治理的基础和重要支柱”。没有科学的税收制度，没有完善的税收法律作保障，就无法发挥税收的这种基础性和支柱性作用。

（2）税收是确保不同层次政府正常运行构建现代市场经济体系的重要工具。税收收入在不同政府层级之间的科学合理划分、税收负担的合理直接关乎政府运行的正常化和政权稳定。同时，税收也是促进现代市场体系构建、促进社会公平公正的重要手段。

（3）税收是促进依法治国、促进法治社会建立、促进社会和谐的重要载体。政府根据税法征税，公民和法人依照税法纳税，由此形成的税收法律关系是政府和公民的最基本关系之一。因为税收涉及公民的基本利益，征税直接影响公民和法人可直接支配的收入；税收的使用即通过预算进行的财政支出也直接影响公民和法人的公共需要的满足。如果税收在征纳和税款使用过程中保持最大限度的公开、透明、高效，则税收会成为推进社会和谐的重要载体，否则将会成为影响社会稳定的直接因素。

（4）税收是国际经济和政治交往中的重要政策工具，也是维护国家权益的重要手段。

近几年，国际贸易领域纷争不断，各国除了通过正常的国际贸易争端解决机制外还运用了包括惩罚性关税等在内的经济手段。在国际税收领域，通过税收协定的签订也是促进国际交往的重要方式。

探究与分享

“至于始皇，遂并天下，内兴功作，外攘夷狄，收泰半之赋，发闾左之戍。男子力耕不足粮饷，女子纺绩不足衣服。竭天下之资财以奉其政，犹未足以澹其欲也。海内愁怨，遂用溃畔。”

“又加月为更卒，已，复为正，一岁屯戍，一岁力役，三十倍于古；田租口赋，盐铁之利，二十倍于古。或耕豪民之田，见税十五。故贫民常衣牛马之衣，而食犬彘之食。重以贪暴之吏，刑戮妄加，民愁亡聊，亡逃山林，转为盗贼，赭衣半道，断狱岁以千万数。”

——《汉书》卷二十四《食货志上》

根据上述史料，思考为什么税收在秦始皇时期被视为负担。

二、税收的分类

税收分类是按照一定的标准对复杂的税制和税种所进行的归类，具体有如下几方面。

（一）按课税对象的不同分类

税收按课税对象的不同，可以分为流转税、所得税、财产税、资源税和行为税等。

1. 流转税

流转税是以商品流转额和非商品流转额为课税对象的税收的统称，主要包括增值税、消费税、关税。这类税的特点是与商品生产、流通、消费有密切联系。对什么商品征税、税率多高，直接影响着商品经济活动，易于发挥税收对经济的宏观调控作用。

2. 所得税

所得税是以收益所得额为课税对象的税收的统称，主要包括：企业所得税、个人所得税。其特点是税收负担具有直接性，可以直接调节纳税人收入，发挥其公平税负、调整分配关系的作用。

3. 财产税

财产税是以财产价值为课税对象所征收的一类税，其课税对象一般可分为不动产和动产两大类。我国目前开征的财产税主要包括房产税、契税、土地增值税、车船税。

4. 行为税

行为税是指以特定行为为课税对象而征收的一类税，包括：印花税、城市维护建设税、烟叶税等。

5. 资源税和环境保护税

主要是为保护和合理使用国家自然资源而课征的税。我国现行的资源税、城镇土地使用税、环境保护税等均属于该范畴。

（二）按税负能否转嫁为标准分类

税收按税负能否转嫁，分为直接税和间接税。直接税是指纳税人自己承担税负，不发生转嫁关系的税，如所得税和财产税。间接税是指纳税人可将税负转嫁给他人的税，如流转税。

（三）按税收与价格的关系分类

税收按照与价格的关系分为价内税和价外税。价内税是指税金作为商品价格的构成部分的税，如关税。价外税是指税金不作为商品价格的构成部分的税，如增值税。

（四）按计税标准分类

税收按其计税依据的不同，可分为从价税和从量税。从价税是以征税对象的价值量为标准计算征收的税收。税额的多少将随着价格的变动而相应增减。从量税，是按征税对象的重量、件数、容积、面积等为标准，采用固定税额征收的税收。从量税具有计算简便的优点。但税收收入不能随价格高低而增减。

项目二 税收的构成要素

税收要素是指构成税收制度的基本因素，它说明谁征税，向谁征，征多少以及如何征。税收要素是税收内容的具体表现，主要包括纳税人、征税对象、税目、税率、纳税环节、纳税期限、纳税地点、减税免税等。

一、纳税人

纳税义务人简称纳税人，又称纳税主体。纳税人是直接负有纳税义务的单位和个人，表明国家直接向谁征税或谁直接向国家纳税，包括自然人和法人两大类。

自然人和法人是两个相对称的法律概念。自然人是基于自然规律而出生的，有民事权利和义务的主体，包括本国公民，也包括外国人和无国籍人。法人是自然人的对称，根据《中华人民共和国民法总则》第三十六条规定，法人是基于法律规定享有权利能力和行为能力，具有独立的财产和经费，依法独立承担民事责任的社会组织。我国的法人主要有四种：机关法人、事业法人、企业法人和社团法人。

按照不同的目的和标准，还可以对自然人和法人进行多种详细的分类，这些分类对国家制定区别对待的税收政策，发挥税收的经济调节作用，具有重要的意义。如自然人可划分为居民纳税人和非居民纳税人，个体经营者和其他个人等；法人可划分为居民企业和非居民企业，还可按企业的不同所有制性质来进行分类等。

与纳税人紧密联系的两个概念是代扣代缴义务人和代收代缴义务人。前者是指虽不承担纳税义务，但依照有关规定，在向纳税人支付收入、结算货款、收取费用时有义务代扣代缴其应纳税款的单位和个人，如出版社代扣作者稿酬所得的个人所得税。如果代扣代缴义务人按规定履行了代扣代缴义务，税务机关将支付一定的手续费。反之，未按规定代扣代缴税款，造成应纳税款流失或将已扣缴的税款私自截留挪用、不按时缴入国库，一经税务机关发现，将要承担相应的法律责任。代收代缴义务人是指虽不承担纳税义务，但依照有关规定，在向纳税人收取商品或劳务收入时，有义务代收代缴其应纳税款的单位和个人。如消费税条例规定，委托加工的应税消费品，由受托方在向委托方交货时代收代缴委托方应该缴纳的消费税。

想一想：

纳税人是否等于负税人？

甲说：作为消费者，我支付的商品和劳务价格包括了生产者或销售者缴纳的税额，那我是纳税人，还是负税人？

乙说：我每月的工资都要缴个人所得税，我购买小轿车时直接就纳了车辆购置税，那我是纳税人还是负税人？

二、征税对象

征税对象又称课税对象、征税客体，是国家征税的目的物，表明国家对什么事物征税，是区别一种税与另一种税的重要标志。如消费税的征税对象是《中华人民共和国消费税暂行条例》中所列举的应税消费品，房产税的征税对象是房屋等。征税对象是税收最基本的要素，因为它体现着征税的最基本界限，决定着某一种税的基本征税范围。同时，征税对象也决定了各个不同税种的名称，如消费税、土地增值税、个人所得税等，这些税种因征税对象不同、性质不同，税名也就不同。征税对象按其性质的不同，通常可划分为流转额、所得额、财产、资源、行为五大类，通常也因此将税收分为相应的五大类即流转税、所得税、财产税、资源税和行为税。

三、税目

税目是对征税对象分类规定的具体的征税项目，是对课税对象质的界定。设置税目首先是为了明确具体的征税范围，凡列入税目的即为应税项目，未列入税目的，则不属于应税项目。其次划分税目也是贯彻国家税收调节政策的需要，国家可根据不同项目的利润水平以及国家经济政策等为依据制定高低不同的税率，以体现不同的税收政策。并非所有税种都需规定税目，有些税种不分课税对象的具体项目，一律按照课税对象的应税数额采用同一税率计征税款，如企业所得税。

四、计税依据

计税依据又称税基，是指据以计算征税对象应纳税款的直接数量依据，它解决对征税对象课税的计算问题，是对课税对象的量的规定。计税依据的数额同税额成正比例，计税依据的数额越多，应纳税额也越多。课税对象同计税依据有密切的关系。前者是从质的方面对征税的规定，即对什么征税；后者则是从量的方面对征税的规定，即如何计量。

五、税率

税率是对征税对象的征收比例或征收额度，体现税收政策的中心环节。税率是计算税额的尺度，也是衡量税负轻重与否的重要标志。我国现行的税率形式主要有以下几种。

（一）比例税率

比例税率，是指对同一征税对象，不分数额大小，规定相同的征收比例。我国的增值税、城市维护建设税、企业所得税等采用的是比例税率。比例税率又可分为三种具体形式：

（1）统一比例税率，是指对同一征税对象的所有纳税人都适用同一比例税率。

（2）差别比例税率，是指对同一征税对象的不同纳税人适用不同的比例征税。我国现行税法又分别按产品、行业和地区的不同将差别比例税率划分为以下三种类型：一是产品差别比例税率，即对不同产品分别适用不同的比例税率，同一产品采用同一比例税率，如消费税、关税等；二是行业差别比例税率，即对不同行业分别适用不同的比例税率，同一行业采用同一比例税率，如增值税中交通运输服务等；三是地区差别比例税率，即区分不同的地区分别适用不同的比例税率，同一地区采用同一比例税率，如我国城市维护建设税等。

（3）幅度比例税率，是指对同一征税对象，税法只规定最低税率和最高税率，各地区在该幅度内确定具体的适用税率。

（二）累进税率

累进税率是指同一课税对象，随着数量的增大，征收比例也随之提高的税率，即按征税对象数额的大小划分为若干等级，不同等级的课税数额分别适用由低到高的不同税率，课税数额越大，适用税率越高。累进税率一般在所得课税中使用，可以充分体现对纳税人收入多的多征、收入少的少征、无收入不征的税收原则，从而有效地调节纳税人的收入，正确处理税收负担的纵向公平问题。累进税率的形式主要有以下几种。

1. 全额累进税率

全额累进税率，是指以课税对象的全部数额为基础计征税款的累进税率。即把征税对象的数额划分为若干等级，对每个等级分别规定相应税率，当税基超过某个级距时，课税对象的全部数额都按提高后级距的相应税率征税，如表1-1所示。

表1-1　某三级全额累进税率表

级数	全月应纳税所得额（元）	税率（%）
1	5 000（含）以下	10
2	5 000～20 000（含）	20
3	20 000以上	30

运用全额累进税率的关键是查找每一纳税人应税收入在税率表中所属的级次，与其对应的税率便是该纳税人所适用的税率，全部税基乘以适用税率即可计算出应缴税额。例如，某纳税人某月应纳税所得额为5 001元，按表1-1所列税率，适用第二级次，其应纳税额为1 000.2（5 001×20%）元。

全额累进税率计算方法简便，但税收负担不合理，特别是在划分级距的临界点附近，税负呈跳跃式递增，甚至会出现税额增加超过课税对象数额增加的不合理现象，不利于鼓励纳税人增加收入。

2. 超额累进税率

超额累进税率，分别以课税对象数额超过前级的部分为基础计算税款的累进税率。即把征税对象按数额的大小分成若干等级，每一等级规定一个税率，税率依次提高，但每一纳税人的征税对象则依所属等级同时适用于几个税率分别计算，将计算结果相加后得出应纳税款。表1-2为一个三级超额累进税率表。

表1-2　某三级超额累进税率表

级数	全月应纳税所得额（元）	税率（%）	速算扣除数（元）
1	5 000（含）以下	10	0
2	5 000～20 000（含）	20	500
3	20 000以上	30	2 500

如某人某月应纳税所得额为6 000元，用表1-2所列税率，其应纳税额可以分步计算：

第一级的5 000元适用10%税率，应纳税额为500（5 000×10%）元；

第二级的1 000元（6 000 －5 000）适用20%的税率，应纳税额为200（1 000×20%）元；

其该月应纳税额＝5 000×10% ＋1 000×20% ＝700（元）。

目前，我国采用这种税率的税种有个人所得税。

在级数较多的情况下，分级计算然后相加的方法比较烦琐。为了简化计算，也可采用速算法。对于同样的课税对象数量，按全额累进方法计算出的税额比按超额累进方法计算出的税额多，即有重复计算的部分，这个多征的常数叫速算扣除数。用公式表示为：

速算扣除数＝按全额累进方法计算的税额－按超额累进方法计算的税额

公式移项得：

按超额累进方法计算的税额＝按全额累进方法计算的税额－速算扣除数

接上例某人某月应纳税所得额为6 000元，如果直接用6 000元乘以所对应级次的税率20%则对于第一级次的5 000元应纳税所得额就出现了5 000×（20% －10%）的重复计算的部分。因为这5 000元仅适用10%的税率，而现在全部用了20%的税率来计算，故多算了10%，这就是应该扣除的所谓速算扣除数。如果用简化的方法计算，则6 000元月应纳税所得额＝6 000×20% －500＝700（元）

3. 超率累进税率

超率累进税率以课税对象数额的相对率为累进依据，按超累方式计算应纳税额的税率。即以征税对象数额的相对率划分若干级距，分别规定相应的差别税率，相对率每超过一个级距的，对超过的部分就按高一级的税率计算征税。目前，我国税收体系中采用这种税率的是土地增值税。

4. 超倍累进税率

超倍累进税率以课税对象数额相当于计税基数的倍数为累进依据，按超累方式计算应纳税额的税率。

（三）定额税率

定额税率又称固定税额，即按征税对象确定的计算单位，直接规定一个固定的税额。目前，采用定额税率的有城镇土地使用税和车船税等。

六、纳税环节

纳税环节主要指征税对象从生产到消费的流转过程中应当缴纳税款的环节。如流转税在生产和流通环节纳税、所得税在分配环节纳税等。商品从生产到消费要经历诸多流转环节，各环节都存在销售额，都可能成为纳税环节。但考虑到税收对经济的影响、财政收入的需要以及税收征管的能力等因素，国家常常对在商品流转过程中所征税种规定不同的纳税环节。按照某种税征税环节的多少，可以将税种划分为一次课征制或多次课征制。合理选择纳税环节，对加强税收征管、有效控制税源、保证国家财政收入的及时、稳定、可靠，方便纳税人生产经营活动和财务核算，灵活机动地发挥税收调节经济的作用，具有十分重要的理论和实践意义。

七、纳税期限

纳税期限是对税款缴纳时间方面的限定。税法关于纳税时限的规定有三个概念：一是纳税义务发生时间。纳税义务发生时间，是指应税行为发生的时间。如《中华人民共和国增值税暂行条例》中规定采取预收货款方式销售货物的，其纳税义务发生时间为货物发出的当天。二是纳税期限，纳税人每次发生纳税义务后，不可能马上去缴纳税款。税法规定了每种税的纳税期限，即每隔固定时间汇总一次纳税义务的时间。如《中华人民共和国增值税暂行条例》中规定，增值税的具体纳税期限分别为1日、3日、5日、10日、15日、1个月或者1个季度。纳税人的具体纳税期限，由主管税务机关根据纳税人应纳税额的大小分别核定；不能按照固定期限纳税的，可以按次纳税。三是缴库期限，即税法规定的纳税期满后，纳税人将应纳税款缴入国库的期限。如《中华人民共和国增值税暂行条例》中规定，纳税人以1个月或者1个季度为1个纳税期的，自期满之日起15日内申报纳税；以1日、3日、5日、10日或者15日为1个纳税期的，自期满之日起5日内预缴税款，于次月1日起15日内申报纳税并结清上月应纳税款。

八、纳税地点

纳税地点主要是指根据各个税种纳税对象的纳税环节和有利于对税款的源泉控制而规定的纳税人（包括代征、代扣、代缴义务人）的具体纳税地点。

九、减税免税

减税免税主要是对某些纳税人和征税对象采取减少征税或者免予征税的特殊规定。减税是对应征税款减征其一部分，属于针对某些纳税人的特殊情况给予减轻税负的优惠规定；免税是对应缴税款全部予以免征，属于对某些纳税人的特殊情况给予免除税负的一种优惠规定。减免税的具体形式主要有税基式减免、税率式减免和税额式减免三种。

（一）税基式减免

税基式减免是指通过直接缩小计税依据的方式来实现的减税免税，具体包括起征点、免征额等。

（1）起征点是税法规定的征税对象开始征税的数额起点，征税对象数额未达到起征点的不征税，达到或超过起征点的，就其全部数额征税。

（2）免征额是税法规定的征税对象全部数额中免予征税的数额，征税对象数额小于免征额时不征税，超过免征额的，就其超过免征额部分征税。

（二）税率式减免

税率式减免是指通过直接降低税率的方式来实现减税免税。如个人出租住房，按照5%的征收率减按1.5%计算应纳增值税税额。

（三）税额式减免

税额式减免是指通过直接减少应纳税额的方式来实现的减税免税，具体包括全部免征、减半征收等。

探究与分享

税收减免有多种分类。一是法定减免，即税法规定的减免税，例如，《中华人民共和国个人所得税法》规定：残疾、孤老人员和烈属的所得减征个人所得税。二是临时减免，即为了照顾纳税人某些特殊的暂时困难，而临时给予的减免税，如因纳税人遇到风、火、水、地震等自然灾害或特殊情况，而给予的定期或一次性的减免税。三是特定减免，即根据社会经济情况发展变化和税收调控的需要而规定的减免税，可分为无限期的和有限期的两种，但大多都是有限期的。

我国《增值税暂行条例》中关于古旧图书免征增值税的规定，属于哪一类税收减免？新冠疫情以来，国家发布的一系列税收减免政策，又属于哪一类税收减免？

项目三 企业纳税基本程序

一、税务登记

税务登记是税务机关依据税法规定，对纳税人的生产、经营活动进行登记管理的一项法定制度，也是纳税人依法履行纳税义务的法定手续。税务登记是整个税收征收管理的起点。税务登记的种类分为设立税务登记（简称“设立登记”，又称“开业登记”）、变更税务登记或注销税务登记。

为切实推进简政放权、便利市场准入、鼓励投资创业、激发市场活力，自2015年10月1日起，“三证合一、一照一码”的登记制度改革在全国推行；2016年6月30日，国务院发布了《关于加快推进“五证合一、一照一码”登记制度改革的通知》，自2016年10月1日起在全国范围内实现“五证合一”登记制度。“五证合一、一照一码”登记制度是指企业分别由市场监督管理部门核发工商营业执照、质量技术监督部门核发组织机构代码证、税务部门核发税务登记证、劳动保障行政部门核发的社会保险登记证和统计部门核发的统计登记证，改为一次申请、由市场监督管理部门核发一个加载法人和其他组织统一社会信用代码营业执照的登记制度。

“五证合一”登记制度改革并非将税务登记取消了，税务登记的法律地位仍然存在，只是政府简政放权将此环节改为由市场监督管理部门“一口受理”，核发一个加载法人和其他组织统一社会信用代码营业执照的登记制度，这个营业执照在税务机关完成信息补录后具备税务登记证的法律地位和作用。

（一）设立税务登记

（1）设立税务登记的范围。按照“多证合一”等商事制度改革要求，领取加载统一社会信用代码证件的企业、农民专业合作社、个体工商户及其他组织无须单独到税务机关办理该事项，其领取的证件作为税务登记证件使用。“多证合一”改革之外的其他组织，如事业单位、社会组织、境外非政府组织等，应当依法和税务总局规定向税务机关办理税务登记。

（2）设立税务登记的时限要求。上述需要办理税务登记的组织，若资料齐全、符合法定形式、填写内容完整的，税务机关受理后可以即时办结。

上述实施“多证合一”改革的组织，首次办理涉税事宜时，对税务机关依据市场监督管理等部门共享信息制作的《“多证合一”登记信息确认表》进行确认，对其中不全的信息进行补充，对不准确的信息进行更正。

纳税人采用新办纳税人“套餐式”服务的，可一并办理以下涉税事项：电子税务局开户、登记信息确认、财务会计制度及核算软件备案、纳税人存款账户账号报告、增值税一般纳税人登记、发票票种核定、增值税专用发票最高开票限额审批、实名办税、增值税税控系统专用设备初始发行、发票领用。

（二）变更税务登记

（1）变更登记的适用范围：改变纳税人名称、法定代表人的；改变经济性质或企业类型的；改变住所、经营地点（不涉及主管税务机关变动的）；改变经营范围、经营方式的；改变产权关系的；改变注册资金的。

（2）变更税务登记时限要求：税务登记内容发生变化，按规定纳税人须在市场监督管理机关办理注册登记的，应当自市场监督管理部门办理变更登记之日起30日内，向原税务登记机关申报办理变更税务登记。纳税人按照规定不需要在市场监督管理机关办理变更登记，或者其变更登记的内容与工商登记内容无关的，如生产经营地财务负责人等非市场监管部门登记信息发生变化时，应当自税务登记内容实际发生变化之日起30日内，或者自有关机关批准或者宣布变更之日起30日内，持有关证件向原税务登记机关申报办理变更税务登记。

（3）自动变更登记信息。自2023年4月1日起，纳税人在市场监管部门依法办理变更登记后，无须向税务机关报告登记变更信息；各省、自治区、直辖市和计划单列市税务机关根据市场监管部门共享的变更登记信息，在金税三期核心征管系统自动同步变更登记信息。处于非正常、非正常户注销等状态的纳税人变更登记信息的，金税三期核心征管系统在其恢复正常状态时自动变更。

（三）注销税务登记

（1）注销税务登记的适用范围：纳税人发生解散、破产、撤销的；纳税人被市场监督管理机关吊销营业执照的；纳税人发生的其他应办理注销税务登记情况的。

（2）注销税务登记的时限要求。纳税人应该在向市场监督管理部门办理注销登记前，持有关证件向主管税务机关申报办理注销税务登记，结清应纳税款、滞纳金、罚款、缴销发票、税务登记证件和其他税务证件。清税完毕后，税务机关向纳税人出具《清税证明》，纳税人持《清税证明》到原登记机关办理注销。

纳税人按规定不需要在市场监督管理部门办理注销登记的，应当自有关机关批准或者宣告终止之日起 15 日内，持有关证件向主管税务机关申报办理注销税务登记。纳税人被市场监督管理部门吊销营业执照的，应自营业执照被吊销之日起 15 日内，向主管税务机关申报办理注销税务登记。

向市场监管部门申请简易注销的纳税人，符合下列情形之一的，可免于到税务机关办理《清税证明》：未办理过涉税事宜的；办理过涉税事宜但未领用发票、无欠税（滞纳金）及罚款且没有其他未办结涉税事项的。

二、发票管理

发票是在购销商品、提供或接受服务以及从事其他经营活动中，开具、收取的收付款凭证。发票是经营活动收付款的法定凭证，是核算纳税人经营活动相关业务的原始凭证，也是审计机关、税务机关执法检查的重要依据。

根据《发票管理办法》规定，发票管理工作应当坚持和加强党的全面领导，为经济社会发展服务。发票的种类、联次、内容、编码规制、数据标准、使用范围等具体管理办法由国务院税务主管部门规定。其中：在全国范围内统一式样的发票，由国家税务总局确定；在省、自治区、直辖市范围内统一式样的发票，由省税务机关确定。

发票包括纸质发票和电子发票，电子发票与纸质发票具有同等法律效力，任何单位和个人不得拒收。国家积极推广使用电子发票。本书以增值税发票为例介绍发票管理的基本知识。

（一）发票领用

需要领用发票的单位和个人，应当持设立登记证件或者税务登记证件，以及经办人身份证明，向主管税务机关办理发票领用手续。

需要临时使用发票的单位和个人，可以凭购销商品、提供或者接受服务以及从事其他经营活动的书面证明、经办人身份证明，直接向经营地税务机关申请代开发票。依照税收法律、行政法规规定应当缴纳税款的，税务机关应当先征收税款，再开具发票。税务机关根据发票管理的需要，可以按照国务院税务主管部门的规定委托其他单位代开发票。禁止非法代开发票。

临时到本省、自治区、直辖市以外从事经营活动的单位或者个人，应当凭所在地税务机关的证明，向经营地税务机关领用经营地的发票。

纳税人在首次申请领用发票时，办理的主要涉税事项包括发票票种核定、增值税专用发票（增值税税控系统）最高开票限额审批、增值税税控系统专用设备初始发行、发票领用等涉税事项。

（二）发票的开具和使用

销售商品、提供劳务以及从事其他经营活动的单位和个人，对外发生经营业务收取款项，收款方应当向付款方开具发票；特殊情况下由付款方向收款方开具发票。向消费者个人零售小额商品或者提供零星服务的，是否可免予逐笔开具发票，由省税务机关确定。填开发票的单位和个人必须在发生经营业务确认营业收入时开具发票。但是，随着经济形势的发展变化，不断涌现新的经营业态、方式和模式，出现了不少收取款项但未发生经营业务，又需要开具发票的情形，如预付卡销售和充值，由此产生收取款项未发生销售行为开具的发票。这类发票应开具增值税普通发票，不得开具增值专用发票，并使用“未发生销售行为的不征税项目”编码，发票税率栏应填写“不征税”。

探究与分享

数字化电子发票

2021年3月24日，中共中央办公厅、国务院办公厅印发的《关于进一步深化税收征管改革的意见》第（五）点：稳步实施发票电子化改革。2021年建成全国统一的电子发票服务平台，24小时在线免费为纳税人提供电子发票申领、开具、交付、查验等服务。制定出台电子发票国家标准，有序推进铁路、民航等领域发票电子化，2025年基本实现发票全领域、全环节、全要素电子化，着力降低制度性交易成本。

全面数字化的电子发票（简称“数电票”）是与纸质发票具有同等法律效力的全新发票，不以纸质形式存在、不用介质支撑、无须申请领用、发票验旧及申请增版增量。纸质发票的票面信息全面数字化，将多个票种集成归并为电子发票单一票种，数电票实行全国统一赋码、自动流转交付。

2021年12月1日上午8点零43秒，在广汽集团开展全面数字化电子发票试点。

1. 增值税专用发票

增值税专用发票是增值税一般纳税人销售货物、劳务、服务、无形资产和不动产开具的发票，是购买方支付增值税额并可按照增值税有关规定据以抵扣增值税进项税额的凭证。增值税小规模纳税人（其他个人除外）发生增值税应税行为，需要开具增值税专用发票的，可以自愿使用增值税发票管理系统自行开具。选择自行开具增值税专用发票的小规模纳税人，税务机关不再为其代开增值税专用发票。

纳税人有下列情形的，不得开具增值税专用发票：

（1）商业企业一般纳税人零售的烟、酒、食品、服装、鞋帽（不包括劳保专用部分）、化妆品等消费品。

（2）应税销售行为的购买方为消费者个人。

（3）向小规模纳税人销售应税项目。

（4）销售免税货物或者提供免征增值税的销售服务、无形资产或者不动产。

（5）将货物用于集体福利或个人消费。

（6）金融商品转让。

（7）纳税人提供有形动产融资性售后回租服务，向承租方收取的有形动产价款本金，不得开具增值税专用发票。

（8）提供旅游服务，从全部价款和价外费用中扣除的对外支付旅游费用，不得开具增值税专用发票。

（9）提供劳务派遣服务选择差额纳税的纳税人，向用工单位收取用于支付给劳务派遣员工工资、福利和为其办理社会保险及住房公积金的费用，不得开具增值税专用发票。

(10) 销售符合减征的使用过的固定资产、旧货不得开具增值税专用发票。

(11) 管理不规范不得开具增值税专用发票。一般纳税人会计核算不健全，或者不能够提供准确税务资料的；应当办理一般纳税人资格登记而未办理的。

2. 增值税普通发票

增值税普通发票是相对于增值税专用发票而言的，是增值税小规模纳税人销售货物、劳务、服务、无形资产和不动产开具的发票（小规模纳税人如有需要也可以开具增值税专用发票），一般纳税人在销售货物或者提供应税劳务而不能开具增值税专用发票时，也可以使用增值税普通发票。

目前，常用增值税普通发票主要有：增值税纸质普通发票、机动车销售统一发票、增值税电子普通发票、收费公路通行费增值税电子普通发票、增值税普通发票（卷式）、增值税普通发票（折叠式）、门票、过路（过桥）费发票、定额发票、二手车销售统一发票和印有本单位名称的增值税普通发票等。

除机动车销售统一发票、农产品销售发票、通行费发票、收费公路通行费增值税电子普通发票，以及国内旅客运输服务的增值税电子普通发票、航空运输电子客票行程单、铁路车票和公路、水路等其他客票外，增值税普通发票不能作为抵扣增值税进项税额的凭证。

想一想：

除了增值税发票，现实生活中还有哪些也属于发票？

三、纳税申报

纳税申报是指纳税人按照税法规定的期限和内容向税务机关提交有关纳税事项书面报告的法律行为，是纳税人履行纳税义务、承担法律责任的主要依据。也是税务机关办理征税业务、核实应纳税款、开具完税凭证的主要依据。《税收征管法》规定，纳税人必须依照法律、法规确定的申报期限如实办理纳税申报，报送纳税申报表、财务会计报表以及税务机关要求报送的其他与纳税申报相关的资料。

（一）纳税申报的方式

纳税人在纳税申报期内，无论是否有应税收入和所得都必须依法办理纳税申报。扣缴义务人在扣缴税款期限内，无论是否有代扣代收税款，都必须依法办理扣缴税款申报。纳税申报的方式有如下五种：

(1) 直接申报。即自行申报，是指纳税人、扣缴义务人按照规定的期限直接到主管税务机关设立的纳税服务大厅办理纳税申报手续。

(2) 邮寄申报。纳税人、扣缴义务人经主管税务机关批准，使用统一规定的纳税申报特快专递专用信封将纳税申报表及其有关纳税资料，通过邮政部门办理交寄手续，并向邮政部门索取收据作为申报凭证的方式。纳税申报日期以寄出的邮戳日期为准。

(3) 电子申报。即数据电文申报，是指对财务核算健全、会计实行电算化管理、纳税申报正常的纳税人、扣缴义务人，经主管税务机关审查批准后，可以通过电话语音、电子数据交换和网络传输等方式向主管税务机关办理纳税申报。

（4）代理申报。纳税人、扣缴义务人自行申报有困难的，可以委托代理机构代理申报。

（5）简易申报、简并征期。简易申报是指纳税人按照税务机关核定的税额按期缴纳税款，以税务机关开具的完税凭证代替纳税申报；简并征期是指纳税人按照税务机关核定的税额，采取将纳税期合并为按季、半年或年的方式缴纳税款的纳税申报方式。实行定期定额缴纳税款的纳税人，经税务机关批准，可以实行简易申报或简并征期等方式申报。

（二）纳税申报期限

纳税申报期限，是法律、行政法规规定的或者税务机关依照法律、行政法规的规定确定的纳税人、扣缴义务人向税务机关申报应纳或应解缴税款的期限。纳税人的具体纳税申报期限，由主管税务机关按照各税种的有关规定确定，不能按照固定期限纳税的，可以按次纳税。纳税申报期限内遇到法定休假日的，申报期限依法向后顺延。

（三）延期申报和零申报

延期申报是指纳税人，扣缴义务人不能按照税法规定的期限办理纳税申报或扣缴税款申报，经申请由税务机关批准可适当推延时间进行纳税申报。纳税人、扣缴义务人按期办理纳税申报或者报送代扣代缴、代收代缴税款报告表确有困难，需要延期申报的，应当在规定的纳税申报期限内提出书面申请，报请税务机关批准，并在核准期内办理纳税申报。

纳税人或扣缴义务人出于主观原因或有意拖缴税款而不按期办理纳税申报的税务机关可视违法行为的轻重，给予处罚。纳税人、扣缴义务人延期申报，主要有两方面特殊情况：一是因不可抗力的作用，需要办理延期申报。不可抗力是指不可避免和无法抵御的自然灾害。二是因财务会计处理上的特殊情况，导致不能办理纳种申报而需要延期申报。

零申报是纳税人在规定的纳税申报期内，按照计税依据计算申报的应纳税额为零（企业所得税的纳税人在申报期内应纳税所得额为负数或零）而向税务机关办理的申报行为。纳税人进行零申报，应在申报期内向主管税务机关正常报送纳税申报表及有关资料，并在纳税申报表上注明“零”或“无收入”字样。

职业能力测评与考核

本模块职业能力测试与考核采用百分制，过程考核与结果考核相结合，加大技能考核比重。过程考核主要包括职业素养、组织纪律、团队合作、实训作业，占比40%；结果考核以实务考核为主，占比60%。

表 1－3　　考核评价记录表

过程考核（40%）				结果考核（60%）	
职业素养（20%）	组织纪律（20%）	团队合作（20%）	实训作业（40%）	考核评价内容	分值比重
根据学生表现评价	学生考勤评价	学生小组评价	根据学生的实训作业评分	税收特征和分类	30%
				税务登记与发票管理	40%
				纳税申报程序	30%

道德与素养

经典案例分析

多项税费优惠政策延续完善——税惠红利直达企业

2023 年 8 月，宁波江丰生物信息技术有限公司收到一份特别的“体检报告”。读过报告，公司负责人刘炳宪感慨：“公司正在计划上市，很关注税务处理合规情况。这个报告提到的嵌入式软件退税、研发费加计扣除等几项政策都是我们公司适用的，还有应收账款和存货结转变动提醒，真是送到了我们的心坎上！”

原来，这是浙江省宁波市税务部门依托税收大数据，围绕税收政策热点、税费优惠政策享受情况、涉税风险提示提醒等 7 个维度的 38 项指标，定期为民营企业开展的“智能体检”。宁波市税务部门为企业出具涉税智能画像体检报告，已推送个性化政策、可享受权益、应履行义务、待处理风险等“四个提醒”5 000 余次，涉税风险解决方案 1 万余条，有效解决纳税人涉税难题。

据统计，2023 年 1～7 月，全国新增减税降费及退税缓费已达 1.05 万亿元。税务部门重点围绕支持民营经济发展，升级推出“便民办税春风行动”第五批 28 项措施。同时，会同财政部发布政策指引，对政策进行通俗化解读，便于各类纳税人及时理解查找。一批民营企业税务服务站也正在推动设立。

技能强化训练

一、单选题

1. 税收是国家取得财政收入的一种重要工具，其本质是一种（　　）。

A. 生产关系　　B. 分配关系　　C. 社会关系　　D. 阶级关系

2. 关于纳税人和负税人，下列说法正确的是（　　）。

A. 所得税的纳税人和负税人通常是不一致的

B. 造成纳税人与负税人不一致的主要原因是税负转嫁

C. 流转税的纳税人和赋税人是一致的

D. 扣缴义务人是纳税人，不是赋税人

3. 税收的构成要素中，不包括的是（　　）。

A. 税目　　B. 税率　　C. 纳税环节　　D. 税收立法

4. 下列各项中，不属于税收特征的有（　　）。

A. 强制性　　B. 分配性　　C. 无偿性　　D. 固定性

5. 根据我国税法规定，下列税种中属于采用超率累进税率的税种是（　　）。

A. 资源税　　B. 土地增值税　　C. 个人所得税　　D. 车船税

6. 下列税种中，采用超额累进税率的税种是（　　）。

A. 企业所得税　　B. 个人所得税　　C. 土地增值税　　D. 资源税

7. 下列税种中，采用比例税率的是（　　）。

A. 个人所得税　　B. 土地增值税　　C. 增值税　　D. 车船使用税

8. 下列说法不正确的是（　　）。

A. 征税对象是区分不同税种的主要标志　　B. 税目是征税对象的具体化

C. 税率是衡量税负轻重与否的唯一标志　　D. 纳税义务人即纳税主体

9. 在税收要素中，对征税对象总额中的一部分数额免予征税，只就减除后的剩余部分计征税款，被免予征税的这部分数额是（　　）

A. 计税依据　　B. 免征额　　C. 税基　　D. 起征点

10. 下列减免税中，属于税率式减免的是（　　）。

A. 起征点　　B. 免征额　　C. 抵免税额　　D. 零税率

二、多选题

1. 下列各项中，属于按照税收的征税对象分类的有（　　）。

A. 所得税类　　B. 行为税类　　C. 资源税类　　D. 中央税

2. 下列关于税收的说法中，正确的有（　　）。

A. 税收具有强制性、无偿性和灵活性三个特征

B. 税收是将社会集团和社会成员的一部分收入收归国家所有，国家不向原纳税人支付任何报酬或代价，也不再偿还给原来的纳税人

C. 负有纳税义务的社会集团和社会成员必须遵守国家的税收法律法规，依法纳税

D. 税收的征税对象、税目、税率、纳税人、计算纳税办法和期限可以根据需要灵活调整

3. 下列项目中，属于财产、行为税的有（　　）。

A. 房产税　　B. 印花税　　C. 契税　　D. 城镇土地使用税

4. 下列关于纳税义务人的说法中，正确的有（　　）。

A. 纳税义务人是税收制度中区别不同税种的唯一标志

B. 每个税种都应明确规定各自的纳税义务人

C. 纳税义务人也称纳税人，是指税法规定的直接负有纳税义务的个人

D. 纳税义务人包括自然人、法人和其他社会组织

5. 下列各项中，表述正确的有（　　）。

A. 税目是区分不同税种的主要标志

B. 税率是衡量税负轻重的重要标志
C. 税目体现征税的广度
D. 征税对象就是税收法律关系中征、纳双方权利义务所指的物品
E. 企业所得税的纳税人与赋税人是一致的
6. 下列项目中，属于我国现行的比例税率形式有（ ）。
A. 综合比例税率　　B. 单一比例税率
C. 差别比例税率　　D. 幅度比例税率
7. 下列关于征税对象的说法中，正确的有（ ）。
A. 征税对象仅指具体物，它是区别不同类型税种的主要标志
B. 征税对象是构成税法的最基本要素之一
C. 征税对象又称课税对象，是税收法律关系中权利义务所指的对象
D. 根据征税对象的不同，税收可分为流转税类、所得税类、财产税类、资源税类和行为税类
8. 累进税率是根据征税对象数额的大小不同，规定不同等级的税率，它可分为（ ）。
A. 全额累进税率　B. 超额累进税率　C. 定额税率　D. 超率累进税率
9. 下列关于税收构成要素的表述中，不正确的有（ ）。
A. 并非所有税种都需要规定税目
B. 税目是对课税对象的量的规定
C. 税目体现征税的深度
D. 消费税、企业所得税都规定有不同的税目
10. 我国现行税制中采用的税率包括有（ ）。
A. 比例税率　B. 超率累进税率　C. 超额累进税率　D. 超倍累进税率
E. 定额税率

三、判断题

1. 取得工资薪金的个人不属于纳税主体。（ ）
2. 对于累进税率，一般情况下，课税数额越大，适用税率越高。（ ）
3. 流转税是我国税制体系中的主体税种，其中又以关税为主。（ ）
4. 定额税率又称固定税额，是指按征税对象的一定单位直接规定固定的税额，也可以采取百分比的形式。（ ）
5. 免征额是指对征税对象总额中免予征税的数额，即将纳税对象中的一部分给予减免，只就减除后的剩余部分计征税款。（ ）
6. 如果税法规定某一税种的起征点是800元，那么超过起征点的，只对超过800元的部分征税。（ ）
7. 纳税人享受免税待遇的，在免税期间不需要办理纳税申报。（ ）
8. 只有从事生产、经营的纳税人，才需要办理税务登记或注销税务登记。（ ）
9. 纳税申报属于税收征管的环节之一。（ ）
10. 税率的高低直接体现国家的政策要求，直接关系到国家财政收入的多少和纳税人的负担程度，是税收法律制度中的核心要素。（ ）

2 模块二 增值税计算与申报

学习目标

知识目标：

1. 了解增值税的性质和计税原理
2. 熟悉增值税税收优惠政策
3. 掌握增值税纳税人的分类标准、增值税税率和征税范围的相关规定
4. 掌握一般纳税人和小规模纳税人应纳税额的计算方法
5. 了解增值税征收管理的相关规定

能力目标：

1. 能够根据业务资料正确计算一般纳税人的应纳税额
2. 能够根据业务资料正确计算小规模纳税人的应纳税额
3. 能够正确理解并适用增值税相关优惠政策
4. 能够进行增值税网上申报并正确填写纳税申报表

素质目标：

1. 培养学生独立进行纳税申报的能力，养成开放式学习、主动学习的职业习惯
2. 培养诚信敬业的职业道德，养成严谨踏实的工作作风
3. 培养学生的法治思维和依法纳税意识，树立社会主义核心价值观

本模块知识导图（见图 2－1）

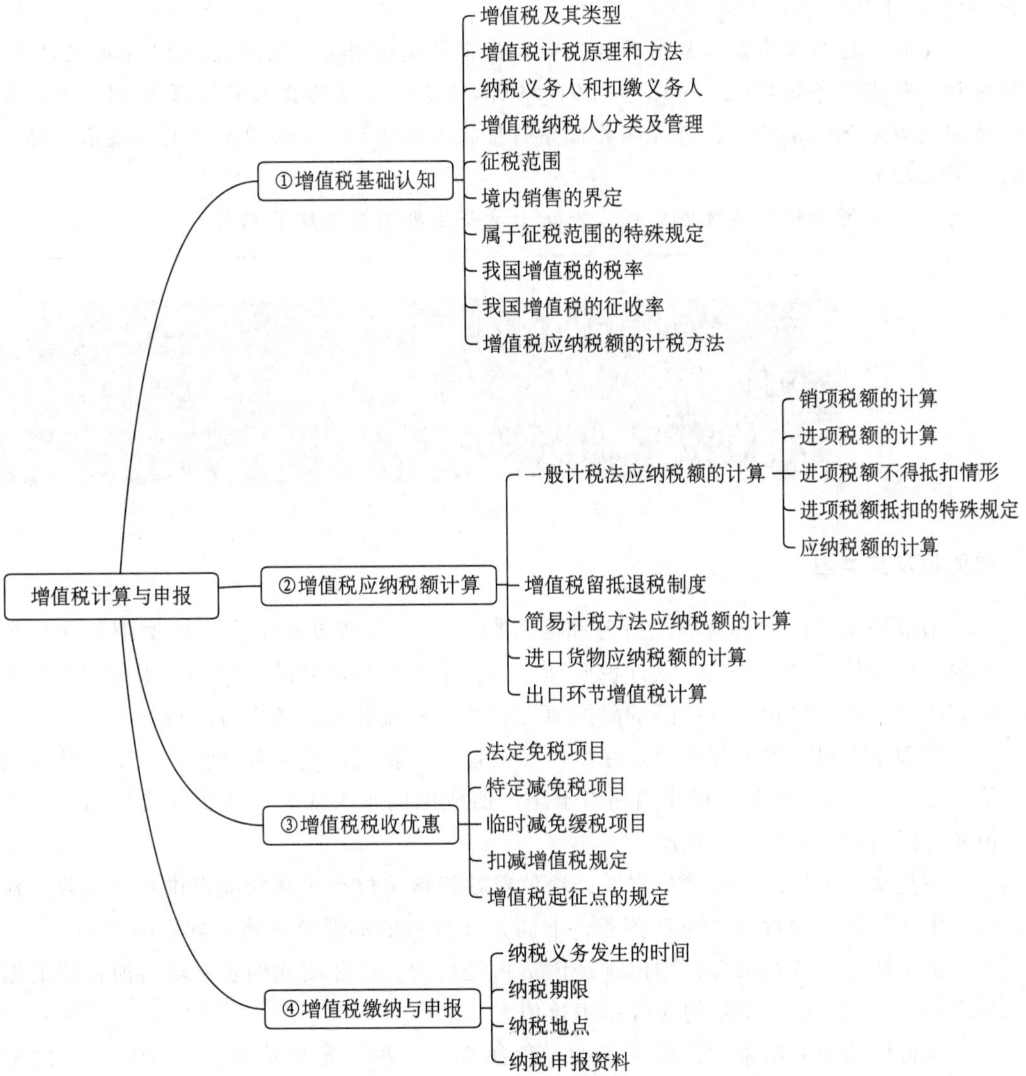

图 2－1　模块知识导图

小案例

增值税发票

作为消费者，我们在购买商品和接受各类服务的过程中都会接触并负担增值税。比如在旅游的过程中，向出租车司机支付打车费用，向饭店支付餐饮费用，向酒店支付住宿费用，向景点支付门票费用。出租车司机给了你一张出租车统一发票，饭店工作人员给了你一张定额发票，酒店经理给了你一张住宿发票，景点也给了你一张发票。

这些形状各异的票，体现了不同的商品或服务，其增值税税率也不同。

国家税务总局增值税发票数据显示，2021年清明假期期间，全国零售业销售收入同比增长17.8%，其中，粮油蔬果、代步设备、通信设备、服装鞋帽消费增速较快，分别增长41.9%、40.7%、25%、22%。

受出行及返乡探亲需求集中释放带动，住宿餐饮业销售收入超过2019年同期水平。据统计，住宿服务销售收入同比增长91.5%，餐饮服务销售收入同比增长81.7%。受周边游及多元化娱乐带动，旅游相关服务销售收入同比增长189.2%，文体娱乐业销售收入同比增长54.7%。

为什么从增值税发票数据中可以推断出清明假期消费的增长态势?

项目一 增值税基础认知

一、增值税及其类型

增值税是以商品（含应税劳务和应税服务）在流转过程中产生的增值额作为征税对象而征收的一种流转税。从计税原理上说，增值税是对商品、劳务、服务在生产流通中多个环节的新增价值或商品的附加值征收的一种流转税，属于价外税。

从理论上讲，增值额是企业在生产经营过程中新创造的那部分价值，即货物或劳务价值中“V＋M”部分，在我国相当于净产值或国民收入部分。现实经济生活中，对增值额可以从以下两个方面理解：

一是从一个生产经营单位来看，增值额是指该单位销售货物或提供劳务的收入额扣除为生产经营这种货物（包括劳务，下同）而外购的那部分货物价款后的余额。

二是从一项货物来看，增值额是该货物经历的生产和流通的各个环节所创造的增值额之和，也就是该项货物的最终销售价值。

实行增值税的国家，据以征税的增值额都是一种法定增值额，并非理论上的增值额。法定增值额可以等于理论上的增值额，也可以大于或小于理论上的增值额。造成法定增值额与理论增值额不一致的一个重要原因，是各国在规定扣除范围时，对外购固定资产的处理办法不同。按照扣除项目中对外购固定资产的处理方式不同，增值税分为三种类型：

（1）生产型增值税（我国1994年1月1日至2008年12月31日），是指在征收增值税时，只能扣除属于非固定资产项目的那部分生产资料的税款，不允许扣除固定资产价值中所含有的税款。该类型增值税的征税对象大体上相当于国民生产总值，因此称为生产型增值税。此种类型的增值税对固定资产存在重复征税，不利于鼓励投资，但可以保证财政收入。

（2）收入型增值税，是指在征收增值税时，对外购固定资产价款只允许扣除当期计入产品价值的折旧费部分所含的税款，未提折旧部分不得计入扣除项目金额。该类型增值税的征税对象大体上相当于国民收入，因此称为收入型增值税。该类型的增值税在我国没有实行过。

（3）消费型增值税（我国从2009年1月1日起执行），是指在征收增值税时，允许将固定资产价值中所含的税款全部一次性扣除。这样，就整个社会而言，生产资料都排除在征税范围之外。该类型增值税的征税对象仅相当于社会消费资料的价值，因此也称为消费型增值税。此种类型的增值税在购进固定资产的当期因扣除额大幅增加，会减少财政收入。但这种方法最宜规范凭发票扣税的计算方法，因为凭固定资产的外购发票可以一次将其已纳税款全部扣除，既便于操作，也便于管理，所以是三种类型中最简便、最能体现增值税优越性的一种类型。

我国在2009年之前实行的是生产型增值税，在2009年1月1日后实行的是消费型增值税。

二、增值税计税原理和方法

增值税按全部销售额计算税款，但只对货物或劳务价值中新增价值部分征税；实行税款抵扣制度，对以前环节已纳税款予以扣除；税款随着货物或劳务的销售逐环节转移，最终消费者是全部税款的承担者，纳税人与负税人相分离。

增值税的计税方法分为直接计算法和间接计算法两种类型：

（1）直接计算法：是指首先计算出应税项目的增值额，然后用增值额乘以适用税率求出应纳税额。直接计算法按计算增值额的不同，又可分为加法和减法。

探究与分享

1. 加法

把企业在计算期内实现的各项增值项目一一相加，求出全部增值额，然后再依率计算增值税。增值项目包括工资、奖金、利润、利息、租金以及其他增值项目。这种加法只是一种理论意义上的方法，实际应用的可能性很小，甚至不可能。这是因为：①企业实行的财务会计制度不同，致使确定增值项目与非增值项目的标准也不尽相同，在实际工作中容易造成争执，难以执行；②增值额本身就是一个比较模糊的概念，很难准确计算，如企业支付的各种罚款、没收的财物或接收的捐赠等是否属于增值额有时难以确定。

2. 减法

以企业在计算期内实现的应税项目的全部销售额减去规定的外购项目金额以后的余额作为增值额，然后再依率计算增值税，这种方法又叫扣额法。当采取购进扣额法时，该计算方法同下述扣税法没有什么区别，但必须有一个前提条件，即只有在采用一档税率的情况下，这种计算方法才具有实际意义，如要实行多档税率的增值税制度，则不能采用这种方法计税。

（2）间接计算法：是指不直接根据增值额计算增值税，而是首先计算出应税项目的整体税负，即销售额乘以适用税率，然后从整体税负中扣除法定的外购项目已纳税款

（即进项税额），这种方法是以外购项目的实际已纳税额为依据，所以又称为购进扣税法或发票扣税法。这种方法简便易行，计算准确，既适用于单一税率，又适用于多档税率，因此，是实行增值税的国家广泛采用的计税方法。

小案例

我国增值税制度的建立和发展

1954年，法国成功地推行增值税后，对欧洲和世界各国都产生了重大影响，目前，世界上已有190多个国家和地区实行了增值税。

我国于1979年引进增值税并在部分地区试点。1984年至1993年，我国增值税一直局限于在生产环节对部分工业产品征税。1994年对原有的增值税进行了全面、彻底的改革，按照国际通行的做法建立了规范化的“生产型增值税”，并以增值税改革为核心建立了新的流转税制格局。新流转税以实行全面的“增值税”为主，在征收“增值税”基础上选择少数消费品交叉征收“消费税”，对不实行增值税的劳务交易征收“营业税”的新的流转税制格局。

我国在2009年之前实行的增值税是生产型增值税，在部分地区试点消费型增值税之后，我国自2009年1月1日起实行了增值税的全面“转型”，增值税由过去的生产型增值税转变为消费型增值税。

增值税扩围替代营业税也称为“营改增”，是增值税改革另一个重要举措，2012年1月1日起，上海作为首个试点城市正式启动“营改增”，正式拉开了营业税改征增值税的序幕。2013年8月1日，在全国范围内开展交通运输业（不含铁路运输业）和部分现代服务业“营改增”试点。2016年5月1日，营业税全部改征增值税。

三、纳税义务人和扣缴义务人

（一）纳税义务人

纳税义务人简称纳税人，在中华人民共和国境内（以下简称境内）销售货物，提供加工、修理修配劳务（以下简称劳务），销售服务、销售无形资产、销售不动产，以及进口货物的单位和个人，为增值税的纳税人。所称单位，包括企业、行政单位、事业单位、军事单位、社会团体及其他单位。所称个人，包括个体工商户和其他个人。

单位以承包、承租、挂靠方式经营的，承包人、承租人、挂靠人（以下统称“承包人”）以发包人、出租人、被挂靠人（以下统称“发包人”）名义对外经营并由发包人承担相关法律责任的，以该发包人为纳税人。否则，以承包人为纳税人。

对报关进口的货物，以进口货物的收货人或办理报关手续的单位和个人为进口货物的纳税人。

建筑企业与发包方签订建筑合同后，以内部授权或者三方协议等方式，授权集团内其他纳税人（以下简称“第三方”）为发包方提供建筑服务，并由第三方直接与发包方结算工程款的，由第三方缴纳增值税并向发包方开具增值税发票，与发包方签订建筑合同的建筑企业不缴纳增值税。

资管产品运营过程中发生的增值税应税行为，以资管产品管理人为纳税人。

（二）扣缴义务人

中华人民共和国境外（以下简称“境外”）的单位或者个人在境内提供应税劳务，在境内未设有经营机构的，其应纳税款以其境内代理人为扣缴义务人；在境内没有代理人的，以购买方为扣缴义务人。

境外的单位或者个人在境内销售服务、无形资产或不动产，在境内未设有经营机构的，其应纳税款以购买方为扣缴义务人。财政部和国家税务总局另有规定的除外。

【做中学1】境外单位在境内实施应税服务，但在境内没有设立经营机构场所的，则增值税扣缴义务人是（ ）。

A. 代理人　　B. 购买方　　C. 销售方　　D. 消费者

【正确答案】B

【答案解析】中华人民共和国境外的单位或个人在境内提供应税劳务，在境内未设有经营机构的，其应纳税款以境内代理人为扣缴义务人；在境内没有代理人的，以购买者为扣缴义务人。境外单位或个人在境内销售服务、无形资产或者不动产，在境内未设有经营机构的，以购买方为增值税扣缴义务人。财政部和国家税务总局另有规定的除外。

四、增值税纳税人分类及管理

增值税实行凭专用发票抵扣税款的制度，客观上要求纳税人具备健全的会计核算制度和能力。在实际经济生活中我国增值税纳税人众多，会计核算水平差异较大，大量的小企业和个人还不具备用发票抵扣税款的条件，为了简化小型企业增值税的计算缴纳程序，同时也有利于税务机关加强重点税源管理，减少税收征管漏洞，我国对增值税纳税人进行分类管理，将增值税纳税人按年应税销售额和会计核算是否健全标准，将增值税纳税人分为一般纳税人和小规模纳税人两类，分别采取不同的增值税计税方法。

（一）小规模纳税人的管理

1. 小规模纳税人的划分标准

根据《财政部 税务总局关于统一增值税小规模纳税人标准的通知》（财税〔2018〕33号）规定，自2018年5月1日起，增值税小规模纳税人标准统一为年应征增值税销售额500万元及以下。

年应征增值税销售额（以下简称“年应税销售额”），是指纳税人在连续不超过12个月或4个季度的经营期内累计应征增值税销售额，包括纳税申报销售额、稽查查补销售额、纳税评估调整销售额。所称“纳税申报销售额”是指纳税人自行申报的全部应征增值税销售额，其中包括税务机关代开发票销售额、未开票销售额和免税销售额。“稽查查补销售额”和“纳税评估调整销售额”计入查补税款申报当月（或当季）的销售额，不计入税款所属期销售额。

经营期，是指在纳税人存续期内的连续经营期间，含未取得销售收入的月份。

销售服务、无形资产或者不动产（以下简称“应税行为”）有扣除项目的纳税人，其“应税行为”年应税销售额按未扣除之前的销售额计算。纳税人偶然发生的销售无形资产、转让不动产的销售额，不计入“应税行为”年应税销售额。

2. 特殊规定

年应税销售额超过小规模纳税人标准的其他个人（自然人），无论销售额多少，均按小规模纳税人纳税。

年应税销售额超过小规模纳税人标准但不经常发生应税行为的单位和个体工商户，以及非企业性单位、不经常发生应税行为的企业，可选择按小规模纳税人纳税。

年应税销售额未超过规定标准的纳税人，会计核算健全，能够提供准确税务资料的，可以向主管税务机关办理一般纳税人登记。会计核算健全是指能够按照国家统一规定的会计制度规定设置账簿，根据合法、有效凭证进行核算。

（二）一般纳税人的管理

1. 一般纳税人的划分标准

根据2018年2月1日开始执行的《增值税一般纳税人登记管理办法》（国家税务总局令第43号），增值税纳税人年应税销售额超过财政部、国家税务总局规定的小规模纳税人标准的，除按照政策规定选择按照小规模纳税人纳税的和年应税销售额超过规定标准的其他个人外，应当向主管税务机关办理一般纳税人登记。

2. 一般纳税人登记管理

纳税人在年应税销售额超过规定标准的月份（或季度）的所属申报期结束后15日内按照《增值税一般纳税人登记管理办法》的规定办理增值税一般纳税人登记手续或者选择按照小规模纳税人纳税的手续；未按规定时限办理的，主管税务机关应当在规定时限结束后5日内制作《税务事项通知书》，告知纳税人应当在5日内向主管税务机关办理相关手续；逾期仍不办理的，次月起按销售额依照增值税税率计算应纳税额，不得抵扣进项税额，直至纳税人办理相关手续为止。

纳税人登记为一般纳税人后，不得转为小规模纳税人，国家税务总局另有规定的除外。

【做中学2】 下列纳税人中，必须办理一般纳税人登记的是（　　）。

A. 其他个人

B. 非企业性单位

C. 不经常发生应税行为的单位

D. 年应税销售额超过500万元且经常发生应税行为的工业企业

【正确答案】 D

【答案解析】 选项A，年应税销售额超过规定标准的其他个人不能登记为一般纳税人；选项B，年应税销售额超过规定标准的非企业性单位，可选择按照小规模纳税人纳税；选项C，年应税销售额超过规定标准但不经常发生应税行为的单位和个体工商户可选择按照小规模纳税人纳税。

【做中学3】 根据增值税纳税人登记管理的规定，下列说法正确的有（　　）。

A. 个体工商户年应税销售额超过小规模纳税人标准的，不能登记为一般纳税人

B. 增值税纳税人应税销售额超过小规模纳税人标准的，除另有规定外，应当向主

管税务机关办理一般纳税人登记

C. 非企业性单位、不经常发生应税行为的企业，可以选择按照小规模纳税人纳税

D. 纳税人登记时所依据的年应纳税销售额，不包括税务机关代开发票的销售额

E. 纳税人偶然发生的销售无形资产、转让不动产的销售额，不计入应税行为年应税销售额

【正确答案】BCE

【答案解析】选项 A，个体工商户年应税销售额超过小规模纳税人标准的，可以登记为一般纳税人；选项 D，年应税销售额包括纳税申报销售额、稽查查补销售额、纳税评估调整销售额，其中，纳税申报销售额中包括免税销售额和税务机关代开发票销售额。

探究与分享

一般纳税人转登记为小规模纳税人

根据 2018 年国家税务总局发布的《关于统一小规模纳税人标准等若干增值税问题的公告》规定：符合以下条件的一般纳税人，按照《国家税务总局关于小规模纳税人免征增值税政策有关征管问题的公告》（国家税务总局 2019 年 4 号公告）的规定，在 2019 年 12 月 31 日前，可选择转登记为小规模纳税人，其未抵扣的进项税额作转出处理，或选择继续作为一般纳税人：

（1）根据《中华人民共和国增值税暂行条例》第十三条和《中华人民共和国增值税暂行条例实施细则》第二十八条的有关规定，登记为一般纳税人。

（2）转登记日前连续 12 个月（以 1 个月为 1 个纳税期，下同）或者连续 4 个季度（以 1 个季度为 1 个纳税期，下同）累计应征增值税销售额（以下简称应税销售额）未超过 500 万元。

一般纳税人转登记为小规模纳税人（以下简称“转登记纳税人”）后，自转登记日的下期起，按照简易计税方法计算缴纳增值税；转登记日当期仍按照一般纳税人的有关规定计算缴纳增值税。

自转登记日的下期起连续不超过 12 个月或者连续不超过 4 个季度的经营期内，转登记纳税人应税销售额超过财政部、国家税务总局规定的小规模纳税人标准的，应当按照《增值税一般纳税人登记管理办法》（国家税务总局令第 43 号）的有关规定，向主管税务机关办理一般纳税人登记。转登记纳税人按规定再次登记为一般纳税人后，不得再转登记为小规模纳税人。

五、征税范围

目前，我国增值税的征税范围包括：境内销售货物或者劳务，销售服务、无形资产，不动产以及进口货物。

（一）销售货物

货物是指有形动产，包括电力、热力、气体在内。销售货物，是指有偿转让货物的

所有权。有偿，是指取得货币、货物或者其他经济利益。

（二）销售劳务

劳务是指纳税人提供的加工和修理修配劳务。加工是指受托加工货物，即委托方提供原料及主要材料，受托方按照委托方的要求制造货物并收取加工费的业务；修理修配是指受托对损伤和丧失功能的货物进行修复，使其恢复原状和功能的业务。

销售劳务是指有偿提供加工和修理修配劳务。但单位或者个体工商户聘用的员工为本单位或者雇主提供加工、修理修配劳务，不包括在内。

（三）销售服务

服务是指境内提供交通运输服务、邮政服务、电信服务、现代服务、生活服务、建筑服务、金融服务。

销售服务是指有偿提供应税服务，但不包括非营业活动中提供的应税服务。

非营业活动是指：①非企业性单位按照法律和行政法规的规定，为履行国家行政管理和公共服务职能收取政府性基金或者行政事业性收费的活动。②单位或者个体工商户聘用的员工为本单位或者雇主提供应税服务。③单位或者个体工商户为员工提供应税服务。④财政部和国家税务总局规定的其他情形。

1. 交通运输服务

交通运输服务是指利用运输工具将货物或者旅客送达目的地，使其空间位置得到转移的业务活动。包括陆路运输服务、水路运输服务、航空运输服务和管道运输服务，如表 2－1 所示。

表 2－1　　交通运输服务

交通运输服务	陆路运输服务	陆路运输服务，是指通过陆路（地上或者地下）运送货物或者旅客的运输业务活动，包括铁路运输服务和其他陆路运输服务。 （1）铁路运输服务是指通过铁路运送货物或者旅客的运输业务活动。 （2）其他陆路运输服务是指铁路运输以外的陆路运输业务活动。包括公路运输、缆车运输、索道运输、地铁运输、城市轻轨运输等。 出租车公司向使用本公司自有出租车的出租车司机收取的管理费用，按照陆路运输服务缴纳增值税。
	水路运输服务	水路运输服务是指通过江、河、湖、川等天然、人工水道或者海洋航道运送货物或者旅客的运输业务活动。 水路运输的承租、期租业务，属于水路运输服务。 程租业务是指运输企业为租船人完成某一特定航次的运输任务并收取租赁费的业务。 期租业务是指运输企业将配备有操作人员的船舶承租给他人使用一定期限，承租期内听候承租方调遣，不论是否经营，均按天向承租方收取租赁费，发生的固定费用均由船东负担的业务。
	航空运输服务	航空运输服务是指通过空中航线运送货物或者旅客的运输业务活动。 航空运输的湿租业务，属于航空运输服务。湿租业务，是指航空运输企业将配备有机组人员的飞机承租给他人使用一定期限，承租期内听候承租方调遣，不论是否经营，均按一定标准向承租方收取租赁费，发生的固定费用均由承租方承担的业务。 航天运输服务，按照“航空运输服务”征收增值税。航天运输服务，是指利用火箭等载体将卫星、空间探测器等空间飞行器发射到空间轨道的业务活动。

续表

交通运输服务	管道运输服务	管道运输服务是指通过管道设施输送气体、液体、固体物质的运输业务活动。 无运输工具承运业务，按照交通运输服务缴纳增值税。 无运输工具承运业务是指经营者以承运人身份与托运人签订运输服务合同，收取运费并承担承运人责任，然后委托实际承运人完成运输服务的经营活动。

2. 邮政服务

邮政服务是指中国邮政集团公司及其所属邮政企业提供邮件寄递、邮政汇兑和机要通信等邮政基本服务的业务活动，包括邮政普遍服务、邮政特殊服务和其他邮政服务，如表2-2所示。

表2-2　　邮政服务

邮政服务	邮政普遍服务	邮政普遍服务是指函件、包裹等邮件寄递，以及邮票发行、报刊发行和邮政汇兑等业务活动。
	邮政特殊服务	邮政特殊服务是指义务兵平常信函、机要通信、盲人读物和革命烈士遗物的寄递等业务活动。
	其他邮政服务	其他邮政业务是指邮册等邮品销售、邮政代理等业务活动。

中国邮政速递物流股份有限公司及其子公司（含各级分支机构），不属于中国邮政集团公司所属邮政企业。

3. 电信服务

电信服务是指利用有线、无线的电磁系统或者光电系统等各种通信网络资源，提供语音通话服务，传送、发射、接收或者应用图像、短信等电子数据和信息的业务活动。包括基础电信服务和增值电信服务，如表2-3所示。

表2-3　　电信服务

电信服务	基础电信服务	是指利用固网、移动网、卫星、互联网，提供语音通话服务的业务活动，以及出租或者出售带宽、波长等网络元素的业务活动。
	增值电信服务	是指利用固网、移动网、卫星、互联网、有线电视网络，提供短信和彩信服务、电子数据和信息的传输及应用服务、互联网接入服务等业务活动。卫星电视信号落地转接服务，按照增值电信服务计算缴纳增值税。

4. 现代服务

现代服务是指围绕制造业、文化产业、现代物流产业等提供技术性、知识性服务的业务活动。包括研发和技术服务、信息技术服务、文化创意服务、物流辅助服务、租赁服务、鉴证咨询服务、广播影视服务、商务辅助服务和其他现代服务，如表2-4所示。

表2－4　　现代服务

现代服务	研发和技术服务	研发服务	也称技术开发服务，是指就新技术、新产品、新工艺或者新材料及其系统进行研究与试验开发的业务活动。
		合同能源管理服务	是指节能服务公司与用能单位以契约形式约定节能目标，节能服务公司提供必要的服务，用能单位以节能效果支付节能服务公司投入及其合理报酬的业务活动。
		工程勘查勘探服务	是指在采矿、工程施工前后，对地形、地质构造、地下资源蕴藏情况进行实地调查的业务活动。
		专业技术服务	是指气象服务、地震服务、海洋服务、测绘服务、城市规划、环境与生态监测服务等专项技术服务。
	信息技术服务	软件服务	是指提供软件开发服务、软件维护服务、软件测试服务的业务活动。
		电路设计及测试服务	是指提供集成电路和电子电路产品设计、测试及相关技术支持服务的业务活动。
		信息系统服务	是指提供信息系统集成、网络管理、网站内容维护、桌面管理与维护、信息系统应用、基础信息技术管理平台整合、信息技术基础设施管理、数据中心、托管中心、信息安全服务、在线杀毒、虚拟主机等业务活动。包括网站对非自有的网络游戏提供的网络运营服务。
		业务流程管理服务	是指依托信息技术提供的人力资源管理、财务经济管理、审计管理、税务管理、物流信息管理、经营信息管理和呼叫中心等服务的活动。
		信息系统增值服务	是指利用信息系统资源为用户附加提供的信息技术服务。包括数据处理、分析和整合，数据库管理，数据备份，数据存储、容灾服务、电子商务平台等。
	文化创意服务	设计服务	是指把计划、规划、设想通过文字、语言、图画、声音、视觉等形式传递出来的业务活动。包括工业设计、内部管理设计、业务运作设计、供应链设计、造型设计、服装设计、环境设计、平面设计、包装设计、动漫设计、网游设计、展示设计、网站设计、机械设计、工程设计、广告设计、创意策划、文印晒图等。
		知识产权服务	是指处理知识产权事务的业务活动。包括对专利、商标、著作权、软件、集成电路布图设计的登记、鉴定、评估、认证、检索服务。
		广告服务	是指利用图书、报纸、杂志、广播、电视、电影、幻灯、路牌、招贴、橱窗、霓虹灯、灯箱、互联网等各种形式为客户的商品、经营服务项目、文体节目或者通告、声明等委托事项进行宣传和提供相关服务的业务活动。包括广告代理和广告的发布、播映、宣传、展示等。
		会议展览服务	是指为商品流通、促销、展示、经贸洽谈、民间交流、企业沟通、国际往来等举办或者组织安排的各类展览和会议的业务活动。 宾馆、旅馆、旅社、度假村和其他经营性住宿场所提供会议场地及配套服务的活动，属于“会议展览服务”。

续表

现代服务	物流辅助服务	航空服务	包括航空地面服务和通用航空服务。 航空地面服务，是指航空公司、飞机场、民航管理局、航站等向在境内航行或者在境内机场停留的境内外飞机或者其他飞行器提供的导航等劳务性地面服务的业务活动。包括旅客安全检查服务、停机坪管理服务、机场候机厅管理服务、飞机清洗消毒服务、空中飞行管理服务、飞机起降服务、飞行通信服务、地面信号服务、飞机安全服务、飞机跑道管理服务、空中交通管理服务等。 通用航空服务，是指为专业工作提供飞行服务的业务活动，包括航空摄影、航空培训、航空测量、航空勘探、航空护林、航空吊挂播洒、航空降雨、航空气象探测、航空海洋监测、航空科学实验等。
		港口码头服务	是指港务船舶调度服务、船舶通信服务、航道管理服务、航道疏浚服务、灯塔管理服务、航标管理服务、船舶引航服务、理货服务、系解缆服务、停泊和移泊服务、海上船舶溢油清除服务、水上交通管理服务、船只专业清洗消毒检测服务和防止船只漏油服务等为船只提供服务的业务活动。 港口设施经营人收取的港口设施保安费按照港口码头服务缴纳增值税。
		货运客运场站服务	是指货运客运场站提供货物配载服务、运输组织服务、中转换乘服务、车辆调度服务、票务服务、货物打包整理、铁路线路使用服务、加挂铁路客车服务、铁路行包专列发送服务、铁路到达和中转服务、铁路车辆编解服务、车辆挂运服务、铁路接触网服务、铁路机车牵引服务等业务活动。
		打捞救助服务	是指提供船舶人员救助、船舶财产救助、水上救助和沉船沉物打捞服务的业务活动。
		装卸搬运服务	是指使用装卸搬运工具或者人力、畜力将货物在运输工具之间、装卸现场之间或者运输工具与装卸现场之间进行装卸和搬运的业务活动。
		仓储服务	是指利用仓库、货场或者其他场所代客贮放、保管货物的业务活动。
		收派服务	是指接受寄件人委托，在承诺的时限内完成函件和包裹的收件、分拣、派送服务的业务活动。 收件服务是指从寄件人收取函件和包裹，并运送到服务提供方同城的集散中心的业务活动。 分拣服务是指服务提供方在其集散中心对函件和包裹进行归类、分发的业务活动。 派送服务是指服务提供方从其集散中心将函件和包裹送达同城的收件人的业务活动。
	租赁服务	融资租赁服务	是指具有融资性质和所有权转移特点的租赁活动。即出租人根据承租人所要求的规格、型号、性能等条件购入有形动产或者不动产租赁给承租人，合同期内租赁物所有权属于出租人，承租人只拥有使用权，合同期满付清租金后，承租人有权按照残值购入租赁物，以拥有其所有权。不论出租人是否将租赁物销售给承租人，均属于融资租赁。 融资性售后回租不按照本税目缴纳增值税。

续表

现代服务	租赁服务	经营租赁服务	是指在约定时间内将有形动产或者不动产转让他人使用且租赁物所有权不变更的业务活动。 按照标的物的不同，经营租赁服务可分为有形动产经营租赁服务和不动产经营租赁服务。 将建筑物、构筑物等不动产或者飞机、车辆等有形动产的广告位出租给其他单位或者个人用于发布广告，按照经营租赁服务缴纳增值税。 车辆停放服务、道路通行服务（包括过路费、过桥费、过闸费等）等按照不动产经营租赁服务缴纳增值税。 水路运输的光租业务、航空运输的干租业务，属于经营租赁。 光租业务是指运输企业将船舶在约定的时间内出租给他人使用，不配备操作人员，不承担运输过程中发生的各项费用，只收取固定租赁费的业务活动。 干租业务是指航空运输企业将飞机在约定的时间内出租给他人使用，不配备机组人员，不承担运输过程中发生的各项费用，只收取固定租赁费的业务活动。
	鉴证咨询服务	认证服务	是指具有专业资质的单位利用检测、检验、计量等技术，证明产品、服务、管理体系符合相关技术规范、相关技术规范的强制性要求或者标准的业务活动。
		鉴证服务	是指具有专业资质的单位受托对相关事项进行鉴证，发表具有证明力的意见的业务活动。包括会计鉴证、税务鉴证、法律鉴证、职业技能鉴定、工程造价鉴证、工程监理、资产评估、环境评估、房地产土地评估、建筑图纸审核、医疗事故鉴定等。
		咨询服务	是指提供信息、建议、策划、顾问等服务的活动。包括金融、软件、技术、财务、税收、法律、内部管理、业务运作、流程管理、健康等方面的咨询。 翻译服务和市场调查服务按照咨询服务缴纳增值税。
	广播影视服务	广播影视节目（作品）制作服务	是指进行专题（特别节目）、专栏、综艺、体育、动画片、广播剧、电视剧、电影等广播影视节目和作品制作的服务。具体包括与广播影视节目和作品相关的策划、采编、拍摄、录音、音视频文字图片素材制作、场景布置、后期的剪辑、翻译（编译）、字幕制作、片头、片尾、片花制作、特效制作、影片修复、编目和确权等业务活动。
		广播影视节目（作品）发行服务	是指以分账、买断、委托等方式，向影院、电台、电视台、网站等单位和个人发行广播影视节目（作品）以及转让体育赛事等活动的报道及播映权的业务活动。
		广播影视节目（作品）播映服务	是指在影院、剧院、录像厅及其他场所播映广播影视节目（作品），以及通过电台、电视台、卫星通信、互联网、有线电视等无线或者有线装置播映广播影视节目（作品）的业务活动。
	商务辅助服务	企业管理服务	是指提供总部管理、投资与资产管理、市场管理、物业管理、日常综合管理等服务的业务活动。

续表

现代服务	商务辅助服务	经纪代理服务	是指各类经纪、中介、代理服务。包括金融代理、知识产权代理、货物运输代理、代理报关、法律代理、房地产中介、职业中介、婚姻中介、代理记账、拍卖等。
		人力资源服务	是指提供公共就业、劳务派遣、人才委托招聘、劳动力外包等服务的业务活动。
		安全保护服务	是指提供保护人身安全和财产安全，维护社会治安等的业务活动。包括场所住宅保安、特种保安、安全系统监控以及其他安保服务。
	其他现代服务	纳税人已售票但客户逾期未消费取得的运输逾期票证收入，按照“交通运输服务”缴纳增值税。纳税人为客户办理退票而向客户收取的退票费、手续费等收入，按照“其他现代服务”缴纳增值税。	

5. 生活服务

生活服务是指为满足城乡居民日常生活需求提供的各类服务活动。包括文化体育服务、教育医疗服务、旅游娱乐服务、餐饮住宿服务、居民日常服务和其他生活服务，如表 2－5 所示。

表 2－5　　生活服务

生活服务	文化体育服务	文化服务	是指为满足社会公众文化生活需求提供的各种服务。包括文艺创作、文艺表演、文化比赛，图书馆的图书和资料借阅，档案馆的档案管理，文物及非物质遗产保护，组织举办宗教活动、科技活动、文化活动，提供游览场所。
		体育服务	是指组织举办体育比赛、体育表演、体育活动，以及提供体育训练、体育指导、体育管理的业务活动。
	教育医疗服务	教育服务	是指提供学历教育服务、非学历教育服务、教育辅助服务的业务活动。 学历教育服务是指根据教育行政管理部门确定或者认可的招生和教学计划组织教学，并颁发相应学历证书的业务活动。包括初等教育、初级中等教育、高级中等教育、高等教育等。 非学历教育服务，包括学前教育、各类培训、演讲、讲座、报告会等。 教育辅助服务，包括教育测评、考试、招生等服务。
		医疗服务	是指提供医学检查、诊断、治疗、康复、预防、保健、接生、计划生育、防疫等方面的服务，以及与这些服务有关的提供药品、医用材料器具、救护车、病房住宿和伙食的业务。
	旅游娱乐服务	旅游服务	是指根据旅游者的要求，组织安排交通、游览、住宿、餐饮、购物、文娱、商务等服务的业务活动。
		娱乐服务	是指为娱乐活动同时提供场所和服务的业务。具体包括歌厅、舞厅、夜总会、酒吧，台球、高尔夫球、保龄球、游艺（包括射击、狩猎、跑马、游戏机、蹦极、卡丁车、热气球、动力伞、射箭、飞镖）项目。

续表

生活服务	餐饮住宿服务	餐饮服务	是指通过同时提供饮食和饮食场所的方式为消费者提供饮食消费服务的业务活动。
		住宿服务	是指提供住宿场所及配套服务等的活动。包括宾馆、旅馆、旅社、度假村和其他经营性住宿场所提供的住宿服务。
	居民日常服务	居民日常服务是指主要为满足居民个人及其家庭日常生活需求提供的服务，包括市容市政管理、家政、婚庆、养老、殡葬、照料和护理、救助救济、美容美发、按摩、桑拿、氧吧、足疗、沐浴、洗染、摄影扩印等服务。	
	其他生活服务	其他生活服务是指除文化体育服务、教育医疗服务、旅游娱乐服务、餐饮住宿服务和居民日常服务之外的生活服务。 纳税人提供植物养护服务，按照“其他生活服务”缴纳增值税。	

6. 建筑服务

建筑服务是指各类建筑物、构筑物及其附属设施的建造、修缮、装饰，线路、管道、设备、设施等的安装以及其他工程作业的业务活动。包括工程服务、安装服务、修缮服务、装饰服务和其他建筑服务，如表2－6所示。

表2－6　　建筑服务

建筑服务	工程服务	工程服务是指新建、改建各种建筑物、构筑物的工程作业，包括与建筑物相连的各种设备或者支柱、操作平台的安装或者装设工程作业，以及各种窑炉和金属结构工程作业。
	安装服务	安装服务是指生产设备、动力设备、起重设备、运输设备、传动设备、医疗实验设备以及其他各种设备设施的装配、安置工程作业，包括与被安装设备相连的工作台、梯子、栏杆的装设工程作业，以及被安装设备的绝缘、防腐、保温、油漆等工程作业。 固定电话、有线电视、宽带、水、电、燃气、暖气等经营者向用户收取的安装费、初装费、开户费、扩容费以及类似收费，按照安装服务缴纳增值税。
	修缮服务	修缮服务是指对建筑物、构筑物进行修补、加固、养护、改善，使之恢复原来的使用价值或者延长其使用期限的工程作业。
	装饰服务	装饰服务是指对建筑物、构筑物进行修饰装修，使之美观或者具有特定用途的工程作业。
	其他建筑服务	其他建筑服务是指上列工程作业之外的各种工程作业服务，如钻井（打井）、拆除建筑物或者构筑物、平整土地、园林绿化、疏浚（不包括航道疏浚）、建筑物平移、搭脚手架、爆破、矿山穿孔、表面附着物（包括岩层、土层、沙层等）剥离和清理等工程作业。

7. 金融服务

金融服务是指经营金融保险的业务活动。包括贷款服务、直接收费金融服务、保险服务和金融商品转让，如表2－7所示。

表 2－7　　金融服务

金融服务	贷款服务	贷款是指将资金贷与他人使用而取得利息收入的业务活动。 各种占用、拆借资金取得的收入，包括金融商品持有期间（含到期）利息（保本收益、报酬、资金占用费、补偿金等）收入、信用卡透支利息收入、买入返售金融商品利息收入、融资融券收取的利息收入，以及融资性售后回租、押汇、罚息、票据贴现、转贷等业务取得的利息及利息性质的收入，按照贷款服务缴纳增值税。 融资性售后回租是指承租方以融资为目的，将资产出售给从事融资性售后回租业务的企业后，从事融资性售后回租业务的企业将该资产出租给承租方的业务活动。 以货币资金投资收取的固定利润或者保底利润，按照贷款服务缴纳增值税
	直接收费金融服务	直接收费金融服务是指为货币资金融通及其他金融业务提供相关服务并且收取费用的业务活动。包括提供货币兑换、账户管理、电子银行、信用卡、信用证、财务担保、资产管理、信托管理、基金管理、金融交易场所（平台）管理、资金结算、资金清算、金融支付等服务。
	保险服务	保险服务是指投保人根据合同约定，向保险人支付保险费，保险人对于合同约定的可能发生的事故因其发生所造成的财产损失承担赔偿保险金责任，或者当被保险人死亡、伤残、疾病或者达到合同约定的年龄、期限等条件时承担给付保险金责任的商业保险行为。包括人身保险服务和财产保险服务。 人身保险服务是指以人的寿命和身体为保险标的的保险业务活动。 财产保险服务是指以财产及其有关利益为保险标的的保险业务活动。
	金融商品转让	金融商品转让是指转让外汇、有价证券、非货物期货和其他金融商品所有权的业务活动。 其他金融商品转让包括基金、信托、理财产品等各类资产管理产品和各种金融衍生品的转让。 纳税人购入基金、信托、理财产品等各类资产管理产品持有至到期，不属于“金融商品转让”。

（四）销售无形资产

销售无形资产是指转让无形资产所有权或者使用权的业务活动。无形资产是指不具实物形态，但能带来经济利益的资产，包括技术、商标、著作权、商誉、自然资源使用权和其他权益性无形资产。

技术，包括专利技术和非专利技术。

自然资源使用权，包括土地使用权、海域使用权、探矿权、采矿权、取水权和其他自然资源使用权。

其他权益性无形资产，包括基础设施资产经营权、公共事业特许权、配额、经营权（包括特许经营权、连锁经营权、其他经营权）、经销权、分销权、代理权、会员权、席位权、网络游戏虚拟道具、域名、名称权、肖像权、冠名权、转会费等。

（五）销售不动产

销售不动产是指转让不动产所有权的业务活动。不动产是指不能移动或者移动后会引起性质、形状改变的财产，包括建筑物、构筑物等。

建筑物，包括住宅、商业营业用房、办公楼等可供居住、工作或者进行其他活动的建造物。

构筑物，包括道路、桥梁、隧道、水坝等建造物。

转让建筑物有限产权或者永久使用权的，转让在建的建筑物或者构筑物所有权的，以及在转让建筑物或者构筑物时一并转让其所占土地的使用权的，按照销售不动产缴纳增值税。

（六）进口货物

进口货物是指申报进入我国海关境内的货物。确定一项货物是否属于进口货物，必须看其是否办理了报关进口手续。通常，境外产品要输入境内，必须向我国海关申报进口，并办理有关报关手续。只要是报关进口的应税货物，均属于增值税征税范围。

六、境内销售的界定

（一）境内销售货物

境内销售货物是指销售货物的起运地或者所在地在境内。

（二）境内销售劳务

境内销售劳务是指劳务的发生地在境内。

（三）境内销售服务、无形资产或者不动产

境内销售服务、无形资产，是指服务（租赁不动产除外）或者无形资产（自然资源使用权除外）的销售方或者购买方在境内；销售不动产的，所销售或者租赁的不动产在境内；销售自然资源使用权的，所销售自然资源使用权的自然资源在境内。

（四）不属于在境内销售服务或者无形资产

（1）境外单位或者个人向境内单位或者个人提供完全在境外消费的应税服务。例如，境外单位或者个人为出境的函件、包裹在境外提供邮政服务和收派服务，属于完全在境外消费的应税服务。

（2）境外单位或者个人向境内单位或者个人销售完全在境外使用的无形资产。

（3）境外单位或者个人向境内单位或者个人出租完全在境外使用的有形动产。

（4）境外单位或者个人向境内单位或者个人提供的工程施工地点在境外的建筑服务、工程监理服务。

（5）境外单位或者个人向境内单位或者个人提供的工程矿产资源在境外的工程勘查勘探服务。

（6）境外单位或者个人向境内单位或者个人提供的会议展览地点在境外的会议展览服务。

（7）境内单位和个人作为工程分包方，为施工地点在境外的工程项目提供建筑服务，从境内工程总承包方取得的分包款收入，视同从境外取得收入。

（8）财政部和国家税务总局规定的其他情形。

七、属于征税范围的特殊规定

（一）视同销售的征税规定

单位或者个体工商户的下列行为，属于视同销售货物行为，应征收增值税。

（1）将货物交付其他单位或者个人代销。

（2）销售代销货物。

（3）设有两个以上机构并实行统一核算的纳税人，将货物从一个机构移送至其他机构用于销售，但相关机构设在同一县（市）的除外。

（4）将自产、委托加工的货物用于非增值税应税项目。

（5）将自产、委托加工的货物用于集体福利或者个人消费。

（6）将自产、委托加工或者购进的货物作为投资，提供给其他单位或者个体工商户。

（7）将自产、委托加工或者购进的货物分配给股东或者投资者。

（8）将自产、委托加工或者购进的货物无偿赠送其他单位或者个人。

（9）单位或者个体工商户向其他单位或者个人无偿提供应税服务，但用于公益事业或者以社会公众为对象的除外。

（10）单位或者个人向其他单位或者个人无偿转让无形资产或不动产，但用于公益事业或者以社会公众为对象的除外。

（11）财政部和国家税务总局规定的其他情形。

【做中学4】下列行为，属于增值税视同销售的有（　　）。

A. 在同一个县（市）范围内设有两个机构并实行统一核算的纳税人，将货物从一个机构移送另一机构用于销售

B. 将外购的货物抵付员工工资

C. 将自产货物作为股利分配给股东

D. 将外购的货物用于集体福利

E. 将委托加工收回的货物用于个人消费

【正确答案】CE

【答案解析】选项A，将货物在不同县市的机构之间移送才属于增值税视同销售行为，在同一个县市内移送，不属于增值税视同销售行为；选项B、D，将外购货物用于投资、分配股东或投资者、无偿赠送行为的，才属于增值税视同销售行为，外购货物用于集体福利，不属于增值税视同销售行为。

【做中学5】根据“营改增”的相关规定，下列情形属于视同提供应税服务的有（　　）。

A. 某运输企业为地震灾区无偿提供公路运输服务

B. 某咨询公司为个人无偿提供技术咨询服务

C. 某动画公司聘用动画人才为本公司设计动画

D. 单位为希望小学无偿提供电影放映服务

E. 某运输公司为其他单位无偿提供交通运输服务

【正确答案】 BE

【答案解析】 单位和个体工商户的下列情形，视同提供应税服务：①向其他单位或者个人无偿提供交通运输业和部分现代服务业服务，但以公益活动为目的的或者以社会公众为对象的除外。②财政部和国家税务总局规定的其他情形。选项A、D属于以公益活动为目的的或者以社会公众为对象提供的应税服务，不属于视同提供应税服务；选项C，根据规定，单位或者个体工商户聘用的员工为本单位或者雇主提供交通运输业和部分现代服务业服务，属于非营业活动，不属于应税服务，因此选项C不属于应税服务。

（二）混合销售和兼营行为的征税规定

1. 混合销售

一项销售行为如果既涉及货物又涉及服务，为混合销售。从事货物的生产、批发或者零售的单位和个体工商户的混合销售行为，按照销售货物缴纳增值税；其他单位和个体工商户的混合销售行为，按照销售服务缴纳增值税。

上述从事货物的生产、批发或者零售的单位和个体工商户，包括以从事货物的生产、批发或者零售为主，并兼营销售服务的单位和个体工商户在内。

自2017年5月1日起，纳税人销售活动板房、机器设备、钢结构件等自产货物的同时提供建筑安装服务，不属于混合销售，应分别核算货物和建筑服务的销售额，分别适用不同的税率或者征收率。

2. 兼营行为

兼营行为是指纳税人的经营范围既包括销售货物和劳务，又包括销售服务、无形资产或者不动产。

（1）纳税人销售货物、劳务、服务、无形资产或者不动产适用不同税率或者征收率的，应当分别核算适用不同税率或者征收率的销售额，未分别核算销售额的，从高适用税率或者征收率。

（2）纳税人兼营免税减税项目的，应当分别核算免税、减税项目的销售额；未分别核算的，不得减税、免税。

探究与分享

混合销售与兼营的不同点及其税务处理的规定

混合销售与兼营，区别是混合销售强调的是在同一项销售行为中存在着不同类别经营项目的混合，销售货款及服务价款是同时从一个购买方取得的；兼营强调的是在同一纳税人的经营活动中存在着不同类别经营项目，但这不同类别经营项目不是在同一项销售行为中发生。

混合销售与兼营是两个不同的税收概念，因此，在税务处理上的规定也不同。混合销售的纳税主要原则是“按经营主业”划分，分别按照“销售货物”“销售服务”等不同应税交易征收增值税。兼营的纳税原则是分别核算、分别按照适用税率或征收率征收增值税；对兼营行为不分别核算的，从高适用税率或征收率征收增值税。

八、我国增值税的税率

我国增值税采用比例税率形式。为了发挥增值税的中性作用，原则上增值税的税率应该对不同行业不同企业实行单一税率，称为基本税率。实践中为照顾一些特殊行业或产品也增设了低税率档次，对出口产品实行零税率。为了适应增值税纳税人分成两类的情况，故对这两类不同的纳税人又采用了不同的税率和征收率。税率的调整，由国务院决定。

（一）13%税率

纳税人销售货物、劳务、有形动产租赁服务或者进口货物（另有列举的货物除外），适用税率为13%。

（二）9%税率

纳税人销售交通运输、邮政、基础电信、建筑、不动产租赁服务，销售不动产，转让土地使用权，销售或者进口下列货物适用税率为9%。

（1）农产品。农业产品是指种植业、养殖业、林业、牧业、水产业生产的各种植物、动物的初级产品。植物类包括人工种植和天然生长的各种植物的初级产品，具体征税范围包括粮食、蔬菜、烟叶、茶叶、园艺植物、药用植物、油料植物、纤维植物、糖料植物、林业产品、其他植物11项。动物类包括人工养殖和天然生长的各种动物的初级产品，具体征税范围包括水产品、畜牧产品、动物皮张、动物毛绒、其他动物组织5项。具体征税范围详见财政部 国家税务总局关于印发《农业产品征税范围注释》的通知（财税字〔1995〕52号）。

（2）食用植物油。植物油是从植物根、茎、叶、果实、花或胚芽组织中加工提取的油脂。食用植物油仅指芝麻油、花生油、豆油、菜籽油、米糠油、葵花子油、棉籽油、玉米胚油、茶油，胡麻油以及以上述油为原料生产的混合油。皂角、环氧大豆油、氢化植物油不属于食用植物油，肉桂油、桉油、香茅油不属于农业产品的范围应按照13%的税率征收增值税。

（3）食用盐。食用盐是指符合《食用盐》（GB/T 5461—2016）和《食用盐卫生标准》（GB 2721—2003）两项国家标准的食用盐。

（4）自来水、暖气、热水、冷气、煤气、石油液化气、天然气、沼气、居民用煤炭制品。

（5）图书、报纸、杂志、音像制品、电子出版物。

（6）饲料、化肥、农药、农机、农膜。

（7）二甲醚。

（8）国务院及其有关部门规定的其他货物。

（三）6%税率

纳税人销售服务、无形资产以及增值电信服务，除另有规定外适用税率为6%。

（四）零税率

出口货物、劳务或者境内单位和个人跨境销售服务、无形资产、不动产，按照国家有关规定应取得相关资质的国际运输服务项目，航天运输服务，向境外单位提供完全在境外消费的①研发服务；②合同能源管理服务；③设计服务；④广播影视节目（作品）的制作和发行服务；⑤软件服务；⑥电路设计及测试服务；⑦信息系统服务；⑧业务流程管理服务；⑨离岸服务外包业务；⑩转让技术下列服务，税率为零。

九、我国增值税的征收率

《增值税暂行条例》规定，小规模纳税人发生应税销售行为，实行按照销售额和征收率计算应纳税额的简易办法。目前，我国增值税征收率为3%和5%。

增值税小规模纳税人法定征收率为3%，销售不动产、开展不动产租赁、转让土地使用权选择简易计税的，提供劳务派遣服务安全保护服务选择差额纳税的，征收率为5%。

一般纳税人部分应税销售行为选择或适用简易计税方法的也可按此法计算纳税，具体情形如下。

（一）征收率3%

1. 一般纳税人销售生产销售下列货物，可选择按照简易计税方法计税，征收率3%。

（1）县级（含）以下小型水力发电单位生产的电力。小型水力发电单位，是指各类投资主体建设的装机容量为5万千瓦以下（含5万千瓦）的小型水力发电单位。

（2）建筑用和生产建筑材料所用的砂、土、石料。

（3）以自己采掘的砂、土、石料或其他矿物连续生产的砖、瓦、石灰（不含黏土实心砖、瓦）。

（4）用微生物、微生物代谢产物、动物毒素、人或动物的血液或组织制成的生物制品。

（5）自来水。

（6）商品混凝土（仅限于以水泥为原料生产的水泥混凝土）。

（7）寄售商店代销寄售物品（包括居民个人寄售的物品在内）。

（8）典当业销售死当物品。

（9）生产销售和批发、零售罕见病药品及抗癌药。

（10）单采血浆站销售非临床用人体血液。

（11）药品经营企业销售生物制品。

（12）兽用药品经营企业销售兽用生物制品。

上述第（1）项至第（6）项须为纳税人自产货物。

2. 一般纳税人销售下列应税服务的，可选择按简易计税方法计税，征收率3%。

（1）公共交通运输服务。

（2）动漫企业的列明服务，以及在境内转让动漫版权。

（3）电影放映服务、仓储服务、装卸搬运服务、收派服务和文化体育服务。

（4）2016年4月30日前取得的有形动产为标的的物提供的经营租赁服务。

（5）提供非学历教育服务、教育辅助服务。

（6）自 2022 年 3 月 1 日起，从事再生资源回收的增值税一般纳税人销售其收购的再生资源，可以选择适用简易计税方法依照 3% 征收率计算缴纳增值税，或适用一般计税方法计算缴纳增值税。

（7）一般纳税人提供的建筑服务，可以选择简易计税方法计算应纳增值税额，征收率为 3%。

①一般纳税人以清包工方式提供的建筑服务，可以选择适用简易计税方法计税。

以清包工方式提供建筑服务，是指施工方不采购建筑工程所需的材料或只采购辅助材料，并收取人工费、管理费或者其他费用的建筑服务。

②一般纳税人为甲供工程提供的建筑服务，可以选择适用简易计税方法计税。

甲供工程，是指全部或部分设备、材料、动力由工程发包方自行采购的建筑工程。

③一般纳税人销售自产机器设备的同时提供安装服务，应分别核算机器设备和安装服务的销售额，安装服务可以按照甲供工程选择适用简易计税方法计税。

④一般纳税人销售外购机器设备的同时提供安装服务，如果已经按照兼营的有关规定，分别核算机器设备和安装服务的销售额，安装服务可以按照甲供工程选择适用简易计税方法计税。

⑤一般纳税人为建筑工程老项目提供的建筑服务，可以选择适用简易计税方法计税。

建筑工程老项目是指《建筑工程施工许可证》注明的合同开工日期在 2016 年 4 月 30 日以前的建筑工程项目；未取得《建筑工程施工许可证》的，建筑工程承包合同注明的开工日期在 2016 年 4 月 30 日以前的建筑工程项目。

⑥一般纳税人跨县（市）提供建筑服务，选择适用简易计税方法计税的，应以取得的全部价款和价外费用扣除支付的分包款后的余额为销售额，按照 3% 的征收率计算应纳税额。

（二）征收率 5%

（1）一般纳税人销售不动产或经营租赁不动产，选择简易计税方法计税的。

（2）一般纳税人 2016 年 4 月 30 日前签订的不动产融资租赁合同，或以 2016 年 4 月 30 日前取得的不动产提供的融资租赁服务，选择适用简易计税方法的。

（3）房地产开发企业的一般纳税人销售自行开发的房地产老项目，选择适用简易计税方法的。

（4）纳税人转让 2016 年 4 月 30 日前取得的土地使用权，可以选择适用简易计税方法，以取得的全部价款和价外费用减去取得该土地使用权的原价后的余额为销售额，按照 5% 的征收率计算缴纳增值税。

（5）一般纳税人提供人力资源外包服务，选择适用简易计税方法。

（6）纳税人提供劳务派遣服务、安全保护服务（含提供武装守护押运服务），选择差额纳税的。

（三）征收率特殊规定

对于一些特定应税销售行为，我国税法规定按上述两种征收率减征。

（1）向个人出租住房，应按照 5% 的征收率减按 1.5% 计算应纳税额。

（2）纳税人销售自己使用过的固定资产或旧货，依3%的征收率减按2%征收增值税。具体规定如下：

①纳税人（包括一般纳税人和小规模纳税人）销售旧货。旧货，是指进入二次流通的具有部分使用价值的货物（含旧汽车、旧摩托车和旧游艇），但不包括自己使用过的物品。

②小规模纳税人（不含其他个人）销售自己使用过的固定资产。

③一般纳税人销售自己使用过的其按规定不得抵扣且未抵扣进项税额的固定资产的。使用过固定资产，是指纳税人符合《营业税改征增值税试点实施办法》第二十八条规定并根据财务会计制度已经计提折旧的固定资产，不包含不动产。

税收与民生

减税降费　助力市场主体纾困发展

为贯彻落实党中央、国务院决策部署，推进增值税实质性减税，我国自2017年7月1日起多次下调增值税一般纳税人适用税率，自2019年4月1日起，我国增值税采用13%、9%、6%三档税率和零税率形式。2017年7月1日以后我国增值税税率调整情况如表2-8所示。

表2-8

项目		2017年7月1日	2018年5月1日	2019年4月1日	2019年4月1日后
销售或者进口货物（另有列举的货物除外）；销售劳务		17%	17%→16%	16%→13%	13%
销售或进口农产品（含粮食）、自来水、暖气、石油液化气、天然气、食用植物油、冷气、热水、煤气、居民用煤炭制品、食用盐、农机、饲料、农药、农膜、化肥、沼气、二甲醚、图书、报纸、杂志、音像制品、电子出版物及国务院规定的其他货物		13%→11%	11%→10%	10%→9%	9%
交通运输服务、邮政服务		11%	11%→10%	10%→9%	9%
电信服务	基础电信服务	11%	11%→10%	10%→9%	9%
	增值电信服务	6%			
建筑服务、销售不动产、转让土地使用权		11%	11%→10%	10%→9%	9%
金融服务、生活服务、销售无形资产		6%			
现代服务	有形动产租赁服务	17%	17%→16%	16%→13%	13%
	不动产租赁服务	11%	11%→10%	10%→9%	9%
	上述两项以外的现代服务	6%			

注：本表依据2024年12月31日前相关政策整理。

十、增值税应纳税额的计税方法

增值税的计税方法，包括一般计税方法、简易计税方法。

（一）一般计税方法

增值税一般计税方法，我国采用的是间接计算法，即国际上通行的购进扣税法。对纳税人发生的销售额征税，同时纳税人购进项目所含进项税额可以抵扣。当期销项税额抵扣当期进项税额后的余额为应纳增值税额。应纳税额计算公式：

其计算公式是：

应纳税额 = 当期销项税额 - 当期进项税额

当期销项税额小于当期进项税额不足抵扣时，其不足部分可以结转下期继续抵扣或留抵退税。

一般纳税人发生应税销售行为，除适用简易计税方法的，均应采用一般计税方法计算缴纳增值税。

（二）简易计税法

简易计税法，是指纳税人销售货物，劳务，服务、无形资产和不动产，按简易方法计算，即按销售额和规定的征收率计算应纳税额，不得抵扣进项税额。

为方便小规模纳税人，减轻小规模纳税人的征税成本，我国对小规模纳税人采用简易计税方法，一般纳税人发生特定销售行为，也可以选择简易计税方法计税。

其应纳税额的计算公式：

应纳税额 = 当期销售额（不含税）× 征收率

项目二 增值税应纳税额计算

一、一般计税法应纳税额的计算

（一）销项税额的计算

销项税额是指纳税人销售货物、劳务、服务、无形资产或者不动产，按照销售额和税法规定的税率计算并向购买方收取的增值税税额。销项税额是相对于进项税额来说的，其计算公式为：

销项税额 = 销售额 × 适用税率

或　　销项税额 = 组成计税价格 × 税率

1. 销售额的一般确定

销售额是指纳税人销售货物、劳务、服务、无形资产或不动产向购买方收取的全部价款和价外费用，但是不包括收取的销项税额。具体来说，应税销售额包括以下内容：

（1）销售货物、劳务服务、无形资产、不动产向购买方收取的全部价款。

（2）向购买方收取的各种价外费用。具体包括手续费、补贴、基金、集资费、返还利润、奖励费、违约金、滞纳金、延期付款利息、赔偿金、代收款项、代垫款项、包装费、包装物租金、储备费、优质费、运输装卸费以及其他各种性质的价外收费。但价外费用不包括下列项目：

①受托加工应征消费税的消费品所代收代缴的消费税。

②同时符合以下条件的代垫运输费用：承运部门的运输费用开票开具给购买方，并且由纳税人将该项发票转交给购买方的。

③代为收取的同时满足以下条件的政府性基金或者行政事业性收费：由国务院或者财政部批准设立的政府性基金，由国务院或者省级人民政府及其财政、价格主管部门批准设立的行政事业性收费；收取时开具省级以上财政部门印制的财政票据；所收款项全额上缴财政。

④销售货物的同时代办保险等而向购买方收取的保险费，以及向购买方收取的代购买方缴纳的车辆购置税、车辆牌照费。

（3）消费税税金。由于消费税属于价内税，因此，凡征收消费税的货物在计征增值税额时，其应税销售额应包括消费税税金。

（4）自2020年1月1日起，纳税人取得的财政补贴收入，与其销售货物、劳务、服务、无形资产、不动产的收入或者数量直接挂钩的，应按规定计算缴纳增值税。纳税人取得的其他情形的财政补贴收入，不属于增值税应税收入，不征收增值税。

【做中学6】 下列各项中，应计入增值税的应税销售额的有（　　）。

A. 向购买者收取的包装物租金

B. 向购买者收取的销项税额

C. 因销售货物向购买者收取的手续费

D. 受托加工应征消费税的消费品所代收代缴的消费税

【正确答案】 AC

【答案解析】 本题考核增值税应税销售额。销售额是指纳税人销售货物或者提供应税劳务向购买方收取的全部价款和价外费用，但是不包括收取的销项税额。价外费用包括包装物租金，受托加工应征消费税的消费品所代收代缴的消费税不包括在销售额内。

2. 含税销售额的换算

现行增值税实行价外税，即纳税人向购买方销售货物、劳务、服务、无形资产、不动产所收取的价款中不应包含增值税税款，价款和税款在增值税专用发票上分别注明。一部分纳税人（包括一般纳税人和小规模纳税人）在销售货物、劳务、服务、无形资产、不动产时，将价款和税款合并定价，发生销售额和增值税额合并收取的情况。

在这种情况下，就必须将含税销售额换算成不含税销售额，作为增值税的税基。其换算公式如下：

$$不含税销售额 = 含税销售额 \div (1 + 税率)$$

探究与分享

销售价款是否含税可以通过以下方式判断：

1. 通过看发票来判断：通常增值税普通发票中注明的价款一般是含税价格，增值税专用发票中记载的“价格”一定是不含税价格。

2. 通过行业判断：最终消费环节价格一般是含税价（如商城向消费者销售的零售价、生活服务价等）。

3. 通过业务判断：纳税人销售货物同时收取的价外费用或逾期包装物押金收入等一般视为含税收入。

【做中学·计算题1】 甲公司为增值税一般纳税人，本月销售产品一批，取得不含税销售额10万元，同时向对方收取包装物租金1 130元，已知增值税税率为13%，则甲公司本月增值税销项税额。

【答案】 甲公司本月增值税销项税额 = 100 000 × 13% + 1 130 ÷ (1 + 13%) × 13% = 13 130（元）

【答案解析】 销售额是指纳税人销售货物或者提供应税劳务向购买方收取的全部价款和价外费用。包装物租金属于价外费用，应换算为不含税销售额计税。

【做中学·计算题2】 某书店是增值税一般纳税人，6月销售图书取得含税销售额9.81万元。根据增值税法律制度的规定，则该书店此项业务的增值税销项额。

【答案】 该书店此项业务的增值税销项额 = 9.81 ÷ (1 + 9%) × 9% = 0.81（万元）

【答案解析】 图书适用低税率9%货物。

3. 特殊销售方式下的销售额

在市场竞争过程中，为了扩大销售、占领市场，纳税人会采取某些特殊、灵活的销售方式，这些特殊销售方式及销售额的确定方法如下：

(1) 采取折扣方式销售。折扣销售是指销货方销售货物、提供应税劳务，销售服务、无形资产或者不动产时，因购货方购货数量较大等原因而给予购货方的价格优惠（如：购买5件，销售价格折扣10%；购买10件，售价折扣20%等）。纳税人采取折扣方式销售货物，如果销售额和折扣额在同一张发票上的“金额”栏分别注明的，可按折扣后的销售额征收增值税；未在同一张发票“金额”栏注明折扣额，而仅在发票的“备注”栏注明折扣额的，折扣额不得从销售额中减除。

这里需要解释的是：

第一，折扣销售不同于销售折扣。销售折扣是指销货方在销售货物或提供应税劳务和应税服务后，为了鼓励购货方及早偿还货款而协议许诺给予购货方的一种折扣优待（如现金折扣为2/10，1/20，N/30，即10天内付款，货款折扣2%；20天内付款，折扣1%；30天内全价付款）。销售折扣发生在销货之后，是一种融资性质的理财费用，因此，销售折扣不得从销售额中减除。企业在确定销售额时应把折扣销售与销售折扣严格区分开。

第二，销售折扣又不同于销售折让。销售折让是指货物销售后，由于其品种、质量等原因引起销售额的减少，即销货方给予购货方未予退货状况下的价格折让。销售折让可以通过开具红字增值税专用发票从销售额中减除，未按规定开具红字增值税专用发票的，不得扣减销项税额或销售额。

第三，折扣销售仅限于货物价格的折扣，如果销货者将自产、委托加工和购买的货物用于实物折扣的，则该实物款额不能从货物销售额中减除，且该实物应按增值税条例“视同销售货物”中的“赠送他人”计算征收增值税。

【做中学·计算题3】甲企业是增值税一般纳税人，向乙商场销售服装1 000件，每件不含税价格为80元。由于乙商场购买量大，甲企业按原价7折优惠销售，乙商场付款后，甲企业为乙商场开具的发票上分别注明了销售额和折扣额，则甲企业此项业务的增值税销项税额多少。

【答案】销项税额＝1 000×80×70%×13%＝7 280（元）。

【答案解析】纳税人采取折扣方式销售货物，如果销售额和折扣额在同一张发票上分别注明的，可按折扣后的销售额征收增值税。

【做中学·计算题4】甲企业是增值税一般纳税人，向乙商场销售服装1 000件，每件不含税价格为80元。由于乙商场购买量大，甲企业按原价7折优惠销售，并提供“2/10，n/20的销售折扣。乙商场10日内付款后，甲企业为乙商场开具的发票上分别注明了销售额和折扣额，则甲企业此项业务的增值税销项税额多少。

【答案】销项税额＝1 000×80×70%×13%＝7 280（元）。

【答案解析】纳税人采取折扣方式销售货物，并同时提供了销售折扣。按要求，销售折扣56 000×2%＝1 120（元）是不能从销售额中扣减的。

【做中学·计算题5】甲公司是增值税一般纳税人，6月18日销售一批商品，售价为60 000元，增值税为9 600元，尚未开具增值税专用发票。货到后买方发现商品质量与合同要求不一致，要求给予价款5%的折让，甲公司同意给予折让。则甲公司该项业务的增值税销项税额多少？

【答案】销项税额＝60 000×（1－5%）×13%＝7 410（元）。

【答案解析】销售折让是由于货物的品种和质量引起销售额的减少，因此，对销售折让可以按折让后的货款为销售额。

（2）采取以旧换新方式销售。以旧换新销售，是纳税人在销售过程中，折价收回同类旧货物，并以折价款部分冲减货物价款的一种销售方式。税法规定，采取以旧换新方式销售货物的（金银首饰除外），应按新货物的同期销售价格确定销售额，不得扣减旧货物的收购价格。考虑到金银首饰以旧换新业务的特殊情况，对金银首饰以旧换新业务，可以按销售方实际收取的不含增值税的全部价款征收增值税。

【做中学·计算题6】甲公司为增值税一般纳税人，本月采用以旧换新的方式零售冰箱50台，冰箱每台售价2 000元（含税），同时收到旧冰箱50台，每台折价200元，实际收到销售款9万元，已知甲公司适用的增值税税率为13%，请计算甲公司本月销售冰箱的增值税销项税额。

【答案】销项税额＝50×2 000÷（1＋13%）×13%＝11 504.42（元）。

【答案解析】采取以旧换新方式销售货物的，应按新货物的同期销售价格确定销售额，不得扣减旧货物的收购价格，又零售价是含税价，要换算为不含税销售额。

【做中学·计算题7】 某金店是增值税一般纳税人，5月采取以旧换新方式销售纯金项链10条，每条新项链的不含税销售额为4 000元，收购旧项链的不含税金额为每条2 000元。该笔业务的销项税额为多少？

【答案】 应缴纳增值税 =（4 000 - 2 000）×10×13% =2 600（元）。

【答案解析】 对金银首饰以旧换新业务，应按照销售方实际收取的不含增值税的全部价款征收增值税。

（3）采取还本销售方式销售。还本销售是指纳税人在销售货物后，按约定的时间，一次或分次将购货款部分或全部退还给购货方，退还的货款即为还本支出。税法规定，采取还本销售方式销售货物，其销售额就是货物的销售价格，不得从销售额中减除还本支出。

【做中学·计算题8】 A企业生产销售甲产品，每件制造成本1 000元，市场上同类商品售价为1 500元/件。6月采用还本销售方式销售甲产品100件，售价为1 800元/件，5个月后全额一次还本，增值税税率为13%。计算此项业务销项税额。

【答案】 销项税额 =1 800×100×13% =23 400（元）。

（4）采取以物易物方式销售。以物易物是一种较为特殊的购销活动，是指购销双方不是以货币结算，而是以同等价款的货物相互结算，实现货物购销的一种方式。在实务中，以物易物双方都应作购销处理，以各自发出的货物核算销售额并计算销项税额，以各自收到的货物按规定核算购货额并计算进项税额。应注意，在以物易物活动中，应分别开具合法的票据，如收到的货物不能取得相应的增值税专用发票或其他增值税扣税凭证的，不能抵扣进项税额。

【做中学·计算题9】 A卷烟厂销售卷烟400箱给各专卖店，取得不含税销售收入800万元；以价值80万元（不含税）的卷烟40箱换回B建材公司的装饰材料，用于本厂办公楼建设，计算确定A卷烟厂的销项税额。

【答案】 销项税额 =800×13% +80×13% =114.4（万元）。

4. 包装物押金的税务处理

包装物是指纳税人包装本单位货物的各种物品。根据税法规定，纳税人为销售货物而出租出借包装物收取的押金，单独记账核算的，时间在1年以内，又未过期的，不并入销售额征税，但对因逾期未收回包装物不再退还的押金，应按所包装货物的适用税率计算销项税额。

在上述规定中，“逾期”是指按合同约定实际逾期或以1年为期限，对收取1年以上的押金，无论是否退还均并入销售额征税。当然，押金属于含税收入，应先将该押金换算为不含税销售额，再并入销售额征税。包装物押金不应混同于包装物租金，包装物租金在销货时作为价外费用并入销售额计算销项税额。

对销售除啤酒、黄酒以外的其他酒类产品而收取的包装物押金，无论是否返还以及会计上如何核算，均应并入当期销售额征税。

【做中学·多选题】 根据《增值税暂行条例》的规定下列关于包装物的增值税处理正确的有（　　）。

A. 出租包装物的租金一律在收取时作为价外费用并入销售额计征增值税

B. 一般货物包装物押金一律在收取时作为价外费用并入销售额计征增值税

C. 白酒包装物押金一律在收取时作为价外费用并入销售额计征增值税

D. 啤酒包装物押金一律在收取时作为价外费用并入销售额计征增值税

【正确答案】 AC

【答案解析】 本题考核包装物的增值税处理。一般货物包装物押金逾期未收回时计征增值税。除啤酒、黄酒外的其他酒类产品而收取的包装物押金，无论是否返以及会计上如何核算，均应并入当期销售额征收增值税。

【做中学·计算题10】 某酒厂202×年6月销售粮食白酒和啤酒给副食品公司，其中白酒开具增值税专用发票，收取不含税价款80 000元，另外收取包装物押金3 600元；啤酒开具普通发票，收取的价税合计款51 000元，另外收取包装物押金2 340元。副食品公司按合同约定，于当年12月将白酒、啤酒包装物全部退还给酒厂，并取回全部押金。就此项业务，该酒厂6月计算的增值税销项税额应为多少？

【答案】 销项税额 = [80 000 + 3 600 ÷ (1 + 13%) + 51 000 ÷ (1 + 13%)] × 13% = 16 681.42（元）

【答案解析】 销售除啤酒、黄酒以外的其他酒类产品收取的包装物押金，无论是否返还以及会计上如何核算，均应并入当期销售额征税。销售啤酒、黄酒所收取的包装物押金，按销售货物而出租出借包装物的押金处理。

5. 销售额的特殊规定——差额征税销售额

现行增值税政策规定，增值税的销售额为纳税人发生应税销售行为收取的全部价款和价外费用。目前，仍然有无法通过抵扣机制避免重复征税的情况存在，因此出现销售额的特殊规定，引入了差额征税的办法，以下项目采用差额征税：

（1）金融商品转让服务。按照卖出价扣除买入价后的余额为销售额。若相抵后出现负差，可结转下一纳税期与下期转让金融商品销售额相抵，但年末时仍出现负差，不得转入下一个会计年度。

【做中学·单选题】 某企业为增值税一般纳税人，202×年5月买入A上市公司股票，买入价380万元，支付手续费0.084万元。当月卖出其中的50%，发生买卖负差20万元。2023年6月，卖出剩余的50%，卖出价300万元，支付手续费0.06万元，印花税0.2万元。该企业202×年6月应缴纳增值税（　　）万元。（以上价格均为含税价格）

A. 3.00　　B. 3.38　　C. 2.81　　D. 2.83

【正确答案】 D

【答案解析】 金融商品转让，按照卖出价扣除买入价后的余额为销售额，转让金融商品出现的正负差，按盈亏相抵后的余额为销售额。

该企业202×年6月应缴纳增值税 = (300 − 380 × 50%—20) ÷ (1 + 6%) × 6% = 5.09（万元）

（2）经纪代理服务。以取得的全部价款和价外费用，扣除向委托方收取并代为支付的政府性基金或者行政事业性收费后的余额为销售额。向委托方收取的政府性基金或者行政事业性收费，不得开具增值税专用发票。

（3）纳税人提供人力资源外包服务。按照经纪代理服务缴纳增值税，其销售额不包括受客户单位委托代为向客户单位员工发放的工资和代理缴纳的社会保险费、住房公积金。向委托方收取并代为发放的工资和代理缴纳的社会保险费、住房公积金，不得开具增值税专用发票，可以开具增值税普通发票。

（4）航空运输企业的销售额。不包括代收的机场建设费和代售其他航空运输企业客票而代收转付的价款。

（5）一般纳税人提供客运场站服务。以取得的全部价款和价外费用，扣除支付给承运方运费后的余额为销售额。

（6）纳税人提供旅游服务。可以选择以取得的全部价款和价外费用，扣除向旅游服务购买方收取并支付给其他单位或者个人的住宿费、餐饮费、交通费、签证费、门票费和支付给其他接团旅游企业的旅游费用后的余额为销售额。

【做中学·计算题 11】 某旅游公司为增值税一般纳税人，202×年7月取得旅游费收入共计600万元，其中向境外旅游公司支付境外旅游费55万元，向境内其他单位支付旅游交通费50万元，住宿费22万元，门票费18万元，签证费2万元。支付本单位导游餐饮住宿费共计2.2万元，旅游公司选择按照扣除支付给其他单位相关费用后的余额为计税销售额，并开具普通发票（以上全额均含税）。

【正确答案】 应纳增值税额 $=(600-55-50-22-18-2)\div(1+6\%)\times6\%=25.64$（万元）

（7）一般纳税人提供劳务派遣服务。也可以选择差额纳税，以取得的全部价款和价外费用，扣除代用工单位支付给劳务派遣员工的工资、福利和为其办理社会保险及住房公积金后的余额为销售额。

（8）房地产开发企业中的一般纳税人销售其开发的房地产项目（选择简易计税方法的房地产老项目除外），以取得的全部价款和价外费用，扣除受让土地时向政府部门支付的土地价款后的余额为销售额。“向政府部门支付的土地价款”包括土地受让人向政府部门支付的征地和拆迁补偿费用、土地前期开发费用和土地出让收益等。

（9）纳税人提供建筑服务适用简易计税方法的，以取得的全部价款和价外费用扣除支付的分包款后的余额为销售额。

（10）融资租赁和融资性售后回租。融资租赁以取得的全部价款和价外费用，扣除支付的借款利息、发行债券利息和车辆购置税后的余额为销售额；融资性售后回租服务，以取得的全部价款和价外费用，扣除对外支付的借款利息、发行债券利息后的余额为销售额。

（11）一般纳税人转让其2016年4月30日前取得（不含自建）的不动产，可以选择适用简易计税方法计税，以取得的全部价款和价外费用扣除不动产购置原价或者取得不动产时的作价后的余额为销售额，向不动产所在地主管税务机关预缴税款，并按照5%的征收率计算应纳税额，向机构所在地主管税务机关申报纳税。选择适用一般计税方法计税的，以取得的全部价款和价外费用扣除不动产购置原价或者取得不动产时的作价后的余额，按照5%的预征率向不动产所在地主管税务机关预缴税款，以取得的全部价款和价外费用为销售额计算应纳税额，向机构所在地主管税务机关申报纳税。

（12）个人将购买2年以上（含2年）的非普通住房对外销售，以取得的全部价款和价外费用扣除购买住房价款后的余额为销售额。个人是指个体工商户和其他个人。

6. 视同销售行为销售额的确定

视同销售行为是增值税税法规定的特殊销售行为。由于视同销售行为一般不以资金形式反映出来，因而会出现视同销售而无销售额的情况。根据《增值税暂行条例》，纳税人发生应税行为价格明显偏低或者偏高且不具有合理商业目的的，或者发生视同销售行为而无销售额的，主管税务机关按照下列顺序核定其计税销售额：

（1）按照纳税人最近时期销售同类货物、服务、无形资产或者不动产的平均价格确定。

（2）按照其他纳税人最近时期销售同类货物服务、无形资产或者不动产的平均价格确定。

（3）用以上两种方法均不能确定其销售额的情况下，可按组成计税价格确定销售额。组成计税价格的公式为：

$$组成计税价格 = 成本 \times (1 + 成本利润率)$$

属于应征收消费税的货物，其组成计税价格应加计消费税税额。其组成计税价格公式为：

$$组成计税价格 = 成本 \times (1 + 成本利润率) + 消费税税额$$

或：

$$组成计税价格 = 成本 \times (1 + 成本利润率) \div (1 - 消费税税率)$$

公式中的“成本”分两种情况：属于销售自产货物的为实际生产成本；属于销售外购货物的为实际采购成本。

货物“成本利润率”为10%。但属于应征收消费税的货物，其组成计税价格公式中的成本利润率，为消费税政策中规定的成本利润率（详见本书项目三消费税计算与申报）。成本利润率由国家税务总局确定。

【做中学·计算题12】 甲公司为增值税一般纳税人，本月将一批新研制的产品赠送给老顾客使用，甲公司并无同类产品销售价格，其他公司也无同类货物，已知该批产品的生产成本为10万元，成本利润率为10%，则甲公司本月视同销售的增值税销项税额为多少？

【答案】 本月视同销售的增值税销项税额 $=100\,000 \times (1+10\%) \times 13\% =14\,300$（元）。

7. 混合销售的销售额确定

从事货物的生产、批发或者零售的单位和个体工商户（包括以从事货物的生产、批发或者零售为主，并兼营销售服务的单位和个体工商户）的混合销售行为，按照销售货物缴纳增值税；其他单位和个体工商户的混合销售行为，按照销售服务缴纳增值税。

根据《营业税改征增值税试点实施办法》相关规定，混合销售的销售额为货物的销售额与服务销售额的合计。

【做中学·多选题】 下列业务属于增值税混合销售的有（　　）。

A. 手机制造商销售手机，出租仓库

B. 软件公司销售软件并同时收取安装费、培训费

C. 房地产开发公司销售房产，转让自用过二手车

D. 餐厅为现场餐饮消费的顾客提供销售香烟

E. 服装厂为航空公司设计并制作工作服

【答案】 BDE

8. 兼营销售额的确定

纳税人兼营销售货物、劳务、服务、无形资产或者不动产，适用不同税率或者征收率的，应当分别核算适用不同税率或者征收率的销售额；未分别核算的，从高适用税率。

纳税人兼营免税、减税项目的，应当分别核算免税、减税项目的销售额；未分别核算的，不得免税、减税。

9. 纳税人销售自己使用过的固定资产或旧货

纳税人销售自己使用过的固定资产或旧货适用按照简易办法依3%征收率减按2%征收增值税政策的，按下列公式确定销售额：

$$销售额 = 含税销售额 \div (1+3\%)$$

10. 销售二手车

自2020年5月1日至2023年12月31日，从事二手车经销的纳税人销售其收购的二手车，由原按照简易办法依3%征收率减按2%征收增值税，改为减按0.5%征收增值税，并按下列公式计算销售额：

$$销售额 = 含税销售额 \div (1+0.5\%)$$

二手车是指从办理完注册登记手续至达到国家强制报废标准之前进行交易并转移所有权的车辆。

（二）进项税额的计算

纳税人购进货物、劳务、服务、无形资产或者不动产，支付或者负担的增值税额，为进项税额。进项税额是与销项税额相对应的概念。在开具增值税专用发票的情况下，它们之间的对应关系是，销售方收取的销项税额，就是购买方支付的进项税额。

1. 准予从销项税额中抵扣的进项税额

根据《中华人民共和国增值税暂行条例》的规定，准予从销项税额中抵扣的进项税额，限于下列增值税扣税凭证上注明的增值税税额和按规定的扣除率计算的进项税额。

（1）从销售方或者提供方取得的增值税专用发票（含税控机动车销售统一发票，下同）上注明的增值税额。

（2）从海关取得的海关进口增值税专用缴款书上注明的增值税额。

（3）自境外单位或个人购进劳务、服务、无形资产或者境内的不动产，从税务机关或者代扣代缴义务人取得的代扣代缴税款的完税凭证上注明的增值税额。

（4）纳税人购进国内旅客运输服务未取得增值税专用发票准予扣除的进项税额确定。

①取得增值税电子普通发票的，以发票上注明的税额为进项税额。

②取得注明旅客身份信息的航空运输电子客票行程单的，为按照下列公式计算进项税额：

$$航空旅客运输进项税额 = (票价 + 燃油附加费) \div (1+9\%) \times 9\%$$

③取得注明旅客身份信息的铁路车票的，为按照下列公式计算的进项税额：

$$铁路旅客运输进项税额 = 票面金额 \div (1+9\%) \times 9\%$$

④取得注明旅客身份信息的公路、水路等其他客票的，按照下列公式计算进项税额：

公路、水路等其他旅客运输进项税额＝票面金额÷（1＋3%）×3%

国内旅客运输服务，限于与本单位签订了劳动合同的员工，以及本单位作为用工单位接受的劳务派遣员工发生的国内旅客运输服务。

（5）纳税人支付的道路、桥、闸通行费抵扣进项税额。

①纳税人支付的道路通行费，按照收费公路通行费增值税电子普通发票上注明的增值税额抵扣进项税额。

②纳税人支付的桥、闸通行费，暂凭取得的通行费发票上注明的收费金额，按照下列公式计算可抵扣的进项税额：

桥、闸通行费可抵扣进项税额＝桥、闸通行费发票上注明的金额÷（1＋5%）×5%

通行费是指有关单位依法或者依规设立并收取的过路、过桥和过闸费用。

（6）购进农产品进项税额的扣除。

①纳税人购进农产品，取得一般纳税人开具的增值税专用发票或海关进口增值税专用缴款书的，以增值税专用发票或海关进口增值税专用缴款书上注明的增值税额为进项税额。

②从农业生产者手中收购自产免税农产品，取得（开具）农产品销售发票或收购发票的，以农产品销售发票或收购发票上注明的农产品买价和9%的扣除率计算进项税额。

③从按照简易计税方法依照3%征收率计算缴纳增值税的小规模纳税人购进农产品，取得增值税专用发票的，以增值税专用发票上注明的金额和9%的扣除率计算进项税额。

④纳税人购进用于生产或委托加工13%税率货物的农产品，按照10%的扣除率计算进项税额。其中，9%是凭票据实抵扣或凭票计算抵扣进项税额，1%是在生产领用农产品当期加计抵扣进项税额。

加计扣除农产品进项税额＝当期生产领用农产品已按规定扣除率（税率）抵扣税额÷扣除率（税率）×1%

购买农产品的买价，包括纳税人购进农产品在农产品收购发票或者销售发票上注明的价款和按规定缴纳的烟叶税。销售发票是指农业生产者销售自产农产品适用免征增值税政策而开具的普通发票。纳税人从批发、零售环节购进适用免征增值税政策的蔬菜、部分鲜活肉蛋而取得的普通发票，不得作为计算抵扣进项税额的凭证。

【做中学·计算题13】某增值税一般纳税人购进玉米一批，支付给某农业开发基地收购价格为100 000元，开具农产品收购发票，并支付不含税运费3 000元，取得货运企业开具的增值税专用发票，则该项业务准予抵扣的进项税额为多少？

【答案】准予抵扣的进项税＝100 000×9%＋3 000×9%＝9 270（元）

【解析】从农业生产者手中收购自产免税农产品，取得（开具）农产品收购发票的，以农产品收购发票上注明的农产品买价和9%的扣除率计算进项税额。购进交通运输服务，取得增值税专用发票的，按增值税专用发票上的税额确定进项税额抵扣。

⑤自2012年7月1日起，以购进农产品为原料生产销售液体乳及乳制品、酒及酒精、植物油的增值税一般纳税人，纳入农产品增值税进项税额核定扣除试点范围，其购进农产品无论是否用于生产上述产品，增值税进项税额均按照《农产品增值税进项税额核定扣除试点实施办法》（财税〔2012〕38号附件1）有关规定抵扣。

（7）自2018年1月1日起，纳税人租入固定资产、不动产，既用于一般计税方法计税项目，又用于简易计税方法计税项目、免征增值税项目、集体福利或个人消费的，其进项税额准予从销项税额中全额抵扣。

探究与分享

进项税额抵扣期限

自2020年3月1日起，增值税一般纳税人取得2017年1月1日及以后开具的增值税专用发票、海关进口增值税专用缴款书、机动车销售统一发票、收费公路通行费增值税电子普通发票，取消认证确认、稽核比对、申报抵扣的期限。

纳税人在进行增值税纳税申报时，应当通过本省（自治区、直辖市和计划单列市）增值税发票综合服务平台（实施数字化电子发票的企业在税务数字账户中）对上述扣税凭证信息进行用途确认。

2. 加计抵减进项税额政策

（1）自2023年1月1日至2023年12月31日允许生产性服务业纳税人按照当期可抵扣进项税额加计5%抵减应纳税额（以下称加计抵减政策）。生产性服务业纳税人，是指提供邮政服务、电信服务、现代服务、生活服务（以下称四项服务）取得的销售额占全部销售额的比重超过50%的纳税人。允许生活性服务业纳税人按照当期可抵扣进项税额加计10%抵减应纳税额。生活性服务业纳税人，是指提供生活服务取得的销售额占全部销售额的比重超过50%的纳税人。

纳税人确定适用加计抵减政策后，当年内不再调整，以后年度是否适用，根据上年度销售额计算确定。

（2）自2023年1月1日至2027年12月31日，允许集成电路设计、生产、封测、装备、材料企业（以下简称集成电路企业），按照当期可抵扣进项税额加计15%抵减应纳增值税税额。

（3）自2023年1月1日至2027年12月31日，允许先进制造业企业按照当期可抵扣进项税额加计5%抵减应纳增值税税额。先进制造业企业是指高新技术企业（含所属的非法人分支机构）中的制造业一般纳税人，高新技术企业是指按照《科技部财政部国家税务总局关于修订印发〈高新技术企业认定管理办法〉的通知》（国科发火〔2016〕32号）规定认定的高新技术企业。先进制造业企业具体名单，由各省、自治区、直辖市、计划单列市工业和信息化部门会同同级科技、财政、税务部门确定。

（三）进项税额不得抵扣情形

1. 按《中华人民共和国增值税暂行条例》规定，下列项目的进项税额不得从销项税额中抵扣，具体如下：

（1）用于简易计税方法计税项目、免征增值税项目、集体福利或者个人消费的购进货物、劳务、服务、无形资产和不动产。其中涉及固定资产、无形资产、不动产，仅指专用于上述项目的固定资产、无形资产（不包括其他权益性无形资产）、不动产。

纳税人的交际应酬消费属于个人消费。

（2）非正常损失的购进货物以及相关的劳务和交通运输服务。所称非正常损失，是指因管理不善造成被盗、丢失、霉烂变质以及因违反法律法规造成货物或不动产被执法部门依法没收、销毁或者拆除的情形。自然灾害和正常损耗的，其进项税额可抵扣。

（3）非正常损失的在产品或产成品所耗用的购进货物（不包括固定资产）、劳务和交通运输服务。

（4）非正常损失的不动产，以及该不动产所耗用的购进货物、设计服务和建筑服务。

（5）非正常损失的不动产在建工程所耗用的购进货物、设计服务和建筑服务。纳税人新建、改建、扩建、修缮、装饰不动产，均属于不动产在建工程。

（6）购进的贷款服务、餐饮服务、居民日常服务和娱乐服务。

（7）纳税人接受贷款服务向贷款方支付的与该笔贷款直接相关的投融资顾问费、手续费、咨询费等费用，其进项税额不得从销项税额中抵扣。

（8）财政部和国家税务总局规定的其他情形。

【做中学·单选题】根据增值税法律制度的规定，增值税一般纳税人的下列行为涉及的进项税额准予抵扣的是（　　）。

A. 将购进货物用于简易计税项目

B. 将购进货物用于职工福利

C. 将购进货物用于生产应税产品

D. 将购进货物用于奖励职工

【正确答案】C

【答案解析】本题考核增值税进项税额的准予扣除项目。根据规定，下列项目的进项税额不得从销项税额中抵扣：用于简易计税项目、免征增值税项目、集体福利或者个人消费的购进货物或者应税劳务。

【做中学·多选题】根据增值税法律制度的规定，企业下列项目的进项税额不得从销项税额中抵扣的有（　　）。

A. 不动产在建工程使用的外购物资

B. 生产应税产品购入的原材料

C. 因管理不善变质的库存购进商品

D. 因管理不善被盗的产成品所耗用的购进原材料

【正确答案】CD

【答案解析】本题考核进项税额不得抵扣的规定。非正常损失的购进货物及相关的应税劳务不得抵扣进项税额。非正常损失，是指因管理不善造成被盗、丢失、霉烂变质的损失，因此选项C和D当选。

【做中学·计算题14】某增值税一般纳税人购进玉米一批，支付给某农业开发基地收购价格为100 000元，开具农产品收购发票，并支付不含税运费3 000元，取得货运企业开具的增值税普通发票；验收入库后，因管理人员保管不善损失1/4，则该项业务转出的进项税额为多少？

【答案】转出的进项税额 = 100 000 × 9% × 1/4 = 2 250（元）

【解析】购进免税农产品准予按买价计算抵扣，运费由于取得普通发票，所以进项税不得抵扣，对于非正常损失，按规定进项税额转出。

【做中学·计算题15】 某商业企业月初购进一批饮料，取得专用发票上注明价款100 000元，税金13 000元，发票已通过认证，另支付运输企业不含税运输费1 000元，取得一般纳税人开具的增值税专用发票。月末将其中的8%作为福利发给职工，则本月不得抵扣的进项税为多少？

【答案解析】 不得抵扣的进项税额 =（13 000 + 1 000 × 9%）× 8% = 1 047.2（元）

2. 有下列情形之一者，应按销售额依照增值税税率计算应纳税额，不得抵扣进项税额，也不得使用增值税专用发票：

（1）一般纳税人会计核算不健全，或者不能够提供准确税务资料的。

（2）除另有规定外，纳税人销售额超过小规模纳税人标准，未申请办理一般纳税人认定或登记手续的。

3. 纳税人取得的增值税扣税凭证不符合法律、行政法规或者国家税务总局有关规定的，其进项税额不得从销项税额中抵扣。

纳税人凭完税凭证抵扣进项税额的，应当具备书面合同、付款证明和境外单位的对账单或者发票。资料不全的，其进项税额不得从销项税额中抵扣。

（四）进项税额抵扣的特殊规定

1. 一般纳税人兼营简易计税方法计税项目、免征增值税项目而无法划分不得抵扣的进项税额。按下列公式计算不得抵扣的进项税额：

不得抵扣的进项税额 = 当期无法划分的全部进项税额 ×（当期简易计税方法计税项目销售额 + 免征增值税项目销售额）÷ 当期全部销售额

【做中学·计算题16】 某制药厂（增值税一般纳税人）5月份销售抗生素药品113万元（含税），销售免税药品50万元，当月购入生产用原材料一批，取得增值税专用发票上注明税款6.8万元，抗生素药品与免税药品无法划分耗料情况，则该制药厂当月应纳增值税为多少？

【答案】 纳税人兼营免税项目或非应税项目无法准确划分不得抵扣的进项税额部分，按公式计算不得抵扣的进项税额 = 50 ÷［113 ÷（1 + 13%）+ 50］× 6.8 = 2.27（万元）；

应纳税额 = 113 ÷（1 + 13%）× 13% －（6.8 － 2.27）= 8.47（万元）

2. 已抵扣进项税额的固定资产、无形资产或者不动产，发生非正常损失，或者改变用途，专用于简易计税方法计税项目、免征增值税项目、集体福利或者个人消费的，按照下列公式计算不得抵扣的进项税额，并从当期进项税额中扣减：

不得抵扣的进项税额 = 已抵扣进项税额 × 不动产净值率

不动产净值率 =（不动产净值 ÷ 不动产原值）× 100%

不动产净值是指纳税人根据财务会计制度计提折旧或摊销后的余额。

3. 按照前述不得抵扣情形第（1）种情形规定不得抵扣且未抵扣进项税额的固定资产、无形资产、不动产，发生用途改变，用于允许抵扣进项税额应税项目的，可在改变用途的次月按照下列公式计算可抵扣的进项税额。

可抵扣的进项税额＝增值税扣税凭证注明或计算的进项税额×不动产净值率

上述可以抵扣的进项税额应取得合法有效的增值税扣税凭证。

或　可抵扣的进项税额＝固定资产、无形资产、不动产净值/(1＋适用税率)×适用税率

（五）应纳税额的计算

在确定了销项税额和进项税额后，就可以得出实际应纳税额，基本计算公式为：

当期应纳税额＝当期销项税额－(当期进项税额－当期进项税额转出额)－上期留抵税额

二、增值税留抵退税制度

（一）政策内容

自2019年4月1日起，试行增值税期末留抵税额退税制度。同时符合以下条件的纳税人，可以向主管税务机关申请退还增量留抵税额：

（1）自2019年4月税款所属期起，连续六个月（按季纳税的，连续两个季度）增量留抵税额均大于零，且第六个月增量留抵税额不低于50万元。

（2）纳税信用等级为A级或者B级。

（3）申请退税前36个月未发生骗取留抵退税、出口退税或虚开增值税专用发票情形的。

（4）申请退税前36个月未因偷税被税务机关处罚两次及以上的。

（5）自2019年4月1日起未享受即征即退、先征后返（退）政策的。

根据《财政部税务总局关于进一步加大增值税期末留抵退税政策实施力度的公告》（财政部 税务总局公告2022年第14号）、《国家税务总局关于进一步加大增值税期末留抵退税政策实施力度有关征管事项的公告》（国家税务总局公告2022年第4号）和《财政部 税务总局关于扩大全额退还增值税留抵税额政策行业范围的公告》（财政部 税务总局公告2022年第21号）文件，为支持小微企业和制造业、批发零售业等行业发展，进一步加大增值税期末留抵退税实施力度，实行以下税收政策。

（1）符合条件的小微企业，可以自2022年4月纳税申报期起向主管税务机关申请退还增量留抵税额。符合条件的微型企业，可以自2022年4月纳税申报期起向主管税务机关申请一次性退还存量留抵税额；符合条件的小型企业，可以自2022年5月纳税申报期起向主管税务机关申请一次性退还存量留抵税额。

（2）符合条件的制造业等行业企业，可以自2022年4月纳税申报期起向主管税务机关申请退还增量留抵税额。符合条件的制造业等行业中型企业，可以自2022年5月纳税申报期起向主管税务机关申请一次性退还存量留抵税额；符合条件的制造业等行业大型企业，可以自2022年6月纳税申报期起向主管税务机关申请一次性退还存量留抵税额。

（3）符合条件的批发零售业等行业企业，可以自2022年7月纳税申报期起向主管税务机关申请退还增量留抵税额。符合条件的批发零售业等行业企业，可以自2022年7月纳税申报期起向主管税务机关申请一次性退还存量留抵税额。

（二）相关规定

1. 增量留抵税额，区分以下情形确定

纳税人获得一次性存量留抵退税前，增量留抵税额为当期期末留抵税额与2019年3月底相比新增加的期末留抵税额。纳税人获得一次性存量留抵退税后，增量留抵税额为当期期末留抵税额。

举例说明：某纳税人2019年3月31日的期末留抵税额为80万元，2022年7月31日的期末留抵税额为100万元，在8月纳税申报期申请增量留抵退税时，如果此前未获得一次性存量留抵退税，该纳税人的增量留抵税额为20万元（100 - 80）；如果此前已获得一次性存量留抵退税，该纳税人的增量留抵税额为100万元。

2. 存量留抵税额，区分以下情形确定

纳税人获得一次性存量留抵退税前，当期期末留抵税额大于或等于2019年3月31日期末留抵税额的，存量留抵税额为2019年3月31日期末留抵税额；当期期末留抵税额小于2019年3月31日期末留抵税额的，存量留抵税额为当期期末留抵税额。纳税人获得一次性存量留抵退税后，存量留抵税额为零。

举例说明：某微型企业2019年3月31日的期末留抵税额为100万元，2022年4月申请一次性存量留抵退税时，如果当期期末留抵税额为120万元，该纳税人的存量留抵税额为100万元；如果当期期末留抵税额为80万元，该纳税人的存量留抵税额为80万元。该纳税人在4月获得存量留抵退税后，将再无存量留抵税额。

3. 允许退还的留抵税额按照以下公式计算确定

允许退还的增量留抵税额 = 增量留抵税额 × 进项构成比例 × 100%

允许退还的存量留抵税额 = 存量留抵税额 × 进项构成比例 × 100%

公式中"进项构成比例"，为2019年4月至申请退税前一税款所属期已抵扣的增值税专用发票（含带有"增值税专用发票"字样全面数字化的电子发票、税控机动车销售统一发票）、收费公路通行费增值税电子普通发票、海关进口增值税专用缴款书、解缴税款完税凭证注明的增值税额占同期全部已抵扣进项税额的比重。）

（三）其他规定

（1）纳税人应在增值税纳税申报期内，向主管税务机关申请退还留抵税额。纳税人出口货物劳务、发生跨境应税行为，适用免抵退税办法的，办理免抵退税后，仍符合规定条件的，可以申请退还留抵税额；适用免退税办法的，相关进项税额不得用于退还留抵税额。

（2）纳税人取得退还的留抵税额后，应相应调减当期留抵税额。按照规定再次满足退税条件的，可以继续向主管税务机关申请退还留抵税额，但连续期间，不得重复计算。

（3）纳税人可以选择向主管税务机关申请留抵退税，也可以选择结转下期继续抵扣。纳税人可以在规定期限内同时申请增量留抵退税和存量留抵退税。

同时符合小微企业和制造业等行业相关留抵退税政策的纳税人，可任意选择申请适用其中一项留抵退税政策。

三、简易计税方法应纳税额的计算

小规模纳税人销售货物、劳务、服务、无形资产、不动产，适用简易计税方法计税，即按照销售额和规定的征收率计算应纳税额，并不得抵扣进项税额。一般纳税人发生特定销售行为，也可以选择简易计税方法计税。其应纳税额计算公式是：

$$应纳税额 = 销售额 \times 征收率$$

公式中销售额与增值税一般纳税人计算应纳增值税的销售额规定内容一致，是销售货物、劳务、服务、无形资产和不动产向购买方收取的全部价款和价外费用，但是不包括增值税税额。如果销售额中含增值税税额的，应将其换算为不含增值税销售额，换算公式为：

$$不含税销售额 = 含税销售额 \div (1 + 征收率)$$

纳税人销售自己使用过的固定资产或旧货，适用简易办法依照3%征收率减按2%征收增值税。其应纳税额计算公式是：

$$不含税销售额 = 含税销售额 \div (1 + 3\%)$$

$$应纳税额 = 不含税销售额 \times 2\%$$

【做中学·计算题17】某商店为增值税小规模纳税人，2024年5月取得零售收入总额12.12万元。计算该商店5月应缴纳的增值税税额。

分析：2024年1月1日起，小规模纳税人适用3%征收率销售收入减按1%征收率征收增值税。

5月取得的不含税销售额 = 12.12 ÷ (1 + 1%) = 12（万元）

5月应缴纳增值税税额 = 12 × 1% = 0.12（万元）

四、进口货物应纳税额的计算

无论是一般纳税人还是小规模纳税人申报进口货物，都需按规定的组成计税价格和规定的税率计算缴纳增值税税额。

（一）组成计税价格

进口货物增值税的组成计税价格中包括已纳关税税额，如果进口货物属于消费税应税消费品，其组成计税价格中还要包括进口环节已纳消费税税额。

按照《中华人民共和国海关法》和《中华人民共和国进出口关税条例》的规定，一般贸易项下进口货物的关税完税价格以海关审定的成交价格为基础的到岸价格作为完税价格。

所谓成交价格是一般贸易项下进口货物的买方为购买该项货物向卖方实际支付或应当支付的价格；到岸价格是包括货价，加上货物运抵我国关境内输入地点起卸前的包装费、运费、保险费和其他劳务费等费用构成的一种价格。

特殊贸易项下进口的货物，由于进口时没有成交价格可作依据，为此，《中华人民共和国进出口关税条例》对这些进口货物制定了确定其完税价格的具体办法。

组成计税价格公式：

$$组成计税价格 = 关税完税价格 + 关税 + 消费税$$

或
$$组成计税价格 = (关税完税价格 + 关税) \div (1 - 消费税税率)$$

（二）应纳税额计算

纳税人进口货物，按照组成计税价格和适用的税率计算应纳税额，不得抵扣任何税额，即在计算进口环节的应纳增值税税额时，不得抵扣发生在我国境外的各种税金。

$$应纳税额 = 组成计税价格 \times 税率$$

【做中学·计算题18】 甲公司为增值税一般纳税人，2024年5月从国外进口一批音响，海关核定的关税完税价格为117万元，缴纳关税11.7万元。已知增值税税率为13%，计算甲公司该笔业务应缴纳增值税税额。

【答案】 甲公司应缴纳的增值税税额 =（关税完税价格 + 关税）× 增值税税率 =（117 + 11.7）×13% =16.73（万元）

【做中学·计算题19】 某企业为增值税一般纳税人。2024年5月进口一批化妆品，关税完税价格40万元。已知：化妆品关税税率为20%、消费税税率为15%。该企业进口化妆品应纳进口增值税税额为。

【答案】 应纳进口增值税税额 = 关税完税价格 ×（1 + 关税税率）÷（1 - 消费税税率）× 增值税税率 =40 ×（1 +20%）÷（1 -15%）×13% =7.34（万元）

五、出口环节增值税计算

增值税出口货物的零税率，从税法上理解有两层含义：一是对本道环节生产或销售货物的增值部分免征增值税；二是对出口货物前道环节所含的进项税额进行退付。由于各种货物出口前涉及征免税情况有所不同，且国家对少数货物有限制出口政策，因此，针对货物出口的不同情况，国家在遵循“征多少、退多少”“未征不退和彻底退税”基本原则的基础上，制定了不同的税务处理办法。

（一）出口退（免）税基本政策

目前，我国的出口货物税收政策分为以下三种形式：

1. 出口免税并退税

出口免税是指对货物在出口销售环节不征增值税、消费税，这是把货物出口环节与出口前的销售环节都同样视为一个征税环节；出口退税是指对货物在出口前实际承担的税收负担，按规定的退税率计算后予以退还。

2. 出口免税不退税

出口免税的含义同上述。出口不退税是指适用这个政策的出口货物因在前一道生产、销售环节或进口环节是免税的，因此，出口时该货物的价格中本身就不含税，也无须退税。

3. 出口不免税也不退税

出口不免税是指对国家限制或禁止出口的某些货物的出口环节视同内销环节，照常征税；出口不退税是指对这些货物出口不退还出口前其所负担的税款。

（二）增值税退（免）税办法

适用增值税退（免）税政策的出口货物、劳务、服务、无形资产，按照下列规定实行增值税免抵退税或免退税办法。

1. 免抵退税办法

生产企业出口自产货物和视同自产货物及对外提供加工修理修配劳务，以及《财政部 国家税务总局关于出口货物劳务增值税和消费税政策的通知》（财税〔2012〕39号）附件5列明生产企业出口非自产货物免征增值税，出口货物相应的进项税额抵减应纳增值税额（不包括适用增值税即征即退、先征后退政策的应纳增值税额），未抵减完的部分予以退还。

2. 免退税办法

不具有生产能力的出口企业（以下简称外贸企业）或其他单位出口货物劳务，免征增值税，相应的进项税额予以退还。

（三）增值税免抵退税和免退税的计算

1. 生产企业出口货物劳务增值税免抵退税计算

（1）当期应纳税额的计算。

当期应纳税额 = 当期销项税额 -（当期进项税额 - 当期不得免征和抵扣税额）- 上期留抵税额

当期不得免征和抵扣税额 = 当期出口货物离岸价 × 外汇人民币折合率 ×（出口货物适用税率 - 出口货物退税率）- 当期不得免征和抵扣税额抵减额

当期不得免征和抵扣税额抵减额 = 当期免税购进原材料价格 ×（出口货物适用税率 - 出口货物退税率）

（2）当期免抵退税额的计算。

当期免抵退税额 = 当期出口货物离岸价 × 外汇人民币折合率 × 出口货物退税率 - 当期免抵退税额抵减额

当期免抵退税额抵减额 = 当期免税购进原材料价格 × 出口货物退税率

（3）当期应退税额和免抵税额的计算。

①当期期末留抵税额≤当期免抵退税额，则：

当期应退税额 = 当期期末留抵税额

当期免抵税额 = 当期免抵退税额 - 当期应退税额

②当期期末留抵税额 > 当期免抵退税额，则：

当期应退税额 = 当期免抵退税额

当期免抵税额 = 0

当期期末留抵税额为当期增值税纳税申报表中“期末留抵税额”。

（4）当期免税购进原材料价格。当期免税购进原材料价格包括当期国内购进的无进项税额且不计提进项税额的免税原材料的价格和当期进料加工保税进口料件的价格，其中当期进料加工保税进口料件的价格为组成计税价格。

①采用“实耗法”的，当期进料加工保税进口料件的组成计税价格为当期进料加工出口货物耗用的进口料件组成计税价格。

②采用“购进法”的，当期进料加工保税进口料件的组成计税价格为当期实际购进的进料加工进口料件的组成计税价格。

【做中学·计算题20】 某自营出口的生产企业为增值税一般纳税人，出口货物的征税税率为13%，退税税率为9%，2024年5月的有关经营业务为：购进原材料一批，取得的增值税专用发票注明的价款200万元，外购货物准予抵扣的进项税额26万元通过认证。上月末留抵税款3万元，本月内销货物不含税销售额100万元，收款113万元存入银行，本月出口货物的销售额折合人民币200万元。试计算该企业当期的免抵退税额。

【答案】

①当期不得免征和抵扣税额 = 200 ×（13% − 9%）= 8（万元）

②当期应纳税额 = 100 × 13% −（26 − 8）− 3 = −8（万元）

③当期免抵退税额 = 200 × 9% = 18（万元）

④按规定，如当期末留抵税额≤当期免抵退税额时：

当期应退税额 = 当期期末留抵税额

即该企业当期应退税额 = 8万元

⑤当期免抵税额 = 当期免抵退税额 − 当期应退税额

当期免抵税额 = 18 − 8 = 10（万元）

【做中学·计算题21】 某自营出口生产企业是增值税一般纳税人，出口货物的征税税率为13%，退税税率为9%。2024年8月有关经营业务为：购原材料一批，取得的增值税专用发票注明的价款200万元，外购货物准予抵扣进项税额26万元通过认证。当月进料加工免税进口料件的组成计税价格100万元（该企业采用“购进法”核算）。上期末留抵税款6万元。本月内销货物不含税销售额100万元。收款113万元存入银行。本月出口货物销售额折合人民币200万元。试计算该企业当期的免抵退税额。

①当期不得免征和抵扣税额抵减额 = 免税进口料件的组成计税价格 ×（出口货物征税税率 − 出口货物退税税率）= 100 ×（13% − 9%）= 4（万元）

②当期不得免征和抵扣税额 = 当期出口货物离岸价 × 外汇人民币牌价 ×（出口货物征税税率 − 出口货物退税税率）− 当期不得免征和抵扣税额抵减额 = 200 ×（13% − 9%）− 4 = 4（万元）

③当期应纳税额 = 100 × 13% −（26 − 4）− 6 = −15（万元）

④当期免抵退税额抵减额 = 免税购进原材料 × 材料出口货物退税税率 = 100 × 9% = 9（万元）

⑤当期免抵退税额 = 200 × 9% − 9 = 9（万元）

⑥按规定，如当期期末留抵税额 > 当期“免、抵、退”税额时：

当期应退税额 = 当期免抵退税额

即该企业应退税额 = 9万元

当期免抵税额 = 0

2. 外贸企业出口货物劳务增值税免退税计算

（1）外贸企业出口委托加工修理修配货物以外的货物。

增值税应退税额 = 增值税退（免）税计税金额 × 出口货物退税率

【做中学·计算题22】 某进出口公司2024年5月出口美国平纹布2 000米，进货增值税专用发票列明单价20元/米，计税金额40 000元，退税税率9%，其应退税额：

40 000×9% =3 600（元）

（2）外贸企业出口委托加工修理修配货物。

出口委托加工修理修配货物的增值税应退税额 = 委托加工修理修配的增值税退（免）税计税金额×出口货物退税率

【做中学·计算题23】 某进出口公司2024年6月购进牛仔布委托加工成服装出口，取得牛仔布增值税发票一张，注明计税金额10 000元；取得服装加工费增值税发票一张，注明计税金额2 000元，受托方将原材料成本并入加工修理修配费用并开具了增值税专用发票。假设退税税率为13%，该企业的应退税额：（10 000 +2 000）×13% = 1 560（元）

项目三
增值税税收优惠

一、法定免税项目

根据《中华人民共和国增值税暂行条例》，下列项目免征增值税。

（1）农业生产者销售的自产农产品。

（2）避孕药品和用具。

（3）古旧图书，是指向社会收购的古书和旧书。

（4）直接用于科学研究、科学试验和教学的进口仪器、设备。

（5）外国政府、国际组织（不包括外国企业）无偿援助的进口物资和设备。

（6）由残疾人的组织直接进口供残疾人专用的物品。

（7）销售自己使用过的物品。自己使用过的物品，是指其他个人自己使用过的物品。

除上述规定外，增值税的免税、减税项目由国务院规定。

二、特定减免税项目

（一）销售货物

（1）对承担粮食收储任务的国有粮食购销企业销售的粮食免征增值税。对其他粮食企业经营粮食，除军队用粮、救灾救济粮、水库移民口粮项目免征增值税外，一律征收增值税。

（2）销售饲料免征增值税。但宠物饲料不属于免征增值税的饲料。

（3）蔬菜流通环节免征增值税。自2012年1月1日起，对从事蔬菜批发、零售的纳税人销售的蔬菜免征增值税。蔬菜的主要品种参照《蔬菜主要品种目录》（财税

〔2011〕137 号附件）执行。

（4）部分鲜活肉蛋产品流通环节免征增值税。自 2012 年 10 月 1 日起，对从事农产品批发零售的纳税人销售的部分鲜活肉蛋产品免征增值税。但不包括《中华人民共和国野生动物保护法》所规定的国家珍贵、濒危野生动物及其鲜活肉类、蛋类产品。

（5）对供热企业向居民个人供热而取得的采暖费收入免征增值税。

（6）自 2013 年 12 月 1 日起，纳税人在资产重组过程中，通过合并、分立、出售、置换等方式，将全部或者部分实物资产以及与其相关联的债权、负债经多次转让后，最终的受让方与劳动力接收方为同一单位和个人的，其中货物的多次转让行为均不征收增值税。

（7）执法部门和单位查处的商品。

（二）销售劳务

（1）对符合规定的污水处理劳务免征增值税。

（2）对"残疾人个人"提供的加工、修理修配劳务免征增值税。

【做中学 · 单选题】根据《中华人民共和国增值税暂行条例》的规定，一般纳税人销售下列货物或者应税劳务适用免税规定的有（　　）。

A. 农产品　　B. 避孕药品

C. 图书　　D. 自己使用过的汽车

【正确答案】B

【答案解析】本题考核增值税的免税项目。农产品、图书均适用低税率。一般纳税人销售自己使用过的固定资产，如果该项固定资产未抵扣过进项税额，适用简易征收；如果抵扣过进项税额，按适用税率计税。

（三）销售服务

下列项目免征增值税。

（1）托儿所、幼儿园提供的保育和教育服务。

（2）养老机构提供的养老服务。

（3）残疾人福利机构提供的育养服务。

（4）残疾人员本人为社会提供的服务。

（5）婚姻介绍服务。

（6）殡葬服务。

（7）学生勤工俭学提供的服务。

（8）从事学历教育的学校提供的教育服务。

（9）农业机耕、排灌、病虫害防治、植物保护、农牧保险以及相关技术培训业务，家禽、牲畜、水生动物的配种和疾病防治。

（10）纪念馆、博物馆、文化馆、文物保护单位管理机构、美术馆、展览馆、书画院、图书馆在自己的场所提供文化体育服务取得的第一道门票收入。

（11）寺院、宫观、清真寺和教堂举办文化、宗教活动的门票收入。

（12）福利彩票、体育彩票的发行收入。

（13）社会团体收取的会费。

（14）医疗机构提供的医疗服务。

（15）军队转业干部就业。为安置自主择业的军队转业干部就业而新办的企业，凡安置自主择业的军队转业干部占企业总人数60%（含）以上或从事个体经营的军队转业干部，自领取税务登记证之日起3年内免征增值税。

（16）随军家属就业。为安置随军家属就业而新开办的企业，随军家属必须占企业总人数的60%（含）以上，自领取税务登记证之日起3年内免征增值税。

（17）台湾航运公司、航空公司从事海峡两岸海上直航、空中直航业务在大陆取得的运输收入。

（18）符合条件的节能服务公司实施合同能源管理项目中提供的应税服务。

（19）通过金融机构进行结算的国际货物运输代理服务。

（四）销售无形资产

下列项目免征增值税。

（1）个人转让著作权。

（2）纳税人提供技术转让、技术开发和与之相关的技术咨询、技术服务。

（五）销售不动产及不动产租赁服务

下列项目免征或减征增值税。

（1）个人销售自建自用住房免征增值税。

（2）涉及家庭财产分割的个人无偿转让不动产、土地使用权免征增值税。

家庭财产分割，包括下列情形：①离婚财产分割；②无偿赠与配偶、父母、子女、祖父母、外祖父母、孙子女、外孙子女、兄弟姐妹；③无偿赠与对其承担直接抚养或者赡养义务的抚养人或者赡养人；④房屋产权所有人死亡，法定继承人、遗嘱继承人或者受遗赠人依法取得房屋产权。

（3）个人将购买不足2年的住房对外销售的，按照5%的征收率全额缴纳增值税；个人将购买2年以上（含2年）的住房对外销售的，免征增值税。本项政策适用于北京市、上海市、广州市和深圳市之外的地区。

个人将购买不足2年的住房对外销售的，按照5%的征收率全额缴纳增值税；个人将购买2年以上（含2年）的非普通住房对外销售的，以销售收入减去购买住房价款后的差额按照5%的征收率缴纳增值税；个人将购买2年以上（含2年）的普通住房对外销售的，免征增值税。本项政策仅适用于北京市、上海市、广州市和深圳市。

（4）个人出租住房，应按照5%的征收率减按1.5%计算应纳增值税。

（5）将土地使用权转让给农业生产者用于农业生产免征增值税。

（6）土地所有者出让土地使用权和土地使用者将土地使用权归还给土地所有者免征增值税。

（7）县级以上地方人民政府或自然资源行政主管部门出让、转让或收回自然资源使用权（不含土地使用权）免征增值税。

（8）军队空余房产租赁收入免征增值税。

（六）金融服务

下列利息收入免征增值税。

（1）国家助学贷款。

（2）国债、地方政府债。

（3）人民银行对金融机构的贷款。

（4）住房公积金管理中心用住房公积金在指定的委托银行发放的个人住房贷款。

（5）外汇管理部门在从事国家外汇储备经营过程中，委托金融机构发放的外汇贷款。

（6）统借统还业务中，企业集团或企业集团中的核心企业以及集团所属财务公司按不高于支付给金融机构的借款利率水平或者支付的债券票面利率水平，向企业集团或者集团内下属单位收取的利息。

（7）金融同业往来利息收入。

（8）被保险人获得的保险赔付。

（9）保险公司开办的一年期以上人身保险产品取得的保费收入。

（10）个人从事金融商品转让业务。

三、临时减免缓税项目

1. 社区家庭服务业

自 2019 年 6 月 1 日至 2025 年 12 月 31 日，下列收入免征增值税。

（1）为社区提供养老、托育、家政等服务的机构，提供社区养老、托育、家政服务取得的收入，免征增值税。

（2）符合条件的家政服务企业提供家政服务取得的收入，免征增值税。

2. 扶贫货物捐赠

自 2019 年 1 月 1 日至 2025 年 12 月 31 日，对单位或者个体工商户将自产委托加工或购买的货物通过公益性社会组织、县级及以上人民政府及其组成部门和直属机构，或直接无偿捐赠给目标脱贫地区的单位和个人，免征增值税。在政策执行期限内，目标脱贫地区实现脱贫的，可继续适用免征增值税政策。

3. 小规模纳税人增值税减免

自 2023 年 1 月 1 日至 2027 年 12 月 31 日，对月销售额 10 万元以下（含本数）的增值税小规模纳税人，免征增值税。增值税小规模纳税人适用 3% 征收率的应税销售收入，减按 1% 征收率征收增值税；适用 3% 预征率的预缴增值税项目，减按 1% 预征率预缴增值税。

小规模纳税人发生增值税应税销售行为，合计月销售额超过 10 万元，但扣除本期发生的销售不动产的销售额后未超过 10 万元的，其销售货物、劳务、服务、无形资产取得的销售额免征增值税。

适用增值税差额征税政策的小规模纳税人，以差额后的销售额确定是否可以享受免征增值税政策。

其他个人（即自然人），采取一次性收取租金形式出租不动产取得的租金收入，可在对应的租赁期内平均分摊，分摊后的月租金收入未超过10万元的，免征增值税。

四、扣减增值税规定

1. 退役士兵创业就业

（1）自主就业退役士兵从事个体经营的，自办理个体工商户登记当月起，在3年（36个月，下同）内按每户每年12 000元为限额依次扣减其当年实际应缴纳的增值税、城市维护建设税、教育费附加、地方教育附加和个人所得税。限额标准最高可上浮20%。各省、自治区、直辖市人民政府可根据本地区实际情况在此幅度内确定具体限额标准。

（2）企业招用自主就业退役士兵，与其签订1年以上期限劳动合同并依法缴纳社会保险费的，自签订劳动合同并缴纳社会保险当月起，在3年内按实际招用人数予以定额依次扣减增值税、城市维护建设税、教育费附加、地方教育附加和企业所得税优惠。定额标准为每人每年6 000元，最高可上浮50%。各省、自治区、直辖市人民政府可根据本地区实际情况在此幅度内确定具体定额标准。

2. 重点群体创业就业

建档立卡贫困人口、持《就业创业证》（注明“自主创业税收政策”或“毕业年度内自主创业税收政策”）或《就业失业登记证》（注明“自主创业税收政策”）的人员，从事个体经营的，自办理个体工商户登记当月起，在3年（36个月，下同）内按每户每年12 000元为限额依次扣减其当年实际应缴纳的增值税城市维护建设税、教育费附加、地方教育附加和个人所得税。限额标准最高可上浮20%，各省、自治区、直辖市人民政府可根据本地区实际情况在此幅度内确定具体限额标准。

纳税人年度应缴纳税款小于上述扣减限额的，减免税额以其实际缴纳的税款为限；大于上述扣减限额的，以上述扣减限额为限。

3. 税控系统专用设备和技术维护费用

自2011年12月1日起，增值税纳税人购买增值税税控系统专用设备支付的费用以及缴纳的技术维护费（以下简称两项费用）可在增值税应纳税额中全额抵减。具体规定如下：

（1）增值税纳税人2011年12月1日（含，下同）以后初次购买增值税税控系统专用设备（包括分开票机）支付的费用，可凭购买增值税税控系统专用设备取得的增值税专用发票，在增值税应纳税额中全额抵减（抵减额为价税合计额），不足抵减的可结转下期继续抵减。增值税纳税人非初次购买增值税税控系统专用设备支付的费用，由其自行负担，不得在增值税应纳税额中抵减。

增值税税控系统包括增值税防伪税控系统、货物运输业增值税专用发票税控系统、机动车销售统一发票税控系统和公路、内河货物运输业发票税控系统。

（2）增值税纳税人2011年12月1日以后缴纳的技术维护费（不含补缴的2011年11月30日以前的技术维护费），可凭技术维护服务单位开具的技术维护费发票，在增值税应纳税额中全额抵减，不足抵减的可结转下期继续抵减。技术维护费按照价格主管部门核定的标准执行。

(3) 增值税一般纳税人支付的两项费用在增值税应纳税额中全额抵减的，其增值税专用发票不作为增值税抵扣凭证，其进项税额不得从销项税额中抵扣。

五、增值税起征点的规定

增值税起征点仅适用于个体工商户小规模纳税人和其他个人。不适用于登记为一般纳税人的个体工商户。个人发生应税行为的销售额未达到增值税起征点的，免征增值税；达到起征点的，全额计算缴纳增值税。

增值税起征点的幅度规定如下：

(1) 按期纳税的，为月销售额 5 000～20 000 元（含本数）。

(2) 按次纳税的，为每次（日）销售额 300～500 元（含本数）。

起征点的调整由财政部和国家税务总局规定。各省、自治区以及直辖市的国家税务总局应该根据自己的实际情况作出适合本地区的起征点。

项目四 增值税缴纳与申报

一、纳税义务发生的时间

纳税义务发生时间，是纳税人发生应税行为应当承担纳税义务的起始时间。

(1) 纳税人销售货物或者提供应税劳务，其纳税义务发生时间为收讫销售款项或者取得索取销售款项凭据的当天；先开具发票的，为开具发票的当天。

收讫销售款项，是指纳税人销售货物、劳务、服务、无形资产、不动产过程中或者完成后收到款项。

取得索取销售款项凭据的当天，是指书面合同确定的付款日期；未签订书面合同或者书面合同未确定付款日期的，为服务、无形资产转让完成的当天或者不动产权属变更的当天。

其中，收讫销售款项或者取得索取销售款项凭据的当天按销售结算方式的不同，具体为：

①采取直接收款方式销售货物，不论货物是否发出，均为收到销售款或者取得索取销售款凭据的当天。

②采取托收承付和委托银行收款方式销售货物，为发出货物并办妥托收手续的当天。

③采取赊销和分期收款方式销售货物，为书面合同约定的收款日期的当天，无书面合同的或者书面合同没有约定收款日期的，为货物发出的当天。

④采取预收货款方式销售货物，为货物发出的当天，但生产销售生产工期超过 12 个月的大型机械设备、船舶、飞机等货物，为收到预收款或者书面合同约定的收款日期

的当天。

⑤委托其他纳税人代销货物，为收到代销单位的代销清单或者收到全部或者部分货款的当天；未收到代销清单及货款的，为发出代销货物满180天的当天。

⑥纳税人发生除将货物交付其他单位或者个人代销和销售代销货物以外的视同销售货物行为，为货物移送的当天。

⑦销售应税劳务，为提供劳务同时收讫销售款或者取得索取销售款的凭据的当天。

⑧纳税人进口货物，其纳税义务发生时间为报关进口的当天。

（2）纳税人提供建筑服务、租赁服务采取预收款方式的，其纳税义务发生时间为收到预收款的当天。

（3）纳税人从事金融商品转让的，为金融商品所有权转移的当天。

（4）纳税人发生视同销售情形的，其纳税义务发生时间为服务、无形资产转让完成的当天或者不动产权属变更的当天。

（5）增值税扣缴义务发生时间为纳税人增值税纳税义务发生的当天。

二、纳税期限

增值税的纳税期限分别为1日、3日、5日、10日、15日、1个月或者1个季度。纳税人的具体纳税期限，由主管税务机关根据纳税人应纳税额的大小分别核定。以1个季度为纳税期限的规定适用于小规模纳税人、银行、财务公司、信托投资公司、信用社，以及财政部和国家税务总局规定的其他纳税人。不能按照固定期限纳税的，可以按次纳税。

纳税人以1个月或者1个季度为1个纳税期的，自期满之日起15日内申报纳税；以1日、3日、5日、10日或者15日为1个纳税期的，自期满之日起5日内预缴税款，于次月1日起15日内申报纳税并结清上月应纳税款。

扣缴义务人解缴税款的期限，按照前两款规定执行。

纳税人进口货物，应当自海关填发进口增值税专用缴款书之日起15日内缴纳税款。

三、纳税地点

（1）固定业户应当向其机构所在地的主管税务机关申报纳税。总机构和分支机构不在同一县（市）的，应当分别向各自所在地的主管税务机关申报纳税；经国务院财政、税务主管部门或者其授权的财政、税务机关批准，可以由总机构汇总向总机构所在地的主管税务机关申报纳税。

（2）固定业户到外县（市）销售货物或者劳务，应当向其机构所在地的主管税务机关报告外出经营事项，并向其机构所在地的主管税务机关申报纳税；未报告的，应当向销售地或者劳务发生地的主管税务机关申报纳税；未向销售地或者劳务发生地的主管税务机关申报纳税的，由其机构所在地的主管税务机关补征税款。

（3）非固定业户销售货物或者应税劳务，应当向销售地或者劳务发生地的主管税务机关申报纳税；未向销售地或者劳务发生地的主管税务机关申报纳税的，由其机构所在地或者居住地的主管税务机关补征税款。

（4）其他个人提供建筑服务，销售或者租赁不动产，转让自然资源使用权，应向建筑服务发生地、不动产所在地、自然资源所在地主管税务机关申报纳税。

（5）进口货物，应当向报关地海关申报纳税。

（6）扣缴义务人应当向其机构所在地或者居住地的主管税务机关申报缴纳其扣缴的税款。

四、纳税申报资料

纳税申报资料包括纳税申报表及其附列资料和纳税申报其他资料。纳税人应在规定的期限内进行纳税申报，不同的纳税人应提供的纳税申报表及其附列资料有所不同，具体规定如下。

（一）纳税申报表及其附列资料

1. 增值税一般纳税人（以下简称一般纳税人）纳税申报表及其附列资料包括：

（1）增值税及附加税费申报表（一般纳税人适用）

（2）增值税及附加税费申报表附列资料（一），本期销售情况明细。

（3）增值税及附加税费申报表附列资料（二），本期进项税额明细。

（4）增值税及附加税费申报表附列资料（三），服务、不动产和无形资产扣除项目明细。

（5）增值税及附加税费申报表附列资料（四），税额抵减情况表。

（6）增值税及附加税费申报表附列资料（五），附加税费情况表。

（7）增值税减免税申报明细表。

2. 增值税小规模纳税人（以下简称小规模纳税人）纳税申报表及其附列资料包括：

（1）增值税及附加税费申报表（小规模纳税人适用）。

（2）增值税及附加税费申报表（小规模纳税人适用）附列资料（一），服务、不动产和无形资产扣除项目明细。

（3）增值税及附加税费申报表（小规模纳税人适用）附列资料（二），附加税费情况表。

（4）增值税减免税申报明细表。

（二）纳税申报其他资料

（1）已开具的税控机动车销售统一发票和普通发票的存根联。

（2）符合抵扣条件且在本期申报抵扣的增值税专用发票（含税控机动车销售统一发票）的抵扣联。

（3）符合抵扣条件且在本期申报抵扣的海关进口增值税专用缴款书、购进农产品取得的普通发票的复印件。

（4）符合抵扣条件且在本期申报抵扣的税收完税凭证及其清单，书面合同、付款证明和境外单位的对账单或者发票。

（5）已开具的农产品收购凭证的存根联或报查联。

（6）纳税人销售服务、不动产和无形资产，在确定服务、不动产和无形资产销售额时，按照有关规定从取得的全部价款和价外费用中扣除价款的合法凭证及其清单。

（7）主管税务机关规定的其他资料。

为更加直观地了解增值税纳税申报，分别提供了一般纳税人和小规模纳税人适用的增值税及附加税费申报表主表样表，如表2－9、表2－10所示。其需要提供的附列资料可以在国家税务总局网站自行下载。

表2－9

增值税及附加税费申报表

（一般纳税人适用）

根据国家税收法律法规及增值税相关规定制定本表。纳税人不论有无销售额，均应按税务机关核定的纳税期限填写本表，并向当地税务机关申报。

税款所属时间：自　　年　月　日至　　年　月　日　　　　填表日期：　　年　月　日

金额单位：元（列至角分）

纳税人识别号（统一社会信用代码）：□□□□□□□□□□□□□□□□□□□□□□□□　　所属行业：

纳税人名称：		法定代表人姓名		注册地址		生产经营地址
开户银行及账号		登记注册类型				电话号码
项目		栏次	一般项目		即征即退项目	
			本月数	本年累计	本月数	本年累计
销售额	（一）按适用税率计税销售额	1				
	其中：应税货物销售额	2				
	应税劳务销售额	3				
	纳税检查调整的销售额	4				
	（二）按简易办法计税销售额	5				
	其中：纳税检查调整的销售额	6				
	（三）免、抵、退办法出口销售额	7			—	—
	（四）免税销售额	8			—	—
	其中：免税货物销售额	9			—	—
	免税劳务销售额	10			—	—
税款计算	销项税额	11				
	进项税额	12				
	上期留抵税额	13				—
	进项税额转出	14				
	免、抵、退应退税额	15			—	—
	按适用税率计算的纳税检查应补缴税额	16			—	—
	应抵扣税额合计	17＝12＋13－14－15＋16		—		—
	实际抵扣税额	18（如17＜11，则为17，否则为11）				
	应纳税额	19＝11－18				
	期末留抵税额	20＝17－18				—
	简易计税办法计算的应纳税额	21				

续表

项目		栏次	一般项目		即征即退项目	
			本月数	本年累计	本月数	本年累计
税款计算	按简易计税办法计算的纳税检查应补缴税额	22			—	—
	应纳税额减征额	23				
	应纳税额合计	24 = 19 + 21 - 23				
税款缴纳	期初未缴税额（多缴为负数）	25				
	实收出口开具专用缴款书退税额	26			—	—
	本期已缴税额	27 = 28 + 29 + 30 + 31				
	①分次预缴税额	28		—		—
	②出口开具专用缴款书预缴税额	29		—	—	—
	③本期缴纳上期应纳税额	30				
	④本期缴纳欠缴税额	31				
	期末未缴税额（多缴为负数）	32 = 24 + 25 + 26 - 27				
	其中：欠缴税额（≥0）	33 = 25 + 26 - 27		—		—
	本期应补（退）税额	34 = 24 - 28 - 29		—		—
	即征即退实际退税额	35	—	—		
	期初未缴查补税额	36			—	—
	本期入库查补税额	37			—	—
	期末未缴查补税额	38 = 16 + 22 + 36 - 37			—	—
附加税费	城市维护建设税本期应补（退）税额	39			—	—
	教育费附加本期应补（退）费额	40			—	—
	地方教育附加本期应补（退）费额	41			—	—

声明：此表是根据国家税收法律法规及相关规定填写的，本人（单位）对填报内容（及附带资料）的真实性、可靠性、完整性负责。

纳税人（签章）： 年 月 日

经办人： 经办人身份证号： 代理机构签章： 代理机构统一社会信用代码：	受理人： 受理税务机关（章）： 受理日期： 年 月 日

表2－10 **增值税及附加税费申报表**

（小规模纳税人适用）

纳税人识别号（统一社会信用代码）：□□□□□□□□□□□□□□□□□□□□□□

纳税人名称：　　　　　　　　　　　　　　　　　　　　　　　　金额单位：元（列至角分）

税款所属期：　　年　月　日至　　年　月　日　　　　　　　　　　填表日期：　　年　月　日

	项目	栏次	本期数		本年累计	
			货物及劳务	服务、不动产和无形资产	货物及劳务	服务、不动产和无形资产
一、计税依据	（一）应征增值税不含税销售额（3%征收率）	1				
	增值税专用发票不含税销售额	2				
	其他增值税发票不含税销售额	3				
	（二）应征增值税不含税销售额（5%征收率）	4	—		—	
	增值税专用发票不含税销售额	5	—		—	
	其他增值税发票不含税销售额	6	—		—	
	（三）销售使用过的固定资产不含税销售额	7（7≥8）		—		—
	其中：其他增值税发票不含税销售额	8		—		—
	（四）免税销售额	9＝10＋11＋12				
	其中：小微企业免税销售额	10				
	未达起征点销售额	11				
	其他免税销售额	12				
	（五）出口免税销售额	13（13≥14）				
	其中：其他增值税发票不含税销售额	14				
二、税款计算	本期应纳税额	15				
	本期应纳税额减征额	16				
	本期免税额	17				
	其中：小微企业免税额	18				
	未达起征点免税额	19				
	应纳税额合计	20＝15－16				
	本期预缴税额	21			—	—
	本期应补（退）税额	22＝20－21			—	—
三、附加税费	城市维护建设税本期应补（退）税额	23				
	教育费附加本期应补（退）费额	24				
	地方教育附加本期应补（退）费额	25				

续表

声明：此表是根据国家税收法律法规及相关规定填写的，本人（单位）对填报内容（及附带资料）的真实性、可靠性、完整性负责。 纳税人（签章）：　　　　年　月　日	
经办人： 经办人身份证号： 代理机构签章： 代理机构统一社会信用代码：	受理人： 受理税务机关（章）： 受理日期：　　　年　月　日

职业能力测评与考核

本模块职业能力测试与考核采用百分制，过程考核与结果考核相结合，加大技能考核比重。过程考核主要包括职业素养、组织纪律、团队合作、实训作业，占比40%；结果考核以实务考核为主，占比60%。

表2－11　　考核评价记录表

过程考核（40%）				结果考核（60%）	
职业素养（20%）	组织纪律（20%）	团队合作（20%）	实训作业（40%）	考核评价内容	分值比重
根据学生表现评价	学生考勤评价	学生小组评价	根据学生的实训作业评分	基础知识	20%
				一般计税法应纳税额计算	40%
				简易计税法应纳税额计算	20%
				纳税申报	20%

道德与素养

经典案例分析

税惠“礼包”分量足

党的二十大报告提出：加快构建新发展格局，着力推动高质量发展。把实施扩大内需战略同深化供给侧结构性改革有机结合起来，增强国内大循环内生动力和可靠性，提升国际循环质量和水平，加快建设现代化经济体系，着力提高全要素生产率，着力提升产业链供应链韧性和安全水平，着力推进城乡融合和区域协调发展，推动经济实现质的有效提升和量的合理增长。

2023年，中国经济平稳健康发展仍面临不少挑战，着眼于稳就业、促增收、扩消费、稳外贸、稳外资等多重目标，财税政策与金融、产业等其他宏观政策协同发力，推动形成稳定可预期的宏观政策环境。

政策利好延续——“小规模纳税人减免增值税”“对小微企业和个体工商户统一减半征收‘六税两费’”等一批到期税费优惠政策延续至2027年底。

支持力度加码——“减半征收个税的年应纳税所得额量值，由原来不超过100万元提高至不超过200万元”“扩大享受减半征收个人所得税的个体工商户的范围”让政策红利覆盖更多市场主体。

直击经营痛点——“对金融机构向小微企业、个体工商户发放小额贷款取得的利息收入，免征增值税”“对金融机构与小微企业签订的借款合同免征印花税”为小微市场主体破解融资难、融资贵。

支持科技创新也是重头戏。鼓励创业投资、支持研发设备更新、支持民用航空发动机等重点产业链……不少着眼于创新的税惠政策延续实施至2027年底。此外，中国继续优化研发费用加计扣除政策，将相关行业企业研发费用税前加计扣除比例提高至100%，并作为制度性安排长期实施；在此基础上，阶段性提高集成电路和工业母机企业扣除比例，促进相关企业研发创新。

支持重点群体、自主就业退役士兵创业就业，中国出台一系列税收政策，包括提高从事个体经营的高校毕业生等重点群体税费抵减限额、鼓励企业吸纳脱贫人口等重点群体人员就业等。

持续优化税收营商环境，反映出国家通过结构性减税为企业降低整体税收负担，有效提振市场预期，进一步培育和激发市场主体活力，造福人民，推动宏观经济稳中有进发展的决心和信心，体现了社会主义制度的优越性。

技能强化训练

一、单项选择题

1. 某葡萄酒厂为一般纳税人，本月向一小规模纳税人销售葡萄酒，并开具普通发票且在其上注明金额120 000元；同时收取单独核算的包装物押金4 300元（尚未逾期），此业务酒厂应计算的销项税额为（　　）元。

A. 14 300　　B. 13 890　　C. 15 011　　D. 17 301

2. 根据《中华人民共和国增值税暂行条例》的规定，增值税一般纳税人的下列行为中，不应视同销售的是（　　）。

A. 将购进的货物用于本单位的办公楼建设　　B. 将自产的货物捐赠给贫困地区的儿童

C. 将委托加工收回的货物用于个人消费　　D. 将自产的货物分配给投资者

3. 单位或个体经营者的下列业务，应视同销售征收增值税的是（　　）。

A. 个体商店代销鲜奶　　B. 电信部门安装电话并提供电话机

C. 商场将购买的商品发给职工　　D. 饭店购进啤酒用于餐饮服务

4. 某企业（一般纳税人）2018年6月16日销售一台使用过的旧机器设备，取得销售收入11 300元（含税），该设备为2016年5月购入，购入时已抵扣进项税额，则该项销售行为应纳增值税为（　　）。

A. 0元　　B. 1 300元　　C. 1 200元　　D. 225.24元

5. 2024年5月8日，甲公司与乙公司签订了买卖电脑的合同，双方约定总价款为80万元。6月3日，甲公司就80万元货款全额开具了增值税专用发票，6月10日，甲公司收到乙公司第一笔货款45万元，6月25日，甲公司收到乙公司第二笔货款35万元。根据《中华人民共和国增值税暂行条例》的规定，甲公司增值税纳税义务发生的时间为（　　）。

A. 5月8日　　B. 6月3日　　C. 6月10日　　D. 6月25日

6. 根据《中华人民共和国增值税暂行条例》的规定，增值税一般纳税人的下列行为涉及的进项税额准予抵扣的是（　　）。

A. 将购进货物用于免税项目　　B. 将购进货物用于职工福利

C. 将购进货物用于生产应税产品　　D. 将购进货物用于奖励职工

7. 某面粉加工厂（增值税一般纳税人）2024年4月从某农场收购小麦100吨，农场开具的普通发票上注明金额20万元，此项业务可抵扣的增值税进项税额为（　　）万元。

A. 0　　B. 1.8　　C. 2　　D. 2.20

8. 某工业企业为增值税小规模纳税人，某月外购原材料20 000元，当月销售商品获得含增值税收入25 750元。该企业当月应纳增值税为（　　）。

A. 750元　　B. 977.5元　　C. 772.5元　　D. 1 030元

9. 下列行为属于视同销售货物，应征收增值税的是（　　）。

A. 某商店为服装厂代销儿童服装

B. 某批发部门将外购的部分饮料用于职工福利

C. 某企业将外购的水泥用于不动产在建工程

D. 某商场将外购的床单用于内部招待所

10. 按照现行规定，下列纳税人符合一般纳税人年应税销售额认定标准的是（　　）。

A. 年应税销售额520万元的从事货物生产的纳税人

B. 年应税销售额160万元的从事货物零售的纳税人

C. 年应税销售额150万元的从事货物生产的纳税人

D. 年应税销售额300万元从事物流辅助服务的纳税人

11. 某企业为增值税一般纳税人。2024年5月进口一批化妆品，关税完税价格40万元。已知：化妆品关税税率为20%、消费税税率为15%。该企业进口化妆品应纳进口增值税税额为（　　）万元。

A. 2.06　　B. 6.80　　C. 8.16　　D. 7.34

12. 某电脑股份有限公司（一般纳税人）销售给某商场100台电脑，不含税单价为4 300元/台，已开具增值税专用发票。双方议定送货上门，商场支付运费1 500元（开具普通发票），电脑公司提供网关设计，另收商场5 000元，开具普通发票。当月该企业可以抵扣的进项税额为3 400元。该电脑公司应纳增值税税额为（　　）元。

A. 64 205　　B. 65 917.95　　C. 53 247.79　　D. 66 127.95

二、多项选择题

1. 根据《中华人民共和国增值税暂行条例》的规定，企业发生的下列行为中，属于视同销售货物的有（　　）。

A. 将购进的货物用于扩建职工食堂

B. 将本企业生产的货物分配给投资者

C. 将委托加工的货物用于集体福利

D. 将购进的货物作为投资提供给其他单位

2. 下列各项中，可选择按小规模纳税人纳税的有（　　）。

A. 年应税销售额505万元的个体工商户

B. 不经常发生应税行为的企业

C. 年应税销售额510万元的汽车修理厂

D. 非企业性单位

3. 根据《中华人民共和国增值税暂行条例》的规定，下列各项中，应当征收增值税的混合销售行为有（　　）。

A. 邮局提供邮政服务并销售集邮商品

B. 商店销售空调并负责安装

C. 汽车制造厂销售汽车，又开设门市部修理汽车

D. 汽车修理厂修车并提供洗车服务

4. 根据现行法律规定，下列货物适用9%税率征收增值税的有（　　）。

A. 食用蔬菜　　B. 工业盐　　C. 食用盐　　D. 鱼虾等水产品

5. 根据《中华人民共和国增值税暂行条例》规定，以下情形属于在我国境内提供增值税应税服务的有（　　）。

A. 境外单位向境内单位提供完全在境外消费的应税服务

B. 日本某公司为中国境内某企业设计时装

C. 法国某公司出租设备给中国境内某企业使用

D. 境外个人向境外单位提供完全在境外消费的应税服务

6. 根据《中华人民共和国增值税暂行条例》的规定，下列关于增值税纳税义务发生时间的表述中，正确的有（　　）。

A. 将委托加工的货物无偿赠送他人的，为货物移送的当天

B. 采取直接收款方式销售货物的，为货物发出的当天

C. 委托他人销售货物的，为受托方售出货物的当天

D. 进口货物，为报关进口的当天

7. 根据《中华人民共和国增值税暂行条例》的规定，企业下列项目的进项税额不得从销项税额中抵扣的有（　　）。

A. 不动产在建工程使用的外购物资

B. 生产应税产品购入的原材料

C. 因管理不善变质的库存购进商品

D. 因管理不善被盗的产成品所耗用的购进原材料

8. 关于增值税的纳税义务发生时间和纳税地点，下列表述正确的有（　　）。

A. 纳税人发生视同销售货物行为的，纳税义务发生时间为货物移送的当天

B. 委托其他纳税人代销货物，未收到代销清单不发生纳税义务

C. 固定业户到外县（市）提供应税劳务并持有《外出经营活动税收管理证明》的，应向劳务发生地主管税务机关申报纳税

D. 固定业户的分支机构与总机构不在同一县（市）的，应当分别向各自所在地主管税务机关申报纳税

9. 根据税收相关法律制度的规定，下列销售行为中，属于兼营行为的有（　　）。

A. 铝合金门窗生产企业销售自产铝合金门窗的同时提供建筑安装劳务

B. 旅游公司在提供组团旅游服务的同时销售纪念品

C. 建材商店既销售建材，又从事装修、装饰业务

D. 花店既销售鲜花，又承接婚庆服务业务

10. 下列销售行为中，征收增值税的有（　　）。

A. 商店销售空调的同时负责安装

B. 基本建设单位和从事建筑安装业务的企业附设的工厂、车间生产的水泥预制构件、其他构件或建筑材料，用于本单位建筑工程的

C. 对从事热力、电力、燃气、自来水等公用事业的增值税纳税人收取的一次性费用，与货物的销售数量无直接关系

D. 商品期货在实物交割环节

11. 根据《中华人民共和国增值税暂行条例》的有关规定，下列属于视同提供应税服务的有（　　）。

A. 为本单位员工无偿提供搬家运输服务　　B. 向客户无偿提供信息咨询服务

C. 销售货物同时无偿提供运输服务　　D. 为客户无偿提供广告设计服务

E. 向关联单位无偿提供交通运输服务

12. 根据《中华人民共和国增值税暂行条例》的规定，下列行为中，属于混合销售应当一并征收增值税的是（　　）。

A. 贸易公司销售电梯同时负责安装

B. 百货商店销售商品同时负责运输

C. 建筑公司销售自产货物的同时提供建筑业劳务

D. 餐饮公司提供餐饮服务的同时销售酒水

三、判断题

1. 纳税人采取商业折扣方式销售货物，折扣额无论是否另开发票，均不得从销售额中扣除。（　　）

2. 某一般纳税人企业本月将自产的一批生产成本为 20 万元的食品发给职工，成本利润率为 10%，该批食品没有同类商品的价格资料。该企业应反映销项税额为 3.52 万元。（　　）

3. 增值税一般纳税人将委托加工的货物无偿赠送他人，不征收增值税。（　　）

4. 煤气公司销售煤气，不属于增值税的征税范围。（　　）

5. 营业税改征增值税后，提供有形动产融资租赁服务不需要缴纳增值税。（　　）

6. 某增值税一般纳税人销售从农业生产者处购进的自产谷物，其缴纳增值税时适用零税率。（　　）

7. 纳税人兼营销售货物、劳务、服务、无形资产或者不动产，适用不同税率或者征收率的，应当分别核算适用不同税率或者征收率的销售额；未分别核算的，从高适用税率。（　　）

8. 视同销售行为可以是转移货物但未发生所有权转移。（　　）

9. 增值税一般纳税人将自产的货物无偿赠送他人，不征收增值税。（　　）

10. 汽车制造厂既销售自产汽车、又提供汽车修理修配服务，这属于增值税的混合销售业务。（　　）

11. 某大型商场既从事商品销售，又从事餐饮服务，则该商场的经营行为就属于兼营行为。（　　）

12. 某企业将外购的货物（取得增值税专用发票）赠送儿童福利院，其进项税额不得抵扣。（　　）

四、计算分析题

1. 甲公司为增值税一般纳税人，主要生产电动工具，2024年6月，甲公司发生如下事项：

（1）6月3日，购入一批钢材，取得的增值税专用发票注明的价款为80万元，增值税额10.4万元。

（2）6月11日，处理一批下脚料，取得含税销售收入3.48万元。

（3）6月23日，因管理不善，当月购进的钢材部分被盗，不含税价值12万元。

已知，甲公司取得的增值税专用发票已经由主管税务机关认证，甲公司适用的增值税税率为13%。

要求：根据增值税法律制度的规定，计算甲公司当期销项税额和允许抵扣进项税额。

2. 甲木业制造有限责任公司是增值税一般纳税人，从事实木地板的生产、销售，同时从事木质工艺品、筷子等的生产经营。2024年5月，该公司发生下列业务：

（1）购进油漆、修理零备件一批，取得增值税专用发票上注明的价款为50万元、税额6.5万元。

（2）购入原木，取得增值税专用发票上注明的价款为200万元、税额18万元。

（3）将橡木加工成A型实木地板，本月销售取得含税销售额92.8万元，将部分橡木做成工艺品进行销售，取得含税销售额60.32万元。

（4）销售自产B型实木地板4.5万平方米，不含税销售额为每平方米280元，开具增值税专用发票；另外收取包装费11.3万元，开具普通发票。

（5）将自产C型实木地板0.1万平方米用于本公司教工活动中心装修（属于集体福利），成本为5.43万元，C型实木地板没有同类销售价格；将自产的D型实木地板0.2万平方米无偿提供给某房地产公司，用于装修该房地产公司的样板间供客户参观，D型实木地板的成本为18万元，市场销售价为每平方米160元（不含增值税额）。

已知：成本利润率为5%；暂不考虑除增值税外的其他税费，相关发票已经主管税务机关认证。

要求：根据上述内容，计算该公司当期的进项税额、销项税额、应纳增值税税额。（涉及计算的，列出计算过程，计算结果保留小数点后2位；计算单位：万元）

3. 某酒厂为增值税一般纳税人，主要生产白酒和果酒。2024 年 5 月生产经营情况如下：

（1）购进业务：从国内购进生产用原材料，取得增值税专用发票，注明价款 80 万元、增值税 10.4 万元，由于运输途中保管不善，原材料丢失 3%；从农民手中购进免税葡萄作为生产果酒的原材料，取得农产品收购发票，注明价款 10 万元；从小规模纳税人购进劳保用品，取得税务机关代开的增值税专用发票，注明价款 2 万元、增值税 600 元。

（2）材料领用情况：企业职工食堂（集体福利项目）不动产在建工程领用以前月份购进的已经抵扣进项税额的材料，成本 5 万元，该材料适用的增值税税率为 13%。

（3）销售业务：采用分期收款方式销售白酒，合同规定，不含税销售额共计 200 万元，本月应收回60%货款，其余货款于9 月 10 日前收回，本月实际收回货款50 万元。销售白酒时支付销货运费 3 万元，取得货物运输业增值税专用发票。销售果酒取得不含税销售额 15 万元，另收取优质费 3.48 万元。

假定本月取得的相关票据符合税法规定并在本月认证抵扣。

要求：根据上述资料和《中华人民共和国增值税暂行条例》的规定，计算该酒厂当期应纳增值税额。

4. 甲企业为增值税一般纳税人，2024 年 5 月，甲企业发生下列经营业务：

（1）向 A 企业销售产品，收取不含税价款 120 000 元，同时收取包装物押金 5 800 元。

（2）采用预收款方式向 B 企业销售产品，合同约定的不含税总价款为 100 000 元，本月应收取 60 000 元，产品下月发出。

（3）用自产的产品一批等价换取 C 企业生产的杏仁油，该批产品的市场不含税价为 8 000 元，双方均开具了增值税专用发票，换取的杏仁油 40% 用于职工食堂，60% 用于后期赠送客户。

（4）销售边角料，取得含税收入 21 470 元；销售于 2012 年 9 月购进的未抵扣过进项税的办公用小汽车，取得含税收入 41 200 元。

（5）为生产免税产品购进一批原材料，取得增值税专用发票上注明的价款为 20 000 元，增值税 2 600 元，支付不含税运费 1 000 元，取得增值税专用发票。

（6）购进生产设备 1 台，取得增值税专用发票上注明的价款为 15 000 元；购进办公用小汽车 1 辆，取得增值税专用发票上注明的税额为 10 000 元。

假定购进的原材料、设备适用增值税税率为 13%，生产的产品为非酒类产品，取得的增值税专用发票抵扣联均已经过认证。

要求：根据上述资料和《中华人民共和国增值税暂行条例》的规定，计算该企业当期应纳增值税额。

5. 北京某广告公司为增值税一般纳税人。2024 年 12 月，该公司取得广告制作费 848 万元（含税），支付给山西某媒体的广告发布费为300万元（不含税），取得增值税专用发票。此外，当期该广告公司可抵扣的进项税额为15万元，请计算当月该广告公司需缴纳的增值税。

6. 某生产企业为增值税一般纳税人，适用增值税税率13%，2024年5月份的有关生产经营业务如下：

（1）销售甲产品给某大商场，开具增值税专用发票，取得不含税销售额80万元；另外，取得销售甲产品的送货运输费收入5.65万元（含增值税价格，与销售货物不能分别核算）。

（2）销售乙产品，开具普通发票，取得含税销售额33.9万元。

（3）将试制的一批应税新产品用于本企业职工福利，成本价为20万元，国家税务总局规定成本利润率为10%，该新产品无同类产品市场销售价格。

（4）销售2014年10月份购进作为固定资产使用过的进口摩托车5辆，开具增值税专用发票，上面注明每辆车取得销售额1万元。

（5）购进货物取得增值税专用发票，注明支付货款60万元、进项税额9.6万元；另外支付购货的运输费用6万元，取得运输公司开具的增值税专用发票。

（6）向农业生产者购进免税农产品一批，支付收购款30万元，支付给运输单位的运费5万元，取得相关的合法票据。本月下旬将购进的农产品的20%用于本企业职工福利。

以上相关票据均符合税法的规定，并在本月认证抵扣。请回答下列问题：

（1）计算销售甲产品的销项税额；

（2）计算销售乙产品的销项税额；

（3）计算自用新产品的销项税额；

（4）计算销售使用过的摩托车应纳税额；

（5）计算外购货物应抵扣的进项税额；

（6）计算外购免税农产品应抵扣的进项税额；

（7）计算该企业5月份合计应缴纳的增值税税额。

7. 甲酒厂为增值税一般纳税人，主要生产粮食白酒。2024年5月发生下列经营业务：

（1）外购一批小麦作为原材料，取得的增值税专用发票上注明金额100万元、增值税额10万元；支付给运输该批小麦的乙运输公司运费8万元，取得普通发票。

（2）外购一批高粱作为原材料，取得的增值税专用发票上注明金额200万元、增值税额20万元。因管理不善，购进的高粱当月发生霉变，霉变部分占购进原材料的10%。

（3）向农民收购一批荞麦作为原材料，农产品收购发票上注明买价40万元，委托丙运输公司运输，取得的丙运输公司开具的增值税专用发票，专用发票上注明金额3万元。

（4）外购生产设备，取得的增值税专用发票上注明金额250万元。

（5）向某商贸企业销售粮食白酒一批，取得含税销售额580万元。

已知：甲酒厂当月取得的相关票据在有效期内均经过主管税务机关认证。

要求：根据上述资料及税法制度的规定，回答下列问题（涉及计算的，列出算式，结果保留小数点后2位，单位：万元）。

（1）甲酒厂外购小麦负担的进项税额及支付运费负担的进项税额是否可以抵扣？分别说明理由。

（2）计算甲酒厂外购高粱可以抵扣的进项税额。

（3）计算甲酒厂收购荞麦可以抵扣的进项税额。

（4）计算甲酒厂外购生产设备可以抵扣的进项税额。

（5）计算甲酒厂销售白酒的销项税额。

8. 某电脑商城为增值税一般纳税人，2024 年 5 月销售电脑 280 台，每台零售价格为 8 120 元，上月出售的同型号的电脑因质量问题被顾客退回 2 台，上月该型号电脑每台零售价格为 7 772 元，电脑城将这 2 台电脑退给厂家，取得厂家开具的红字增值税专用发票上注明销售额 11 000 元，增值税税额 1 760 元；本月购进电脑取得防伪税控系统增值税专用发票上注明的增值税税额为 35 000 元。已取得的相关发票已通过了认证。请计算该电脑商城本月上述业务应纳增值税税额。

3 模块三 消费税计算与申报

学习目标

知识目标：

1. 掌握消费税的基本要素，包括征税范围、税目、税率
2. 掌握生产、委托加工和进口应税消费品的消费税应纳税额的计算
3. 了解消费税的征收管理

能力目标：

1. 能够理解消费税计税原理和方法
2. 能够进行消费税应纳税额的计算
3. 能够进行消费税纳税申报

素质目标：

1. 引导学生树立环保意识，培养良好的消费观、价值观
2. 具有良好的服务意识，严谨、诚信的职业品质和沟通交流能力
3. 培养学生的法治思维和依法纳税意识，树立社会主义核心价值观

本模块知识导图（见图3-1）

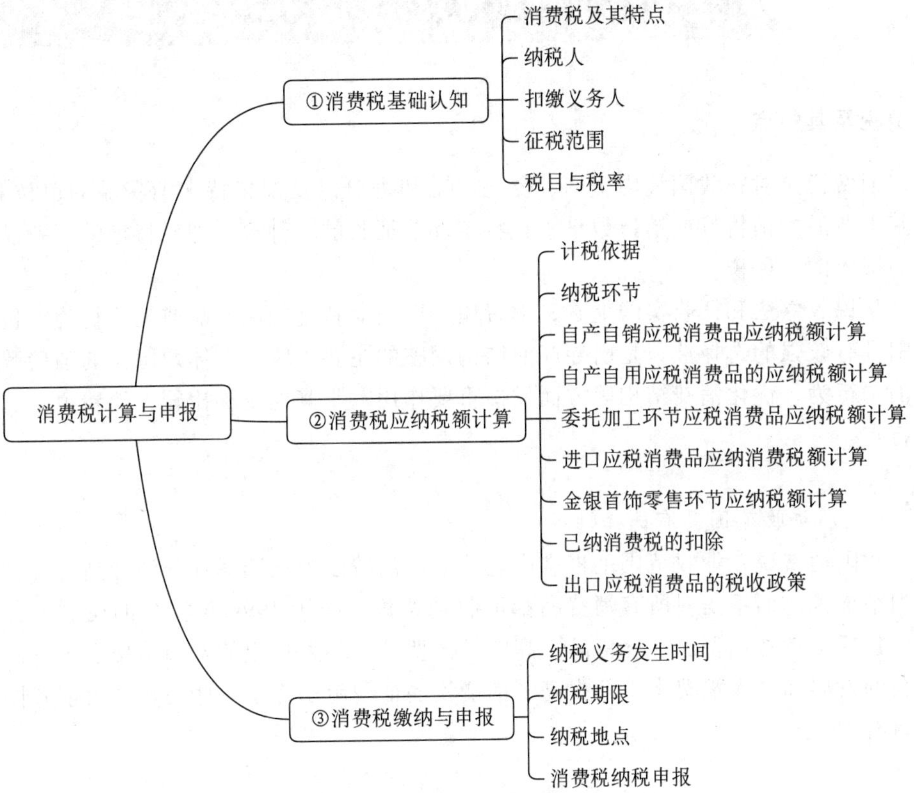

图3-1　模块知识导图

小案例

消费税

我们在日常生活中，常常会用到“消费”这个词，用来指消费行为或消费品。在我国的货物和劳务税体系中，有一个比较特殊的税种，那就是消费税。这种税虽然名为消费税，却不是针对所有的消费品和消费行为。事实上，我国的消费税只对特定的消费品征收，比如烟、酒、珠宝玉石、高档手表等。

很多纳税人感觉不到消费税的存在，那是因为消费税主要在生产环节和进口环节征收，而且，消费税是包含在商品价格里的，当消费者为特定的消费品支付价格时，消费税就随价格转嫁给消费者了。

各国征收消费税都伴随一定的经济目的，大多是组织财政收入，充实财源。那么我国消费除了上述功能外还有哪些作用呢？

项目一 消费税基础认知

一、消费税及其特点

消费税是对在我国境内生产、委托加工和进口以及销售特定消费品的单位和个人，就其消费品的销售额或销售数量，在特定环节征收的一种税，即对特定的消费品和消费行为征收的一种税。

从税收立法和征收实践上看，消费税主要是对特定的消费品或消费行为征税，征税范围具有较强的选择性，是引导产业结构调整的主要手段，在体现国家的消费政策、调节消费行为、优化消费结构等方面发挥重要作用。与其他税种比较，消费税具有以下几个特点。

（一）征收范围具有选择性

我国消费税在征收范围上根据产业政策与消费政策仅选择部分消费品征税，在税法中列举征税，而不是对所有消费品都征收消费税。我国1994年实行的税制中，消费税主要包括了特殊消费品、奢侈品、高能耗消费品、不可再生的资源消费品等。随着经济社会的发展和个人消费水平的提高，消费税的征税范围作了一些调整，目前我国消费税税目有15个。

（二）征税环节具有单一性

消费税实行价内税，只在应税消费品的生产（进口）、流通或消费的某一环节一次征收，而不是在消费品生产、流通或消费的每个环节多次征收（卷烟和超豪华小汽车除外），即通常所说的一次课征制。

（三）税收负担具有转嫁性

消费税主要以消费品为课税对象，其消费税税款无论在哪个环节征收，最终都要随价格转嫁给消费者，由消费者负担，税负具有转嫁性。

（四）征收方法具有多样性

消费税的计税方法比较灵活。为了适应不同应税消费品的情况，消费税在征收方法上灵活多样，有些产品采取从价定率的方式征收，有些产品则采取从量定额的方式征收。由于两种方法各有其优点和缺点，因此，目前对有些产品在实行从价定率征收的同时，还对其实行从量定额征收，即采取复合征收方式。

（五）税收调节具有特殊性

消费税属于国家运用税收杠杆对某些消费品或消费行为特殊调节的税种。这一特殊性表现在两个方面：一是不同的征税项目税负差异较大，对需要限制或控制消费的消费品规定较高的税率，体现特殊的调节目的；二是消费税配合增值税实行双重征收，对某些需要特殊调节的消费品或消费行为在征收增值税的同时，再征收一道消费税，形成特殊对消费品双层次调节的税收调节体系。

小案例

推动绿色发展 促进人与自然和谐共生

党的二十大报告提出：推动经济社会发展绿色化、低碳化是实现高质量发展的关键环节。完善支持绿色发展的财税、金融、投资、价格政策和标准体系，发展绿色低碳产业，健全资源环境要素市场化配置体系，加快节能降碳先进技术研发和推广应用，倡导绿色消费，推动形成绿色低碳的生产方式和生活方式。

二、纳税人

在中华人民共和国境内生产、委托加工和进口《消费税暂行条例》规定的消费品的单位和个人，国务院确定的销售《消费税暂行条例》规定的消费品的其他单位和个人，以及在中华人民共和国境内生产（进口）、批发电子烟的单位和个人，为消费税的纳税人，应当依照《消费税暂行条例》缴纳消费税。

电子烟生产环节纳税人，是指取得烟草专卖生产企业许可证，并取得或经许可使用他人电子烟产品注册商标（以下简称持有商标）的企业。通过代加工方式生产电子烟的，由持有商标的企业缴纳消费税。电子烟批发环节纳税人，是指取得烟草专卖批发企业许可证并经营电子烟批发业务的企业。电子烟进口环节纳税人，是指进口电子烟的单位和个人。

单位，是指企业、行政单位、事业单位、军事单位、社会团体及其他单位。

个人，是指个体工商户及其他个人。

在中华人民共和国境内，是指生产、委托加工和进口属于应当缴纳消费税的消费品的起运地或者所在地在境内。

三、扣缴义务人

（1）委托加工的应税消费品，委托方为消费税纳税人，其应纳消费税由受托方（受托方为个人除外）在向委托方交货时代收代缴税款。

（2）跨境电子商务零售进口商品按照货物征收进口环节消费税，购买跨境电子商务零售进口商品的个人作为纳税义务人，电子商务企业、电子商务交易平台企业或物流企业可作为代收代缴义务人。

四、征税范围

现行消费税的主要征收范围以下十五类。

（一）烟

凡是以烟叶为原料加工生产的产品，不论使用何种辅料，均属于本税目的征收范围。本税目下设卷烟、雪茄烟、烟丝和电子烟四个子税目。

（1）卷烟，是指将各种烟叶切成烟丝，按照配方要求均匀混合，加入糖、酒、香料等辅料，用白色盘纸、棕色盘纸、涂布纸或烟草薄片经机器或手工卷制的普通卷烟和雪茄型卷烟。

卷烟分为甲类卷烟和乙类卷烟。甲类卷烟是指不含增值税调拨价在70元（含）/条以上的卷烟，乙类卷烟是指不含增值税调拨价在70元/条以下的卷烟。

（2）雪茄烟，是指以晾晒烟为原料或者以晾晒烟和烤烟为原料，用烟叶或卷烟纸、烟草薄片作为烟支内包皮，再用烟叶作为烟支外包皮，经机器或手工卷制而成的烟草制品。按内包皮所用材料的不同可分为全叶卷雪茄烟和半叶卷雪茄烟。雪茄烟的征收范围包括各种规格、型号的雪茄烟。

（3）烟丝，是指将烟叶切成丝状，粒状、片状，末状或其他形状，再加入辅料，经过发酵、储存，不经卷制即可供销售吸用的烟草制品。烟丝的征收范围包括以烟叶为原料加工生产的不经卷制的散装烟，如斗烟、莫合烟．烟末、水烟、黄红烟丝等。

凡是以烟叶为原料加工生产的产品，不论使用何种辅料，均属于本税目的征收范围。

（4）电子烟。自2022年11月1日起，将电子烟纳入消费税征收范围，在烟税目下增设电子烟子目。电子烟，是指用于产生气溶胶供人抽吸等的电子传输系统，包括烟弹、烟具以及烟弹与烟具组合销售的电子烟产品。烟弹是指含有雾化物的电子烟组件。烟具是指将雾化物雾化为可吸入气溶胶的电子装置。

（二）酒

酒的征税范围包括白酒、黄酒、啤酒和其他酒。

（1）白酒，是指以各种粮食或各种干鲜薯类为原材料，经过糖化，发酵后，采用蒸馏方法酿制的白酒。用甜菜酿制的白酒，比照白酒征税。

（2）黄酒，是指以糯米、粳米、黏米、大米、黄米、玉米、小麦、薯类等为原料，经加温、糖化、发酵，压榨酿制的酒。黄酒的征收范围包括各种原料酿制的黄酒和酒度超过12度（含12度）的土甜酒。

（3）啤酒，是指以大麦或其他粮食为原料，加入啤酒花，经糖化、发酵、过滤酿制的含有二氧化碳的酒。啤酒按照杀菌方法的不同，可分为熟啤酒和生啤酒或鲜啤酒。啤酒的征收范围包括各种包装和散装的啤酒。

啤酒分为甲类啤酒和乙类啤酒。每吨不含增值税出厂价（含包装物及包装物押金）3 000元（含）以上的啤酒为甲类啤酒；每吨不含增值税出厂价（含包装物及包装物押金）3 000元以下的啤酒为乙类啤酒。其中包装物押金不包括重复使用的塑料周转箱的押金。

(4) 其他酒，是指除白酒、黄酒、啤酒以外，酒度在1度以上的各种酒。调味料酒不征消费税。

(三) 高档化妆品

高档化妆品包括高档美容、修饰类化妆品，高档护肤类化妆品和成套化妆品。但是舞台、戏剧、影视演员化妆用的上妆油、卸妆油、油彩不征消费税。

高档美容、修饰类化妆品和高档护肤类化妆品是指生产（进口）环节销售（完税）价格（不含增值税）在10元/毫升（克）或15元/片（张）及以上的美容、修饰类化妆品和护肤类化妆品。

美容、修饰类化妆品是指香水、香水精、香粉、口红、指甲油、胭脂、眉笔、唇笔、蓝眼油、眼睫毛以及成套化妆品。

舞台、戏剧、影视演员化妆用的上妆油、卸妆油、油彩、发胶和头发漂白剂等，不属于本税目征收范围。

成套化妆品是指由各种用途的化妆品配套盒装而成的系列产品。

(四) 贵重首饰及珠宝玉石

本税目征收范围包括：各种金银珠宝首饰和经采掘、打磨、加工的各种珠宝玉石。

(1) 金银珠宝首饰包括：凡以金、银、白金、宝石珍珠、钻石、翡翠、珊瑚、玛瑙等高贵稀有物质以及其他金属、人造宝石等制作的各种纯金银首饰及镶嵌首饰（含人造金银、合成金银首饰等）。

(2) 珠宝玉石包括：钻石、珍珠松石、青金石、欧泊石、橄榄石、长石、玉石英、玉髓、石榴石、锆石尖晶石、黄玉、碧玺、金绿玉绿柱石、刚玉、琥珀、珊瑚、煤玉、龟甲、合成刚玉、合成宝石、双合石、玻璃仿制品。

(五) 鞭炮、焰火

鞭炮、焰火征税范围包括各种鞭炮、焰火。体育上用的发令纸、鞭炮药引线不征消费税。

(六) 成品油

成品油征税范围包括汽油、柴油、石脑油、溶剂油、航空煤油、润滑油、燃料油7个子税目。航空煤油暂缓征收消费税。

(七) 摩托车

摩托车的征税范围为：气缸容量在250毫升和250毫升（不含）以上的摩托车。

(八) 小汽车

小汽车是指由动力驱动，具有4个或4个以上车轮的非轨道承载的车辆。本税目征收范围包括乘用车、中轻型商用客车、超豪华小汽车。

（1）乘用车。是指含驾驶员座位在内最多不超过9个座位（含），且在设计和技术特性上用于载运乘客和货物的各类乘用车。

（2）中轻型商用客车。是指含驾驶员座位在内的座位数在10至23座（含23座），且在设计和技术特性上用于载运乘客和货物的各类中轻型商用客车。

车身长度在7米（含）以上，并且座位在10至23座（含）以下的商用客车，不属于中轻型商用客车征税范围，不征收消费税。

用排气量小于1.5升（含）的乘用车底盘（车架）改装、改制的车辆属于乘用车征收范围。

用排气量大于1.5升的乘用车底盘（车架）或用中轻型商用客车底盘（车架）改装、改制的属于中轻型商用客车征收范围。

（3）超豪华小汽车。是指每辆不含增值税零售价格130万元及以上的乘用车和中轻型商用客车，即乘用车和中轻型商用客车子税目中的超豪华小汽车。

电动汽车、沙滩车、雪地车、卡丁车、高尔夫车不属于消费税征收范围，不征收消费税。企业购进货车或厢式货车改装生产的商务车、卫星通讯车等专用汽车不属于消费税征税范围，不征收消费税。

（九）高尔夫球及球具

高尔夫球及球具是指从事高尔夫球运动所需的各种专用装备，包括高尔夫球、高尔夫球杆、高尔夫球包（袋）、高尔夫球杆的杆头、杆身和握把。

（十）高档手表

高档手表是指每只不含增值税销售价格在10 000元（含）以上的各类手表。

（十一）游艇

游艇征税范围包括艇身长度大于8米（含）小于90米（含），内置发动机，可以在水上移动，一般为私人或团体购置，主要用于水上运动和休闲娱乐等非牟利活动的各类机动艇。

（十二）木制一次性筷子

木制一次性筷子又称卫生筷子，是指包括以木材为原料经过加工而成的各类一次性使用的筷子以及未经打磨、倒角的木制一次性筷子。

（十三）实木地板

实木地板征税范围包括以木材为原料加工而成的块状或条状的实木地板、实木指接地板、实木复合地板；用于装饰墙壁、大棚的侧端面为榫、槽的实木装饰板；未经涂饰的素板。

（十四）电池

电池，是一种将化学能、光能等直接转换为电能的装置，一般由电极、电解质、容器、极端，通常还有隔离层组成的基本功能单元，以及用一个或多个基本功能单元装配成的电池组。范围包括原电池、蓄电池、燃料电池、太阳能电池和其他电池。自2015年2月1日起对无汞原电池、金属氢化物镍蓄电池、锂原电池、锂离子蓄电池、太阳能电池、燃料电池和全钒液流电池免征消费税。

（十五）涂料

涂料是指涂于物体表面能形成具有保护、装饰或特殊性能的固态涂膜的一类液体或固体材料。包括油脂类、天然树脂类、沥青类、橡胶类、纤维素类、其他减膜物类等。但对施工状态下挥发性有机物（VOC）含量低于420克/升（含）的涂料免征消费税。

五、税目与税率

按照消费税税法的规定，消费税的税率采用比例税率和定额税率两种形式。一般情况下，一种应税消费品采用一种税率形式，但对卷烟和白酒则采用比例税率和定额税率相结合的形式。具体的税目和税率，见表3－1。

表3－1　　消费税税目、税率表

<table>
<tr><th colspan="3" rowspan="2">税目</th><th colspan="3">税率</th></tr>
<tr><th>生产（进口、委托加工）环节</th><th>批发环节</th><th>零售环节</th></tr>
<tr><td rowspan="6">烟</td><td colspan="5">1. 卷烟</td></tr>
<tr><td rowspan="2">工业</td><td>（1）甲类卷烟</td><td>56%加0.003元/支</td><td rowspan="2">11%加0.005元/支</td><td></td></tr>
<tr><td>（2）乙类卷烟</td><td>36%加0.003元/支</td><td></td></tr>
<tr><td colspan="2">2. 雪茄烟</td><td>36%</td><td></td><td></td></tr>
<tr><td colspan="2">3. 烟丝</td><td>30%</td><td></td><td></td></tr>
<tr><td colspan="2">4. 电子烟</td><td>36%</td><td>11%</td><td></td></tr>
<tr><td rowspan="5">酒</td><td colspan="2">1. 白酒</td><td>20%加0.5元/500克（或者500毫升）</td><td></td><td></td></tr>
<tr><td colspan="2">2. 黄酒</td><td>240元/吨</td><td></td><td></td></tr>
<tr><td rowspan="2">3. 啤酒</td><td>（1）甲类啤酒</td><td>250元/吨</td><td rowspan="2"></td><td rowspan="2"></td></tr>
<tr><td>（2）乙类啤酒</td><td>220元/吨</td></tr>
<tr><td colspan="2">4. 其他酒</td><td>10%</td><td></td><td></td></tr>
<tr><td>高档化妆品</td><td colspan="2">高档化妆品</td><td>15%</td><td></td><td></td></tr>
<tr><td rowspan="2">贵重首饰及珠宝玉石</td><td colspan="2">1. 金银首饰、铂金首饰和钻石及钻石饰品</td><td></td><td></td><td>5%</td></tr>
<tr><td colspan="2">2. 其他贵重首饰和珠宝玉石</td><td>10%</td><td></td><td></td></tr>
<tr><td>鞭炮、焰火</td><td colspan="2">鞭炮、焰火</td><td>15%</td><td></td><td></td></tr>
</table>

续表

税目		税率		
		生产（进口、委托加工）环节	批发环节	零售环节
成品油	1. 汽油	1.52 元/升		
	2. 柴油	1.20 元/升		
	3. 航空煤油	1.20 元/升		
	4. 石脑油	1.52 元/升		
	5. 溶剂油	1.52 元/升		
	6. 润滑油	1.52 元/升		
	7. 燃料油	1.20 元/升		
摩托车	1. 气缸容量（排气量，下同）=250 毫升	3%		
	2. 气缸容量>250 毫升	10%		
小汽车	1. 乘用车			
	(1) 气缸容量（排气量，下同）在1.0升（含1.0升）以下	1%		
	(2) 气缸容量在1.0升以上至1.5升（含1.5升）	3%		
	(3) 气缸容量在1.5升以上至2.0升（含2.0升）	5%		
	(4) 气缸容量在2.0升以上至2.5升（含2.5升）	9%		
	(5) 气缸容量在2.5升以上至3.0升（含3.0升）	12%		
	(6) 气缸容量在3.0升以上至4.0升（含4.0升）	25%		
	(7) 气缸容量在4.0升以上	40%		
	2. 中轻型商用客车	5%		
	3. 超豪华小汽车	按乘用车和中轻型商用客车的规定征收		10%
高尔夫球及球具		10%		
高档手表		20%		
游艇		10%		
木制一次性筷子		5%		
实木地板		5%		
电池		4%		
涂料		4%		

注：卷烟每标准箱=250标准条，每标准条=200支。

项目二 消费税应纳税额计算

一、计税依据

按照现行消费税税法的规定，消费税应纳税额的计算实行从价定率、从量定额或者从价定率和从量定额复合计征三种方法。

（一）从价定率计征的计税依据

实行从价定率方法征税的，消费税应纳税额等于应税消费品的销售额乘以比例税率。应纳税额的大小取决于销售额和比例税率两个因素。

消费税实行价内税，增值税实行价外税，这种情况决定了实行从价定率征收的消费品，原则上消费税税基和增值税税基是一致的，即都是以含消费税而不含增值税的销售额作为计税依据。

1. 销售额的确定

销售额为纳税人销售应税消费品向购买方收取的全部价款和价外费用。

价外费用是指价外向购买方收取的手续费、补贴、基金、集资费、返还利润、奖励费、违约金、滞纳金、延期付款利息、赔偿金、代收款项、代垫款项、包装费、包装物租金、储备费、优质费、运输装卸费以及其他各种性质的价外收费。但下列项目不包括在内：

（1）同时符合以下条件的代垫运输费用：①承运部门的运输费用发票开具给购买方的；②纳税人将该项发票转交给购买方的。

（2）同时符合以下条件代为收取的政府性基金或者行政事业性收费：①由国务院或者财政部批准设立的政府性基金，由国务院或者省级人民政府及其财政、价格主管部门批准设立的行政事业性收费；②收取时开具省级以上财政部门印制的财政票据；③所收款项全额上缴财政。

2. 含增值税销售额的换算

按照《消费税暂行条例实施细则》的规定，应税消费品的销售额，不包括应向购货方收取的增值税税款。如果纳税人应税消费品的销售额中未扣除增值税税款或者因不得开具增值税专用发票而发生价款和增值税税款合并收取的，在计算消费税时，应将含增值税的销售额换算为不含增值税税款的销售额。其换算公式为：

应税消费品的销售额 = 含增值税的销售额 ÷（1 + 增值税税率或征收率）

3. 包装物销售收入及包装物押金的规定

（1）随同商品出售的包装物的规定。实行从价定率办法计算应纳税额的应税消费品连同包装物销售的，无论包装物是否单独计价以及在会计上如何核算，均应并入应税消费品的销售额中缴纳消费税。

（2）包装物押金的规定。如果包装物不作价随同产品销售，而是收取押金，此项押金则不计入应税消费品的销售额中征税（啤酒、黄酒之外的酒类除外）。但对因逾期未收回的包装物不再退还的或者已收取的时间超过12个月的押金，应并入应税消费品的销售额，按照应税消费品的适用税率缴纳消费税。

对酒类产品生产企业销售酒类产品（啤酒、黄酒除外）而收取的包装物押金，无论押金是否返还及会计上如何核算，均需并入酒类产品销售额中依酒类产品的适用税率征收消费税。

既作价随同应税消费品销售，又另外收取押金的包装物的押金，凡纳税人在规定的期限内没有退还的，均应并入应税消费品的销售额，按应税消费品的适用税率缴纳消费税。

（二）从量定额计征的计税依据

实行从量定额办法征税的，消费税应纳税额等于销售数量乘以定额税率，应纳税额的大小取决于销售数量和定额税率两个因素。

以从量定额征税的应税消费品，通常以每单位应税消费品的重量、容积或数量为计税依据，并按每单位应税消费品规定固定税额计征消费税税额。

1. 销售数量的确定

销售数量是指纳税人生产、委托加工或进口应税消费品的数量。具体规定为：

（1）销售应税消费品的，为应税消费品的销售数量。

（2）自产自用应税消费品的，为应税消费品的移送使用数量。

（3）委托加工应税消费品的，为纳税人收回的应税消费品数量。

（4）进口的应税消费品，为海关核定的应税消费品进口征税数量。

2. 从量定额的换算标准

在应税消费品中，酒类中的黄酒、啤酒和成品油类中的七个子税目实行从量定额办法计征税额。黄酒、啤酒的销售数量是以吨为计量单位，成品油类的七个子税目的销售数量是以升为计量单位。在实际销售过程中，一些纳税人往往将计量单位混用。为了规范不同产品的计量单位，《消费税暂行条例实施细则》规定，实行从量定额办法计算应纳税额的应税消费品，计量单位的换算标准见表3-2。

表3-2　计量单位的换算标准

序号	应税消费品	计量单位的换算标准
1	黄酒	1吨=962升
2	啤酒	1吨=988升
3	汽油	1吨=1 388升
4	柴油	1吨=1 176升
5	航空煤油	1吨=1 246升
6	石脑油	1吨=1 385升
7	溶剂油	1吨=1 282升
8	润滑油	1吨=1 126升
9	燃料油	1吨=1 015升

（三）从价定率和从量定额复合计征的计税依据

卷烟、白酒采用复合计征方法计税。应纳税额等于应税销售额乘以比例税率再加上应税销售数量乘以定额税率。

（四）计税依据的特殊规定

1. 自设非独立核算门市部销售应税消费品的计税规定

纳税人通过自设非独立核算门市部销售的自产应税消费品，应当按照门市部对外销售额或者销售数量计算征收消费税。

2. 应税消费品用于其他方面的计税规定

纳税人将自产应税消费品用于换取生产资料和消费资料，投资入股和抵偿债务等方面的，应当以纳税人同类应税消费品的最高销售价格作为计税依据计算消费税。

3. 套装产品的计税依据

纳税人将自产的应税消费品与外购或自产的非应税消费品组成套装销售的，以套装产品的销售额（不含增值税）为计税依据计算消费税。

4. 兼营不同税率应税消费品的计税依据

纳税人兼营不同税率的应税消费品，应当分别核算不同税率应税消费品的销售额、销售数量。未分别核算销售额、销售数量，或者将不同税率的应税消费品组成成套消费品销售的，从高适用税率。

对未分别核算的销售额按高税率计税，意在督促企业对不同税率应税消费品的销售额分别核算，准确计算纳税。

5. 电子烟生产环节纳税人从事电子烟代加工业务的计税规定

电子烟生产环节纳税人从事电子烟代加工业务的，应当分开核算持有商标电子烟的销售额和代加工电子烟的销售额；未分开核算的，一并缴纳消费税。

6. 计税价格的核定权限

纳税人应税消费品的计税价格明显偏低且无正当理由或无销售价格的，由主管税务机关核定计税价格。其核定权限规定如下：

（1）卷烟、白酒和小汽车的计税价格由国家税务总局核定，总送财政部备案。

（2）其他应税消费品的计税价格由省、自治区和直辖市国家税务总局核定。

（3）进口的应税消费品的计税价格由海关核定。

二、纳税环节

（一）生产环节

生产应税消费品销售是消费税征收的主要环节，生产应税消费品由生产者于销售时纳税。消费税具有单一环节征税的特点，在生产销售环节征税以后，流通环节一般不需要再缴纳消费税。

（二）委托加工

委托加工应税消费品，除受托方为个人外，由受托方在向委托方交货时代收代缴消费税税款。为了加强对受托方代收代缴税款的管理，委托个人（含个体工商户）加工的应税消费品，由委托方收回后缴纳消费税。

委托加工的应税消费品，是指由委托方提供原料和主要材料，受托方只收取加工费和代垫部分辅助材料加工的应税消费品。对于由受托方提供原材料生产的应税消费品，或者受托方先将原材料卖给委托方，然后再接受加工的应税消费品，以及由受托方以委托方名义购进原材料生产的应税消费品，不论在财务上是否做销售处理，都不得作为委托加工应税消费品，而应当按照销售自制应税消费品缴纳消费税。

委托加工的应税消费品收回后直接出售的，不再征收消费税；委托加工应税消费品收回后用于连续生产应税消费品的，可以抵扣委托加工应税消费品的已纳消费税税款。例如，以委托加工收回的高档化妆品为原料生产的高档化妆品因最终生产的消费品需缴纳消费税，因此，对受托方代收代缴的高档化妆品消费税税款准予抵扣。

（三）进口环节

进口的应税消费品，由进口报关者于报关进口时缴纳消费税。为了减少征税成本，进口环节缴纳的消费税由海关代征。

（四）批发环节

除生产环节外，对卷烟批发环节加征从价税和从量税。烟草批发销售企业将卷烟销售给其他烟草批发企业的，不缴纳消费税。

自2022年11月1日起，除生产环节外，对电子烟批发环节加征从价税。

（五）零售环节

经国务院批准，自1995年1月1日起，金银首饰消费税由生产销售环节征收改为零售环节征收。改在零售环节征收消费税的金银首饰仅限于金基、银基合金首饰以及金、银和金基、银基合金的镶嵌首饰。

自2016年12月1日起，对超豪华小汽车在生产（进口）环节按现行税率征收消费税基础上，在零售环节加征消费税。

（六）移送使用环节

纳税人将自产应税消费品用于连续生产应税消费品的，不纳税。例如，卷烟厂生产出烟丝，烟丝是应税消费品，卷烟厂再用生产出的烟丝连续生产卷烟，这样，用于连续生产卷烟的烟丝就不缴纳消费税，只对生产的卷烟征收消费税。

纳税人将自产的应税消费品用于其他方面的，具体包括用于生产非应税消费品、在建工程、管理部门、非生产机构、提供劳务、馈赠、赞助、集资、广告、样品、职工福利、奖励以及用于换取生产资料、消费资料、投资入股、偿还债务等方面，于移送使用时纳税。

三、自产自销应税消费品应纳税额计算

（一）从价定率办法

实行从价定率办法的计算公式如下：

应纳税额 = 销售额 × 比例税率

【做中学 · 计算题 1】 某化妆品生产企业为增值税一般纳税人。2024 年 5 月 15 日向某大型商场销售高档化妆品一批，开具增值税专用发票，取得不含增值税销售额 50 万元，增值税额 6.5 万元；5 月 20 日向某单位销售高档化妆品一批，开具普通发票，取得含增值税销售额 4.52 万元。计算该化妆品生产企业上述业务应缴纳的消费税税额（已知高档化妆品适用消费税税率 15%）。

化妆品的应税销售额 = 50 + 4.52 ÷（1 + 13%）= 54（万元）

应缴纳的消费税额 = 54 × 15% = 8.1（万元）

（二）从量定额办法

实行从量定额办法的计算公式如下：

应纳税额 = 销售数量 × 定额税率

【做中学 · 计算题 2】 某啤酒厂 2024 年 4 月销售甲类啤酒 100 吨，取得不含增值税销售额 295 万元，增值税税款 38.35 万元，另收取包装物押金 23.4 万元。计算该啤酒厂 4 月份应纳消费税税额（已知甲类啤酒适用定额税率每吨 250 元）。

应纳税额 = 销售数量 × 定额税率 = 100 × 250 = 25 000（元）

（三）复合计征

在现行消费税的征税范围中，只有卷烟、白酒采用复合计征方式，其计算公式为：

应纳税额 = 销售额 × 比例税率 + 销售数量 × 定额税率

【做中学 · 计算题 3】 某白酒生产企业为增值税一般纳税人，2024 年 4 月销售白酒 50 吨，取得不含增值税的销售额 200 万元。计算该企业 4 月份应缴纳的消费税税额（已知白酒适用比例税率 20%，定额税率每 500 克 0.5 元）。

应纳税额 = 50 × 2 000 × 0.5 ÷ 10 000 + 200 × 20% = 45（万元）

四、自产自用应税消费品的应纳税额计算

自产自用，是指纳税人生产应税消费品后，不是直接用于对外销售，而是用于连续生产应税消费品或用于其他方面。

（一）用于连续生产应税消费品的规定

按照《消费税暂行条例》的规定，纳税人自产的应税消费品，用于连续生产应税消费品的，领用消费品时不纳税。这体现了税不重征和计税简便的原则，避免了重复征税。

用于连续生产应税消费品，是指纳税人将自产自用的应税消费品作为直接材料生产最终应税消费品，自产自用应税消费品构成最终应税消费品的实体。

（二）用于其他方面的规定

按照《消费税暂行条例》的规定，纳税人自产自用的应税消费品，用于其他方面

的，于移送使用时纳税。用于其他方面的，是指纳税人将自产自用应税消费品用于生产非应税消费品、在建工程、管理部门，非生产机构，提供劳务、馈赠、赞助、集资、广告，样品、职工福利、奖励等方面。

（三）自产自用应税消费品的计税依据和应纳税额计算

根据《消费税暂行条例》的规定，纳税人自产自用的应税消费品，凡用于其他方面的，应当纳税。其计税依据和应纳税额计算具体分以下两种情况。

1. 有同类消费品销售价格的

纳税人将自产自用应税消费品用于其他方面的，在移送使用时按照纳税人当月销售的同类消费品的销售价格作为计税依据。同类消费品销售价格，是指纳税人当月销售的同类消费品的销售价格，如果当月同类消费品各期销售价格高低不同，应按销售数量加权平均计算。但销售的应税消费品有下列情况之一的，不得列入加权平均计算：

（1）销售价格明显偏低又无正当理由的。

（2）无销售价格的。

如果当月无销售或者当月未完结，应按照同类消费品上月或者最近月份的销售价格计算纳税。

2. 没有同类消费品销售价格的

如果纳税人自产自用的应税消费品，在计算征收消费税时，没有同类消费品销售价格，应按组成计税价格计算纳税。

（1）实行从价定率办法征税的计税依据和应纳税额计算。

实行从价定率办法征税的计税依据为组成计税价格，组成计税价格的计算公式如下：

$$组成计税价格=(成本+利润)\div(1-比例税率)$$
$$=成本\times(1+成本利润率)\div(1-比例税率)$$
$$应纳税额=组成计税价格\times比例税率$$

上述公式中所说的“成本”，是指应税消费品的产品生产成本。

上述公式中所说的“利润”，是指根据应税消费品的全国平均成本利润率计算的利润。

应税消费品全国平均成本利润率由国家税务总局确定，具体标准见表3－3。

表3－3　平均成本利润率表

货物名称	利润率（%）	货物名称	利润率（%）
1. 甲类卷烟	10	11. 贵重首饰及珠宝玉石	6
2. 乙类卷烟	5	12. 摩托车	6
3. 雪茄烟	5	13. 高尔夫球及球具	10
4. 烟丝	5	14. 高档手表	20
5. 电子烟	10	15. 游艇	10
6. 粮食白酒	10	16. 木制一次性筷子	5
7. 薯类白酒	5	17. 实木地板	5
8. 其他酒	5	18. 乘用车	8
9. 高档化妆品	5	19. 中轻型商用客车	5
10. 鞭炮、焰火	5		

【做中学·计算题4】 某摩托车生产企业（一般纳税人）2024年5月份发生下列业务：

（1）5月3日，销售摩托车50辆，不含税单价4 400元。

（2）5月10日，销售摩托车15辆，不含税单价4 500元。

（3）5月20日，销售摩托车35辆，不含税单价4 600元。

（4）5月31日，用20辆摩托车与甲企业换取原材料，双方按当月各自产品当月的平均售价等价交换，换入的原材料取得增值税普通发票；

假设上述摩托车均为同规格、同型号，消费税率为10%，请根据上述资料计算该企业当月应纳消费税额。

应纳消费税 =（50 ×4 400 +15 ×4 500 +35 ×4 600 +20 ×4 600）×10% =54 050（元）

平均销售价格 =（4 400 ×50 +4 500 ×15 +4 600 ×35）÷（50 +15 +35）=4 485（元）

应纳增值税 =（50 ×4 400 +15 ×4 500 +35 ×4 600 +20 ×4 485）×13% =83 528.64（元）

【做中学·计算题5】 某化妆品公司将一批自产的高档化妆品用作职工福利，化妆品的成本80 000元，该化妆品无同类产品市场销售价格，但已知其成本利润率为5%，消费税税率为15%。计算该批化妆品应缴纳的消费税税额。

【答案】

组成计税价格 = 成本 ×（1 + 成本利润率）÷（1 – 比例税率）

=80 000 ×（1 +5%）÷（1 –15%）

=98 823.53（元）

应纳消费税税额 =98 823.53 ×15% =14 823.53（元）

（2）实行从量定额办法征税的计税依据和应纳税额计算。

实行从量定额办法征税的计税依据为自产自用数量，应纳税额的计算公式如下：

应纳税额 = 自产自用数量 × 定额税率

【做中学·计算题6】 某啤酒厂将一批自产的雪花啤酒2吨作为福利发给职工，啤酒在市场上的不含税销售价格为每吨3 200元。已知啤酒的税率为250元/吨，请计算该啤酒厂应纳消费税税额。

应纳消费税税额 =2 ×250 =500（元）

（3）实行复合计税办法征税的计税依据和应纳税额计算。

实行复合计税办法征税的计税依据分别为组成计税价格和自产自用数量，组成计税价格的计算公式如下：

组成计税价格 =［成本 ×（1 + 成本利润率）+ 自产自用数量 × 定额税率］÷（1 – 比例税率）

应纳税额 = 组成计税价格 × 比例税率 + 自产自用数量 × 定额税率

【做中学·计算题7】 某白酒厂为增值税一般纳税人，2024年1月将3吨新研制的白酒用于赠送客户，该批白酒的生产成本为每吨100 000元，无同类产品市场销售价格。已知白酒适用的消费税定额税率为0.5元/500克，比例税率为20%，成本利润率为5%。计算该白酒厂1月份应缴纳消费税税额。

【答案】

组成计税价格 =［3 × 10 0000 ×（1 + 5%）+ 3 × 2 000 × 0.5］÷（1 − 20%）= 39 7500（元）

该白酒厂1月份应缴纳消费税税额 = 397 500 × 20% + 3 × 2 000 × 0.5 = 82 500（元）

五、委托加工环节应税消费品应纳税额计算

委托加工的应税消费品，除受托方为个人外，由受托方在向委托方交货时代收代缴消费税。纳税人委托个人（含个体工商户）加工应税消费品，于委托方收回后在委托方所在地缴纳消费税。

根据《消费税暂行条例》的规定，委托加工的应税消费品的计税依据分以下两种情况。

（一）受托方有同类消费品销售价格的

受托方有同类消费品销售价格的，按照受托方的同类消费品的销售价格计算纳税。同类消费品的销售价格，是指受托方（代收代缴义务人）当月销售的同类消费品的销售价格，如果当月同类消费品各期销售价格高低不同，应按销售数量加权平均计算。但销售的应税消费品有下列情况之一的，不得列入加权平均计算：

（1）销售价格明显偏低并无正当理由的；

（2）无销售价格的。

如果当月无销售或者当月未完结，应按照同类消费品上月或者最近月份的销售价格计算纳税。

应代收代缴税额的计算公式有以下两种。

（1）从价定率计税办法的计算公式。

应代收代缴税额 = 同类消费品销售额 × 比例税率

（2）复合计税办法的计算公式。

应代收代缴税额 = 同类消费品销售额 × 比例税率 + 委托加工数量 × 定额税率

（二）受托方没有同类消费品销售价格的

受托方没有同类消费品销售价格的，按照组成计税价格计算纳税。

（1）从价定率计税办法计算纳税的组成计税价格及应纳税额计算公式。

组成计税价格 =（材料成本 + 加工费）÷（1 − 比例税率）

应纳税额 = 组成计税价格 × 比例税率

《消费税暂行条例实施细则》规定，“材料成本”是指委托方所提供加工材料的实际成本。“加工费”是指受托方加工应税消费品向委托方所收取的全部费用（包括代垫辅助材料的实际成本，不包括增值税税款）。

【做中学·计算题8】某鞭炮企业2024年4月受托为某单位加工一批鞭炮，委托单位提供的原材料金额为60万元，收取委托单位不含增值税的加工费8万元，鞭炮企业无同类产品市场价格。已知鞭炮的适用税率15%，计算鞭炮企业应代收代缴的消费税

税额。

组成计税价格 =（60 +8）÷（1 －15%）=80（万元）

应代收代缴税额 =80 ×15% =12（万元）

（2）复合计税办法计算纳税的组成计税价格及应纳税额计算公式。

组成计税价格 =（材料成本 + 加工费 + 委托加工数量 × 定额税率）÷（1 － 比例税率）

应代收代缴税额 = 组成计税价格 × 比例税率 + 委托加工数量 × 定额税率

【做中学 · 计算题 9】 某市烟草集团公司属增值税一般纳税人，持有烟草批发许可证，2024 年 3 月购进已税烟丝 320 万元（不含增值税），委托大华企业加工甲类卷烟 200 箱（250 条/箱，200 支/条），每箱不含税加工费 0.1 万元。当月大华企业按正常进度投料加工生产卷烟 200 箱，全部由该烟草集团公司收回。已知：烟丝消费税率为 30%，甲类卷烟生产环节消费税为 56% 加 0.003 元/支，计算大华企业 3 月份应当代收代缴的消费税税额。

组成计税价格 =（3 200 000 +1 000 ×200 +200 ×250 ×200 ×0.003）÷（1 －56%）= 7 795 454.55（元）

大华企业 3 月份应代收代缴的税额 =7 795 454.55 ×56% +200 ×250 ×200 ×0.003 =4 395 454.55（元）

六、进口应税消费品应纳消费税额计算

1. 实行从价定率办法应纳税额的计算

纳税人进口应税消费品实行从价定率办法的，按照组成计税价格和规定的税率计算纳税。计算公式如下：

组成计税价格 =（关税完税价格 + 关税）÷（1 － 比例税率）

应纳税额 = 组成计税价格 × 比例税率

2. 实行从量定额办法应纳税额的计算

进口应税消费品实行从量定额办法的，应纳税额的计算公式为：

应纳税额 = 应税消费品数量 × 定额税率

公式中“应税消费品数量”是指海关核定的应税消费品进口征税数量。

3. 实行复合计税办法应纳税额的计算

进口应税消费品实行复合计征的，应纳税额的计算公式为：

组成计税价格 =（关税完税价格 + 关税 + 进口数量 × 定额税率）÷（1 － 比例税率）

应纳税额 = 组成计税价格 × 比例税率 + 应税消费品数量 × 定额税率

上述公式中所称“关税完税价格”，是指海关核定的关税计税价格。

【做中学 · 计算题 10】 某商贸公司，2024 年 5 月从国外进口一批应税消费品，已知该批应税消费品的关税完税价格为 90 万元，按规定应缴纳关税 18 万元，假定进口的应税消费品的消费税税率为 10%。请计算该批消费品进口环节应缴纳消费税税额。

组成计税价格 =（90 +18）÷（1 －10%）=120（万元）

应缴纳消费税税额 =120 ×10% =12（万元）

七、金银首饰零售环节应纳税额计算

对既销售金银首饰，又销售非金银首饰的生产、经营单位，应将两类商品划分清楚，分别核算销售额。凡划分不清或不能分别核算的并在生产环节销售的，一律从高适用税率征收消费税；在零售环节销售的，一律按金银首饰征收消费税。

金银首饰与其他产品组成成套消费品销售的，应按销售额全额征收消费税。

金银首饰连同包装物一起销售的，无论包装物是否单独计价，也无论会计上如何核算，均应并入金银首饰的销售额，计征消费税。

纳税人采用以旧换新（含翻新改制）方式销售的金银首饰，应按实际收取的不含增值税的全部价款确定计税依据，征收消费税。

带料加工的金银首饰，应按受托方销售同类金银首饰的销售价格确定计税依据征收消费税。没有同类金银首饰销售价格的，按组成计税价格计算纳税。

八、已纳消费税的扣除

由于某些应税消费品是用外购已缴纳消费税的应税消费品连续生产出来的，为了避免重复征税，重复征税，现行消费税政策规定，对外购，进口应税消费品和委托加工收回的应税消费品连续生产应税消费品销售的，计算征收消费税时，应按当期生产领用数量计算准予扣除的应税消费品已纳的消费税税款。

（一）外购应税消费品已纳消费税的扣除

1. 外购应税消费品已纳税款扣除范围

（1）外购已税烟丝生产的卷烟。

（2）外购已税高档化妆品生产的高档化妆品。

（3）外购已税珠宝玉石生产的贵重首饰及珠宝玉石。

（4）外购已税鞭炮、焰火生产的鞭炮，焰火。

（5）外购已税汽油、柴油，石脑油、燃料油、润滑油为原料生产的应税成品油。

（6）外购已税杆头，杆身和握把为原料生产的高尔夫球杆。

（7）外购已税木制一次性筷子为原料生产的木制一次性筷子。

（8）外购已税实木地板为原料生产的实木地板。

（9）外购葡萄酒连续生产应税葡萄酒。

（10）啤酒生产集团内部企业间用啤酒液连续灌装生产的啤酒。

2. 准予扣除的已纳税款的计算方法

（1）实行从价定率办法计算已纳税额的。

当期准予扣除的外购应税消费品已纳税款 = 当期准予扣除的外购应税消费品买价 × 外购应税消费品适用税率

当期准予扣除的外购应税消费品买价 = 期初库存的外购应税消费品的买价 + 当期购进的应税消费品的买价 − 期末库存的外购应税消费品的买价

外购已税消费品的买价是指纳税人取得的购货发票上注明的销售额（不包括增值税税款）。

需要指出的是，纳税人用外购的已税珠宝玉石生产的，改在零售环节征收消费税的金银首饰（镶嵌首饰）、钻石首饰，在计税时，一律不得扣除外购珠宝玉石的已纳税款。

（2）实行从量定额办法计算已纳税额的。

当期准予扣除的外购应税消费品已纳税款 = 当期准予扣除的外购应税消费品数量 × 外购应税消费品单位税额

当期准予扣除的外购应税消费品数量 = 期初库存的外购应税消费品的数量 + 当期购进的应税消费品的数量 − 期末库存的外购应税消费品的数量

（二）委托加工应税消费品已纳消费税的扣除

委托加工的应税消费品，受托方在交货时已代收代缴消费税，委托方收回后直接销售的，不再征收消费税。委托加工的应税消费品直接出售，是指委托方收回的应税消费品，以不高于受托方的计税价格出售。纳税人用委托加工收回的下列应税消费品连续生产应税消费品对外销售的，在计征消费税时可以扣除委托加工收回应税消费品的已纳消费税税款。

1. 委托加工收回应税消费品已纳税款扣除范围

（1）以委托加工收回的已税烟丝为原料生产的卷烟。

（2）以委托加工收回的已税高档化妆品为原料生产的高档化妆品。

（3）以委托加工收回的已税珠宝玉石为原料生产的贵重首饰及珠宝玉石。

（4）以委托加工收回的已税鞭炮、焰火为原料生产的鞭炮、焰火。

（5）以委托加工收回的已税汽油、柴油、石脑油、燃料油，润滑油为原料生产的应税成品油。

（6）以委托加工收回的已税杆头，杆身和握把为原料生产的高尔夫球杆。

（7）以委托加工收回的已税木制一次性筷子为原料生产的木制一次性筷子。

（8）以委托加工收回的已税实木地板为原料生产的实木地板。

2. 准予扣除的已纳税款的计算方法

委托加工收回的应税消费品用于连续生产的应税消费品的，准予从应纳消费税税额中按当期生产领用数量计算扣除其已纳消费税税款。其计算公式为：

当期准予扣除的委托加工应税消费品已纳税款 = 期初库存的委托加工应税消费品已纳税款 + 当期收回的委托加工应税消费品已纳税款 − 期末库存的委托加工应税消费品已纳税款

【做中学 · 计算题 11】 某卷烟生产企业，某月初库存外购已税烟丝金额 50 万元，当月又外购应税烟丝金额 500 万元（不含增值税），月末库存烟丝金额 30 万元，其余被当月生产卷烟领用。已知烟丝适用的消费税税率为 30%，请计算卷烟厂当月准许扣除的外购烟丝已缴纳的消费税税额。

当期准许扣除的外购烟丝买价 = 50 + 500 − 30 = 520（万元）

当月准许扣除的外购烟丝已缴纳的消费税税额 = 520 × 30% = 156（万元）

九、出口应税消费品的税收政策

根据《财政部 国家税务总局关于出口货物劳务增值税和消费税政策的通知》（财税〔2012〕39号）的规定，出口应税消费品退（免）税或征收消费税政策如下。

（一）消费税退（免）税或征税政策的适用范围

1. 出口免税并退税

出口企业出口或视同出口适用增值税退（免）税的货物，免征消费税，如果属于购进出口的货物，退还前一环节对其已征的消费税。

2. 出口免税但不退税

出口企业出口或视同出口适用增值税免税政策的货物，免征消费税，但不退还其以前环节已征的消费税，且不允许在内销应税消费品应纳消费税款中抵扣。

3. 出口不免税也不退税

出口企业出口或视同出口适用增值税征税政策的货物，应按规定缴纳消费税，不退还其以前环节已征的消费税，且不允许在内销应税消费品应纳消费税款中抵扣。

（二）消费税退税的计税依据

出口货物的消费税应退税额的计税依据，按购进出口货物的消费税专用缴款书和海关进口消费税专用缴款书确定。

（1）属于从价定率计征消费税的，为已征且未在内销应税消费品应纳税额中抵扣的购进出口货物金额。

（2）属于从量定额计征消费税的，为已征且未在内销应税消费品应纳税额中抵扣的购进出口货物数量。

（3）属于复合计征消费税的，按从价定率和从量定额的计税依据分别确定。

（三）消费税退税的计算

消费税应退税额 = 从价定率计征消费税的退税计税依据 × 比例税率 + 从量定额计征消费税的退税计税依据 × 定额税率

【做中学 · 计算题12】 某外贸企业从国外进口10 000套高档化妆品，关税完税价格为120万元，关税为20万元，当月售出3 000套，每套售价298元。又从国内一生产厂家（增值税一般纳税人）购进高档化妆品5 000套全部出口，每套工厂销售价60元（含增值税），出口离岸价格为168元。已知化妆品的消费税税率为15%，请计算该外贸企业当月应缴、应退的消费税税额。

（1）进口化妆品应缴纳消费税税额：

组成计税价格 = (120 + 20) ÷ (1 − 15%) = 164.71（万元）

应纳消费税税额 = 164.71 × 15% = 24.71（万元）

（2）出口化妆品应退消费税税款：

应退消费税税款 = 60 ÷ (1 + 13%) × 5 000 × 15% = 39 823.01（元）

【**做中学·计算题13**】2024年12月某外贸公司购进粮食白酒20吨出口，工厂销售额1 200 000元。已知粮食白酒定额税率0.5元/500克，比例税率25%，计算该外贸公司12月份应退消费税税款。

应退消费税税款 $=20\times2\ 000\times0.5+1\ 200\ 000\times25\%=320\ 000$（元）

项目三
消费税缴纳与申报

一、纳税义务发生时间

消费税纳税义务发生的时间，以货款结算方式或行为发生时间分别确定。

（1）纳税人销售的应税消费品，其纳税义务的发生时间为：

①采取赊销和分期收款结算方式的，为书面合同约定的收款日期的当天，书面合同没有约定收款日期或者无书面合同的，为发出应税消费品的当天。

②采取预收货款结算方式的，为发出应税消费品的当天。

③采取托收承付和委托银行收款方式销售的应税消费品，为发出应税消费品并办妥托收手续的当天。

④采取其他结算方式的，为收讫销售款或者取得索取销售款凭据的当天。

（2）纳税人自产自用的应税消费品，为移送使用的当天。

（3）纳税人委托加工的应税消费品，为纳税人提货的当天。

（4）纳税人进口的应税消费品，为报关进口的当天。

二、纳税期限

按照《消费税暂行条例》规定，消费税的纳税期限分别为1日、3日、5日、10日、15日、1个月或者1个季度。纳税人的具体纳税期限，由主管税务机关根据纳税人应纳税额的大小分别核定；不能按照固定期限纳税的，可以按次纳税。

纳税人以1个月或以1个季度为一纳税周期的，自期满之日起15日内申报纳税；以1日、3日、5日、10日或者15日为一纳税周期的，自期满之日起5日内预缴税款，于次月1日起至15日内申报纳税并结清上月应纳税款。

纳税人进口应税消费品，应当自海关填发海关进口消费税专用缴款书之日起15日内缴纳税款。

三、纳税地点

（1）纳税人销售的应税消费品，以及自产自用的应税消费品，除国务院、财政和税务主管部门另有规定外，应当向纳税人机构所在地或者居住地的主管税务机关申报纳税。

（2）委托加工的应税消费品，除受托方为个人外，由受托方向机构所在地或者居住地的主管税务机关解缴消费税税款。

（3）进口的应税消费品，由进口人或者其代理人向报关地海关申报纳税。

（4）纳税人到外县（市）销售或者委托外县（市）代销自产应税消费品的，于应税消费品销售后，向机构所在地或者居住地主管税务机关申报纳税。

（5）纳税人的总机构与分支机构不在同一县（市），应当分别向各自机构所在地的主管税务机关申报纳税。但在同一省（自治区、直辖市）范围内，经省（自治区、直辖市）财政厅（局）、国家税务总局审批同意，可以由总机构汇总向总机构所在地的主管税务机关申报缴纳消费税。

（6）纳税人销售的应税消费品，如因质量等原因由购买者退回时，经机构所在地或居住地主管税务机关审核批准后，可退还已缴纳的消费税税款，但不能自行直接抵减应纳税款。

四、消费税纳税申报

消费税由税务机关负责征收。进口应税消费品应征的消费税由海关代征。纳税人可以采用自行申报纳税，对会计核算不健全的小型业户，也可以由税务机关视其产销情况按季或按年核定应纳税额，分月缴纳。

自2021年8月1日起，消费税与城市维护建设税、教育费附加、地方教育附加申报表整合。纳税人无论当期有无销售或是否盈利，均应在次月1日至15日内填写“消费税及附加税费申报表”，向主管税务机关进行纳税申报。

除了申报表外，还有附表：“本期准予扣除税额计算表”“本期减（免）税额明细表”“本期委托加工收回情况报告表”“卷烟批发企业月份销售明细清单”“卷烟生产企业合作生产卷烟消费税情况报告表”“消费税附加税费计算表”等，在申报时一并填写。

【业务操作】

【案例资料】广西南宁烟草（集团）有限责任公司（简称“南宁烟草公司”）为增值税一般纳税人（纳税人识别号：914501065759786861），2023年6月有关消费税纳税业务如下：

（1）从农民手中收购烟叶，实际成本（已含烟叶税和价外补贴）为28.71万元。将上述烟叶委托广博加工厂加工成烟丝20 000千克，加工厂开来增值税专用发票上注明加工费为3万元，并代收代缴了消费税（无同类产品价格）。

（2）南宁烟草公司将收回烟丝的20%对外销售给一家小规模纳税企业——永凯公司，开具普通发票上注明销售额为9.36万元，其余80%全部当月生产领用。

（3）本月外购烟丝取得专用发票上注明价款30万元，本月生产领用当月外购和以前外购烟丝共计70万元（不含增值税），继续加工卷烟。

（4）本月售出500个标准箱金钻牌卷烟（每箱50 000支，250条），开具专用发票上注明销售额450万元。

（5）南宁烟草公司春节期间发给职工白包卷烟2个标准箱（每箱50 000支，250条），每箱不含税价格为2.5万元。

（6）出口计划内卷烟800个标准箱白钻牌卷烟（每箱50 000支，250条），不含增值税价格为 1 600 万元。

要求：计算南宁烟草公司当月应纳消费税税额并完成消费税纳税申报表填写。

【计算过程】

第一步，确定委托加工环节应税消费品的销售额，同时确认烟丝的消费税税率，计算受托方应代收代缴的消费税。

委托加工的应税消费品，如果受托方没有同类消费品销售价格的，按组成计税价格计算纳税。其计算公式为：

组成计税价格 =（材料成本 + 加工费）/（1 − 消费税税率）

公式中的“材料成本”是指委托方提供加工材料的实际成本，烟丝的消费税税率为 30%。

组成计税价格 =（28.71 + 3）÷（1 − 30%）= 45.3（万元）

受托方代收代缴消费税 = 45.3 × 30% = 13.59（万元）

第二步，销售环节应纳消费税税额。

南宁烟草公司本月的销售共有四种情况：外销烟丝、外销卷烟、发给员工卷烟、出口计划内卷烟。下面针对每一种情况分别进行计算。

（1）收回的委托加工应税消费品——烟丝，出售价格低于原组成计税价格，不需要缴纳消费税。

（2）本月售出 500 个标准箱卷烟应纳消费税的计算：

首先应确认出售卷烟的消费税税率：每条的单价 = 4 500 000/（500 × 250）= 36（元）<70（元），应属于乙类卷烟，消费税税率为 36%。从量定额税率不变，即 150 元/箱。

应纳税额 = 500 × 150 ÷ 10 000 + 450 × 36% = 169.5（万元）

（3）春节发给职工白包卷烟 2 个标准箱应纳消费税的计算：

企业自产的应税消费品用于职工福利应视同销售。首先应确认白包卷烟的消费税税率：白包卷烟属于甲类卷烟，消费税税率为 56%。从量定额税率不变，即 150 元/箱。

应纳税额 = 2 × 150 ÷ 10 000 + 2.5 × 2 × 56% = 2.83（万元）

（4）出口计划内卷烟 800 个标准箱应纳消费税的计算：

出口计划内卷烟免缴消费税。

因此销售卷烟复合计税税额 = 169.5 + 2.83 = 172.33（万元）

第三步，委托加工和外购烟丝环节已纳税款的扣除额。

委托加工和外购烟丝已纳税款的扣除额 = 13.59 × 80% + 70 × 30% = 31.872（万元）

第四步，计算本月应纳消费税税额。

当月应纳消费税 = 172.33 − 31.872 = 140.458（万元）

表 3-4

消费税及附加税费申报表

税款所属期：2023-06-01 至 2023-6-30

纳税人名称（公章）广西南宁烟草（集团）有限责任公司　　纳税人识别号 91350603062056089R

填表日期 2023-07-10　　金额单位：元（列至角分）

项目 / 应税消费品名称	适用税率		计量单位	销售数量	销售额	应纳税额	操作
	定额税率	比例税率					
	1	2	3	4	5	6=1×4+2×5	--
卷烟|工业|甲类卷烟（调拨价70元（不含	30元/万支	56%	万支	10.00	50,000.00	28,300.00	
卷烟|工业|乙类卷烟（调拨价70元（不 ⊕	30元/万支	36%	万支	2,500.00	4,500,000.00	1,695,000.00	增加 删除
合计	--	--	--	--	--	1,723,300.00	--

	栏次	本期税费额
本期减(免)税额	7	0.00
期初留抵税额	8	0.00
本期准予扣除税额	9	318,720.00
本期应扣除税额	10=8+9	318,720.00
本期实际扣除税额	11[10<(6-7),则为10,否则为6-7]	318,720.00
期末留抵税额	12=10-11	0.00
本期预缴税额	13	0.00
本期应补（退）税额	14=6-7-11-13	1,404,580.00
城市维护建设税本期应补（退）税额	15	49,160.30
教育费附加本期应补（退）费额	16	21,068.70
地方教育附加本期应补（退）费额	17	14,045.80

表 3－5

本期准予扣除税额计算表

税款所属期: 2023-06-01 至 2023-6-30

纳税人名称（公章） 广西南宁烟草（集团）有限责任公司　　纳税人识别号 91350603062056089R

填表日期 2023-07-10　　金额单位：元（列至角分）

准予扣除项目				烟丝		合计
一、本期准予扣除的委托加工应税消费品已纳税款计算		期初库存委托加工应税消费品已纳税款	1	0.00	0.00	0.00
		本期收回委托加工应税消费品已纳税款	2	135,900.00	0.00	135,900.00
		期末库存委托加工应税消费品已纳税款	3	0.00	0.00	0.00
		本期领用不准予扣除委托加工应税消费品已纳税款	4	27,180.00	0.00	27,180.00
		本期准予扣除委托加工应税消费品已纳税款	5=1+2-3-4	108,720.00	0.00	108,720.00
二、本期准予扣除的外购应税消费品已纳税款计算	(一)从价计税	期初库存外购应税消费品买价	6	400, 000. 00	0.00	0.00
		本期购进应税消费品买价	7	300, 000. 00	0.00	700,000.00
		期末库存外购应税消费品买价	8	0.00	0.00	0.00
		本期领用不准予扣除外购应税消费品买价	9	0.00	0.00	0.00
		适用税率	10	30%		—
		本期准予扣除外购应税消费品已纳税款	11=(6+7-8-9)×10	210,000.00	0.00	210,000.00
	(二)从量计税	期初库存外购应税消费品数量	12	0.00	0.00	0.00
		本期外购应税消费品数量	13	0.00	0.00	0.00
		期末库存外购应税消费品数量	14	0.00	0.00	0.00
		本期领用不准予扣除外购应税消费品数量	15	0.00	0.00	0.00
		适用税率	16	-		—
		计量单位	17	千克		—
		本期准予扣除的外购应税消费品已纳税款	18=(12+13-14-15)×16	0.00	0.00	0.00
三、本期准予扣除税款合计			19=5+11+18	318,720.00	0.00	318,720.00

表 3－6

本期委托加工收回情况报告表

税款所属期: 2023-06-01 至 2023-6-30

纳税人名称（公章） 广西南宁烟草（集团）有限责任公司　　纳税人识别号 91350603062056089R

填表日期 2023-07-10　　金额单位：元（列至角分）

一、委托加工收回应税消费品代收代缴税款情况

应税消费品名称	商品和服务税收分类编码	委托加工收回应税消费品数量	委托加工收回应税消费品计税价格	适用税率		受托方已代收代缴的税款	受托方(扣缴义务人)名称	受托方(扣缴义务人)识别号	税收缴款书（代扣代收专用）号码	税收缴款书（代扣代收专用）开具日期	操作
				定额税率	比例税率						
1	2	3	4	5	6	7=3×5+4×6	8	9	10	11	12
烟丝		20,000.00	453,000.00	-	30%	135,900.00	广博加工厂		00653525		

二、委托加工收回应税消费品领用存情况

应税消费品名称	商品和服务税收分类编码	上期库存数量	本期委托加工收回入库数量	本期委托加工收回直接销售数量	本期委托加工收回用于连续生产数量	本期结存数量	操作
1	2	3	4	5	6	7=3+4-5-6	8
烟丝		0.00	20,000.00	4,000.00	16,000.00	0.00	

职业能力测评与考核

本模块职业能力测试与考核采用百分制，过程考核与结果考核相结合，加大技能考核比重。过程考核主要包括职业素养、组织纪律、团队合作、实训作业，占比40%；结果考核以实务考核为主，占比60%。

表3-7　　考核评价记录表

过程考核（40%）				结果考核（60%）	
职业素养（20%）	组织纪律（20%）	团队合作（20%）	实训作业（40%）	考核评价内容	分值比重
学生表现评价	学生考勤评价	学生小组评价	学生的实训作业评分	消费税基础知识	20%
				生产销售消费品应纳税额计算	20%
				自产自用消费品应纳税额计算	20%
				委托加工消费品应纳税额计算	20%
				进口消费品应纳税额计算	20%

道德与素养

经典案例分析

发挥财税作用 促进发展增“绿”

党的二十大报告提出：“完善支持绿色发展的财税、金融、投资、价格政策和标准体系”。财政是国家治理的基础和重要支柱，财税制度是推动绿色低碳发展的重要支撑和基本手段。从加强生态保护修复到加大环保研发投入，从鼓励居民绿色消费到提升生态产品价值，从促进企业节能降耗到加快能源结构调整……财税不仅是提供财力保障的“钱袋子”，更是引导带动全社会护绿、增绿、谋绿的“指挥棒”。

党的十八大以来，我国财税制度建设坚持绿色发展导向，绿色税收制度、绿色预算安排、绿色财政支出协同发力，加快推动发展方式绿色低碳转型——以环境保护税为主体，以资源税为重点，以耕地占用税、城镇土地使用税、消费税等税种为辅助的绿色税收制度体系不断完善，推动产业结构、能源结构、交通运输结构等调整优化，持续释放节能减排效应和绿色发展效应。

十年来，消费税改革包括调整优化征收范围、税率和环节，涉及成品油、小汽车、电池、涂料、烟酒、化妆品等多个品目，引导合理消费，促进调结构、转方式。例如，2015年5月10日起，将卷烟批发环节从价税税率由5%提高至11%，并按0.005元/支加征从量税。自2015年2月1日起，对电池、涂料产品征收消费税，税率为4%。同时，对无汞原电池、锂原电池、镍氢蓄电池、太阳能电池等符合国家产业政策的环保型产品免征消费税。2016 年 10 月 1 日起，取消对普通美容、修饰类化妆品征收消费税，将“化妆品”税目名称更名为“高档化妆品”，税率调整为 15%。2016 年 12 月 1 日起，对超豪华小汽车在零售环节加征消费税，税率为 10%；对电动汽车一直未纳入小汽车消费税征收范围。为完善消费税制度，促进税制公平统一，更好发挥消费税引导健康消费的作用，财政部、海关总署、税务总局联合发布《财政部 海关总署 税务总局关于对电子烟征收消费税的公告》（2022 年第 33 号），自 2022 年 11 月 1 日起对电子烟征收消费税。

实施消费税改革，适应了经济社会发展和消费水平变化，既满足了人民群众对消费升级的需求，又凸显了对高消费的精准调节，助推了树立现代消费理念，让天更蓝、水更绿、土更净，群众的生活环境得到进一步改善。

技能强化训练

一、单项选择题

1. 根据《消费税暂行条例》的规定，纳税人销售应税消费品向购买方收取的下列税金、价外费用中，不应并入应税消费品销售额的是（　　）。

A. 向购买方收取的手续费　　B. 向购买方收取的价外基金

C. 向购买方收取的增值税税款　　D. 向购买方收取的消费税税款

2. 甲酒厂为增值税一般纳税人，2024 年 5 月销售果木酒，取得不含增值税销售额 10 万元，同时收取包装物租金 0.585 万元、优质费 2.34 万元。已知果木酒消费税税率为 10%，增值税税率为 13%，甲酒厂当月销售果木酒应缴纳消费税税额的下列计算中，正确的是（　　）。

A. $(10+0.585+2.34)\times10\%=1.2925$ 万元

B. $(10+0.585)\times10\%=1.0585$ 万元

C. $[10+(0.585+2.34)\div(1+13\%)]\times10\%=1.26$ 万元

D. $[10+0.585\div(1+13\%)]\times10\%=1.05$ 万元

3. 下列消费品中实行从量定额办法征税的是（　　）。

A. 葡萄酒　　B. 白酒　　C. 酒糟　　D. 啤酒

4. 下列关于应税消费品销售额的表述中，不正确的是（　　）。

A. 应税消费品销售额包括向购买方收取的增值税税款

B. 纳税人自产自用应税消费品需征税的，按照纳税人生产的同类消费品的销售价格确定销售额

C. 随同从价计征应税消费品出售的包装物，无论是否单独计价，均应并入销售额

D. 对因逾期未收回的包装物不再退还的或者已收取的时间超过 12 个月的押金，应并入

应税消费品的销售额

5. 下列关于消费税纳税地点的表述中，正确的是（　　）。

A. 纳税人销售应税消费品应向生产地的主管税务机关纳税

B. 纳税人销售应税消费品应向核算地的主管税务机关纳税

C. 纳税人销售应税消费品应向销售地的主管税务机关纳税

D. 纳税人销售应税消费品应向机构所在地或居住地的主管税务机关纳税

6. 甲酒厂为增值税一般纳税人，2024 年 4 月销售粮食白酒 4 000 斤，取得销售收入 14 040 元（含增值税）。已知粮食白酒消费税定额税率为 0.5 元/500 克，比例税率为 20%。该酒厂 4 月份应缴纳的消费税税额为（　　）元。

A. 2 400　　B. 2 808　　C. 4 484.96　　D. 4 808

7. 下列各项中，属于消费税征收范围的是（　　）。

A. 电动汽车　　B. 卡丁车　　C. 高尔夫车　　D. 小轿车

8. 下列应税消费品中，适用复合计征消费税的是（　　）。

A. 粮食白酒　　B. 酒精　　C. 成品油　　D. 摩托车

9. 下列纳税人自产自用应税消费品，不需缴纳消费税的是（　　）。

A. 日化厂自产化妆品用于赠送客户　　B. 日化厂自产化妆品用于广告样品

C. 酿造厂自产酒精勾兑白酒　　D. 汽车制造厂自产汽车赞助汽车拉力赛

10. 某酒厂于2024 年 8 月将自产的 5 吨新型粮食白酒作为职工福利发放给本厂职工，已知该批白酒的成本为 100 000 元，无同类产品市场销售价格，成本利润率为 10%，白酒消费税税率 20%，定额税率 0.5 元/500 克。该批白酒 8 月份应缴纳的消费税税额为（　　）元。

A. 27 000　　B. 27 500　　C. 32 500　　D. 33 750

二、多项选择题

1. 下列关于消费税征收范围的表述中，正确的有（　　）。

A. 纳税人自产自用的应税消费品，用于连续生产应税消费品的，不缴纳消费税

B. 纳税人将自产自用的应税消费品用于馈赠、赞助的，缴纳消费税

C. 委托加工的应税消费品，受托方在交货时已代收代缴消费税，委托方收回后直接销售的，再缴纳一道消费税

D. 卷烟在生产和批发两个环节均征收消费税

2. 根据消费税法律制度的规定，下列消费品中，实行从量定额与从价定率相结合的复合计征消费税的有（　　）。

A. 卷烟　　B. 成品油　　C. 白酒　　D. 小汽车

3. 下列情形的应税消费品，以纳税人同类应税消费品的最高销售价格作为计税依据计算消费税的有（　　）。

A. 用于抵债的自产应税消费品　　B. 用于对外投资入股的外购应税消费品

C. 用于换取生产资料的自产应税消费品　D. 用于换取消费资料的外购应税消费品

4. 纳税人外购和委托加工收回的应税消费品，用于连续生产应税消费品的，已缴纳的消费税税款准予扣除。下列各项中，可以扣除已缴纳的消费税税款的有（　　）。

A. 外购的已税化妆品用于生产化妆品　　B. 外购的已税玉石用于生产首饰

C. 外购的已税汽车轮胎用于生产小汽车　D. 外购的已税烟丝用于生产卷烟

5. 关于消费税纳税义务发生时间的下列表述中，正确的有（　　）。

A. 纳税人采取预收货款结算方式销售应税消费品的，为收到预收款的当天

B. 纳税人自产自用应税消费品的，为移送使用的当天

C. 纳税人委托加工应税消费品的，为纳税人提货的当天

D. 纳税人进口应税消费品的，为报关进口的当天

6. 下列行为中，应同时缴纳增值税和消费税的有（　　）。

A. 酒厂将自产的白酒赠送给协作单位

B. 卷烟厂将自产的烟丝移送用于生产卷烟

C. 日化厂将自产的香水移送用于生产普通护肤品

D. 汽车厂将自产的应税小轿车赞助给某艺术节组委会

7. 根据消费税法律制度的规定，对下列各项应税消费品，在计算应纳消费税额时采用定额税率从量计征的有（　　）。

A. 烟丝　　B. 酒精　　C. 汽油　　D. 黄酒

8. 下列关于消费税纳税环节的表述中，正确的有（　　）。

A. 纳税人生产应税消费品对外销售的，在销售时纳税

B. 纳税人自产自用应税消费品，不用于连续生产应税消费品而用于其他方面的，在移送使用时纳税

C. 纳税人委托加工应税消费品，收回后直接销售的，在销售时纳税

D. 纳税人委托加工应税消费品，由受托方向委托方交货时代收代缴税款，但受托方为个人和个体工商户的除外

9. 下列各项关于从量计征消费税计税依据确定方法的表述中，正确的有（　　）。

A. 销售应税消费品的，为应税消费品的销售数量

B. 进口应税消费品的为海关核定的应税消费品数量

C. 以应税消费品投资入股的，为应税消费品移送使用数量

D. 委托加工应税消费品的，为加工完成的应税消费品数量

10. 下列各项中不属于消费税征收范围的有（　　）。

A. 商场销售黄金项链　　B. 烟草专卖店零售卷烟

C. 木材公司销售自产的实木地板　　D. 汽车销售公司销售小汽车

三、判断题

1. 包装物已作价随同应税消费品销售，又另外收取押金并在规定期限内未予退还的押金，不应并入应税消费品的销售额计征消费税。（　　）

2. 我国的消费税主要在生产和委托加工环节课征，实行单一环节征税，批发、零售等环节一律不征收消费税。（　　）

3. 纳税人将不同税率的应税消费品组成成套消费品销售的，如果分别核算不同税率应税消费品的销售额、销售数量的，应按不同税率分别计算不同消费品应纳的消费税。（　　）

4. 复合计征的应税消费品在计算组成计税价格时，既要考虑从量的消费税税额，又要

考虑从价的消费税税额。（　　）

5. 纳税人采取托收承付和委托银行收款方式销售的应税消费品，其纳税义务的发生时间，为发出应税消费品并办妥托收手续的当天。（　　）

6. 在应税消费品应税项目中，所有烟和酒采用复合计征方法计算征收消费税。（　　）

7. 应税消费品征收增值税的，其计税依据中应含有消费税；应税消费品征收消费税的，其计税依据中不应含有增值税。（　　）

8. 纳税人自产自用的应税消费品，均应于移送使用时缴纳消费税。（　　）

9. 各类酒类生产企业生产销售酒而收取的包物押金，无论是否逾期以及会计上如何核算，押金均应并入销售额交增值税和消费税。（　　）

10. 委托加工应税消费品，一律由受托方在向委托方交货时代收代缴消费税。（　　）

四、计算分析题

1. 甲企业为增值税一般纳税人，4月接受某烟厂委托加工烟丝，甲企业自行提供烟叶的成本为35 000元，代垫辅助材料2 000元（不含税），发生加工支出4 000元（不含税）；甲企业当月允许抵扣的进项税额为340元。已知烟丝的成本利润率为5%，消费税率30%。请计算甲公司应纳消费税税额。

2. 某市烟草集团公司属增值税一般纳税人，持有烟草批发许可证，2024年3月购进已税烟丝800万元（不含增值税），委托大华企业加工甲类卷烟500箱（250条/箱，200支/条），大华企业以每箱0.1万元收取加工费（不含税）。当月大华企业按正常进度投料加工生产卷烟200箱并由该烟草集团公司收回。已知烟丝消费税率为30%，甲类卷烟生产环节消费税为56%加0.003元/支。计算大华企业当月应当代收代缴的消费税税额。

3. 某卷烟厂为增值税一般纳税人，2024年5月生产经营情况如下：

（1）月初库存外购已税烟丝80万元，当月外购已税烟丝取得增值税专用发票，注明支付货款金额1 200万元、进项税额192万元，烟丝全部验收入库；

（2）本月生产领用外购已税烟丝400万元；

（3）生产卷烟1 500箱（标准箱），全部对外销售，取得含税销售额4 524万元。支付销货运输费用，取得运输单位开具的增值税专用发票注明价款60万元；

（4）直接销售部分外购已税烟丝，开具普通发票注明价款50万元。

已知：销售货物增值税税率为13%，交通运输服务增值税税率为9%；烟丝消费税税率为30%；卷烟消费税定额税率为150元/箱，比例税率为56%。计算该卷烟厂本月应缴纳的消费税税额。

4. 甲化妆品生产企业为增值税一般纳税人，2024年12月有关经济业务如下：

（1）进口一批高档香水精，海关审定的关税完税价格为10 000元（人民币，下同），按规定向海关缴纳相关税费，并取得海关填发的专用缴款书。

（2）委托乙企业为其加工一批高档口红，提供的原材料不含税价格为2 000元；乙企业收取加工费1 000元以及代垫部分辅料费150元，并开具增值税专用发票。委托加工的高档口红已于当月全部收回，乙企业无同类产品售价。

(3) 自制一批新型高档化妆品，发放给本企业女职工作为福利，已知该批高档化妆品的生产成本为3 500元，成本利润率为5%，无同类产品市场售价。

(4) 将自产的高档化妆品投资到丙企业，取得丙企业5%的股权，同类高档化妆品的平均不含税售价为13 000元，最高不含税售价为15 000元。

已知：关税税率为20%，高档化妆品消费税税率为15%。要求根据上述资料，计算该企业：(1) 当月进口高档香水精应纳消费税税额；(2) 计算甲企业委托乙企业加工高档口红应被代收代缴的消费税税额；(3) 计算甲企业将自制新型高档化妆品作为职工福利发放应缴纳消费税税额；(4) 甲企业以自产高档化妆品对外投资应纳消费税税额。

4 模块四 关税计算与申报

学习目标

知识目标：

1. 了解关税的特点和分类
2. 了解关税的纳税人、征税对象和税率
3. 掌握关税的完税价格的确定
4. 掌握关税应纳税额的计算
5. 熟悉关税征纳管理的内容

能力目标：

1. 能够熟练进行关税应纳税额的计算
2. 能够进行关税网上申报并正确填写纳税申报表

素质目标：

1. 培养学生独立进行纳税申报的能力，养成主动学习的职业习惯
2. 培养学生遵纪守法、依法纳税的法律意识和诚信敬业的职业道德
3. 培养学生的爱国情怀、责任意识、树立社会主义核心价值观

本模块知识导图（见图 4－1）

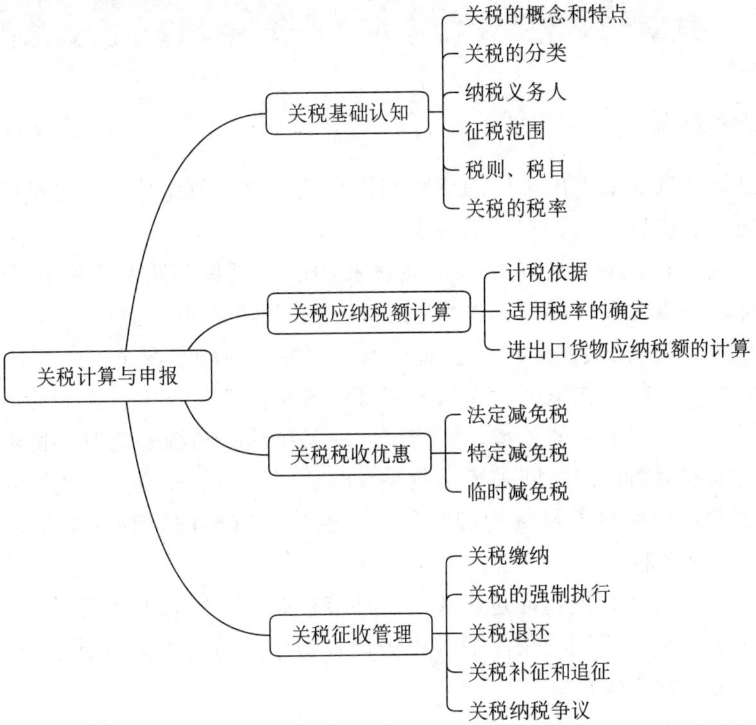

图 4－1　模块知识导图

小案例

关税

2001 年 4 月 23 日，日本政府决定对从中国进口的大葱、鲜蘑等产品采取紧急进口限制措施，即在一定的额度内，保持原关税水平不变；如果超过额度，则将征收高达 260% 的关税。2001 年 6 月 21 日，国务院关税税则委员会发出公告；根据《中华人民共和国进出口关税条例》第 6 条规定，决定自 2001 年 6 月 22 日起，对原产于日本的汽车、手持和车载无线电话机、空气调节器加征 100% 的特别关税，即在原关税的基础上，再加征 100% 的特别关税。在这种情况下，日本商用空调最大生产厂家－大金工业宣布，将把在中国销售的楼房用大型商用空调由出口改为在中国生产，以此来应对中国为报复日本对中国农产品限制进口而采取的对空调进口加征的 100% 的特别关税。

请结合上述资料谈谈你对关税的认识。

项目一
关税基础认知

一、关税的概念和特点

关税是海关依法对进出关境的货物和物品征收的一种商品税。关税属于流转税体系中的一个独立的税种，其具有以下特点：

（1）关税的征税对象是进出境的货物和物品。货物和物品只有在进出关境时，才被征收关税。在境内和境外流通的货物，不进出关境的不征关税。这里所指的“境”，是指“关境”，即指海关法规可以全面实施的领域。一般情况下，一国的关境和国境是一致的，但当一个国家在境内设立自由贸易区或自由港时，国境大于关境；当几个国家结成关税同盟，组成统一的关境，实施统一的关税法令和统一的对外税则，只对来自或运往其他国家的货物进出共同关境征收关税时，国境小于关境，如欧洲联盟。

（2）关税的征税对象是货物和物品。关税只对有形的货物和物品征收，对无形的货物和物品不征关税。

（3）关税是在货物或物品进出关境的环节按照统一实施的关税税则一次性征收。

（4）进口税则采用四栏税率栏，视进口货物原产地的不同分别适用相对应的税率；出口税则采用一栏税率栏。

（5）关税的具有涉外性。关税只对进出境的货物和物品征收，因此，关税税则的制定、税率的高低，直接影响到国际贸易的开展。

（6）关税是由海关专门负责征收。关税和其他税收的性质都是一样的，征税主体都是国家，不同的是其他税收主要是由税务机关征收，而关税是由海关征收。

二、关税的分类

（一）按征税对象分类

按征税对象进行分类，可将关税分为进口关税、出口关税和过境关税。

1. 进口关税

进口关税是海关对进口货物和物品所征收的关税，它是关税中最主要的一种征税形式。目前，许多国家已不征收出口关税和过境关税，因此，经常所提到的关税，一般都指进口关税。进口关税是保护关税政策的主要手段，在各国财政收入中占一定地位。

2. 出口关税

出口关税是海关对出口货物和物品所征收的关税。随着经济的发展，各国逐渐认识到征收出口关税不利于本国的生产和经济发展，因为征收出口关税增加了出口货物的成本，会提高本国产品在国外的售价，不利于扩大出口。目前，各发达国家一般都取消了出口关税，也有部分国家基于限制本国某些产品或自然资源的输出等原因，对部分出口货物征收出口关税。

3. 过境关税

过境关税是海关对由境外起运，通过境内继续运往境外的货物征收的关税。由于过境货物是不准流入本国市场的，对本国生产没有影响。许多国家认识到如果允许过境货物自由通过本国，则不仅有利于国际贸易的开展，而且可以增加本国港口、仓储、运输等部门的收入。因此，各国相继取消过境关税，仅在外国货物通过时征收少量的签证费、印花税、统计费等。

（二）按征税标准分类

按征税标准分类，可将关税分为从量税、从价税。此外，各国常用的征税标准还有复合税、选择税、差价税、滑准税。

1. 从量税

按货物的计量单位（重量、长度、面积、容积、数量等）作为征税标准，以每一件量单位应纳的关税金额作为税率，称为从量税。目前，世界各国多以货物重量为标准计征关税。在确定重量时，又有总量（即毛重量）和半总量（即净重或净重加内包装）两个标准。

2. 从价税

以货物的价格作为征税标准而征收的税称为从价税，从价税的税率表现为货物价格的百分值。经海关审定作为计征关税依据的价格称为完税价格。以完税价格乘以税则中规定的税率，就可得出应纳的税额。

3. 复合税

复合税又称混合税。在税则的同一税目中，有从价和从量两种税率，征税时既采用从量又采用从价两种税率计征税款的，称为复合税。

4. 选择税

在税则的同一税目中，有从价和从量两种税率，征税时由海关选择其中一种计征的称为选择税。海关一般是选择税额较高的一种，也有时选择税额较低的。

5. 滑动税

滑动税又称滑准税，是在税则中预先按产品的价格高低分档制定若干不同的税率，然后根据进出口商品价格的变动而增减进出口税率的一种关税。商品价格上涨，采用较低税率，商品价格下跌则采用较高税率，其目的是使该种商品的国内市场价格保持稳定，免受或少受国际市场价格波动的影响。

（三）按征税性质分类

按征税性质，关税可分为普通关税、优惠关税和差别关税三种。它们主要适用于进口关税。

1. 普通关税

普通关税又称一般关税，是对与本国没有签署贸易或经济互惠等友好协定的国家原产地货物征收的非优惠性关税。普通关税与优惠关税的税率差别一般较大。

2. 优惠关税

优惠关税一般是互惠关税，即优惠协定的双方互相给对方优惠关税待遇，但也有单向优惠关税，即只对受惠国给予优惠待遇，而没有反向优惠。优惠关税一般有特定优惠关税、普遍优惠关税和最惠国待遇三种。

（1）特定优惠关税，是指某一国家对另一国家或某些国家对另外一些国家的某些方面予以特定优惠关税待遇，而他国不得享受的一种关税制度。

（2）普遍优惠关税，是指发达国家对从发展中国家或地区输入的产品，特别是制成品和半制成品普遍给予优惠关税待遇的一种制度。

（3）最惠国待遇，是国际贸易协定中的一项重要内容，它规定缔约国双方相互间现在和将来所给予任何第三国的优惠待遇，同样适用于对方。

3. 差别关税

差别关税实际上是保护主义政策的产物，是保护一国产业所采取的特别手段。一般意义上的差别关税主要分为加重关税、反补贴关税、反倾销关税、报复关税等。

（1）加重关税，是出于某种原因或为达到某种目的，而对某国货物或某种货物的输入加重征收的关税。

（2）反补贴关税，又称抵消关税，它是对接受任何津贴或补贴的外国进口货物所附加征收的一种关税，是差别关税的重要形式之一。

（3）反倾销关税，即对外国的倾销商品，在征收正常进口关税的同时附加征收的一种关税，它是差别关税的又一种重要形式。

（4）报复关税，是指他国政府以不公正、不平等、不友好的态度对待本国输出的货物时，为维护本国利益，报复该国对本国输出货物的不公正、不平等、不友好待遇，对该国输入本国的货物加重征收的关税。

（四）按保护形式和程度分类

关税按保护形式和程度分类，可分为关税壁垒和非关税壁垒。

1. 关税壁垒

关税壁垒是指一国政府以提高关税的办法限制外国商品进口的措施。关税壁垒的目的是抵制外国商品进入本国市场，最大限度地削弱外国商品在本国市场上的竞争能力，保护本国商品竞争优势，垄断国内市场。高额关税就像高墙一样阻止或限制外国商品输入，因此称之为关税壁垒。

2. 非关税壁垒

非关税壁垒是指除关税以外的一切限制进口的措施，有直接非关税壁垒和间接非关税壁垒之分。直接非关税壁垒是通过对本国产品和进口商品的差别待遇或迫使商品出口国限制商品出口等措施，以直接限制进口。其措施有政府采购、海关估价、进口许可制度、进口配额制、关税配额制等。间接非关税壁垒是指并非对商品进口进行直接限制，而是采取同样能起到限制商品进口效果的各种措施。如外汇管制、进出口国家垄断、复杂的报关手续、苛刻的卫生安全和技术标准等。

探究与分享

关税的沿革

关税是我国历史上最为悠久、开征最早的税种之一。早在周代，《周礼·地官》中就有“关市之赋”的记载。关市之赋的征税主体是商贾，课税对象是出入关的货物（征收关税）和上市交易的货物（征收市税）。中华人民共和国成立后，我国建立了完全独立自主的关税制度。1949 年 10 月设立海关总署，统一领导全国海关机构和业务。1951 年颁布的《中华人民共和国进出口税则》和《海关进出口税则暂行条例》，形成了关税的基本法规，使我国关税制度逐步统一，走上正常轨道。之后，《进出口关税条例》经历了 2011 年的第一次修订和 2013 年的第二次修订，以及 2016 年的第三次修订和 2017 年的第四次修订。

三、纳税义务人

进口货物的收货人、出口货物的发货人、进出境物品的所有人，是关税的纳税义务人。

（1）进出口货物的收、发货人，包括两类：一是贸易性商品的纳税人，指依法取得对外贸易经营权，并经营商品贸易而进口、出口货物的法人、公司或企业；二是其他社会团体，指未办理对外贸易经营备案登记但按照国家有关规定需要从事非贸易性进出口活动的单位，如国家机关、学校、科研院所等组织机构，境外企业和机构团体依法在中国境内设立的常驻代表机构，临时接受捐赠、礼品、国际援助单位，国际船舶代理企业等。进出境物品的所有人包括该物品的所有人和推定为所有人的人。一般情况下，对于携带进境的物品，推定其携带人为所有人；对分离运输的行李，推定相应的进出境旅客为所有人；对以邮递方式进境的物品，推定其收件人为所有人；以邮递或其他运输方式出境的物品，推定其寄件人或托运人为所有人。

（2）进出境物品的所有人，包括该物品的所有人和推定为所有人的人。一般情况下包括：①入境旅客在入境时随身携带行李物品的持有人；②个人邮寄物品的收件人；③各种运输工具上服务人员入境时携带自用物品的持有人；④馈赠物品及其他方式入境的个人物品的所有人。

【做中学1】 下列各项中，属于关税纳税人的有（　　）。

A. 进口货物的收货人　　B. 进口货物的代理人

C. 出口货物的发货人　　D. 个人邮递物品的发件人

【正确答案】 AC

【答案解析】 选项 AC，贸易性商品的纳税人是经营进出口货物的“收、发货人”；选项 B，“代理人”，可以代办纳税手续，但不是纳税人；选项 D，个人邮递物品的“收件人”为关税纳税人。

四、征税范围

关税的征税范围是准许进出关境的货物和物品。货物是指贸易性商品；物品指入境旅客随身携带的行李物品、个人邮递物品、各种运输工具上的服务人员携带进口的自用物品、馈赠物品以及其他方式进境的个人物品。

五、税则、税目

《中华人民共和国进出口税则》（以下简称《税则》）是由国务院设立的关税税则委员会负责调整和解释，报国务院批准后执行。《税则》和《中华人民共和国进境物品进口税税率表》作为《中华人民共和国进出口关税条例》的组成部分，规定了关税的税则号列、税目和税率，是我国海关计征关税的法律依据，也是我国关税政策的具体体现。

《税则》主要包括使用说明、进口税则和出口税则三个部分。进口税则和出口税则商品分类目录采用了《商品名称及编码协调制度》（简称 HS），并根据需要在 HS 编码位数基础上增加两位数码，到八位数级子目。也就是说，《税则》中商品分类目录从类、章、税目、子税目到我国自己的八位数级细目，归类到编码下的商品范围越来越窄，对商品的描述越具体。较之《税则（2022）》，《税则（2023）》增列了白茶、激光雷达等关税税目，关税税目数共计 8 948 个。进口税则税目税率表设置税则号列、货品名称、最惠国税率、协定税率、特惠税率、普通税率等栏目（见表 4－1）。出口税则设置税则号列、货品名称、出口税率等栏目（见表 4－2）。

表 4－1　　　　2023 年进口税则部分内容

序号	税则号列	货品名称	最惠国税率(%)	协定税率(%)		特惠税率(%)		普通税率(%)
	01.01	**马、驴、骡：**						
		-马：						
1	0101.2100	--改良种用	0	0	东盟AS,智CL,巴PK,新西兰NZ,秘PE,哥CR,瑞CH,冰IS,韩KR,澳AU,格GE,毛MU,东盟^{R}AS^{R},澳^{R}AU^{R},日^{R}JP^{R},新西兰^{R}NZ^{R},柬KH,港HK,澳门MO,韩^{R}KR^{R}	0	受惠国LD	0
2	0101.2900	--其他	10	0	东盟AS,智CL,新西兰NZ,秘PE,哥CR,瑞CH,冰IS,澳AU,格GE,毛MU,东盟^{R}AS^{R},澳^{R}AU^{R},新西兰^{R}NZ^{R},柬KH,港HK,澳门MO	0	受惠国LD	30
				1	韩KR			
				3	巴PK			
				8	韩^{R}KR^{R}			
				8.2	日^{R}JP^{R}			
		-驴：						
3	0101.3010	---改良种用	0	0	东盟AS,智CL,巴PK,新西兰NZ,秘PE,哥CR,瑞CH,冰IS,韩KR,澳AU,格GE,毛MU,东盟^{R}AS^{R},澳^{R}AU^{R},日^{R}JP^{R},新西兰^{R}NZ^{R},柬KH,港HK,澳门MO,韩^{R}KR^{R}	0	受惠国LD	0
4	0101.3090	---其他	10	0	东盟AS,智CL,新西兰NZ,秘PE,哥CR,瑞CH,冰IS,澳AU,格GE,毛MU,东盟^{R}AS^{R},澳^{R}AU^{R},新西兰^{R}NZ^{R},柬KH,港HK,澳门MO	0	受惠国LD	30
				1	韩KR			
				3	巴PK			
				8	韩^{R}KR^{R}			
				8.2	日^{R}JP^{R}			
5	0101.9000	-其他	10	0	东盟AS,智CL,新西兰NZ,秘PE,哥CR,瑞CH,冰IS,澳AU,格GE,毛MU,东盟^{R}AS^{R},澳^{R}AU^{R},新西兰^{R}NZ^{R},柬KH,港HK,澳门MO	0	受惠国LD	30
				1	韩KR			

表 4－2　　2023 年出口税则部分内容

序号	税则号列	货品名称	出口税率（%）
	03.01		
1	03019210	鳗鱼苗	20
	05.06		
2	05061000	经酸处理的骨胶原及骨	40
3	05069011	含牛羊成分的骨粉及骨废料	40
4	05069019	其他骨粉及骨废料	40
5	05069090	其他骨及角柱	40
	ex05069090	已脱胶骨、角柱	40Δ0
	26.07		
6	26070000	铅矿砂及其精矿	30
	26.08		
7	26080000	锌矿砂及其精矿	30
	ex26080000	灰色饲料氧化锌（氧化锌 ZnO 含量大于 80%）	30Δ0

六、关税的税率

（一）进口关税税率（见表 4－3）

在我国加入世界贸易组织（WTO）之后，为履行我国在加入 WTO 关税减让谈判中承诺的有关义务，享有 WTO 成员应有的权利，按照进口货物原产地的不同，我国进口税则设有最惠国税率、协定税率、特惠税率、普通税率、关税配额税率等税率形式，对进口货物在一定期限内可以实行暂定税率。

表 4－3　　进口关税税率

税率类型	适用范围
最惠国税率	适用原产于与中华人民共和国共同适用最惠国待遇条款的 WTO 成员国或地区的进口货物，或原产于与中华人民共和国签订有相互给予最惠国待遇条款的双边贸易协定的国家或地区进口的货物，以及原产于中华人民共和国境内的进口货物。
协定税率	适用于原产于与中华人民共和国签订含有关税优惠条款的区域性贸易协定的国家或地区的进口货物。目前我国对原产于东盟十国、智利、巴基斯坦、澳大利亚、新西兰、新加坡、韩国、印度、斯里兰卡、孟加拉国等国的部分进口货物实施协定税率。
特惠税率	适用于原产于与中华人民共和国签订含有特殊关税优惠条款的贸易协定的国家或地区的进口货物。
普通税率	适用于原产于除适用最惠国税率、协定税率、特惠税率国家或地区以外的国家或地区的进口货物，以及原产地不明的进口货物。
关税配额税率	按照国家规定实行关税配额管理的进口货物，关税配额内的，适用关税配额税率。关税配额外的，其税率的适用《中华人民共和国进出口关税条例》中的相关规定执行。目前，我国对原产于澳大利亚、新西兰的部分产品，适用国别关税配额税率。
暂定税率	是国家根据需要在一定时期内实行的一种进口关税税率。其适用原则是：适用最惠国税率的进口货物有暂定税率的，应当适用暂定税率；适用协定税率、特惠税率的进口货物有暂定税率的，应当从低适用税率；适用关税配额税率的适用普通税率的进口货物，不适用暂定税率。

此外，《中华人民共和国进出口关税条例》还对特殊情境下适用的关税税率作了明确规定。第十三条条款指出：按照有关法律、行政法规的规定对进口货物采取反倾销、反补贴、保障措施的，其税率的适用按照《中华人民共和国反倾销条例》《中华人民共和国反补贴条例》《中华人民共和国保障措施条例》的有关规定执行。第十四条条款指出：任何国家或者地区违反与中华人民共和国签订或者共同参加的贸易协定及相关协定，对中华人民共和国在贸易方面采取禁止、限制、加征关税或者其他影响正常贸易的措施的，对原产于该国家或地区的进口货物可以征收报复性关税，适用报复性关税税率。

（二）出口关税税率

我国出口税则为一栏税率，即出口税率。国家仅对少数资源性产品及易于竞相杀价、盲目进口、需要规范出口秩序的半饲成品征收出口关税。现行税则对100余种商品计征出口关税，主要是鳗鱼苗、部分有色金属矿砂及其精矿、生锑、磷、氟钽酸钾、苯、山羊板皮、部分铁合金、钢铁废碎料、铜和铝原料及其制品、镍锭、锌锭、锑锭等。与进口暂定税率一样，出口暂定税率优先适用于出口税则中规定的出口税率。

【做中学2】根据关税法律制度的规定，对原产于与我国签订含有特殊关税优惠条款的贸易协定的国家或地区的进口货物，适用特定的关税税率。该税率为（　　）。

A. 普通税率　　B. 协定税率

C. 特惠税率　　D. 最惠国税率

【正确答案】C

项目二 关税应纳税额计算

关税的基本计算方法，是以进出口货物的价格或者数量为计税依据，乘以适用税率或者税额标准计征纳税。因此，确定计税依据、适用税率就成为首要工作。

一、计税依据

目前，世界各国海关大多采用以课税对象的价格（或价值）为课税标准对进出境货物征收关税。经海关审查的价格称为海关价格。在将海关价格作为课税标准，凭以计征关税时，海关价格称为完税价格。根据我国《海关法》及《进出口关税条例》的规定，进出口货物的完税价格，由海关以该货物的成交价格为基础审查确定。成交价格不能确定时，完税价格由海关依法估定。

（一）进口货物完税价格

1. 常规贸易项下进口货物完税价格——以成交价格为基础的完税价格

(1) 进口货物完税价格的界定。2014 年 2 月 1 日实施的《中华人民共和国海关审定进出口货物完税价格办法》(海关总署令第 213 号) 规定，进口货物的完税价格由海关以该货物的成交价格为基础审查确定，并应当包括该货物运抵中华人民共和国境内输入地点起卸前的运输及其相关费用、保险费。

进口货物的成交价格是指卖方向中华人民共和国境内销售该货物时，买方为进口该货物向卖方支付、应付的并按照规定调整后的价款总额，包括直接支付的价款和间接支付的价款。

【做中学 3】 下列各项中，应计入进口货物关税完税价格的有（　　）。

A. 货物运抵我国关境内输入地点起卸前的运费、保险费

B. 货物运抵我国关境内输入地点起卸后的运费、保险费

C. 支付给卖方的佣金

D. 向境外采购代理人支付的买方佣金

【正确答案】 C

【答案解析】 选项 AB，货物运抵我国关境内输入地点起卸"前"的包装费、运费、保险费和其他劳务费应计入关税完税价格，起卸之"后"的运输及其相关费用、保险费不能计入；选项 CD，进口人在成交价格外另支付给"卖方"的佣金应计入关税完税价格，向境外采购代理人支付的"买方"佣金不得计入关税完税价格。

(2) 进口货物成交价格的基本要求。进口货物的成交价格应当符合下列条件：

一是对买方处置或者使用进口货物不予限制，但法律、行政法规规定实施的限制、对货物销售地域的限制和对货物价格无实质性影响的限制除外，有下列情形之一的，应当视为对买方处置或者使用进口货物进行了限制：

①进口货物只能用于展示或者免费赠送的；

②进口货物只能销售给指定第三方的；

③进口货物加工为成品后只能销售给卖方或者指定第三方的；

④其他经海关审查，认定买方对进口货物的处置或者使用受到限制的。

二是进口货物的成交价格不得受到使该货物成交价格无法确定的条件或因素的影响。有下列情形之一的，应当视为进口货物的价格受到了使该货物成交价格无法确定的条件或者因素的影响：

①进口货物的价格是以买方向卖方购买一定数量的其他货物为条件而确定的；

②进口货物的价格是以买方向卖方销售其他货物为条件而确定的；

③其他经海关审查，认定货物的价格受到使该货物成交价格无法确定的条件或者因素影响的。

三是卖方不得直接或者间接获得因买方销售、处置或者使用进口货物而产生的任何收益，或者虽有收益但能够按照规定进行调整。

四是买卖双方没有特殊关系，或者虽有特殊关系但未对成交价格产生影响。有下列情形之一的，应当认为买卖双方存在特殊关系：买卖双方为同一家族成员的：买卖双方互为商业上的高级职员或者董事的；一方直接或者间接地受另一方控制的；买卖双方都直接或者间接地受第三方控制的；买卖双方共同直接或者间接地控制第三方的；一方直

接或者间接地拥有、控制或者持有对方5%以上（含5%）公开发行的有表决权的股票或者股份的；一方是另一方的雇员、高级职员或者董事的；买卖双方是同一合伙的成员的。

买卖双方在经营上相互有联系，一方是另一方的独家代理、独家经销或者独家受让人，如果符合前款的规定，也应当视为存在特殊关系。

（3）成交价格的调整规定，如表4－4所示。

表4－4

计入完税价格的费用	不计入完税价格的税收、费用
①由买方负担的除购货佣金以外的佣金和经纪费； ②由买方负担的在审查确定完税价格时与该货物视为一体的容器费用； ③由买方负担的包装材料费用和包装劳务费用； ④与该货物的生产和向我国境内销售有关的，由买方以免费或者低于成本的方式提供并可以按适当比例分摊的料件、工具、磨具、消耗材料及类似货物的价款，以及在境外开发、设计等相关服务的费用； ⑤与该货物有关的特许权使用费； ⑥卖方直接或间接从买方获得的该货物进口后转售、处置或使用的收益。	①厂房、机械、设备等货物进口后的基建、安装、装配、维修和技术服务的费用，但是保修费用除外； ②进口货物运抵境内输入地点起卸后发生的运输及其相关费用、保险费； ③进口关税、进口环节海关代征税及其他国内税； ④为在境内复制进口货物而支付的费用； ⑤境内外技术培训及境外考察费用。

2. 常规贸易项下进口货物完税价格——以海关估价作为进口货物完税价格

海关进行估价时，首先要尽可能先使用实际成交价格，但并不是所有进口货物都有实际成交价格，例如，以寄售、租赁等方式出口到进口国的货物，在进口时就难以确定其实际成交价格。对于进口货物的成交价格不符合规定条件，或者成交价格不能确定，在客观上无法采用货物的实际成交价格时，海关经了解有关情况，并与纳税义务人进行价格磋商后，依次以下列价格估定该货物的完税价格：

（1）相同货物的成交价格估价方法。指的是与该货物同时或者大约同时向我国境内销售的相同货物的成交价格。所谓相同货物，主要指货物的物理特性、质量及产品声誉。

（2）类似货物的成交价格估价方法。指的是与该货物同时或者大约同时向我国境内销售的类似货物的成交价格。类似货物指与被估货物在同一国生产制造，虽然不是在所有方面都相同，但具有相似特征和相似组成材料，从而能起到同样作用，而且在商业上可以互换的货物。选择相似货物时，主要应考虑货物的品质、信誉和现有商标。

（3）倒扣价格估价方法。它是指与该货物进口的同时或者大约同时，将该进口货物、相同或者类似进口货物在第一级销售环节销售给无特殊关系买方最大销售总量的单位价格，扣除合理的佣金、费用和税收后的价格。

（4）计算价格估价方法。采用这种方法，可以按照下列各项总和计算价格：①生产该货物所使用的料件成本和加工费用；②向我国境内销售同等级或者同种类货物通常的利润和一般费用；③该货物运抵境内输入地点起卸前的运输及其相关费用、保险费。

（5）合理估价方法。所谓合理方法，实际上是对海关估价的一项补救方法，习惯上叫作“最后一招”，也就是在使用上述任何一种估价方法都无法确定海关估价时，海关可以客观量化的数据资料为基础审查确定进口货物的完税价格。规定的原则有两条：一是海关估价应当公平、合理、统一和中性；二是尽可能反映贸易实际。合理估价方法不允许使用的估价方法是：①境内生产的货物在境内的销售价格；②可供选择的价格中较高的价格；③货物在出口地市场的销售价格；④以计算价格估价方法中所含价值或费用之外的价值或者费用计算的相同或者类似货物的价格；⑤出口到第三国或者地区的货物的销售价格；⑥最低限价或者武断、虚构的价格。

以上所列的各种估价方法应依次使用，即当完税价格按列在前面的估价方法无法确定时，才能使用后一种估价方法。但是应进口商的要求，第三种和第四种方法的使用次序可以颠倒。

【例4－1】新星公司从法国进口一批货物共300吨，货物以境外口岸离岸价格成交，单价折合人民币为30 000元，买方承担包装费每吨600元，另向卖方支付拥金每吨800元人民币，另向自己的采购代理人支付佣金5 000元人民币，已知该货物运抵中国海关境内输入地起卸前的包装、运输、保险和其他劳务费用为每吨1 000元人民币，进口后另发生国内运输和装卸费用500元人民币，计算该批原料的完税价格。

【答案】进口货物完税价格包括货价、支付的佣金、买方负担的包装费和容器费、进口途中的运费，但不包括买方向自己采购代理人支付的购货佣金和进口后发生的运输装卸费。

关税完税价格＝(30 000＋600＋800＋1 000)×300＝9 720 000（元）

3. 非常规贸易项下进口货物完税价格

（1）以租赁方式进口货物的完税价格。以租赁方式进口的货物，以海关审查确定的该货物的租金作为完税价格。纳税人要求一次性缴纳税款的，纳税人可以选择按照规定固定完税价格，或者按照海关审查确定的租金总额作为完税价格。

（2）复运进境的境外加工货物的完税价格。运往境外加工的货物，出境时已向海关报明并在海关规定的期限内复运进境的，应当以境外加工费、料件费及复运进境的运输及其相关费用和保险费审查确定完税价格。

（3）复运进境的境外修理货物的完税价格。运往境外修理的机械器具、运输工具或其他货物，出境时已向海关报明并在海关规定的期限内复运进境的，应当以境外修理费和材料费审查确定完税价格。

（4）留购的进口货样的完税价格。对于境内留购的进口货样、展览品和广告陈列品，以海关审定的留购价格作为完税价格。

（5）予以补税的减免税货物。减税或免税进口的货物需予补税时，应当以海关审定的该货物原进口时的价格，扣除折旧部分价值作为完税价格，计算公式为：

完税价格＝海关审定的该货物原进口时的价格×[1－申请补税时实际已使用的时间(月/(监管年限×12)]

式中，补税时实际已进口的时间按月计算，不足1个月但是超过15日的，按照1个月计算，不超过15日的，不予计算。

【例4－2】甲公司2024年将以前年度进口的设备运往境外修理，设备进口时成交价格为160万元，发生境外运费和保险费共计13万元；在海关规定的期限内复运进境，进境时同类设备价格250万元；发生境外修理费40万元、料件费15万元，境外运输费和保险费共计11万元，该设备进口关税税率为15%。请计算该仪器复运进境时应缴纳的进口关税。

【答案】运往境外修理的机械器具、运输工具或其他货物，出境时已向海关报明，并在海关规定期限内复运进境的，应当以海关审定的境外修理费和料件费为完税价格。

运往境外修理的设备报关进口时应纳关税＝（40＋15）×15%＝8.25（万元）

4. 进口货物相关费用的核定

（1）进口货物的运费。进口货物的运费应当按照实际支付的费用计算。如果进口货物的运费无法确定，海关应当按照该货物的实际运输成本或者该货物进口同期运输行业公布的运费率（额）计算运费。

运输工具作为进口货物，利用自身运力进境的，海关在审查确定完税价格时，不再另行计入运费。

（2）进口货物的保险费。进口货物的保险费应当按照实际支付的费用计算。如果进口货物的保险费无法确定或者未实际发生，海关应当按照“货价”和“运费”两者总额的3‰计算保险费，其计算公式如下：

$$保险费=(货价+运费)\times 3‰$$

邮运进口的货物，应当以邮费作为运输及其相关费用、保险费。

（3）其他相关费用。以境外边境口岸价格条件成交的铁路或者公路运输进口货物，海关应当按照境外边境口岸价格的1%计算运输及其相关费用、保险费。

（二）出口货物的完税价格

出口货物的完税价格由海关以该货物的成交价格为基础审查确定，并应当包括货物运至中华人民共和国境内输出地点装载前的运输及其相关费用、保险费。

1. 以成交价格为基础的完税价格

出口货物的成交价格，是指该货物出口销售时，卖方为出口该货物应当向买方直接收取和间接收取的价款总额。

下列税收、费用不计入出口货物的完税价格：

（1）出口关税。

（2）在货物价款中单独列明的货物运至中华人民共和国境内输出地点装载后的运输及其相关费用、保险费。

（3）在货物价款中单独列明由卖方承担的佣金。

2. 出口货物海关估定方法

出口货物的成交价格不能确定的，海关经了解有关情况，并与纳税义务人进行价格磋商后，依次以下列价格审查确定该货物的完税价格：

（1）同时或者大约同时向同一国家或者地区出口的相同货物的成交价格。

（2）同时或者大约同时向同一国家或者地区出口的类似货物的成交价格。

（3）根据境内生产相同或者类似货物的成本、利润和一般费用（包括直接费用和间接费用）、境内发生的运输及其相关费用、保险费计算所得的价格。

（4）按照合理方法估定的价格。

二、适用税率的确定

我国《进出口关税条例》规定，进出口货物应当依照《税则》规定的归类原则归入合适的税号，并按照适用的税率征税。其中：

（1）进出口货物，应当适用海关接受该货物申报进口或者出口之日实施的税率计征纳税。

（2）进口货物到达前，经海关核准先行申报的，应当适用装载该货物的运输工具申报进境之日实施的税率计征纳税。

（3）进出口货物的补税和退税，适用该进出口货物原申报进口或者出口之日所实施的税率计算，但下列情况除外：

①按照特定减免税办法批准予以减免税的进口货物，后因情况改变经海关批准转让或出售或移作他用需予补税的，适用海关接受纳税人再次填写报关单申报办理纳税及有关手续之日实施的税率征税。

②加工贸易进口料、件等属于保税性质的进口货物，如经批准转为内销，应按向海关申报转为内销之日实施的税率征税；如未经批准擅自转为内销的，则按海关查获日期所施行的税率征税。

③暂时进口货物转为正式进口需予补税时，应按其申报正式进口之日实施的税率征税。

④分期支付租金的租赁进口货物，分期付税时，适用海关接受纳税人再次填写报关单申报办理纳税及有关手续之日实施的税率征税。

⑤溢卸、误卸货物事后确定需征税时，应按其原运输工具申报进口日期所实施的税率征税。如原进口日期无法查明的，可按确定补税当天实施的税率征税。

⑥对由于税则归类的改变、完税价格的审定或其他工作差错而需补税的，应按原征税日期实施的税率征税。

⑦对经批准缓税进口的货物以后缴税时，不论是分期或一次交清税款，都应按货物原进口之日实施的税率征税。查获的走私进口货物需补税时，应按查获日期实施的税率征税。

三、进出口货物应纳税额的计算

根据《进出口关税条例》的规定，进出口货物关税，以从价计征、从量计征或者国家规定的其他方式征收。

1. 从价税应纳税额的计算

$$关税税额 = 应税进（出）口货物数量 \times 单位完税价格 \times 税率$$

进口货物的成交价格，因有不同的成交条件而有不同的价格形式，常用的价格条款，有 FOB、CFR 和 CIF 三种。

“FOB” 是含义为 “船上交货” 的价格术语的简称。这一价格术语是指卖方在合同规定的装运港把货物装上买方指定的船上，并负责货物装上船为止的一切费用和风险，又称“离岸价格”。

“CFR”是含义为“成本加运费”的价格术语的简称，又称“离岸加运费价格”。这一价格术语是指卖方负责将合同规定的货物装上买方指定运往目的港的船上，负责货物装上船为止的一切费用和风险，并支付运费。

“CIF”是含义为“成本加运费和保险费”的价格术语的简称，习惯上又称“到岸价格”。这一价格术语是指卖方负责将合同规定的货物装上买方指定运往目的港的船上，办理保险手续，并负责支付运费和保险费。

现根据三种常用的价格条款分别举例介绍进口税款的计算。

（1）以CIF成交的进口货物，如果申报价格符合规定的“成交价格”条件，则可直接计算出税款。

【例4-3】 某公司从日本进口铁盘条20万吨，其成交价格为CIF 135 000美元。

已知铁盘条进口关税税率为15%，海关填发税款缴款书当日的美元中间价为100美元=670.86元人民币。

要求：计算应征关税税额。

第一步：审核申报价格，符合成交价格条件。

关税完税价格=135 000÷100×670.86=905 661（元人民币）

第二步：应纳关税税额=905661×15%=135 849.15（元人民币）

（2）FOB和CFR条件成交的进口货物，在计算税款时应先把进口货物的申报价格折算成CIF价，然后再按上述程序计算税款。

【例4-4】 我国从国外进口一批中厚钢板共计200 000千克，成交价格为FOB伦敦2.5英镑/千克，已知单位运费为0.5英镑，保险费率为0.25%。

已知中厚板进口关税税率为10%，海关填发税款缴款书当日的英镑中间价为100英镑=879.08元人民币。

要求：计算应征关税税额。

【答案】

第一步：关税完税价格=(FOB价+运费)×(1+保险费率)=(2.5+0.5)

200 000×(1+0.25%)÷100×879.08=5 287 666.2（元人民币）

第二步：应纳关税税额=5 287 666.2×10%=528 766.62（元人民币）

2. 从量税应纳税额的计算

从量税是以货物的数量、重量、体积、容量等计量单位为计税标准，以每计量单位货物的应征税额为税率。我国目前对原油、啤酒和胶卷等进口商品征收从量税。计算公式为：

关税税额=应税进（出）口货物数量×单位货物税额

【例4-5】 某公司进口美国产啤酒600箱，每箱30瓶，每瓶容积500毫升，价格为CIF4500美元。征税日人民币与美元的外汇折算率为1:7，已知啤酒适用优惠税率为3元/升）。请计算该公司的应纳关税税额。

【答案】

应纳关税税额=600×30×500÷1 000×3=27 000（元）

3. 复合税应纳税额的计算

复合税又称混合税，即订立从价、从量两种税率，随着完税价格和进口数量而变化，征收时两种税率合并计征。它是对某种进口货物混合使用从价税和从量税的一种关税计征标准。我国目前仅对录像机、放像机、摄像机、数字照相机和摄录一体机等进口商品征收复合税。我国目前实行的复合税都是先计征从量税，再计征从价税。计算公式为：

关税税额 = 应税进（出）口货物数量 × 单位货物税额 + 应税进（出）口货物数量 × 单位完税价格 × 税率

【例 4－6】 某公司从日本进口 5 台电视摄像机，每台价格为 CIF7 500 美元，已知：征税日美元与人民币的外汇折算率为 1:7，摄像机适用优惠税率为：每台完税价格高于 5 000 美元的，从量税为每台 13 280 元，再征从价税 3% 计算应纳关税。请计算该公司的应纳关税税额。

【答案】

应纳关税税额 = 5 × 13 280 + 7 500 × 5 × 7 × 3% = 66 400 + 7 875 = 74 275（元）

4. 滑准税应纳税额的计算

滑准税是根据货物的不同价格适用不同税率的一类特殊的从价关税。它是一种关税税率随进口货物价格由高至低而由低至高设置计征关税的方法。简单地讲，就是进口货物的价格越高，其进口关税税率越低，进口商品的价格越低，其进口关税税率越高。滑准税的特点是可保持实行滑准税商品的国内市场价格的相对稳定，而不受国际市场价格波动的影响。计算公式为：

关税税额 = 应税进（出）口货物数量 × 单位完税价格 × 滑准税税率

现行税则《进（出）口商品从量税、复合税、滑准税税目税率表》后注明了滑准税税法率的计算公式，该公式是一个与益税进（出）口货物完税价格相关的取整函数。

【做中学 4】 2024 年 9 月甲公司进口生产设备一台，海关审定的货价 45 万元，运抵我国关境内输入地起卸前的运费 4 万元、保险费 2 万元。已知关税税率为 10%。计算甲公司当月该笔业务应纳关税税额的下列算式中，正确的是（　　）。

A. （45 + 4 + 2）× 10% = 5.1（万元）

B. 45 ÷（1 － 10%）× 10% = 5（万元）

C. （45 － 2）× 10% = 4.3（万元）

D. （45 － 4）× 10% = 4.1（万元）

【正确答案】 A

【答案解析】 进口环节，关税完税价格包括货价以及货物运抵我国关境内输入地点起卸前的包装费、运费、保险费和其他劳务费等费用。

项目三 关税税收优惠

关税的税收优惠有法定减免税、特定减免税和临时减免税。

一、法定减免税

法定减免税是税法中明确列出的减税或免税。符合税法规定可予减免税的进出口货物，纳税义务人无须提出申请，海关可按规定直接予以减免税。海关对法定减免税货物一般不进行后续管理。

（1）下列进出口货物，免征关税。

①关税税额在人民币50元以下的一票货物；

②无商业价值的广告品和货样；

③外国政府、国际组织无偿赠送的物资；

④在海关放行前损失的货物；

⑤进出境运输工具装载的途中必需的燃料、物料和饮食用品。

在海关放行前遭受损坏的货物，可以根据海关认定的受损程度减征关税。

因品质或者规格原因，出口货物自出口之日起1年内原状复运进境的，不征收进口关税。因品质或者规格原因，进口货物自进口之日起1年内原状复运出境的，不征收出口关税。

（2）下列进出口货物，可以暂不缴纳关税。

经海关批准暂时进境或者暂时出境的下列货物，在进境或者出境时纳税义务人向海关缴纳相当于应纳税款的保证金或者提供其他担保的，可以暂不缴纳关税，并应当自进境或者出境之日起6个月内复运出境或者复运进境；经纳税义务人申请，海关可以根据海关总署的规定延长复运出境或者复运进境的期限：

①在展览会、交易会、会议及类似活动中展示或者使用的货物；

②文化、体育交流活动中使用的表演、比赛用品；

③进行新闻报道或者摄制电影、电视节目使用的仪器、设备及用品；

④开展科研、教学、医疗活动使用的仪器、设备及用品；

⑤在第①项至第④项所列活动中使用的交通工具及特种车辆；

⑥货样；

⑦供安装、调试、检测设备时使用的仪器、工具；

⑧盛装货物的容器；

⑨其他用于非商业目的的货物。

以上所列暂准进境货物在规定的期限内未复运出境的，或者暂准出境货物在规定的期限内未复运进境的，海关应当依法征收关税。

以上所列可以暂时免征关税范围以外的其他暂准进境货物，应当按照该货物的完税价格和其在境内滞留时间与折旧时间的比例计算征收进口关税。具体办法由海关总署规定。

因残损、短少、品质不良或者规格不符原因，由进出口货物的发货人、承运人或者保险公司免费补偿或者更换的相同货物，进出口时不征收关税。被免费更换的原进口货物不退运出境或者原出口货物不退运进境的，海关应当对原进出口货物重新按照规定征收关税。

（3）有下列情形之一的，纳税义务人自缴纳税款之日起1年内，可以申请退还关税，并应当以书面形式向海关说明理由，提供原缴款凭证及相关资料：

①已征进口关税的货物，因品质或者规格原因，原状退货复运出境的；

②已征出口关税的货物，因品质或者规格原因，原状退货复运进境，并已重新缴纳因出口而退还的国内环节有关税收的；

③已征出口关税的货物，因故未装运出口，申报退关的。

海关应当自受理退税申请之日起30日内查实并通知纳税义务人办理退还手续。纳税义务人应当自收到通知之日起3个月内办理有关退税手续。

按照其他有关法律、行政法规规定应当退还关税的，关应当按照有关法律、行政法规的规定退税。

二、特定减免税

特定减免税也称政策性减免税。在法定减免税之外，国家按照国际通行规则和我国实际情况，制定发布的有关进出口货物减免关税的政策，称为特定或政策性减免税。特定减免税货物一般有地区、企业和用途的限制，海关需要进行后续管理，也需要进行减免税统计。

现行的特定减免税主要包括对科教用品、残疾人专用品、扶贫、慈善性捐赠物资、加工贸易产品、边境贸易进口物资、保税区进出口货物、出口加工区进出口货物、进口设备、特定行业或用途的减免税政策、特定地区的减免税政策。

三、临时减免税

临时减免税是指以上法定和特定减免税以外的其他减免税，即由国务院根据《海关法》对某个单位、某类商品、某个项目或某批进出口货物的特殊情况，给予特别照顾，一案一批，专文下达的减免税。

【做中学5】下列各项中，经海关审查无误，可以免征关税的是（　　）。

A. 关税税额为人民币200元的一票货物

B. 广告品和货样

C. 外国公司无偿赠送的物资

D. 进出境运输工具装载的途中必需的燃料、物料和饮食用品

【正确答案】D

【答案解析】选项A，一票货物关税税额在人民币50元以下的免征关税；选项B，“无商业价值”的广告品及货样免征关税；选项C，国际组织、外国政府无偿赠送的物资（不包括外国企业）免征关税。

项目四 关税征收管理

一、关税缴纳

进口货物自运输工具申报进境之日起14日内，出口货物在货物运抵海关监管区后装货的24小时以前，应由进出口货物的纳税义务人向货物进（出）境地海关申报，海关根据税则进行归类，并根据完税价格和适用的税率计算应缴纳的关税和进口环节代征税，同时填发税款缴款书。纳税义务人应当自海关填发税款缴款书之日起15日内，向指定银行缴纳税款。如关税缴纳期限的最后1日是周末或法定节假日，则关税缴纳期限顺延至周末或法定节假日过后的第1个工作日。

关税纳税义务人因不可抗力或者在国家税收政策调整的情形下，不能按期缴纳税款的，经海关批准，可以延期缴纳税款，但最长不得超过6个月。

二、关税的强制执行

纳税义务人未在关税缴纳期限内缴纳税款，即构成关税滞纳。根据《海关法》规定，海关要对滞纳关税的纳税义务人实施强制执行的措施。

（1）征收关税滞纳金。纳税义务人未按期缴纳税款的，自关税缴纳期限届满滞纳之日起，至缴纳关税之日止，按日加收滞纳税款万分之五的滞纳金，周末或法定节假日不予扣除。具体计算公式为：

$$关税滞纳金金额=滞纳关税税额\times滞纳金征收比率\times滞纳天数$$

（2）强制征收。如纳税义务人自海关填发缴款书之日起3个月仍未缴纳税款，经海关关长批准，海关可以采取强制扣缴、变价抵缴等强制措施。强制扣缴即海关从纳税义务人在开户银行或者其他金融机构的存款中直接扣缴税款。变价抵缴即海关将应税货物依法变卖，以变卖所得抵缴税款。

三、关税退还

关税退还是关税纳税义务人按海关核定的税额缴纳关税后，因某种原因的出现，海关将实际征收多于应当征收的税额（称为溢征关税）退还给原纳税义务人的一种行政行为。根据《海关法》规定，海关多征的税款，海关发现后应当立即退还。

按规定，有下列情形之一的进出口货物的纳税义务人可以自缴纳税款之日起1年内，书面声明理由，连同原纳税收据向海关申请退税并加算银行同期活期存款利息，逾期不予受理：

（1）因海关误征，多纳税款的。

（2）海关核准免验进口的货物，在完税后，发现有短卸情形，经海关审查认可的。

（3）已征出口关税的货物，因故未将其出口，申报退关，经海关查验属实的。

对已征出口关税的出口货物和已征进口关税的进口货物，因货物品种或规格原因（非其他原因）原状复运进境或出境的，经海关查验属实的，也应退还已征关税。海关应当自受理退税申请之日起30日内，作出书面答复并通知退税申请人。也就是说，非“因货物品种或规格原因”或不能”原状复运进境或出境的”，如果属于其他原因且不能以原状复运进境或出境，不能退税。

四、关税补征和追征

补征和追征是海关在关税纳税义务人按海关核定的税额缴纳关税后，发现实际征收税额少于应当征收的税额（称为短征关税）时，责令纳税义务人补缴所差税款的一种行政行为。由于纳税人违反海关规定造成短征关税的，称为追征；非因纳税人违反海关规定造成短征关税的，称为补征。

区分关税追征和补征的目的在于二者有不同时效要求，超过规定的时效期限，海关就丧失了追补关税的权力。根据《海关法》规定，进出境货物和物品放行后，海关发现少征或者漏征税款，应当自缴纳税款或者货物、物品放行之日起1年内，向纳税义务人补征；因纳税义务人违反规定而造成的少征或者漏征的税款，自纳税义务人应缴纳税款之日起3年以内可以追征，并从缴纳税款之日起按日加收少征或者漏征税款万分之五的滞纳金。

五、关税纳税争议

为保护纳税人合法权益，我国《海关法》和《进出口关税条例》都规定了纳税义务人对海关确定的进出口货物的征税、减税、补税或者退税等有异议时，有提出申诉的权利。在纳税义务人同海关发生纳税争议时，可以向海关申请复议，但同时应当在规定期限内按海关核定的税额缴纳关税，逾期则构成滞纳，海关有权按规定采取强制执行措施。

纳税争议的内容一般为进出境货物和物品的纳税义务人对海关在原产地认定、税则归类、税率或汇率适用、完税价格确定、关税减征、免征、追征、补征和退还等征税行为是否合法或适当，是否侵害了纳税义务人的合法权益，而对海关征收关税的行为表示异议。

纳税争议的申诉程序：纳税义务人自海关填发税款缴款书之日起30日内，向原征税海关的上一级海关书面申请复议。逾期申请复议的，海关不予受理。海关应当自收到复议申请之日起60日内作出复议决定，并以复议决定书的形式正式答复纳税义务人；纳税义务人对海关复议决定仍然不服的，可以自收到复议决定书之日起15日内，向人民法院提起诉讼。

【做中学6】根据关税法律制度的规定，进出口货物完税后，如因收发货人违反规定而造成少征或漏征税款，海关在一定期限内可以追缴。该期限为（　　）。

A. 3年　　B. 6年　　C. 4年　　D. 5年

【正确答案】A

【答案解析】因纳税义务人违反规定而造成的少征或者漏征的税款，自纳税义务人应缴纳税款之日起3年以内可以追征，并从缴纳税款之日起按日加收少征或者漏征税款万分之五的滞纳金。

职业能力测评与考核

本模块职业能力测试与考核采用百分制，过程考核与结果考核相结合，加大技能考核比重。过程考核主要包括职业素养、组织纪律、团队合作、实训作业，占比40%；结果考核以实务考核为主，占比60%。

表4－5 考核评价记录表

过程考核（40%）				结果考核（60%）	
职业素养（20%）	组织纪律（20%）	团队合作（20%）	实训作业（40%）	考核评价内容	分值比重
根据学生表现评价	学生考勤评价	学生小组评价	根据学生的实训作业评分	基础知识	20%
				关应纳税额计算	40%
				关税的税收优惠	20%
				关税的征收管理	20%

道德与素养

经典案例分析

关税税目“上新”惠民生 谋创新 促开放

2022年12月29日，国务院关税税则委员会发布公告，2023年1月1日起，中国将对1 020项商品实施低于最惠国税率的进口暂定税率。这1 020项商品主要包括，一类是对部分药品实施零关税，包括部分抗癌药原料、抗新型冠状病毒药原料以及镇癌痛药品等，同时降低了假牙、血管支架用原料、造影剂等医疗用品的进口关税。

业内人士表示，此次调整降低了部分资源产品、原材料和零部件等多种商品进口关税，将进一步满足民众生活、企业生产和社会发展需要，充分发挥关税作为国内国际双循环联结点的作用。

根据公告，两名业内专家表示，本次调整的第二类商品，是为了顺应消费升级趋势，以高质量供给满足居民消费需求。比如新增一些降低关税的商品，包括婴幼儿食用的果泥等均化混合食品、冻蓝鳕鱼和咖啡机、榨汁机、电吹风等一些日用小家电。

此外，调整还包括了部分农产品，以及部分先进制造业的相关产品。根据最新的税则目录，白茶和茉莉花茶首次单独列入名单，胡萝卜、西蓝花等5种蔬菜种子，以及手术机器人、激光雷达等科技产品均成为新纳入税目。调整后，中国关税税则税目总数将达 8 948 个。

据介绍，中国每年都会对部分商品的进出口关税进行调整，不仅会新增商品税目，还会调整税率。2023 年钾肥的进口暂定税率，从 2022 年的 1% 直接降为零。

专家分析，对原材料和中间品及零部件降税，有利于降低企业成本，也有利于引进先进技术和产品，帮助企业拥有更多的资金投入再生产，形成产销良性循环，激发企业创新活力，加快产业转型升级。

清华大学公共管理学院国际发展与全球治理研究所副所长高宇宁认为：它能够更好地保障关键环节、关键步骤的产业链供应链的稳定安全运行，进一步推动产业链的创新结构调整和升级。

技能强化训练

一、单项选择题

1. 征税时既采用从量又采用从价两种办法计征税款的，被称为（　　）。

A. 滑准税　　B. 复合税　　C. 选择税　　D. 附加税

2. 下列有关关税征税对象和纳税人的表述准确的是（　　）。

A. 应征关税的货物不仅有企业进出口贸易的货物，还有个人携带进出口的物品

B. 应征关税的个人物品中包括进出境旅客的行李，但不含邮递进出境的物品

C. 进出口货物的收货人和发货人都要缴纳关税

D. 一般来说，个人携带进境的物品不征收关税

3. 适用原产于与我国共同适用最惠国待遇条款的 WTO 成员国或地区的进口货物，或原产于与我国签订有相互给予最惠国待遇条款的双边贸易协定的国家或地区进口的货物，以及原产于我国境内的进口货物，对其采用的税率被称为（　　）。

A. 最惠国税率　　B. 协定税率　　C. 特惠税率　　D. 普通税率

4. 根据关税的现行政策，下列说法错误的是（　　）。

A. 按征税对象进行分类，可将关税分为进口关税、出口关税和过境关税。

B. 按征税标准分类，可将关税分为从量税、从价税。

C. 按征税性质，关税可以分为加重关税、反补贴关税、反倾销关税。

D. 按保护形式和程度分类，可分为关税壁垒和非关税壁垒

5. 在关税税则中，预先按产品的价格高低分档制定若干不同的税率，根据进口商品价格的变动而增减进出口税率的关税是（　　）。

A. 选择税　　B. 滑动税　　C. 复合税　　D. 差别税

6. 下列各项中，不计入进口货物关税完税价格的有（　　）。

A. 货物价款　　B. 由买方负担的包装材料和包装劳务费

C. 进口关税　　D. 境外运杂费

7. 甲公司将购买的一批原材料运往国外加工电子设备，出境时已向海关报明并在海关规定的期限内复运进境。该批原材料价值100万元，海关审定的境外加工费20万元、料件费15万元，复运进境支付的运费及相关费用、保险费合计15万元，进口时关税税率为10%，甲公司应缴纳关税（　　）万元。

A. 15　　B. 3.5　　C. 5　　D. 13.5

8. 进口货物自运输工具申报进境之日起（　　），应由进口货物的纳税人向货物进境地海关申报。

A. 24小时以前　　B. 14日内　　C. 15日内　　D. 1个月内

9. 税法规定，无法准确确定运费和保险费用的估算方法为，运输费按运输企业同行业运费率估算；保险费可按照"货价加运费"两者总额的（　　）估算。

A. 3‰　　B. 3%　　C. 1‰　　D. 5‰

10. 根据现行关税政策的规定，下列进口货物中享受法定减免税的是（　　）。

A. 外商投资企业为投资项目而进口的设备

B. 国际组织无偿赠送进口的物资

C. 保税区运往境外的货物

D. 保税区进口自用的机器设备基建物资等

二、多项选择题

1. 根据关税的现行规定，下列表述正确的是（　　）。

A. 关税是单一环节的价外税

B. 邮运进口的货物，应当以邮费作为运输及其相关费用、保险费

C. 进口货物成交价"FOB"的含义是"船上交货"的价格术语简称，又称"离岸价格"

D. 进口货物成交价"CFR"的含义是"到岸价格"的价格术语简称

2. 按规定有下列情形之一的，进出口货物的纳税义务人可以自缴纳税款之日起1年内，书面声明理由，连同原纳税收据向海关申请退税并加算银行同期活期存款利息的有（　　）。

A. 因海关误征，多纳税款的。

B. 海关核准免验进口的货物，在完税后，发现有短卸情形，经海关审查认可的。

C. 因纳税人计算错误，多纳税款的

D. 已征出口关税的货物，因故未将其出口，申报退关，经海关查验属实的。

3. 关税的纳税义务人有（　　）。

A. 进口货物的收货人　　B. 出口货物的发货人

C. 进出境物品的所有人　　D. 进口货物的发货人

4. 进境物品的纳税义务人是指（　　）。

A. 携带物品进境的入境人员　　B. 进境邮递物品的收件人

C. 以其他方式入境的个人物品的所有人　　D. 进境物品的邮寄人

5. 下列关于进口货物关税完税价格确定的说法，正确的有（　　）。

A. 经海关批准暂时进境的货物，按照一般进口货物估价办法估定完税价格

B. 租赁方式进口的货物，在租赁期间以海关审定的租金作为完税价格

C. 进口运输工具，利用自身运力进境的，不再另行计入运费

D. 以境外边境口岸价格条件成交的公路运输进口货物，以海关边境口岸价格作为完税价格

6. 下列有关进口货物完税价格的表述中正确的有（　　）。

A. 进口货物关税以成交价格为基础确定完税价格

B. 进口货物关税以到岸价格为完税价格

C. 进口货物关税以进口方应付或实付价格为完税价格

D. 进口货物关税以货价加货物运抵我国境内输入地点起卸前的运输及相关费用、保险费等为完税价格

7. 下列费用未包括在进口货物的实付或者应付价格中，应当计入完税价格的有（　　）。

A. 由买方负担的除购货佣金以外的佣金和经纪费

B. 由买方负担的在审查确定完税价格时与该货物视为一体的容器费用

C. 由买方负担的包装材料和包装劳务费用

D. 卖方直接或间接从买方对该货物进口后转售、处置或使用所得中获得的收益

8. 下列费用，如能与该货物实付或者应付价格区分，不得计入完税价格的有（　　）。

A. 厂房、机械、设备等货物进口后的基建、安装、装配、维修和技术服务的费用

B. 货物运抵境内输入地点之后的运输费用、保险费和其他相关费用

C. 进口关税及其他国内税收

D. 由买方负担的包装材料和包装劳务费用

9. 关于关税的减免税，下列表述正确的有（　　）。

A. 无商业价值的广告品视同货物进口征收关税

B. 在海关放行前损失的货物免征关税

C. 盛装货物的容器单独计价的免征关税

D. 关税税额在人民币 50 元以下的货物免税

10. 进口货物如有下列情形，海关可以酌情减免关税（　　）。

A. 在境外运输途中或者起卸时，遭受损坏或者损失的货物

B. 起卸后海关放行前，因不可抗力遭受损坏或者损失的货物

C. 海关查验时已经破漏、损坏或者腐烂，经查为保管不慎的货物

D. 因不可抗力，缴税确有困难的纳税人进口的货物

三、判断题

1. 关税的征税对象是贸易性商品，不包括入境旅客携带的个人行李和物品。（　　）

2. 关税完税价格是纳税义务人向海关申报的价格，即货物实际成交价格。（　　）

3. 因海关误征，多纳税款的，进出口货物的纳税义务人可以自缴纳税款之日起 1 年内，书面声明理由，连同原纳税收据向海关申请退税并加算银行同期活期存款利息。（　　）

4. 我国目前对进出口货物实行从价税、从量税和复合关税。（　　）

5. 出口货物关税完税价格中不包括货物从内地口岸至最后出境口岸所支付的国内段运输费用。（　　）

6. 对租赁方式进口货物，按该进口货物估定价格确定完税价格。（　　）

7. 以境外价格条件成交的铁路或公路运输进口货物，海关以货价的0.3%计算运输及相关费用和保险费。（ ）

8. 根据《进出口关税条例》规定，因纳税人违反海关有关规定造成少缴或漏缴的关税，海关可以在1年内追征。（ ）

9. 在纳税义务人同海关发生争议时，可以拒绝按海关核定的税额缴纳关税，同时应当在规定期限内向海关申请复议。（ ）

10. 我国《海关法》规定，除法定减免税外，其他进出口关税的减免权归海关总署。

（ ）

四、计算题

某外贸公司进口一批高级化妆品，到岸货价及运输费、保险费80 000欧元，另支付包装费6 000欧元、支付自己采购代理人佣金2 000欧元、港口到厂区公路运费3 000元人民币，取得国际货物运输发票。当期欧元与人民币汇率1∶10，关税税率10%，消费税税率15%，增值税税率13%。计算外贸公司在进口环节缴纳的各项税金。

5 模块五 企业所得税计算与申报

学习目标

知识目标：

1. 了解企业所得税的纳税义务人、纳税义务、征税对象、征税范围和税率
2. 掌握企业所得税应纳税所得额的计算
3. 掌握企业所得税应纳税额的计算
4. 熟悉企业所得税的税收优惠

能力目标：

1. 能够识别企业所得税的纳税人
2. 能够正确计算企业所得税应纳税额
3. 能够独立完成企业所得税申报缴纳任务

素质目标：

1. 培养积极的工作态度及责任心
2. 培养良好的沟通能力及团队合作意识
3. 树立法律意识、诚信意识
4. 培养学生的法治思维和依法纳税意识，树立社会主义核心价值观

本模块知识导图（见图5－1）

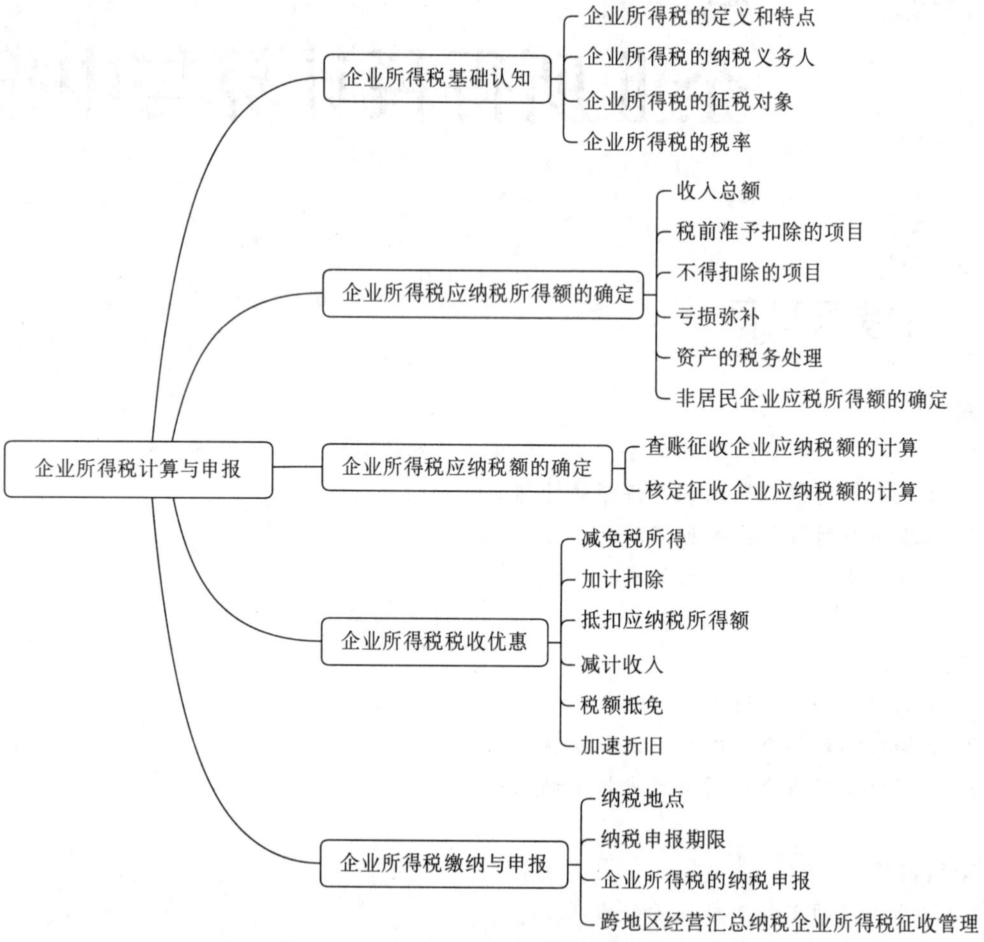

图5－1　模块知识导图

小案例

如何减轻公司税负？

LH科技有限公司是一家科技型中小企业，主要业务包括软件开发、信息技术服务、智能化系统集成等。近年来，随着公司业务的快速发展，企业所得税负担成为公司关注的一个重要问题。LH科技有限公司上一年度的应纳税所得额为200万元，公司所得税税率为25%。由于公司业务的特点，员工工资和研发费用在经营成本中占据较大比重。如果你是公司的领导，你如何考虑适当减轻公司税负并确保合规性？

项目一
企业所得税基础认知

一、企业所得税的定义和特点

（一）企业所得税的定义

企业所得税是指对中华人民共和国境内的企业（居民企业及非居民企业）和其他取得收入的组织以其生产经营所得和其他所得为课税对象所征收的一种所得税。企业所得税在组织财政收入、促进社会经济发展、实施宏观调控等方面具有重要的职能作用。企业所得税调节的是国家与企业之间的利润分配关系，这种分配关系是我国经济分配制度中最重要的一个方面，是处理其他分配关系的前提和基础。

（二）企业所得税的特点

企业所得税与其他税种相比较，具有以下特点：

（1）通常以纯所得为征税对象；

（2）通常以经过计算得出的应纳税所得额为计税依据；

（3）企业所得税是直接税，纳税人和实际负担人通常是一致的，因此，可以直接调节纳税人的收入。

二、企业所得税的纳税义务人

企业所得税的纳税义务人，是指在中华人民共和国境内的企业和其他取得收入的组织（以下统称企业）。包括各类企业、事业单位、社会团体、民办非企业单位和从事经营活动的其他组织。我国的企业所得税实行法人所得税制，由于个体工商户、个人独资企业和合伙企业不具有法人资格，因此无须缴纳我国的企业所得税。

企业所得税的纳税人按照登记注册地标准和实际管理机构标准相结合的原则，分为居民企业和非居民企业，分别承担不同的纳税义务。

居民企业是指依法在中国境内成立，或者依照外国（地区）法律成立但实际管理机构在中国境内的企业。包括除个人独资企业和合伙企业以外的公司、企业、事业单位、社会团体、民办非企业单位、基金会、外国商会、农民专业合作社以及取得收入的其他组织。

非居民企业，是指依照外国（地区）法律成立且实际管理机构不在中国境内，但在中国境内设立机构、场所的，或者在中国境内未设立机构、场所，但有来源于中国境内所得的企业。

实际管理机构是指对企业的生产经营、人员、账务、财产等实施实质性全面管理和控制的机构。

上述所称机构、场所，是指在中国境内从事生产经营活动的机构、场所，包括：

（1）管理机构、营业机构、办事机构；

（2）工厂、农场、开采自然资源的场所；

（3）提供劳务的场所；

（4）从事建筑、安装、装配、修理、勘探等工程作业的场所；

（5）其他从事生产经营活动的机构、场所。

非居民企业委托营业代理人在中国境内从事生产经营活动的，包括委托单位或者个人经常代其签订合同，或者储存、交付货物等，该营业代理人视为非居民企业在中国境内设立的机构、场所。

【做中学·多选题】依据《企业所得税法》的规定，判定居民企业的标准有（　　）。

A. 登记注册地标准　　B. 所得来源地标准

C. 经营行为实际发生地标准　　D. 实际管理机构所在地标准

【答案】AD

三、企业所得税的征税对象

企业所得税的征税对象，是指企业的生产经营所得、其他所得和清算所得。

（一）居民企业和非居民企业的纳税义务

居民企业应当就其来源于中国境内、境外的所得缴纳企业所得税。

非居民企业在中国境内设立机构、场所的，应当就其所设机构、场所取得的来源于中国境内的所得，以及发生在中国境外但与其所设机构、场所有实际联系的所得，缴纳企业所得税。

非居民企业在中国境内未设立机构、场所的，或者虽设立机构、场所但取得的所得与其所设机构、场所没有实际联系的，应当就其来源于中国境内的所得缴纳企业所得税。

所称所得包括销售货物所得、提供劳务所得、转让财产所得、股息红利等权益性投资所得、利息所得、租金所得、特许权使用费所得、接受捐赠所得和其他所得等。

上述所称实际联系，是指非居民企业在中国境内设立的机构、场所拥有的据以取得所得的股权、债权，以及拥有、管理、控制据以取得所得的财产。

（二）所得来源地的确定

要想准确确定企业所得税的纳税义务，需要明确所得来源地。所得来源按照以下原则确定：

（1）销售货物所得，按照交易活动发生地确定。

（2）提供劳务所得，按照劳务发生地确定。

（3）转让财产所得：①不动产转让所得按照不动产所在地确定；②动产转让所得按照转让动产的企业或者机构、场所所在地确定；③权益性投资资产转让所得按照被投资企业所在地确定。

（4）股息、红利等权益性投资所得，按照分配所得的企业所在地确定。

（5）利息所得、租金所得、特许权使用费所得，按照负担、支付所得的企业或者机构、场所所在地确定，或者按照负担、支付所得的个人的住所地确定。

（6）其他所得，由国务院财政、税务主管部门确定。

四、企业所得税的税率

企业所得税税率是体现国家与企业分配关系的核心要素。税率设计的原则是兼顾国家、企业、职工个人三者间的利益，既要保证财政收入的稳定增长，又要使企业在发展生产、经营方面有一定的财力保证；既要考虑到企业的实际情况和负担能力，又要维护税率的统一性。

企业所得税实行比例税率，比例税率简便易行，透明度高，不会因征税而改变企业间收入分配比例，有利于促进效率的提高。现行规定如下：

（1）基本税率为25%。适用于居民企业和在中国境内设有机构、场所且取得的所得与机构、场所有联系的非居民企业。

（2）低税率为20%。适用于在中国境内未设有机构、场所的，或者虽设立机构、场所但取得的所得与其所设机构、场所没有实际联系的非居民企业（但实际征税时适用10%的税率）。

项目二
企业所得税应纳税所得额的确定

应纳税所得额是据以计算企业所应缴纳的企业所得税税款的基数。根据《企业所得税法》第五条规定：企业每纳税年度的收入总额，减除不征税收入、免税收入、各项扣除以及允许弥补的以前年度亏损后的余额，为应纳税所得额。其计算公式为：

企业应纳税所得额＝收入总额－不征税收入－免税收入－各项扣除－允许弥补的以前年度亏损

企业应纳税所得额的计算，以权责发生制为原则，属于当期的收入和费用，不论款项是否收付，均作为当期的收入和费用；不属于当期的收入和费用，即使款项已经在当期收付，均不作为当期的收入和费用。国务院财政、税务主管部门另有规定的除外。

一、收入总额

收入总额是指纳税人在一个纳税年度内以货币形式和非货币形式从各种来源取得的收入。具体有：销售货物收入，提供劳务收入，转让财产收入，股息、红利等权益性投资收益，利息收入，租金收入，特许权使用费收入，接受捐赠收入，其他收入。企业取得收入的货币形式包括现金、存款、应收账款、应收票据、准备持有至到期的债券投资以及债务的豁免等，企业取得收入的非货币形式包括固定资产、生物资产、无形资产、股权投资、存货、不准备持有至到期的债券投资、劳务以及有关权益等，这些非货币资产应当按照公允价值确定收入额。

（一）收入确认的一般规定

1. 收入的具体形态

（1）销售商品收入。是指企业销售商品、产品、原材料、包装物、低值易耗品以及其他存货取得的收入。

（2）提供劳务收入。是指企业从事建筑安装、修理修配、交通运输、仓储租赁、金融保险、邮电通信、咨询经纪、文化体育、科学研究、技术服务、教育培训、餐饮住宿、中介代理、卫生保健、社区服务、旅游、娱乐、加工以及其他劳务服务活动取得的收入。

（3）转让财产收入。是指企业转让固定资产、生物资产、无形资产、股权、债权等财产取得的收入。

（4）股息、红利等权益性投资收益。是指企业因权益性投资从被投资方取得的收入。

（5）利息收入。是指企业将资金提供他人使用但不构成权益性投资，或者因他人占用本企业资金取得的收入，包括存款利息、贷款利息、债券利息、欠款利息等收入。

（6）租金收入。租金收入是指企业提供固定资产、包装物或者其他有形资产的使用权取得的收入。

（7）特许权使用费收入。是指企业提供专利权、非专利技术、商标权、著作权以及其他特许权的使用权取得的收入。

（8）接受捐赠收入。接受捐赠收入是指企业接受的来自其他企业、组织或者个人无偿给予的货币性资产、非货币性资产。

（9）其他收入。是指企业取得的除上述各项收入之外的一切收入，包括企业资产溢余收入、逾期未退包装物押金收入、确实无法偿付的应付款项、已作坏账损失处理后又收回的应收款项、债务重组收入、补贴收入、违约金收入、汇兑收益等。

2. 收入实现的确认

（1）销售商品收入。除《企业所得税法》及《企业所得税法实施条例》另有规定外，企业销售收入的确认，必须遵循权责发生制原则和实质重于形式原则。

①分期收款方式销售货物的，按照合同约定的收款日期确认收入的实现。

②采用售后回购方式销售商品的，按售价确认收入，回购的商品作为购进商品处理。有证据表明不符合销售收入确认条件的，如以销售商品方式进行融资，收到的款项应确认为负债，回购价格大于原售价的，差额应在回购期间确认为利息费用。

③以旧换新销售商品的，应当按照销售商品收入确认条件确认收入，回收的商品作为购进商品处理。

④商业折扣销售的。商业折扣是指企业为促进商品销售而在商品价格上给予的价格扣除。发生商业折扣时，应当按照扣除商业折扣后的金额确定销售商品收入金额。

⑤现金折扣销售的。现金折扣是指债权人为鼓励债务人在规定的期限内付款而向债务人提供的债务扣除。销售商品涉及现金折扣的，应当按扣除现金折扣前的金额确定销售商品收入金额，现金折扣在实际发生时作为财务费用扣除。

⑥折让方式销售的。销售折让是指企业因售出商品的质量不合格等原因而在售价上给予的减让。销售退回是指企业因售出商品质量、品种不符合要求等原因而发生的退货。企业已经确认销售收入的售出商品发生销售折让和销售退回，应当在发生当期冲减当期销售商品收入。

⑦采取产品分成方式销售的，按照企业分得产品的日期确认收入的实现，其收入额按照产品的公允价值确定。

⑧买一赠一方式销售的，企业以买一赠一等方式组合销售本企业商品的，不属于捐赠，应将总的销售金额按各项商品的公允价值的比例来分摊确认各项的销售收入。

（2）提供劳务收入。企业受托加工制造大型机械设备、船舶、飞机，以及从事建筑、安装、装配工程业务或者提供劳务等，持续时间超过12个月的，按照纳税年度内完工进度或者完成的工作量确认收入的实现。

企业在各个纳税期末，提供劳务交易的结果能够可靠估计的，应采用完工进度（完工百分比法）确认提供劳务收入。

企业应按照从接受劳务方已收或应收的合同或协议价款确定劳务收入总额，根据纳税期末提供劳务收入总额乘以完工进度扣除以前纳税年度累计已确认提供劳务收入后的金额，确认为当期劳务收入；同时，按照提供劳务估计总成本乘以完工进度扣除以前纳税期间累计已确认劳务成本后的金额，结转为当期劳务成本。

（3）其他收入。

①企业转让股权收入，应于转让协议生效、且完成股权变更手续时，确认收入的实现。转让股权收入扣除为取得该股权所发生的成本后，为股权转让所得。企业在计算股权转让所得时，不得扣除被投资企业未分配利润等股东留存收益中按该项股权所可能分配的金额。

②股息、红利等权益性投资收益。除国务院财政、税务主管部门另有规定外，按照被投资方作出利润分配决定的日期确认收入的实现。企业权益性投资取得股息、红利等收入，应以被投资企业股东会或股东大会作出利润分配或转股决定的日期，确定收入的实现。被投资企业将股权（票）溢价所形成的资本公积转为股本的，不作为投资方企业的股息、红利收入，投资方企业也不得增加该项长期投资的计税基础。

③利息收入按照合同约定的债务人应付利息的日期确认收入的实现。

④租金收入按照合同约定的承租人应付租金的日期确认收入的实现。如果交易合同或协议中规定租赁期限跨年度，且租金提前一次性支付的，根据收入与费用配比原则，出租人可对上述已确认的收入，在租赁期内，分期均匀计入相关年度收入。出租方如为在我国境内设有机构场所、且采取据实申报缴纳企业所得的非居民企业，也按此规定执行。

⑤特许权使用费收入按照合同约定的特许权使用人应付特许权使用费的日期确认收入的实现。

⑥接受捐赠收入按照实际收到捐赠资产的日期确认收入的实现。企业以买一赠一等方式组合销售本企业商品的，不属于捐赠，应将总的销售金额按各项商品的公允价值的比例来分摊确认各项的销售收入。

⑦企业发生债务重组，应在债务重组合同或协议生效时确认收入的实现。

⑧企业发生非货币性资产交换，以及将货物、财产、劳务用于捐赠、偿债、赞助、集资、广告、样品、职工福利或者利润分配等用途的，应当视同销售货物、转让财产或者提供劳务，但国务院财政、税务主管部门另有规定的除外。

想一想：

企业以非货币形式取得的收入，如何确认收入？

（二）不征税收入和免税收入

1. 不征税收入

不征税收入是指从性质和根源上不属于企业营利性活动带来的经济利益、不负有纳税义务并不作为应纳税所得额组成部分的收入。其内容主要包括：

（1）财政拨款。所称财政拨款，是指各级人民政府对纳入预算管理的事业单位、社会团体等组织拨付的财政资金，但国务院和国务院财政、税务主管部门另有规定的除外。

（2）依法收取并纳入财政管理的行政事业性收费、政府性基金。所称行政事业性收费，是指依照法律法规等有关规定，按照国务院规定程序批准，在实施社会公共管理，以及在向公民、法人或者其他组织提供特定公共服务过程中，向特定对象收取并纳入财政管理的费用。

所称政府性基金，是指企业依照法律、行政法规等有关规定，代政府收取的具有专项用途的财政资金。

（3）国务院规定的其他不征税收入。所称国务院规定的其他不征税收入，是指企业取得的，由国务院财政、税务主管部门规定专项用途并经国务院批准的财政性资金。

2. 免税收入

（1）国债利息收入。是指企业持有国务院财政部门发行的国债取得的利息收入。

（2）符合条件的居民企业之间的股息、红利等权益性投资收益。是指居民企业直接投资于其他居民企业取得的投资收益，不包括连续持有居民企业公开发行并上市流通的股票不足 12 个月取得的投资收益。

（3）在中国境内设立机构、场所的非居民企业从居民企业取得与该机构、场所有实际联系的股息、红利等权益性投资收益。但不包括连续持有居民企业公开发行并上市流通的股票不足 12 个月取得的投资收益。

（4）符合条件的非营利组织的收入，不包括非营利组织从事营利性活动取得的收入，但国务院财政、税务主管部门另有规定的除外。

非营利组织的下列收入为免税收入：

①接受其他单位或者个人捐赠的收入；

②除《企业所得税法》第七条规定的财政拨款以外的其他政府补助收入，但不包括因政府购买服务取得的收入；

③按照省级以上民政、财政部门规定收取的会费；

④不征税收入和免税收入孳生的银行存款利息收入；

⑤财政部、国家税务总局规定的其他收入。

符合条件的非营利组织，是指同时符合下列条件的组织：

①依法履行非营利组织登记手续；

②从事公益性或者非营利性活动；

③取得的收入除用于与该组织有关的、合理的支出外，全部用于登记核定或者章程规定的公益性或者非营利性事业；

④财产及其孳息不用于分配；

⑤按照登记核定或者章程规定，该组织注销后的剩余财产用于公益性或者非营利性目的，或者由登记管理机关转赠给与该组织性质、宗旨相同的组织，并向社会公告；

⑥投资人对投入该组织的财产不保留或者享有任何财产权利；

⑦工作人员工资福利开支控制在规定的比例内，不变相分配该组织的财产。

非营利组织的认定管理办法由国务院财政、税务主管部门会同国务院有关部门制定。

二、税前准予扣除的项目

企业实际发生的与取得收入有关的、合理的支出，包括成本、费用、税金、损失和其他支出，准予在计算应纳税所得额时扣除。“有关的支出”，是指与取得收入直接相关的支出。“合理的支出”，是指符合生产经营活动常规，应当计入当期损益或者有关资产成本的必要和正常的支出。

企业发生的支出应当区分为收益性支出和资本性支出。收益性支出在发生当期直接扣除；资本性支出应当分期扣除或者计入有关资产成本，不得在发生当期直接扣除。企业的不征税收入用于支出所形成的费用或者财产，不得扣除或者计算对应的折旧、摊销扣除。除《企业所得税法》和《企业所得税法实施条例》另有规定外，企业实际发生的成本、费用、税金、损失和其他支出，不得重复扣除。

（一）准予扣除的基本范围

1. 成本

成本是指企业在生产经营活动中发生的销售成本、销货成本、业务支出以及其他耗费，即企业销售商品（产品、材料、下脚料、废料、废旧物资等）、提供劳务、转让固定资产、无形资产（包括技术转让）的成本。

2. 费用

费用是指企业在生产经营中所发生的销售费用、管理费用和财务费用，已经计入成本的有关费用除外。

会计意义上的费用是指企业的全部、实际支出。税法意义上的费用是指企业的全部、实际支出中，符合税法规定的费用。

3. 税金

税金是指企业发生的除企业所得税和允许抵扣的增值税以外的各项税金及其附加。即企业按规定缴纳的消费税、城市维护建设税、出口关税、资源税、土地增值税、房产税、车船税、城镇土地使用税、印花税、教育费附加等，这些已纳税金准予税前扣除。准予扣除的税金有两种方式：一是在发生当期扣除，如上述税金及附加；二是在发生当期计入相关资产的成本，在以后各期分摊扣除，如车辆购置税、契税、耕地占用税、进口关税、按规定不得抵扣的增值税等。

4. 损失

损失即企业在生产经营活动中发生的固定资产和存货的盘亏、毁损、报废报失，转让财产损失，呆账损失，坏账损失，自然灾害等不可抗力因素造成的损失以及其他损失。企业发生的损失，减除责任人赔偿和保险赔款后的余额，依照国务院财政、税务主管部门的规定扣除。企业已经作为损失处理的资产，在以后纳税年度又全部收回或者部分收回时，应当计入当期收入。

5. 其他支出

其他支出即除成本、费用、税金、损失外，企业在生产经营活动中发生的与生产经营活动有关的、合理的支出。

（二）准予部分扣除项目的规定

《企业所得税法实施条例》对于部分准予扣除项目的范围和标准作了具体规定。

1. 工资薪金

企业发生的合理的工资薪金支出，准予据实扣除。计税工资薪金支出是指企业每一纳税年度支付给在本企业任职或者受雇的员工的所有现金形式或者非现金形式的劳动报酬，包括基本工资、奖金、津贴、补贴、年终加薪、加班工资，以及与员工任职或者受雇有关的其他支出。

工资薪金支出实行计税工资扣除办法，计税工资扣除标准按财政部、国家税务总局的规定执行。

2. 职工工会经费、职工福利费、职工教育经费

企业发生的职工工会经费、职工福利费、职工教育经费，分别按照不超过工资薪金总额的2%、14%和8%的部分准予扣除，其中职工教育经费超过工资薪金总额8%的部分，准予在以后纳税年度结转扣除。

探究与分享

职工福利费支出企业所得税税前扣除需要提供发票吗？

如果属于增值税应税行为，需要取得发票；如果不属于，可以以其他凭证扣除。企业在境内发生的支出项目属于增值税应税项目（以下简称“应税项目”）的，对方为已办理税务登记的增值税纳税人，其支出以发票（包括按照规定由税务机关代开的发票）作为税前扣除凭证；对方为依法无须办理税务登记的单位或者从事小额零星经营业务的个人，其支出以税务机关代开的发票或者收款凭证及内部凭证作为税前扣除凭证，收款凭证应载明收款单位名称、个人姓名及身份证号、支出项目、收款金额等相关信息。

3. 社会保险费

企业依照国务院有关主管部门或者省级人民政府规定的范围和标准为职工缴纳的五险一金即基本养老保险费、基本医疗保险费、失业保险费、工伤保险费、生育保险费等基本社会保险费和住房公积金，准予扣除。

企业为投资者或职工支付的补充养老保险费、补充医疗保险费，分别在不超过职工工资总额5%标准内的部分，准予扣除。

除企业依照国家有关规定为特殊工种职工支付的人身安全保险费和国务院财政、税务主管部门规定可以扣除的其他商业保险费外，企业为投资者或者职工支付的商业保险费，不得扣除。

企业职工因公出差乘坐交通工具发生的人身意外保险费支出，准予扣除。

企业参加雇主责任险、公众责任险等责任保险，按照规定缴纳的保险费，准予扣除。

4. 利息费用

（1）企业在生产经营活动中发生的合理的不需要资本化的借款费用，准予扣除。

非金融企业向金融企业借款的利息支出、金融企业的各项存款利息支出和同业拆借利息支出、企业经批准发行债券的利息支出可据实扣除。

非金融企业向非金融企业借款的利息支出，不超过按照金融企业同期同类贷款利率计算的数额的部分扣除，超过部分不许扣除。企业实际支付给关联方的利息支出，不超过以下规定的比例和税法制度有关规定计算的部分，准予扣除，超过的部分不得在发生当期和以后年度扣除。企业实际支付给关联方的利息支出，除能够证明相关交易活动符合独立交易原则外，其接受关联方债权性投资与权益性投资的比例为：金融企业5:1；其他企业2:1。

（2）企业为购置、建造固定资产、无形资产和经过12个月以上的建造才能达到预定可销售状态的存货发生借款的，在有关资产购置、建造期间发生的合理的借款费用，应当作为资本性支出计入有关资产的成本，并依照资产税务处理的规定扣除。

5. 汇兑损失

企业在货币交易中，以及纳税年度终了时将人民币以外的货币性资产、负债按照期末即期人民币汇率中间价折算为人民币时产生的汇兑损失，除已经计入有关资产成本以及与向所有者进行利润分配相关的部分外，准予扣除。

6. 公益性捐赠

企业发生的公益性捐赠支出，在不超过年度利润总额12%的部分，准予扣除；超过部分，准予以后3年内在计算应纳税所得额时结转扣除。

年度利润总额，是指企业依照国家统一会计制度的规定计算的年度会计利润。

公益性捐赠是指企业通过公益性社会团体或者县级（含县）以上人民政府及其部门，用于《中华人民共和国公益事业捐赠法》规定的公益事业的捐赠。

公益性社会团体，是指同时符合下列条件的基金会、慈善组织等社会团体：

①依法登记，具有法人资格；

②以发展公益事业为宗旨，且不以营利为目的；

③全部资产及其增值为该法人所有；

④收益和营运结余主要用于符合该法人设立目的的事业；

⑤终止后的剩余财产不归属任何个人或者营利组织；

⑥不经营与其设立目的无关的业务；

⑦有健全的财务会计制度；

⑧捐赠者不以任何形式参与社会团体财产的分配；

⑨国务院财政、税务主管部门会同国务院民政部门等登记管理部门规定的其他条件。

7. 业务招待费

企业发生的与生产经营活动有关的业务招待费支出，按照发生额的60%扣除，但最高不得超过当年销售（营业）收入的5‰。

企业在计算业务招待费扣除限额时，其销售（营业）收入额应包括法律规定的视同销售营业收入额。

企业在筹建期间，发生的与筹办活动有关的业务招待费支出，可按实际发生额的60%计入企业筹办费，并按有关规定在税前扣除。

8. 广告费与业务宣传费

企业每一纳税年度发生的符合条件的广告费和业务宣传费支出合并计算，除国务院财政、税务主管部门另有规定外，不超过当年销售（营业）收入15%的部分，准予扣除；超过部分，准予在以后纳税年度结转扣除。

“符合条件”实际上就是符合广告费和业务宣传费的概念，是真实意义上的广告费和业务宣传费。企业在计算广告费和业务宣传费等费用扣除限额时，其销售（营业）收入额应包括税法规定的视同销售（营业）收入额。

自2011年1月1日起至2025年12月31日止，对化妆品制造或销售、医药制造和饮料制造（不含酒类制造）企业发生的广告费和业务宣传费支出，不超过当年销售（营业）收入30%的部分，准予扣除；超过部分，准予在以后纳税年度结转扣除。

9. 环境保护、生态恢复等方面的专项资金

企业依照法律、行政法规有关规定提取的用于环境保护、生态恢复等方面的专项资金，准予扣除。上述专项资金提取后改变用途的，不得扣除。

10. 财产保险费用

企业参加财产保险，按照规定缴纳的保险费，准予扣除。

11. 固定资产租赁费

企业根据生产经营活动的需要租入固定资产支付的租赁费，按照以下方法扣除：

（1）以经营租赁方式租入固定资产发生的租赁费支出，按照租赁期限均匀扣除。

（2）以融资租赁方式租入固定资产发生的租赁费支出，按照规定构成融资租入固定资产价值的部分应当提取折旧费用，分期扣除。

12. 劳动保护费用

劳动保护支出是指确因工作需要为雇员配备或提供工作服、手套、安全保护用品、防暑降温用品等所发生的支出。企业发生的合理的劳动保护支出，准予扣除。

13. 总机构分摊的费用

非居民企业在中国境内设立的机构、场所，就其中国境外总机构发生的与该机构、场所生产经营有关的费用，能够提供总机构出具的费用汇集范围、定额、分配依据和方法等证明文件，并合理分摊的，准予扣除。

14. 手续费及佣金支出

（1）企业发生与生产经营有关的手续费及佣金支出，不超过以下规定计算限额以内的部分，准予扣除；超过部分，不得扣除。

①保险企业：财产保险企业按当年全部保费收入扣除退保金等后余额的15%（含本数，下同）计算限额；人身保险企业按当年全部保费收入扣除退保金等后余额的10%计算限额。

②其他企业：按与具有合法经营资格中介服务机构或个人（不含交易双方及其雇员、代理人和代表人等）所签订服务协议或合同确认的收入金额的5%计算限额。

（2）按照销售数量支付定额佣金的，应换算为实际销售收入后，计算佣金扣除限额。

（3）按照权责发生制的原则，收到客户预存款项，凡不作为当期收入的，在计算佣金扣除限定时，不作为计算基数，待收入实现时再计入计算基数。

企业应与具有合法经营资格中介服务企业或个人签订代办协议或合同，并按国家有关规定支付手续费及佣金。除委托个人代理外，企业以现金等非转账方式支付的手续费及佣金不得在税前扣除。企业为发行权益性证券支付给有关证券承销机构的手续费及佣金不得在税前扣除。

企业不得将手续费及佣金支出计入回扣、业务提成、返利、进场费等费用。

企业已计入固定资产、无形资产等相关资产的手续费及佣金支出，应当通过折旧、摊销等方式分期扣除，不得在发生当期直接扣除。

企业支付的手续费及佣金不得直接冲减服务协议或合同金额，并如实入账。

企业应当如实向当地主管税务机关提供当年手续费及佣金计算分配表和其他相关资料，并依法取得合法真实凭证。

15. 资产损失

企业当期发生的固定资产和流动资产盘亏、毁损净损失，由其提供清查盘存资料经主管税务机关审核后，准予扣除。企业发生的非正常损失，不得从销项税额中抵扣的进项税额，应视同企业财产损失，申报后在所得税前按规定扣除。

16. 其他支出

（1）会员费、合理的会议费、差旅费、违约金、诉讼费用等，准予扣除。

（2）对企业依照财务会计制度规定，并实际在财务会计处理上已确认的支付，凡没有超过税法规定税前扣除范围和标准的，可按企业实际会计处理确认的支出，在企业所得税税前扣除，计算其应纳税所得额。

> **想一想：**
>
> 企业应当取得而未取得发票、其他外部凭证或者取得不合规发票、不合规其他外部凭证的，还可以税前扣除吗？

三、不得扣除的项目

在计算应纳税所得额时，下列支出不得扣除：

（1）向投资者支付的股息、红利等权益性投资收益款项。

（2）企业所得税税款。

（3）税收滞纳金，是指纳税人违反税收法规，被税务机关处以的滞纳金。

（4）罚金、罚款和被没收财物的损失，是指纳税人违反国家有关法律、法规规定，被有关部门处以的罚款，以及被司法机关处以的罚金和被没收财物。

（5）超过规定标准的捐赠支出和不符合税法规定的捐赠方式的捐赠支出。

（6）赞助支出，是指企业发生的与生产经营活动无关的各种非广告性质支出。

（7）未经核定的准备金支出，是指不符合国务院财政、税务主管部门规定的各项资产减值准备、风险准备等准备金支出。

（8）企业之间支付的管理费、企业内营业机构之间支付的租金和特许权使用费，以及非银行企业内营业机构之间支付的利息，不得扣除。

（9）与取得收入无关的其他支出。

四、亏损弥补

亏损，是指企业依照《企业所得税法》和《企业所得税法实施条例》的规定将每一纳税年度的收入总额减除不征税收入、免税收入和各项扣除后小于零的数额。

（1）企业纳税年度发生的亏损（指税法调整后的金额是亏损的），准予向以后年度（亏损年度后的第一年度）结转，用以后年度的所得弥补，但结转年限最长不得超过5年。在这5年时间中，无论盈亏，均按照实际弥补年限计算。

（2）自2018年1月1日起，当年具备高新技术企业或科技型中小企业资格（以下统称“资格”）的企业，其具备资格年度之前5个年度发生的尚未弥补完的亏损，准予结转以后年度弥补，最长结转年限由5年延长至10年。

（3）企业在汇总计算缴纳企业所得税时，其境外营业机构的亏损不得抵减境内营业机构的盈利。

【例5-1】一家企业，2018年具备资格，2013年亏损300万元，2014年亏损200万元，2015年亏损100万元，2016年所得为0，2017年所得200万元，2018年所得50万元。请分析该企业2018年具备资格后，其以前年度的亏损如何弥补？

【答】按照税法规定，无论该企业在2013年至2017年期间是否具备资格，2013年亏损300万元，用2017年所得200万元、2018年所得50万元弥补后，如果2019年至2023年有所得仍可继续弥补；2014年企业亏损200万元，依次用2019年至2024年所得弥补；2015年企业亏损100万元，依次用2019年至2025年所得弥补。

五、资产的税务处理

企业的各项资产包括固定资产、生物资产、无形资产、长期待摊费用、投资资产、存货等。以历史成本为计税基础。历史成本是指企业取得该项资产时实际发生的支出。企业持有各项资产期间资产增值或者减值，除国务院财政、税务主管部门规定可以确认损益外，不得调整该资产的计税基础。

（一）固定资产的税务处理

1. 固定资产及其计税基础的确定

固定资产，是指企业为生产产品、提供劳务、出租或者经营管理而持有的、使用时间超过12个月的非货币性资产，包括房屋、建筑物、机器、机械、运输工具以及其他与生产经营活动有关的设备、器具、工具等。

固定资产按以下方法确定计税基础：

（1）外购的固定资产，以购买价款和支付的相关税费以及直接归属于使该资产达到预定用途发生的其他支出为计税基础。

（2）自行建造的固定资产，以竣工结算前发生的支出为计税基础。

（3）融资租入的固定资产，以租赁合同约定的付款总额和承租人在签订租赁合同过程中发生的相关费用为计税基础，租赁合同未约定付款总额的，以该资产的公允价值和承租人在签订租赁合同过程中发生的相关费用为计税基础。

（4）盘盈的固定资产，以同类固定资产的重置完全价值为计税基础。

（5）通过捐赠、投资、非货币性资产交换、债务重组等方式取得的固定资产，以该资产的公允价值和支付的相关税费为计税基础。

（6）改建的固定资产，除企业所得税法第十三条第（一）项和第（二）项规定的支出外，已足额提取折旧的固定资产和租入的固定资产以外的其他固定资产，以改建过程中发生的改建支出增加计税基础。

2. 准予扣除的规定

固定资产按照直线法计算的折旧，准予扣除。

（1）折旧计提的起止时间规定

企业应当自固定资产投入使用月份的次月起计算折旧；停止使用的固定资产，应当自停止使用月份的次月起停止计算折旧。

企业应当根据固定资产的性质和使用情况，合理确定固定资产的预计净残值。固定资产的预计净残值一经确定，不得变更。

（2）折旧计提年限的规定

除国务院财政、税务主管部门另有规定外，固定资产计算折旧的最低年限如下：

①房屋、建筑物，为20年。

②飞机、火车、轮船、机器、机械和其他生产设备，为10年。

③与生产经营活动有关的器具、工具、家具等，为5年。

④飞机、火车、轮船以外的运输工具，为4年。

⑤电子设备，为3年。

从事开采石油、天然气等矿产资源的企业，在开始商业性生产前发生的费用和有关固定资产的折耗、折旧方法，由国务院财政、税务主管部门另行规定。

3. 不得计算折旧扣除的固定资产

在计算应纳税所得额时，下列固定资产不得计算折旧扣除：

（1）房屋、建筑物以外未投入使用的固定资产

（2）以经营租赁方式租入的固定资产。

（3）以融资租赁方式租出的固定资产。

（4）已足额提取折旧仍继续使用的固定资产。

（5）与经营活动无关的固定资产。

（6）单独估价作为固定资产入账的土地。

（7）其他不得计算折旧扣除的固定资产。

（二）生产性生物资产的税务处理

1. 生产性生物资产及其计税基础的确定

生产性生物资产，是指企业为生产农产品、提供劳务或出租等目的而持有的生物资产，包括经济林、薪炭林、产畜和役畜等。

生产性生物资产按照以下方法确定计税基础：

（1）外购的生产性生物资产，以购买价款和支付的相关税费为计税基础。

（2）通过捐赠、投资、非货币性资产交换、债务重组等方式取得的生产性生物资产，以该资产的公允价值和支付的相关税费为计税基础。

2. 准予扣除的规定

生产性生物资产按照直线法计算的折旧，准予扣除。

（1）折旧计提的起止时间规定

企业应当自生产性生物资产投入使用月份的次月起计算折旧；停止使用的生产性生物资产，应当自停止使用月份的次月起停止计算折旧。

企业应当根据生产性生物资产的性质和使用情况，合理确定生产性生物资产的预计净残值。生产性生物资产的预计净残值一经确定，不得变更。

（2）折旧计提年限的规定

生产性生物资产计算折旧的最低年限如下：林木类生产性生物资产，为10年。畜类生产性生物资产，为3年。

（三）无形资产的税务处理

1. 无形资产及其计税基础的确定

无形资产，是指企业为生产产品、提供劳务、出租或者经营管理而持有的、没有实物形态的非货币性长期资产，包括专利权、商标权、著作权、土地使用权、非专利技术、商誉等。

无形资产按照以下方法确定计税基础：

（1）外购的无形资产，以购买价款和支付的相关税费以及直接归属于使该资产达到预定用途发生的其他支出为计税基础。

（2）自行开发的无形资产，以开发过程中该资产符合资本化条件后至达到预定用途前发生的支出为计税基础。

（3）通过捐赠、投资、非货币性资产交换、债务重组等方式取得的无形资产，以该资产的公允价值和支付的相关税费为计税基础。

2. 准予扣除的规定

无形资产按照直线法计算的摊销费用，准予扣除。

（1）无形资产的摊销年限不得低于10年。

（2）作为投资或者受让的无形资产，有关法律规定或者合同约定了使用年限的，可以按照规定或者约定的使用年限分期摊销。

（3）外购商誉的支出，在企业整体转让或者清算时，准予扣除。

3. 无形资产不得计算摊销费用扣除的：

（1）自行开发的支出已在计算应纳税所得额时扣除的无形资产。

（2）自创商誉。

（3）与经营活动无关的无形资产。

（4）其他不得计算摊销费用扣除的无形资产。

【例 5－2】根据企业所得税法的规定，无形资产的摊销年限不得（　　）。

A. 低于 5 年　　B. 高于 5 年　　C. 低于 10 年　　D. 高于 10 年

【答案】C

（四）长期待摊费用的税务处理

1. 长期待摊费用及其计税基础的确定

长期待摊费用，是指企业发生的应在一个年度以上或几个年度进行摊销的费用。

企业发生的下列支出作为长期待摊费用，按照规定摊销的，准予扣除：

（1）已足额提取折旧的固定资产的改建支出；

（2）租入固定资产的改建支出；

（3）固定资产的大修理支出；

（4）其他应当作为长期待摊费用的支出。

固定资产的改建支出是指改变房屋或者建筑物结构、延长使用年限等发生的支出。

固定资产的大修理支出是指同时符合下列条件的支出：修理支出达到取得固定资产时的计税基础 50% 以上并且修理后固定资产的使用年限延长 2 年以上。

2. 摊销年限的规定

（1）已足额提取折旧的固定资产的改建支出，按照固定资产预计尚可使用年限分期摊销。

（2）租入固定资产的改建支出，按照合同约定的剩余租赁期限分期摊销。

（3）改建的固定资产延长使用年限的，除企业所得税法第十三条第（一）项和第（二）项规定外，应增加固定资产计税基础，当适当延长折旧年限。

（4）固定资产的大修理支出，按照固定资产尚可使用年限分期摊销。

（5）其他应当作为长期待摊费用的支出，自支出发生月份的次月起，分期摊销，摊销年限不得低于 3 年。

【例 5－3】下列有关资产税务处理的表述中，正确的有（　　）。

A. 企业发生的开办费，属于长期待摊费用，按规定摊销，准予扣除

B. 企业的固定资产修理支出在发生当期直接扣除

C. 经济林、薪炭林、产畜和役畜生产性生物资产按照直线法计提的折旧，准予扣除

D. 外购的无形资产，以购买价款和支付的相关税费以及直接归属于使该资产达到预定用途发生的其他支出为计税基础

【答案】BCD

【解析】开办费不属于长期待摊费用。

（五）投资资产的税务处理

投资资产，是指企业对外进行权益性投资和债权性投资而形成的资产。

1. 投资资产的成本

（1）通过支付现金方式取得的投资资产，以购买价款为成本

（2）通过支付现金以外的方式取得的投资资产，以该资产的公允价值和支付的相关税费为成本。

2. 投资资产成本的扣除方法

企业对外投资期间，投资资产的成本在计算应纳税所得额时不得扣除；企业在转让或者处置投资资产时，投资资产的成本准予扣除。

（六）存货的税务处理

1. 存货及其计税基础

存货，是指企业持有以备出售的产品或者商品、处在生产过程中的在产品、在生产或者提供劳务过程中耗用的材料和物料等。

存货按照以下方法确定成本：

（1）通过支付现金方式取得的存货，以购买价款和支付的相关税费为成本。

（2）通过支付现金以外的方式取得的存货，以该存货的公允价值和支付的相关税费为成本。

（3）生产性生物资产收获的农产品，以产出或者采收过程中发生的材料费、人工费和分摊的间接费用等必要支出为成本。

2. 准予扣除的规定

企业使用或者销售存货，按照规定计算的存货成本，准予在计算应纳税所得额时扣除。企业使用或者销售的存货的成本计算方法，可以在先进先出法、加权平均法、个别计价法中选用一种。计价方法一经选用，不得随意变更。

企业转让资产，该项资产的净值，准予在计算应纳税所得额时扣除。其中，资产的净值是指有关资产、财产的计税基础减除已经按照规定扣除的折旧、折耗、摊销、准备金等后的余额。

除国务院财政、税务主管部门另有规定外，企业在重组过程中，应当在交易发生时确认有关资产的转让所得或者损失，相关资产应当按照交易价格重新确定计税基础。

【例5-4】企业使用或者销售的存货的成本计算方法，可以在（　　）中选用一种。

A. 先进先出法　　B. 后进先出法　　C. 加权平均法　　D. 个别计价法

【答案】ACD

六、非居民企业应纳税所得额的确定

非居民企业在中国境内未设立机构、场所的，或者虽设立机构、场所但取得的所得与其所设机构、场所没有实际联系的，应当就其来源于中国境内的所得按照下列方法计算其应纳税所得额：

（1）股息、红利等权益性投资收益和利息、租金、特许权使用费所得，以收入全额为应纳税所得额。

（2）转让财产所得，以收入全额减除财产净值后的余额为应纳税所得额。财产净值是指财产的计税基础减除已经按照规定扣除的折旧、折耗、摊销、准备金等后的余额。

（3）其他所得，参照前两项规定的方法计算应纳税所得额。

项目三 企业所得税应纳税额的确定

一、查账征收企业应纳税额的计算

查账征收也称查账计征或自报查账，是指纳税人依税法规定向税务机关申报应税收入或应税所得及应纳税额。其适用于账册健全，能正确核算收入、成本、费用，准确计算盈亏，并按规定报送财务会计、税务报表资料的纳税人。

企业的应纳税所得额乘以适用税率，减除依照《企业所得税法》关于税收优惠的规定减免和抵免的税额后的余额，为应纳税额。即：

$$应纳税额=应纳税所得额\times适用税率-减免税额-抵免税额$$

公式中，减免税额和抵免税额是指依照《企业所得税法》和国务院的税收优惠规定减征、免征和抵免的应纳税额。

在实际过程中，应纳税所得额的计算一般有两种方法。

（一）直接计算方法

应纳税所得额＝收入总额－不征税收入－免税收入－各项扣除－允许弥补的以前年度亏损

（二）间接计算法

$$应纳税所得额=会计利润总额\pm纳税调整项目金额$$

纳税调整项目金额包括两个方面的内容：一是税收规定范围与会计规定不一致的应予以调整的金额；二是税法规定扣除标准与会计规定不一致的应予以调整的金额。

【例5－5】某公司2024年度“财务费用“账户中列支有两笔利息费用：向银行借入生产用资金500万元，借用期限6个月，支付借款利息15万元；经过批准自5月1日起向本企业职工借入资金100万元，用于厂房改造，其中在10月1日达到预定可使用状态，10月31日进行竣工结算，借款期限10个月，支付借款利息10万元。该公司2024年度可扣除的财务费用为多少？

【解】银行贷款年利率 $(15\times2)\div500=6\%$

自行建造的固定资产，税法规定，以竣工结算前发生的支出为计税基础，因此5～10月份的利息属于资本化的支出，可以税前扣除的职工借款利息（11－12月）=100×6%÷12×2=1万元

该公司2024年度可以扣除的财务费用15+1=16万元。

【例5－6】某企业2024年实现商品销售收入2000万元，发生现金折扣100万元，接受捐赠收入100万元，转让无形资产所有权收入50万元，投资收益10万元。该企业当年实际发生业务招待费30万元，广告费240万元，业务宣传费80万元。

要求：计算该企业2024年度可税前扣除的业务招待费、广告费、业务宣传费

【解】销售商品涉及现金折扣的，应当按扣除现金折扣前的金额确定销售商品收入金额。

业务招待费=2000×0.5%=10万元<30×60%=18万元，按10万元扣除

广告费和业务宣传费=2000×15%=300万元<240+80=320万元，按300万元扣除

因此，该企业2024年度上述各项扣除的合计数=10+300=310万元

【例5－7】兴华公司属于2020年开业。该企业2024年有关生产、经营情况如下：

（1）取得产品销售收入2300万元、购买国库券利息收入50万元、从境内投资公司分回税后利润180万元；

（2）发生产品销售成本1100万元；发生销售费用380万元，其中广告费50万元、业务宣传费30万元；发生产品销售税金及附加50万元；

（3）发生财务费用220万元，其中1月1日以集资方式筹集生产经营性资金300万元，期限1年，支付利息费用30万元（同期银行贷款年利率6%）；

（4）发生管理费用260万元，其中含业务招待费190万元；

（5）“营业外支出”账户记载金额53.52万元。其中，合同违约金4万元，通过民政局对灾区捐赠现金49.52万元。

要求：

（1）计算该企业2024年度企业所得税前准予扣除的财务费用；

（2）计算该企业2024年度企业所得税前准予扣除的管理费用和销售费用；

（3）计算该企业2024年度企业所得税前准予扣除的营业外支出；

（4）计算该企业2024年度应纳税所得额；

（5）计算该企业2024年度应纳所得税总额；

【解】

（1）2024年企业所得税前准予扣除的财务费用=220－30+300×6%=208万元

（2）2024年企业所得税前准予扣除的管理费用。

业务招待费扣除限额=190×60%=114万元，扣除最高限额=2 300×0.5%=11.5万元，本期业务招待费的扣除为11.5万元。

广告费与业务宣传费限额=2 300×15%=345万元，实际发生80（50+30）万元，没有超支，可以全扣。

本期管理费用和销售费用可以税前扣除额=260－（190－11.5）+380=461.5万元

（3）本期会计利润 =2300 +50 +180 -1 100 -380 -50 -220 -260 -53.52 =466.48 万元

捐赠的扣除限额 =466.48 ×12% =55.98 万元，实际捐赠额 49.52 万元，可以据实扣除，不做调整。合同违约金不属于行政罚款，可以税前扣除。

企业所得税前准予扣除的营业外支出 53.52 万元。

（4）2023 年应纳税所得额 =466.48 +220 -208 +380 +260 -461.5 -50 -180 =426.98 万元

（5）2024 年应纳所得税 =426.98 ×25% =106.745 万元

二、核定征收企业应纳税额的计算

（一）核定征收的范围

纳税人具有下列情形之一的，核定征收企业所得税：

（1）依照法律、行政法规的规定可以不设置账簿的。

（2）依照法律、行政法规的规定应当设置但未设置账簿的。

（3）擅自销毁账簿或者拒不提供纳税资料的。

（4）虽设置账簿，但账目混乱成者成本资料、收入凭证，费用凭证残缺不全，难以查账的。

（5）发生纳税义务，未按照规定的期限办理纳税申报，经税务机关责令限期申报，逾期仍不申报的。

（6）申报的计税依据明显偏低，又无正当理由的。

特殊行业、特殊类型的纳税人和一定规模以上的纳税人不适用本办法。上述特定纳税人由国家税务总局另行明确。

（二）核定征收办法的有关规定

（1）纳税人具有下列情形之一的，核定其应税所得率：

①能正确核算（查实）收入总额，但不能正确核算（查实）成本费用总额的；

②能正确核算（查实）成本费用总额，但不能正确核算（查实）收入总额的；

③通过合理方法，能计算和推定纳税人收入总额或成本费用总额的。

（2）纳税人不属于以上情形的，核定其应纳所得税税额；

（3）税务机关采用下列方法核定征收企业所得税：

①参照当地同类行业或者类似行业中经营规模和收入水平相近的纳税人的税负水平核定；

②按照应税收入额或成本费用支出额定率核定；

③按照耗用的原材料、燃料、动力等推算或测算核定；

④按照其他合理方法核定。

采用一种方法不足以正确核定应纳税所得额或应纳税额的，可以同时采用两种以上的方法核定。采用两种以上方法测算的已纳税额不一致时，可按测算的应纳税额从高核定。

（4）采用应税所得率方式核定征收企业所得税的，应纳所得税税额计算公式如下：

应纳所得税税额 = 应纳税所得额 × 适用税率

应纳税所得额 = 应税收入额 × 应税所得率

或者 = 成本（费用）支出额 ÷（1 - 应税所得率）× 应税所得率

应税所得率的范围，如表 5 - 1 所示。

表 5 - 1　应税所得率表

行业	应税所得率%
农、林、牧、渔业	3 - 10
制造业	5 - 15
批发和零售贸易业	4 - 15
交通运输业	7 - 15
建筑业	8 - 20
饮食业	8 - 25
娱乐业	15 - 30
其他行业	10 - 30

【例 5 - 8】 陈东贸易公司 2024 年度自行申报收入总额 250 万元、成本费用 258 万元，经营亏损 8 万元。经主管税务机关审核，发现其发生的成本费用真实，实现的收入无法确认，依据规定对其进行核定征收。假定应税所得率为 9%，则该公司 2024 年度应缴纳的企业所得税为（　　）。

A. 5.10 万元　　B. 5.63 万元　　C. 5.8 万元　　D. 6.38 万元

【答案】 D

【解析】 应纳所得税 = 258 ÷（1 - 9%）× 9% × 25% = 6.38

项目四 企业所得税税收优惠

税法规定的企业所得税的税收优惠方式包括免税、减税、加计扣除、加速折旧、减计收入、税额抵免等。

一、减免税所得

（一）从事农、林、牧、渔业的所得免征收企业所得税

（1）蔬菜、谷物、薯类、油料、豆类、棉花、麻类、糖料、水果、坚果的种植。

（2）农作物新品种的选育。

（3）中药材的种植。

（4）林木的培育和种植。

（5）牲畜、家禽的饲养。

（6）林产品的采集。

（7）灌溉、农产品初加工、兽医、农技推广、农机作业和维修等农、林、牧、渔服务业项目。

（8）远洋捕捞。

（二）从事农、林、牧、渔业的所得减半征收企业所得税

（1）花卉、茶以及其他饮料作物和香料作物的种植。

（2）海水养殖、内陆养殖项目所得。

（三）从事国家重点扶持的公共基础设施项目投资经营的所得“三免三减半”

企业从事《公共基础设施项目企业所得税优惠目录》规定的港口码头、机场、铁路、公路、城市公共交通、电力、水利等项目的投资经营的所得，自项目取得第一笔生产经营收入所属纳税年度起，第一年至第三年免征企业所得税，第四年至第六年减半征收企业所得税（即“三免三减半”优惠政策）。企业承包经营、承包建设和内部自建自用的项目，不得享受上述规定的企业所得税优惠。

（四）从事符合条件的环境保护、节能节水项目的所得“三免三减半”

企业从事《环境保护、节能节水项目企业所得税优惠目录》所列项目的所得，自项目取得第一笔生产经营收入所属纳税年度起，第一年至第三年免征企业所得税，第四年至第六年减半征收企业所得税（即“三免三减半”优惠政策）。

（五）符合条件的技术转让所得

一个纳税年度内，居民企业技术转让所得不超过500万元的部分，免征企业所得税；超过500万元的部分，减半征收企业所得税。

（1）技术转让的范围，包括居民企业转让专利技术、计算机软件著作权、集成电路布图设计权、植物新品种、生物医药新品种，5年（含）以上非独占许可使用权，以及财政部和国家税务总局确定的其他技术。

（2）技术转让所得 = 技术转让收入 - 技术转让成本 - 相关税费

①技术转让收入：当事人履行技术转让合同后获得的价款，不包括销售或转让设备、仪器、零部件、原材料等非技术性收入以及不属于与技术转让项目密不可分的技术咨询、技术服务、技术培训等收入。

②技术转让成本 = 无形资产的计税基础 - 摊销扣除额

③相关税费是：除企业所得税和允许抵扣的增值税以外的各项税金及其附加、合同签订费用、律师费等相关费用及其他支出。

（3）不享受优惠政策的情形：

①居民企业取得禁止出口和限制出口技术转让所得。

②居民企业从直接或间接持有股权之和达到100%的关联方取得的技术转让所得。

（六）小型微利企业所得

自2023年1月1日至2027年12月31日，对小型微利企业减按25%计入应纳税所得额，按20%的税率缴纳企业所得税。

上述小型微利企业是指从事国家非限制和禁止行业，且同时符合年度应纳税所得额不超过300万元、从业人数不超过300人、资产总额不超过5 000万元等三个条件的企业。

从业人数，包括与企业建立劳动关系的职工人数和企业接收的劳务派遣用工人数。所称从业人数和资产总额指标，应按企业全年的季度平均值确定。具体计算公式如下：

季度平均值 =（季初值 + 季末值）÷2

全年季度平均值 = 全年各季度平均值之和 ÷4

年度中间开业或者终止经营活动的，以其实际经营期作为一个纳税年度确定上述相关指标。

小型微利企业无论按查账征收方式或核定征收方式缴纳企业所得税，均可享受小型微利企业所得税优惠政策。

想一想：

问：现行小型微利企业的企业所得税优惠内容是什么？

（七）高新技术企业所得

国家需要重点扶持的高新技术企业，减按15%的税率征收企业所得税。

高新技术企业的认定条件：

（1）企业申请高新技术企业认定时须注册成立一年以上；

（2）通过自主研发、受让、受赠、并购等方式，或通过5年以上的独占许可方式，对其主要产品（服务）在技术上发挥核心支持作用的知识产权的所有权；

（3）对企业主要产品（服务）发挥核心支持作用的技术属于《国家重点支持的高新技术领域》规定的范围；

（4）企业从事研发和相关技术创新活动的科技人员占企业当年职工总数的比例不低于10%；

（5）企业近三个会计年度（实际经营期不满三年的按实际经营时间计算）的研究开发费用总额占同期销售收入总额的比例符合如下要求：

① 最近一年销售收入小于5 000万元（含）的企业，比例不低于5%；

②最近一年销售收入在5 000万元至2亿元（含）的企业，比例不低于4%；

③最近一年销售收入在2亿元以上的企业，比例不低于3%。

其中，企业在中国境内发生的研究开发费用总额占全部研究开发费用总额的比例不低于60%；

（6）近一年高新技术产品（服务）收入占企业同期总收入的比例不低于60%；

（7）企业创新能力评价应达到相应要求；

（8）企业申请高新认定前一年内未发生重大安全、重大质量事故或严重环境违法行为。

（八）技术先进型服务企业

自2017年1月1日起，对经认定的技术先进型服务企业，减按15%的税率征收企业所得税。

技术先进型服务企业必须同时符合以下条件：

（1）在中国境内（不包括港、澳、台地区）注册的法人企业；

（2）从事《技术先进型服务业务认定范围（试行）》中的一种或多种技术先进型服务业务，采用先进技术或具备较强的研发能力；

（3）具有大专以上学历的员工占企业职工总数的50%以上；

（4）从事《技术先进型服务业务认定范围（试行）》中的技术先进型服务业务取得的收入占企业当年总收入的50%以上；

（5）从事离岸服务外包业务取得的收入不低于企业当年总收入的35%。

（九）区域税收优惠

对设在西部地区以《西部地区鼓励类产业目录》中规定的产业项目为主营业务，且当年度主营业务收入占企业收入总额70%以上的企业，可减按15%税率征收企业所得税。

（十）非居民企业税收优惠

非居民企业在中国境内未设立机构、场所的，或者虽设立机构、场所但取得的所得与其所设机构、场所没有实际联系的，其来源于中国境内的所得减按10%的税率征收企业所得税。

下列所得可以免征企业所得税：

（1）外国政府向中国政府提供贷款取得的利息所得；

（2）国际金融组织向中国政府和居民企业提供优惠贷款取得的利息所得；

（3）经国务院批准的其他所得。

二、加计扣除

加计扣除是指对企业支出项目按规定的比例给予税前扣除的基础上再给予追加扣除。

（一）企业为开发新技术、新产品、新工艺发生的研究开发费用

自2023年1月1日起，除财政部和国家税务总局规定的烟草制造业、住宿和餐饮业、批发和零售业、房地产业、租赁和商务服务业、娱乐业等以外的企业开展研发活动中实际发生的研发费用，未形成无形资产计入当期损益的，在按规定据实扣除的基础上，再按照实际发生额的100%在税前加计扣除；形成无形资产的，按照无形资产成本的200%在税前摊销。

企业委托外部机构或个人进行研发活动所发生的费用，按照费用实际发生额的80%计入委托方研发费用并计算加计扣除，受托方不得再进行加计扣除。委托境外进行

研发活动所发生的费用，按照费用实际发生额的80%计入委托方的委托境外研发费用。委托境外研发费用不超过境内符合条件的研发费用三分之二的部分，可以按规定在企业所得税前加计扣除。

企业共同合作开发的项目，由合作各方就自身实际承担的研发费用分别计算加计扣除。

企业集团根据生产经营和科技开发的实际情况，对技术要求高、投资数额大，需要集中研发的项目，其实际发生的研发费用，可以按照权利和义务相一致、费用支出和收益分享相配比的原则，合理确定研发费用的分摊方法，在受益成员企业间进行分摊，由相关成员企业分别计算加计扣除。

集成电路企业和工业母机企业开展研发活动中实际发生的研发费用，未形成无形资产计入当期损益的，在按规定据实扣除的基础上，在2023年1月1日至2027年12月31日期间，再按照实际发生额的120%在税前扣除；形成无形资产的，在上述期间按照无形资产成本的220%在税前摊销。

（二）企业安置残疾人员所支付的工资

企业安置残疾人员所支付的工资，在按照支付给残疾职工工资据实扣除的基础上，再按照支付给残疾职工工资的100%加计扣除。

三、抵扣应纳税所得额

（1）公司制创业投资企业采取股权投资方式直接投资于种子期、初创期科技型企业（以下简称初创科技型企业）满2年（24个月，下同）的，可以按照投资额的70%在股权持有满2年的当年抵扣该公司制创业投资企业的应纳税所得额；当年不足抵扣的，可以在以后纳税年度结转抵扣。

（2）有限合伙制创业投资企业（以下简称合伙创投企业）采取股权投资方式直接投资于初创科技型企业满2年的，该合伙创投企业的合伙人分别按以下方式处理：

①法人合伙人可以按照对初创科技型企业投资额的70%抵扣法人合伙人从合伙创投企业分得的所得；当年不足抵扣的，可以在以后纳税年度结转抵扣。

②个人合伙人可以按照对初创科技型企业投资额的70%抵扣个人合伙人从合伙创投企业分得的经营所得；当年不足抵扣的，可以在以后纳税年度结转抵扣。

（3）天使投资个人采取股权投资方式直接投资于初创科技型企业满2年的，可以按照投资额的70%抵扣转让该初创科技型企业股权取得的应纳税所得额；当期不足抵扣的，可以在以后取得转让该初创科技型企业股权的应纳税所得额时结转抵扣。

四、减计收入

企业以《资源综合利用企业所得税优惠目录》规定的资源作为主要原材料，生产国家非限制和非禁止并符合国家及行业相关标准的产品取得的收入，减按90%计入企业当年收入总额。

五、税额抵免

（1）企业购置并实际使用《环境保护专用设备企业所得税优惠目录》《节能节水专

用设备企业所得税优惠目录》和《安全生产专用设备企业所得税优惠目录》规定的环境保护、节能节水、安全生产等专用设备的，该专用设备的投资额的10%可以从企业当年的应纳税额中抵免；当年不足抵免的，可以在以后5个纳税年度结转抵免。

（2）境外所得抵扣税额。企业取得的下列所得已在境外缴纳的所得税税额，可以从其当期应纳税额中抵免，抵免限额为该项所得依照我国企业所得税法规定计算的应纳税额；超过抵免限额的部分，可以在以后5个年度内，用每年度抵免限额抵免当年应抵税额后的余额进行抵补：

①居民企业来源于中国境外的应税所得；

②非居民企业在中国境内设立机构、场所，取得发生在中国境外但与该机构、场所有实际联系的应税所得。

所称已在境外缴纳的所得税税额，是指企业来源于中国境外的所得依照中国境外税收法律以及相关规定应当缴纳并已经实际缴纳的企业所得税性质的税款。

所称抵免限额，是指企业来源于中国境外的所得，依照企业所得税法和企业所得税法实施条例的规定计算的应纳税额。除国务院财政、税务主管部门另有规定外，该抵免限额应当分国（地区）不分项计算，计算公式如下：

抵免限额 = 中国境内、境外所得依照企业所得税法和企业所得税法实施条例规定计算的应纳税总额 × 来源于某国（地区）的应纳税所得额 ÷ 中国境内、境外应纳税所得额总额

居民企业从其直接或者间接控制的外国企业分得的来源于中国境外的股息、红利等权益性投资收益，外国企业在境外实际缴纳的所得税税额中属于该项所得负担的部分，可以作为该居民企业的可抵免境外所得税税额，在《企业所得税法》第二十三条规定的抵免限额内抵免。

【例5－9】某企业2024年度境内所得应纳税所得额为200万元，在全年已预缴税款25万元，来源于境外某国税前所得100万元，境外实纳税款20万元，该企业当年汇算清缴应补（退）的税款为多少万元？

【解析】该企业汇总纳税应纳税额 =（200＋100）×25% =75（万元）

境外已纳税款扣除限额 =75×100÷（200＋100）=25（万元）

境外实纳税额20万元，可全额扣除，境内已预缴25万元，则：

汇总纳税应纳所得税额 =75－20－25 =30（万元）。

六、加速折旧

1. 一般性加速折旧

企业的固定资产由于技术进步等原因，确需加速折旧的，可以由企业选择缩短折旧年限或者采取加速折旧的方法。可采用加速折旧的固定资产是指：

（1）由于技术进步，产品更新换代较快的固定资产；

（2）常年处于强震动、高腐蚀状态的固定资产。

采取缩短折旧年限方法的，最低折旧年限不得低于法定折旧年限的60%。采取加速折旧方法的，可以采取双倍余额递减法或者年数总和法。加速折旧方法一经确定，一

般不得变更。

2. 固定资产一次性税前扣除政策

企业在2018年1月1日至2027年12月31日期间新购进的设备、器具（所称设备、器具，是指除房屋、建筑物以外的固定资产），单位价值不超过500万元的，允许在投入使用月份的次月所属年度一次性计入当期成本费用在计算应纳税所得额时扣除，不再分年度计算折旧。单位价值超过500万元的，仍按企业所得税法实施条例、《财政部 国家税务总局关于完善固定资产加速折旧企业所得税政策的通知》（财税〔2014〕75号）、《财政部 国家税务总局关于进一步完善固定资产加速折旧企业所得税政策的通知》（财税〔2015〕106号）等相关规定执行。

探究与分享

研发费用加计扣除政策可以叠加享受加速折旧政策

按照《财政部国家税务总局关于执行企业所得税优惠政策若干问题的通知》（财税〔2009〕69号）的规定，企业所得税法及其实施条例中规定的各项税收优惠，凡企业符合规定条件的，可以同时享受。因此，企业既符合享受研发费用加计扣除政策条件，又符合享受其他优惠政策条件的，可以同时享受有关优惠政策。2017年第40号公告将加速折旧的加计扣除口径调整为就税前扣除的折旧部分计算加计扣除。

例如：某企业2024年12月购入并投入使用一专门用于研发活动的设备，单位价值1200万元，会计处理时按8年折旧，税法上规定的最低折旧年限为10年，不考虑残值。企业对该项设备选择缩短折旧年限的加速折旧方式，折旧年限缩短为6年（10×60%＝6）。2025年企业会计处理计提折旧额150万元（1200/8＝150），税收上因享受加速折旧优惠可以扣除的折旧额是200万元（1200/6＝200），若该设备6年内用途未发生变化，每年均符合加计扣除政策规定，则企业在6年内每年直接就其税前扣除的“仪器、设备折旧费”200万元进行加计扣除200万元（200×100%＝200）。

项目五
企业所得税缴纳与申报

一、纳税地点

（一）居民企业

除税收法律、行政法规另有规定外，居民企业以企业登记注册地为纳税地点；但登记注册地在境外的，以实际管理机构所在地为纳税地点。企业注册登记地是指企业依照国家有关规定登记注册的住所地。

居民企业在中国境内设立不具有法人资格的营业机构的，应当汇总计算并缴纳企业所得税。企业汇总计算并缴纳企业所得税时，应当统一核算应纳税所得额，具体办法由国务院财政、税务主管部门另行制定。

（二）非居民企业

非居民企业在中国境内设立机构、场所的，以机构、场所所在地为纳税地点。非居民企业在中国境内设立两个或者两个以上机构、场所的，经税务机关审核批准，可以选择由其主要机构、场所汇总缴纳企业所得税。

非居民企业在中国境内未设立机构、场所的，或者虽设立机构、场所但取得的所得与其所设机构、场所没有实际联系的所得，以扣缴义务人所在地为纳税地点。

二、纳税申报期限

（一）纳税年度的规定

企业所得税的纳税年度，自公历1月1日起至12月31日止。

企业在一个纳税年度的中间开业，或者由于合并、关闭等原因终止经营活动，

使该纳税年度的实际经营期不足12个月的，应当以其实际经营期为1个纳税年度。企业清算时，应当以清算期间作为1个纳税年度。

（二）申报纳税期限

企业所得税按年计征，分月或者分季预缴，年终汇算清缴，多退少补。

（1）按月或按季预缴的，应当自月份或者季度终了之日起15日内，向税务机关报送预缴企业所得税纳税申报表，财务会计报告和其他有关资料，预缴税款。

（2）自年度终了之日起5个月内，向税务机关报送年度企业所得税纳税申报表，并汇算清缴，结清应缴应退税款。

（3）企业在年度中间终止经营活动的，应当自实际经营终止之日起60日内，向税务机关办理当期企业所得税汇算清缴。

（4）扣缴义务人每次代扣的税款，应当自代扣之日起七日内缴入国库，并向所在地的税务机关报送扣缴企业所得税报告表。

三、企业所得税的纳税申报

企业在纳税年度内无论盈利或者亏损，都应当依照《企业所得税法》第五十四条规定的期限，向税务机关报送预缴企业所得税纳税申报表、年度企业所得税纳税申报表（表5－2）、财务会计报告和税务机关规定应当报送的其他有关资料。

（一）自行申报缴纳

居民企业应该自行申报缴纳企业所得税。对于在中国境内设立机构、场所的非居民企业，税务机关可以要该求机构、场所自行申报缴纳企业所得税。

实行查账征收企业所得税的居民企业月度、季度预缴申报时填报适用《中华人民共和国企业所得税月（季）度预缴纳税申报表（A类，2018年版）》，如表5－3所示。

表5－2　　A100000　中华人民共和国企业所得税年度纳税申报表（A类）

行次	类别	项　　目	金　额
1	利润总额计算	一、营业收入（填写A101010\101020\103000）	
2		减：营业成本（填写A102010\102020\103000）	
3		减：税金及附加	
4		减：销售费用（填写A104000）	
5		减：管理费用（填写A104000）	
6		减：财务费用（填写A104000）	
7		减：资产减值损失	
8		加：公允价值变动收益	
9		加：投资收益	
10		二、营业利润（1－2－3－4－5－6－7＋8＋9）	
11		加：营业外收入（填写A101010\101020\103000）	
12		减：营业外支出（填写A102010\102020\103000）	
13		三、利润总额（10＋11－12）	
14	应纳税所得额计算	减：境外所得（填写A108010）	
15		加：纳税调整增加额（填写A105000）	
16		减：纳税调整减少额（填写A105000）	
17		减：免税、减计收入及加计扣除（填写A107010）	
18		加：境外应税所得抵减境内亏损（填写A108000）	
19		四、纳税调整后所得（13－14＋15－16－17＋18）	
20		减：所得减免（填写A107020）	
21		减：弥补以前年度亏损（填写A106000）	
22		减：抵扣应纳税所得额（填写A107030）	
23		五、应纳税所得额（19－20－21－22）	
24	应纳税额计算	税率（25%）	
25		六、应纳所得税额（23×24）	
26		减：减免所得税额（填写A107040）	
27		减：抵免所得税额（填写A107050）	
28		七、应纳税额（25－26－27）	
29		加：境外所得应纳所得税额（填写A108000）	
30		减：境外所得抵免所得税额（填写A108000）	
31		八、实际应纳所得税额（28＋29－30）	
32		减：本年累计实际已缴纳的所得税额	
33		九、本年应补（退）所得税额（31－32）	
34		其中：总机构分摊本年应补（退）所得税额（填写A109000）	
35		财政集中分配本年应补（退）所得税额（填写A109000）	
36		总机构主体生产经营部门分摊本年应补（退）所得税额（填写A109000）	

表5-3 A200000 中华人民共和国企业所得税月（季）度预缴纳税申报表（A类）

税款所属期间： 年 月 日至 年 月 日

纳税人识别号（统一社会信用代码）：□□□□□□□□□□□□□□□□□□□□

纳税人名称： 金额单位：人民币元（列至角分）

优惠及附报事项有关信息									
项目	一季度		二季度		三季度		四季度		季度平均值
	季初	季末	季初	季末	季初	季末	季初	季末	
从业人数									
资产总额（万元）									
国家限制或禁止行业	□是□否				小型微利企业				□是□否
	附报事项名称								金额或选项
事项1	（填写特定事项名称）								
事项2	（填写特定事项名称）								

	预缴税款计算	本年累计
1	营业收入	
2	营业成本	
3	利润总额	
4	加：特定业务计算的应纳税所得额	
5	减：不征税收入	
6	减：资产加速折旧、摊销（扣除）调减额（填写A201020）	
7	减：免税收入、减计收入、加计扣除（7.1+7.2+…）	
7.1	（填写优惠事项名称）	
7.2	（填写优惠事项名称）	
8	减：所得减免（8.1+8.2+…）	
8.1	（填写优惠事项名称）	
8.2	（填写优惠事项名称）	
9	减：弥补以前年度亏损	
10	实际利润额（3+4-5-6-7-8-9）\ 按照上一纳税年度应纳税所得额平均额确定的应纳税所得额	
11	税率（25%）	
12	应纳所得税额（10×11）	
13	减：减免所得税额（13.1+13.2+…）	
13.1	（填写优惠事项名称）	
13.2	（填写优惠事项名称）	
14	减：本年实际已缴纳所得税额	
15	减：特定业务预缴（征）所得税额	
16	本期应补（退）所得税额（12-13-14-15）\ 税务机关确定的本期应纳所得税额	

续表

汇总纳税企业总分机构税款计算				
17	总机构	总机构本期分摊应补（退）所得税额（18+19+20）		
18		其中：总机构分摊应补（退）所得税额（16×总机构分摊比例____%）		
19		财政集中分配应补（退）所得税额（16×财政集中分配比例____%）		
20		总机构具有主体生产经营职能的部门分摊所得税额（16×全部分支机构分摊比例____%×总机构具有主体生产经营职能部门分摊比例____%）		
21	分支机构	分支机构本期分摊比例		
22		分支机构本期分摊应补（退）所得税额		
实际缴纳企业所得税计算				
23	减：民族自治地区企业所得税地方分享部分：□免征 □减征：减征幅度____%）		本年累计应减免金额[（12-13-15）×40%×减征幅度]	
24	实际应补（退）所得税额			
谨声明：本纳税申报表是根据国家税收法律法规及相关规定填报的，是真实的、可靠的、完整的。 纳税人（签章）：　年　月　日				
经办人： 经办人身份证号： 代理机构签章： 代理机构统一社会信用代码：		受理人： 受理税务机关（章）： 受理日期：　年　月　日		

实行核定征收企业所得税的居民企业月度、季度预缴申报和年度汇算清缴申报时填报《中华人民共和国企业所得税月（季）度预缴和年度纳税申报表（B类，2018年版)》，如表5-4所示。

表5-4　B100000　中华人民共和国企业所得税月（季）度预缴和年度纳税申报表

（B类，2018年版）

税款所属期间：　年　月　日至　年　月　日

纳税人识别号（统一社会信用代码）：□□□□□□□□□□□□□□□□□□□□

纳税人名称：　　　　金额单位：人民币元（列至角分）

核定征收方式	□核定应税所得率（能核算收入总额的）　□核定应税所得率（能核算成本费用总额的） □核定应纳所得税额								
按季度填报信息									
项目	一季度		二季度		三季度		四季度		季度平均值
	季初	季末	季初	季末	季初	季末	季初	季末	
从业人数									
资产总额（万元）									
国家限制或禁止行业	□是　□否				小型微利企业		□是　□否		

续表

按　年　度　填　报　信　息			
从业人数（填写平均值）		资产总额（填写平均值，单位：万元）	
国家限制或禁止行业	□是　□否	小型微利企业	□是　□否

行次	项　　目	本年累计金额
1	收入总额	
2	减：不征税收入	
3	减：免税收入（4+5+10+11）	
4	国债利息收入免征企业所得税	
5	符合条件的居民企业之间的股息、红利等权益性投资收益免征企业所得税（6+7.1+7.2+8+9）	
6	其中：一般股息红利等权益性投资收益免征企业所得税	
7.1	通过沪港通投资且连续持有H股满12个月取得的股息红利所得免征企业所得税	
7.2	通过深港通投资且连续持有H股满12个月取得的股息红利所得免征企业所得税	
8	居民企业持有创新企业CDR取得的股息红利所得免征企业所得税	
9	符合条件的居民企业之间属于股息、红利性质的永续债利息收入免征企业所得税	
10	投资者从证券投资基金分配中取得的收入免征企业所得税	
11	取得的地方政府债券利息收入免征企业所得税	
12	应税收入额（1-2-3）\ 成本费用总额	
13	税务机关核定的应税所得率（%）	
14	应纳税所得额（第12×13行）\［第12行÷（1-第13行）×第13行］	
15	税率（25%）	
16	应纳所得税额（14×15）	
17	减：符合条件的小型微利企业减免企业所得税	
18	减：实际已缴纳所得税额	
L19	减：符合条件的小型微利企业延缓缴纳所得税额（是否延缓缴纳所得税　□是　□否）	
19	本期应补（退）所得税额（16-17-18-L19）\ 税务机关核定本期应纳所得税额	
20	民族自治地方的自治机关对本民族自治地方的企业应缴纳的企业所得税中属于地方分享的部分减征或免征（　□免征　　□减征：减征幅度________%　）	
21	本期实际应补（退）所得税额	

谨声明：本纳税申报表是根据国家税收法律法规及相关规定填报的，是真实的、可靠的、完整的。

纳税人（签章）：　　年　月　日

经办人： 经办人身份证号： 代理机构签章： 代理机构统一社会信用代码：	受理人： 受理税务机关（章）： 受理日期：　　年　月　日

【例 5－10】 北京唯美家具有限公司（居民企业）2023 年发生下列业务：

（1）销售产品取得收入 2 000 万元（不含税，下同）。

（2）12 月接受捐赠材料一批，取得捐赠方开具的增值税专用发票上注明价款 10 万元，增值税税额 1.3 万元；企业找一家运输公司将该批材料运回本企业，支付运杂费 0.3 万元。

（3）报废生产线残值收入 60 万元。

（4）收取当年让渡专利使用权的专利实施许可费，取得特许权使用费收入 30 万元。

（5）取得国债利息收入 2 万元。

（6）全年销售成本 1 000 万元；税金及附加 100 万元。

（7）全年销售费用 500 万元，含广告费 400 万元、工资支出 75 万元、职工教育经费 3 万元、工会经费 1 万元、社保 6 万元、运输费用 15 万元；全年管理费用 200 万元，含业务招待费 80 万元、工资支出 73 万元、职工教育经费 2 万元、工会经费 1 万元、社保 4 万元、其他 40 万元；全年财务费用 50 万元，均为税法扣除限额内的佣金和手续费。

（8）全年营业外支出 40 万元（含向目标脱贫地区捐赠 12 万元，通过市政府部门对灾区捐款 15 万元，直接对私立小学捐款 8 万元，违反政府规定被市场监管部门罚款 2 万元，支付的合同违约金 3 万元）。

要求：根据上述资料，填报相关表格。

【操作步骤】

（1）本例中销售（营业）收入为 2 000 万元，填写在“（A101010）一般企业收入明细表”行次 3“销售商品收入”中。

此项数据将联动到“中华人民共和国企业所得税年度纳税申报表（A 类）（A100000）”行次 1“营业收入（填写 A101010 \ 101020 \ 103000）”中，见图 5－2。

一般企业收入明细表(A101010)

纳税人识别号：91110103302785116X　　纳税人名称：北京唯美家具有限公司

所属时期：20210101 至 20211231　　填表日期：20220410　　金额单位：元(列至角分)

行次	项目	金额
1	一、营业收入（2+9）	20,000,000.00
2	（一）主营业务收入（3+5+6+7+8）	20,000,000.00
3	1.销售商品收入	20,000,000.00
4	其中：非货币性资产交换收入	0.00
5	2.提供劳务收入	0.00
6	3.建造合同收入	0.00
7	4.让渡资产使用权收入	0.00
8	5.其他	0.00
9	（二）其他业务收入（10+12+13+14+15）	0.00
10	1.销售材料收入	0.00
11	其中：非货币性资产交换收入	0.00
12	2.出租固定资产收入	0.00
13	3.出租无形资产收入	0.00

图 5－2　一般企业收入明细表（A101010）1

（2）接受捐赠材料一批，不含税价款为10万元，税额为1.3万元，作为营业外收入，填写在“（A101010）一般企业收入明细表”。

此项数据将联动到主表（A100000）中华人民共和国企业所得税年度纳税申报表（A类）行次11“营业外收入（填写A101010\101020\103000）”中，见图5－3。

16	二、营业外收入（17+18+19+20+21+22+23+24+25+26）	113,000.00
17	（一）非流动资产处置利得	0.00
18	（二）非货币性资产交换利得	0.00
19	（三）债务重组利得	0.00
20	（四）政府补助利得	0.00
21	（五）盘盈利得	0.00
22	（六）捐赠利得	113,000.00
23	（七）罚没利得	0.00
24	（八）确实无法偿付的应付款项	0.00
25	（九）汇兑收益	0.00
26	（十）其他	0.00

一般企业收入明细表（A101010）

图5－3　一般企业收入明细表（A101010）2

（3）报废生产线残值收入60万元，作为营业外收入，填写在“（A101010）一般企业收入明细表”，见图5－4。

此项数据将联动到主表（A100000）中华人民共和国企业所得税年度纳税申报表（A类）行次11“营业外收入（填写A101010\101020\103000）”中。

16	二、营业外收入（17+18+19+20+21+22+23+24+25+26）	713,000.00
17	（一）非流动资产处置利得	600,000.00
18	（二）非货币性资产交换利得	0.00
19	（三）债务重组利得	0.00
20	（四）政府补助利得	0.00
21	（五）盘盈利得	0.00
22	（六）捐赠利得	113,000.00
23	（七）罚没利得	0.00
24	（八）确实无法偿付的应付款项	0.00
25	（九）汇兑收益	0.00
26	（十）其他	0.00

一般企业收入明细表（A101010）

图5－4　一般企业收入明细表（A101010）3

（4）收取当年让渡专利使用权的专利实施许可费，取得特许权使用费收入30万元。作为其他业务收入填写在“（A101010）一般企业收入明细表”行次13“出租无形资产收入”中，见图5－5。

一般企业收入明细表(A101010)

纳税人识别号：91110103302785116X　　纳税人名称：北京唯美家具有限公司
所属时期：20210101 至 20211231　　填表日期：20220410　　金额单位:元(列至角分)

行次	项目	金额
1	一、营业收入（2+9）	20,300,000.00
2	（一）主营业务收入（3+5+6+7+8）	20,000,000.00
3	1.销售商品收入	20,000,000.00
4	其中：非货币性资产交换收入	0.00
5	2.提供劳务收入	0.00
6	3.建造合同收入	0.00
7	4.让渡资产使用权收入	0.00
8	5.其他	0.00
9	（二）其他业务收入（10+12+13+14+15）	300,000.00
10	1.销售材料收入	0.00
11	其中：非货币性资产交换收入	0.00
12	2.出租固定资产收入	0.00
13	3.出租无形资产收入	300,000.00

图 5－5　一般企业收入明细表（A101010）4

此项数据将联动到“中华人民共和国企业所得税年度纳税申报表（A 类）（A100000）”行次 1“营业收入（填写 A101010 \ 101020 \ 103000）”中。

（5）2 万元国债利息收入，作为投资收益，直接填写在主表即（A100000）中华人民共和国企业所得税年度纳税申报表（A 类）行次 9“投资受益”中。

同时国债利息收入属于免税收入，应调减应纳税所得额 2 万元。应选填“（A107010）免税、减计收入及加计扣除优惠明细表”，见图 5－6。

免税、减计收入及加计扣除优惠明细表(A107010)

纳税人识别号：91110103302785116X　　纳税人名称：北京唯美家具有限公司
所属时期：20210101 至 20211231　　填表日期：20220410　　金额单位:元(列至角分)

行次	项目	金额
1	一、免税收入（2+3+9+…+16）	20,000.00
2	（一）国债利息收入免征企业所得税	20,000.00
3	（二）符合条件的居民企业之间的股息、红利等权益性投资收益免征企业所得税（4+5+6+7+8）	0.00
4	1.一般股息红利等权益性投资收益免征企业所得税（填写A107011）	0.00
5	2.内地居民企业通过沪港通投资且连续持有H股满12个月取得的股息红利所得免征企业所得税（填写A107011）	0.00
6	3.内地居民企业通过深港通投资且连续持有H股满12个月取得的股息红利所得免征企业所得税（填写A107011）	0.00
7	4.居民企业持有创新企业CDR取得的股息红利所得免征企业所得税（填写A107011）	0.00
8	5.符合条件的永续债利息收入免征企业所得税（填写A107011）	0.00
9	（三）符合条件的非营利组织的收入免征企业所得税	0.00

图 5－6　免税、减计收入及加计扣除优惠明细表

此项调减将联动到（A100000）中华人民共和国企业所得税年度纳税申报表（A 类）行次 17“减：免税、减计收入及加计扣除（填写 A107010）”中。

（6）全年销售成本 1000 万元，应填写在“（A102010）一般企业成本支出明细表”行次 3“销售商品成本”中。此项数据将联动到“（A100000）中华人民共和国企业所

得税年度纳税申报表（A 类）”行次 2“营业成本（填写 102010 \ 102020 \ 103000）”中，见图 5－7。

一般企业成本支出明细表(A102010)

纳税人识别号：91110103302785116X　　纳税人名称：北京唯美家具有限公司
所属时期：20210101 至 20211231　　填表日期：20220410　　金额单位:元(列至角分)

行次	项目	金额
1	一、营业成本（2+9）	10,000,000.00
2	（一）主营业务成本（3+5+6+7+8）	10,000,000.00
3	1.销售商品成本	10,000,000.00
4	其中:非货币性资产交换成本	0.00
5	2.提供劳务成本	0.00
6	3.建造合同成本	0.00
7	4.让渡资产使用权成本	0.00
8	5.其他	0.00
9	（二）其他业务成本（10+12+13+14+15）	0.00
10	1.材料销售成本	0.00
11	其中:非货币性资产交换成本	0.00
12	2.出租固定资产成本	0.00
13	3.出租无形资产成本	0.00

图 5－7　一般企业成本支出明细表（A102010）

（7）全年税金及附加 100 万元。直接填写在主表即“（A100000）中华人民共和国企业所得税年度纳税申报表（A 类）”行次 3“减：税金及附加”中。

（8）全年销售费用 500 万元，含广告费 400 万元、职工薪酬 85 万元，运费 15 万元；全年管理费用 200 万元，含业务招待费 80 万元、职工薪酬 80 万元、其他 40 万元；全年财务费用 50 万元，均为税法限额内的佣金和手续费。数据分别填入“（A104000）期间费用明细表”中。数据将联动到“（A100000）中华人民共和国企业所得税年度纳税申报表（A 类）”行次 4－5 期间费用中，见图 5－8。

期间费用明细表(A104000)

纳税人识别号：91110103302785116X　　纳税人名称：北京唯美家具有限公司
所属时期：20210101 至 20211231　　填表日期：20220410　　金额单位:元(列至角分)

行次	项目	销售费用	其中：境外支付	管理费用	其中：境外支付	财务费用	其中：境外支付
		1	2	3	4	5	6
1	一、职工薪酬	850,000.00	*	800,000.00	*	*	*
2	二、劳务费	0.00	0.00	0.00	0.00	*	*
3	三、咨询顾问费	0.00	0.00	0.00	0.00	*	*
4	四、业务招待费	0.00	*	800,000.00	*	*	*
5	五、广告费和业务宣传费	4,000,000.00	*	0.00	*	*	*
6	六、佣金和手续费	0.00	0.00	0.00	0.00	500,000.00	0.00
7	七、资产折旧摊销费	0.00	*	0.00	*	*	*
8	八、财产损耗、盘亏及毁损损失	0.00	*	0.00	*	*	*
9	九、办公费	0.00	*	0.00	*	*	*
10	十、董事会费	0.00	*	0.00	*	*	*
11	十一、租赁费	0.00	0.00	0.00	0.00	*	*
12	十二、诉讼费	0.00	*	0.00	*	*	*

图 5－8　期间费用明细表（A104000）

（9）根据题中资料计算的利润总额为 2 133 000 元，因此，按税法规定计算的扣除限额为 2 133 000 × 12% = 255 960（元）。捐赠支出中，直接对私立小学捐款 80 000 元填在行次 1 中，而通过市政府部门的灾区捐款属于限额扣除的公益性捐赠，填在行次 5 中，向目标脱贫地区捐赠可全额扣除，填在行次 8 中。纳税调增金额 80 000 元将联动到“（A105000）纳税调整项目明细表”行次 17“（五）捐赠支出（填写 A105070）”中，见图 5－9。

捐赠支出及纳税调整明细表(A105070)

纳税人识别号：91110103302785116X　　纳税人名称：北京唯美家具有限公司

所属时期：20210101 至 20211231　　填表日期：20220410　　金额单位:元(列至角分)

行次	项目	账载金额	以前年度结转可扣除的捐赠额	按税收规定计算的扣除限额	税收金额	纳税调增金额	纳税调减金额	可结转以后年度扣除的捐赠额
		1	2	3	4	5	6	7
1	一、非公益性捐赠	80,000.00	*	*	*	80,000.00	*	*
2	二、限额扣除的公益性捐赠(3+4+5+6)	150,000.00	0.00	255,960.00	150,000.00	0.00	0.00	0.00
3	前三年度（ 2018 年）	*	0.00	*	*	*	0.00	*
4	前二年度（ 2019 年）	*	0.00	*	*	*	0.00	0.00
5	前一年度（ 2020 年）	*	0.00	*	*	*	0.00	0.00
6	本年（ 2021 年）	150,000.00	*	255,960.00	150,000.00	0.00	*	0.00
7	三、全额扣除的公益性捐赠	0.00	*	*	0.00	*	*	*
8	扶贫捐赠	120,000.00	*	*	120,000.00	*	*	*
9	合计（1+2+7）	230,000.00	0.00	255,960.00	150,000.00	80,000.00	0.00	0.00
附列资料	2015年度至本年发生的公益性扶贫捐赠合计金额	0.00	*	*	0.00	*	*	*

提示：（选中任一输入框后）ctrl+insert：插入行　ctrl+delete：删除行（或者点击 [±] [-]，进行增减行）

图 5－9　捐赠支出及纳税调整明细表（A105070）

（10）违反政府规定被市场监管部门罚款 2 万元，属于不可税前扣除的项目，应予以纳税调增 2 万元。应在行次 19“（七）罚金、罚款和被没收财物的损失”中填写。此项纳税调增将联动到主表行次 15“加：纳税调整增加额（填写 A105000）”中，见图 5－10。

纳税调整项目明细表（A105000）

12	二、扣除类调整项目(13+14+…24+26+27+28+29+30)	*	*	100,000.00	0.00
13	（一）视同销售成本（填写A105010）	*	0.00	*	0.00
14	（二）职工薪酬（填写A105050）	0.00	0.00	0.00	0.00
15	（三）业务招待费支出	0.00	0.00	0.00	*
16	（四）广告费和业务宣传费支出（填写A105060）			0.00	0.00
17	（五）捐赠支出（填写A105070）	230,000.00	150,000.00	80,000.00	0.00
18	（六）利息支出	0.00	0.00	0.00	0.00
19	（七）罚金、罚款和被没收财物的损失	20,000.00	*	20,000.00	*
20	（八）税收滞纳金、加收利息	0.00	*	0.00	*
21	（九）赞助支出	0.00	*	0.00	*

图 5－10　纳税调整项目明细表（A105000）

（11）根据资料，营业外支出各项数据明细填写到“一般企业成本支出明细表（A102010）”中。合计数将联动到主表行次 12“减：营业外支出（填写 A102010\

102020＼103000)”中，见图 5－11。

一般企业成本支出明细表(A102010)

16	二、营业外支出（17+18+19+20+21+22+23+24+25+26）	400,000.00
17	（一）非流动资产处置损失	0.00
18	（二）非货币性资产交换损失	0.00
19	（三）债务重组损失	0.00
20	（四）非常损失	0.00
21	（五）捐赠支出	350,000.00
22	（六）赞助支出	0.00
23	（七）罚没支出	50,000.00
24	（八）坏账损失	0.00
25	（九）无法收回的债券股权投资损失	0.00
26	（十）其他	0.00

图 5－11　一般企业成本支出明细表（A102010）

(12) 根据资料，业务招待费为 80 万元，则比较业务招待费的60%与销售（营业）收入的 5‰孰低。需要纳税调增的金额为 80－2 030×5‰＝69.85（万元）。此项数据将联动到主表行次 15“加：纳税调整增加额（（填写 A105000)”中，见图 5－12。

纳税调整项目明细表（A105000）

行次	项目	账载金额	税收金额	调增金额	调减金额
		1	2	3	4
1	一、收入类调整项目（2+3+4+5+6+7+8+10+11）	*	*	0.00	0.00
2	（一）视同销售收入（填写A105010）	*	0.00	0.00	*
3	（二）未按权责发生制原则确认的收入（填写A105020）	0.00	0.00	0.00	0.00
4	（三）投资收益（填写A105030）	0.00	0.00	0.00	0.00
5	（四）按权益法核算长期股权投资对初始投资成本调整确认收益	*	*	*	0.00
6	（五）交易性金融资产初始投资调整	*	*	0.00	*
7	（六）公允价值变动净损益	0.00	*	0.00	0.00
8	（七）不征税收入	*	*	0.00	0.00
9	其中：专项用途财政性资金（填写A105040）	*	*	0.00	0.00
10	（八）销售折扣、折让和退回	0.00	0.00	0.00	0.00
11	（九）其他	0.00	0.00	0.00	0.00
12	二、扣除类调整项目(13+14+…24+26+27+28+29+30)	*	*	798,500.00	0.00
13	（一）视同销售成本（填写A105010）	*	[illegible]	0.00	0.00
14	（二）职工薪酬（填写A105050）	0.00	0.00	0.00	0.00
15	（三）业务招待费支出	800,000.00	101,500.00	698,500.00	*

图 5－12　纳税调整项目明细表（A105000）

(13) 广告费和业务宣传费本年支出 400 万元，而税法规定扣除限额的基数为销售（营业）收入 2 030 万元，则扣除限额为 2030×15%＝304.5（万元），纳税调增 95.5 万元。此项数据将联动到“（A105000）纳税调整项目明细表”行次 16“（四）广告费和业务宣传费支出（填写 A105060)”和主表行次 15“加：纳税调整增加额（填写 A105000)”中，见图 5－13。

广告费和业务宣传费等跨年度纳税调整明细表(A105060)

纳税人识别号：91110103302785116X　　纳税人名称：北京唯美家具有限公司

所属时期：20210101 至 20211231　　填表日期：20220410　　金额单位:元(列至角分)

行次	项目	广告费和业务宣传费	保险企业手续费及佣金支出
		1	2
1	一、本年支出	4,000,000.00	0.00
2	减：不允许扣除的支出	0.00	0.00
3	二、本年符合条件的支出（1-2）	4,000,000.00	0.00
4	三、本年计算扣除限额的基数	20,300,000.00	0.00
5	乘：税收规定扣除率	15.00%	
6	四、本企业计算的扣除限额（4×5）	3,045,000.00	0.00
7	五、本年结转以后年度扣除额（3>6，本行=3-6；3≤6，本行=0）	955,000.00	0.00
8	加：以前年度累计结转扣除额	0.00	0.00
9	减：本年扣除的以前年度结转额[3>6，本行=0；3≤6，本行=8与（6-3）孰小值]	0.00	0.00
10	六、按照分摊协议归集至其他关联方的金额（10≤3与6孰小值）	0.00	*
11	按照分摊协议从其他关联方归集至本企业的金额	0.00	*
12	七、本年支出纳税调整金额（3>6，本行=2+3-6+10-11；3≤6，本行=2+10-11-9）	955,000.00	0.00

图 5－13　广告费和业务宣传费等跨年度纳税调整明细表（A105060）

（14）（A105050）职工薪酬支出及纳税调整明细表应根据实际的职工薪酬支出表数据填写，假设包括生产部门的实际的职工薪酬支出如下表所示，均不涉及纳税调整事项，则“（A105000）纳税调整项目明细表”行次 15“（二）职工薪酬（填写 A105050）”的调整数据也为 0，也对主表中行次 15“加：纳税调整增加额（填写 A105000）”没有影响，见图 5－14。

职工薪酬支出及纳税调整明细表(A105050)

纳税人识别号：91110103302785116X　　纳税人名称：北京唯美家具有限公司

所属时期：20210101 至 20211231　　填表日期：20220410　　金额单位:元(列至角分)

行次	项目	账载金额	实际发生额	税收规定扣除率	以前年度累计结转扣除额	税收金额	纳税调整金额	累计结转以后年度扣除额
		1	2	3	4	5	6（1-5）	7（2+4-5）
1	一、工资薪金支出	1,800,000.00	1,800,000.00	*	*	1,800,000.00	0.00	*
2	其中：股权激励	0.00	0.00	*	*	0.00	0.00	*
3	二、职工福利费支出	90,000.00	90,000.00	14.00%	*	90,000.00	0.00	*
4	三、职工教育经费支出	60,000.00	60,000.00	*	0.00	60,000.00	0.00	0.00
5	其中：按税收规定比例扣除的职工教育经费	60,000.00	60,000.00	8.00%	0.00	60,000.00	0.00	0.00
6	按税收规定全额扣除的职工培训费用	0.00	0.00	100%	*	0.00	0.00	*
7	四、工会经费支出	30,000.00	30,000.00	2.00%	*	30,000.00	0.00	*
8	五、各类基本社会保障性缴款	130,000.00	130,000.00	*	*	130,000.00	0.00	*
9	六、住房公积金	0.00	0.00	*	*	0.00	0.00	*
10	七、补充养老保险	0.00	0.00	5%	*	0.00	0.00	*
11	八、补充医疗保险	0.00	0.00	5%	*	0.00	0.00	*

图 5－14　职工薪酬支出及纳税调整明细表（A105050）

（15）（A105080）资产折旧、摊销情况及纳税调整明细表应根据实际的资产折旧、摊销汇总表进行填报，假设此处无税会差异，则“（A105000）纳税调整项目明细表”行次 32“（一）资产折旧、摊销（填写 A105080）”中无纳税调整事项，也对主表中行次 15“加：纳税调整增加额（填写 A105000）”没有影响。

（16）中华人民共和国企业所得税年度纳税申报表（A 类）（A100000）

综上，企业所得税汇算清缴填报如图 5－15 所示。

中华人民共和国企业所得税年度纳税申报表(A类)(A100000)

纳税人识别号：91110103302785116X　　纳税人名称：北京唯美家具有限公司
所属时期：20210101 至 20211231　　填表日期：20220410　　金额单位:元(列至角分)

行次	类别	项目	金额
1	利润总额计算	一、营业收入(填写A101010\101020\103000)	20,300,000.00
2		减：营业成本(填写A102010\102020\103000)	10,000,000.00
3		减：税金及附加	1,000,000.00
4		减：销售费用(填写A104000)	5,000,000.00
5		减：管理费用(填写A104000)	2,000,000.00
6		减：财务费用(填写A104000)	500,000.00
7		减：资产减值损失	0.00
8		加：公允价值变动收益	0.00
9		加：投资收益	20,000.00
10		二、营业利润	1,820,000.00
11		加：营业外收入(填写A101010\101020\103000)	713,000.00
12		减：营业外支出(填写A102010\102020\103000)	400,000.00
13		三、利润总额（10+11-12）	2,133,000.00
14	应纳税所得额计算	减：境外所得（填写A108010）	0.00
15		加：纳税调整增加额（填写A105000）	1,753,500.00
16		减：纳税调整减少额（填写A105000）	0.00
17		减：免税、减计收入及加计扣除（填写A107010）	20,000.00
18		加：境外应税所得抵减境内亏损（填写A108000）	0.00
19		四、纳税调整后所得（13-14+15-16-17+18）	3,866,500.00
20		减：所得减免（填写A107020）	0.00
21		减：弥补以前年度亏损（填写A106000）	0.00
22		减：抵扣应纳税所得额（填写A107030）	0.00
23		五、应纳税所得额（19-20-21-22）	3,866,500.00
24	应纳税额计算	税率（25%）	25%
25		六、应纳所得税额（23×24）	966,625.00
26		减：减免所得税额（填写A107040）	0.00
27		减：抵免所得税额（填写A107050）	0.00
28		七、应纳税额（25-26-27）	966,625.00
29		加：境外所得应纳所得税额（填写A108000）	0.00
30		减：境外所得抵免所得税额（填写A108000）	0.00
31		八、实际应纳所得税额（28+29-30）	966,625.00
32		减：本年累计实际已预缴的所得税额	0.00
33		九、本年应补（退）所得税额（31-32）	966,625.00
34		其中：总机构分摊本年应补（退）所得税额(填写A109000)	0.00
35		财政集中分配本年应补（退）所得税额（填写A109000）	0.00
36		总机构主体生产经营部门分摊本年应补（退）所得税额(填写A109000)	0.00
37	实际应纳税额计算	减：民族自治地区企业所得税地方分享部分（ ○免征 ○减征:减征幅度 % ）	0.00
38		十、本年实际应补（退）所得税额（33-37）	966,625.00

图 5－15 中华人民共和国企业所得税年度纳税申报表（A 类）（A100000）

（二）源泉扣缴

源泉扣缴制度是指各项应税所得有支付单位的，由支付单位在向纳税人支付款项时，依法代扣代缴其应当缴纳的所得税税款。源泉扣缴制度是现代税收国家针对非居民企业通常采取的企业所得税征收方式。

对非居民企业在中国境内未设立机构、场所但取得来源于中国境内所得的，或者虽设立机构、场所但取得的所得与其所设机构、场所没有实际联系的，其应缴纳的所得税税款，实行源泉扣缴，以支付人为扣缴义务人，税款由扣缴义务人在每次支付或者到期应支付时，从支付或者到期应支付的款项中扣缴。

对非居民企业在中国境内取得工程作业和劳务所得应缴纳的所得税，税务机关可以指定工程价款或者劳务费的支付人为扣缴义务人。可以指定扣缴义务人的情形包括：

（1）预计工程作业或提供劳务期限不足一个纳税年度，且有证据表明不履行纳税义务的；

（2）没有办理税务登记或者临时税务登记，且未委托中国境内的代理人履行纳税义务的；

（3）未按照规定期限办理企业所得税纳税申报或者预缴申报的。

四、跨地区经营汇总纳税企业所得税征收管理

为了解决汇总纳税导致的税收与税源相背离的问题，国家税务总局2008年3月10日发布的《跨地区经营汇总纳税企业所得税征收管理暂行办法》中，明确规定了跨省市总分机构企业所得税分配方法和适用范围。

（一）跨省市总分机构企业所得税分配原则

属于中央与地方共享收入范围的跨省市总分机构企业缴纳的企业所得税，按照统一规范、兼顾总机构和分支机构所在地利益的原则，实行“统一计算、分级管理、就地预缴、汇总清算、财政调库”的处理办法。

（二）企业所得税预缴方法

企业应根据当期实际利润额，按照规定的预缴分摊方法计算总机构和分支机构的企业所得税预缴额，分别由总机构和分支机构分月或者分季就地预缴。在规定期限内按实际利润额预缴有困难的，经总机构所在地主管税务机关认可，可以按照上一年度应纳税所得额的1/12或1/4，由总机构、分支机构就地预缴企业所得税。预缴方式一经确定，当年度不得变更。总机构应按照以前年度（1－6月份按上上年度，7－12月份按上年度）分支机构的经营收入、职工工资和资产总额三个因素计算各分支机构应分摊所得税款的比例，三个因素的权重依次为0.35、0.35、0.30。总机构和分支机构应分期预缴的企业所得税，50%在各分支机构间分摊预缴，50%由总机构预缴。总机构预缴的部分，其中25%就地入库，25%预缴入中央国库，按照财预〔2008〕10号文件的有关规定进行分配。总机构在年度终了后5个月内，应依照法律规定进行汇总纳税企业的所得税年度汇算清缴。各分支机构不进行企业所得税汇算清缴。当年应补缴的所得税款，由总机构缴入中央国库。当年多缴的所得税款，由总机构所在地主管税务机关开具“税收收入退还书”等凭证，按规定程序从中央国库办理退库。

（三）分支机构的就地预缴

对于总机构不向分支机构提供企业所得税分配表，导致分支机构无法正常就地申报

预缴企业所得税的情况，《国家税务总局关于跨地区经营汇总纳税企业所得税征收管理有关同题的通知》中有明确规定：

（1）分支机构主管税务机关要对二级分支机构进行审核鉴定，如该二级分支机构具有主体生产经营职能，可以确定为应就地申报预缴所得税的二级分支机构。

（2）对确定为就地申报预缴所得税的二级分支机构，主管税务机关应责成该分支机构督促总机构限期提供税款分配表，同时函请总机构主管税务机关责成总机构限期提供税款分配表，并由总机构主管税务机关对总机构按照《中华人民共和国税收征收管理法》的有关规定予以处罚；总机构主管税务机关未尽责的，由上级税务机关对总机构主管税务机关依照税收执法责任制的规定严肃处理。

【例5－12】 下列说法中，不符合跨地区经营汇总纳税征收管理方法的是（　　）。

A. 总机构和分支机构应分期预缴的企业所得税75%在各分支机中构间分摊预缴，25%由总机构预缴

B. 总机构根据统一计算的企业当期应纳所得税额的25%，在每月或季度终了后15日内自行就地申报预缴计入中央国库

C. 各分支机构要进行企业所得税汇算清缴

D. 职工工资所占权重是0.3

【答案】 ACD

【解析】 总机构和分支机构应分期预缴的企业所得税，50%在各分支机构间分摊预缴，50%由总机构预缴；各分支机构不进行企业所得税汇算清缴；职工工资所占权重是0.35。

职业能力测评与考核

本模块职业能力测试与考核采用百分制，过程考核与结果考核相结合，加大技能考核比重。过程考核主要包括职业素养、组织纪律、团队合作、实训作业，占比40%；结果考核以实务考核为主，占比60%。

表5－5　　**考核评价记录表**

过程考核（40%）				结果考核（60%）	
职业素养（20%）	组织纪律（20%）	团队合作（20%）	实训作业（40%）	考核评价内容	分值比重
根据学生表现评价	学生考勤评价	学生小组评价	根据学生的实训作业评分	企业所得税的纳税义务人、纳税义务、征税对象、征税范围和税率	30%
				掌握企业所得税应纳税所得额及应纳税额的计算	40%
				纳税申报程序	30%

道德与素养

经典案例分析

案例概况：A科技有限公司是一家专注于电子产品研发、生产和销售的高新技术企业。公司成立于2010年，总部位于深圳，主要产品包括智能手机、平板电脑、智能家居等电子产品。公司组织架构完善，设有研发中心、生产中心、销售中心及财务管理中心等部门。该科技有限公司自成立以来，一直致力于产品研发和品质提升。经过多年的发展，公司在国内外市场均取得了一定的业绩。近三年，公司的营业收入和净利润均呈现稳步增长趋势。此外，公司在纳税方面一直遵守国家税收法律法规，按时足额缴纳税款。

A科技有限公司在2022年度企业所得税汇算清缴时，发现公司有一项研发费用未能及时计入当期损益，导致少缴企业所得税100万元。公司立即向税务机关报告并主动补缴税款及滞纳金。

税务机关接受了公司的补缴申请，并认为公司补缴税款及滞纳金的行为符合税收法律法规的规定。此外税务机关还对公司进行了税收法律法规的宣传和指导，帮助公司更好地理解和遵守税收政策。

案例反思与总结：A科技有限公司在案例事件中表现出对税收法律法规的遵守和重视。公司在发现少缴税款后及时报告并主动补缴，避免了可能的税务风险。同时，税务机关对于公司的补缴行为表示认可，并对公司进行了税收法律法规的宣传和指导。

从这个案例中我们可以看到，企业所得税的处理对于企业的经营和发展具有重要意义。企业需要充分了解和掌握税收政策，严格按照税收法律法规进行纳税申报和缴纳税款。同时，当发现可能的税务风险时，应主动采取措施进行纠正和补救。只有这样，企业才能确保自身的合规性和稳定性，实现持续健康发展。

技能强化训练

一、单选题

1. 按照企业所得税法和实施条例规定，下列各项中哪个属于非居民企业的有（　　）。

A. 在广西壮族自治区工商局注册的企业

B. 在美国注册但实际管理机构在南宁的外资独资企业

C. 在美国注册的企业设在桂林的办事处

D. 在广西注册但在越南开展工程承包的企业

2. 某大型工业企业2024年3月1日，以经营租赁方式租入固定资产使用，租期1年，一次性交付租金12万元；6月1日以融资租赁方式租入机械设备一台，租期2年，当年支付租金15万元。公司计算当年企业应纳税所得额时应扣除的租赁费用为（　　）万元。

A. 10　　B. 12　　C. 15　　D. 27

3. 2024年度，某企业财务资料显示，2024年开具增值税专用发票取得收入2 000万元，另外从事运输服务，收入220万元。收入对应的销售成本和运输成本合计为1 500万元，期间费用、税金及附加为200万元。营业外支出100（其中90万为公益性捐赠支出），上年度企业经税务机关核定的亏损为30万元。企业在所得税前可以扣除的捐赠支出为（　　）万元。

A. 90　　B. 40.8　　C. 44.4　　D. 23.4

4. 某企业2024年度境内所得应纳税所得额为400万元，在全年已预缴税款25万元，来源于境外某国税前所得100万元，境外实纳税款20万元，该企业当年汇算清缴应补（退）的税款为（　　）万元。

A. 50　　B. 60　　C. 70　　D. 80

5. 永军公司因扩大生产规模新建厂房，由于自有资金不足2024年1月1日向银行借入长期借款1笔，金额3 000万元，贷款年利率是4.2%，2024年4月1日该厂房开始建设，12月31日房屋交付使用，则2024年度该企业可以在税前直接扣除的该项借款费用是（　　）万元。

A. 36.6　　B. 35.4　　C. 32.7　　D. 31.5

6. 下列情况属于外部移送资产，需缴纳企业所得税的有（　　）。

A. 用于职工奖励或福利　　B. 将资产在总机构及其分支机构之间转移

C. 改变资产形状、结构或性能　　D. 将资产用于生产、制造、加工另一产品

7. 立强公司2024年度实现会计利润总额30万元。经某注册税务师审核，“财务费用”账户中列支有两笔利息费用：向银行借入生产用资金100万元，借用期限6个月，支付借款利息33万元；经过批准向本企业职工借入生产用资金80万元，借用期限9个月，支付借款利息4万元。该公司2024年度的应纳税所得额为（　　）万元。

A. 20　　B. 30　　C. 31　　D. 30.4

8. 大华公司2024年销售收入1 000万元，年实际发生业务招待费10万元，该企业当可在所得税前列支的业务招待费余额是（　　）万元?

A. 5　　B. 6　　C. 8　　D. 10

9. 某居民企业2024年实际支出的工资、薪金总额为150万元，福利费本期发生30万元，拨缴的工会经费3万元，已经取得工会拨缴收据，实际发生职工教育经费4.50万元，该企业在计算2024年应纳税所得额时，应调整的应纳税所得额为（　　）万元。

A. 0　　B. 7.75　　C. 9　　D. 35.50

10. 2024年某企业当年实现自产货物销售收入500万元，当年发生计入销售费用中的广告费60万元，企业上年还有35万元的广告费没有在税前扣除，企业当年可以税前扣除的广告费是多少（　　）万元。

A. 15　　B. 60　　C. 75　　D. 95

11. 光明公司2024年销售货物收入1 500万元，出租房屋收入500万元，转让房屋收入300万元。当年实际发生业务招待费20万元，该企业当年可在所得税前列支的业务招待费

金额为（　　）万元。

A. 10　　B. 12　　C. 15　　D. 20

12. 某软件开发公司（被认定为重点扶持的高新技术企业）2023年经税务机关核定的亏损额为30万元，2024年度取得生产经营收入600万元，业务招待费实际发生6万元，其他应扣除的成本、费用、税金等合计300万元（其中，研发费用60万元）。下列说法正确的是（　　）。

A. 该企业可以扣除的业务招待费是3万元

B. 该企业2024年适用20%的优惠税率

C. 2023年的亏损不得用2024年的所得弥补

D. 应纳所得税额是41.34万元

二、多选题

1. 企业缴纳的下列保险金可以在税前直接扣除的有（　　）。

A. 为特殊工种支付的人身安全保险费

B. 为没有工作的董事长夫人缴纳的社会保险费用

C. 为投资者或者职工支付的商业保险费

D. 企业为投资者支付的补充养老保险

2. 根据企业所得税法的规定，在计算企业所得税应纳税所得额时，下列项目不得在企业所得税税前扣除的有（　　）。

A. 外购货物管理不善发生的损失　　B. 违反法律被司法部门处以的罚金

C. 非广告性质的赞助支出　　D. 银行按规定加收的罚息

3. 下列各项中，属于企业所得税征收税范围的有（　　）。

A. 居民企业来源于境外的所得

B. 设立机构、场所的非居民企业，其机构、场所来源于中国境内的所得

C. 未设立机构、场所的非居民企业来源在中国境外的所得

D. 居民企业来源在中国境内的所得

4. 根据企业所得税的规定，以下适用25%税率的是（　　）。

A. 在中国境内的居民企业

B. 在中国境内设有机构场所，且所得与其机构、场所有关联的非居民企业

C. 在中国境内设有机构场所，但所得与其机构、场所没有实际联系的非居民企业

D. 在中国境内未设立机构场所的非居民企业

5. 纳税人下列行为应视同销售确认所得税收入的有（　　）。

A. 将货物用于投资　　B. 将商品用于捐赠

C. 将产品用于集体福利　　D. 将产品用于在建工程

6. 依据《企业所得税法》的规定，下列所得来源地规定正确的有（　　）。

A. 股息红利等权益性投资所得，按照分配所得的企业所在地确定

B. 提供劳务所得按照提供劳务的企业或者机构、场所所在地确定

C. 不动产转让所得按照转让不动产的企业或者机构、场所所在地确定

D. 权益性投资资产转让所得按照被投资企业所在地确定

7. 可以当期直接或分期间接分摊在所得税前扣除的税金包括（　　）。

A. 购买材料允许抵扣的增值税

B. 购置小轿车不得抵扣的增值税

C. 出口关税

D. 企业所得税

8. 下列固定资产不得计算折旧扣除的有（　　）。

A. 未投入使用的房屋

B. 以融资租赁方式租出的固定资产

C. 与经营活动无关的固定资产

D. 以经营租赁方式租出的固定资产

9. 下列各项中，不得在企业所得税税前分期或者一次扣除的有（　　）。

A. 自创商誉

B. 外购商誉

C. 以经营租赁方式租入的固定资产

D. 单独估价作为固定资产入账的土地计提的折旧

10. 企业下列项目的所得免征企业所得税的有（　　）。

A. 水果种植　　B. 海水养殖　　C. 中药材种植　　D. 家禽饲养

三、计算题

1. 某境内居民企业2024年发生下列业务：

（1）销售产品收入2 000万元；

（2）接受捐赠材料一批，取得赠出方开具的增值税专用发票，注明价款10万元，增值税1.7万元；企业找一运输公司将该批材料运回企业，支付运杂费0.3万元；

（3）转让一项商标所有权，取得营业外收入60万元；

（4）收取当年让渡资产使用权的专利实施许可费，取得其他业务收入10万元；

（5）取得国债利息2万元；直接投资境内另一居民企业，分得红利50万元；

（6）全年销售成本1 000万元；税金及附加100万元；

（7）全年销售费用500万元，含广告费400万元；全年管理费用205万元，含业务招待费10万元；全年财务费用45万元；

（8）全年营业外支出40万元，含通过政府部门对灾区捐款20万元；直接对私立小学捐款10万元；违反政府规定被工商局罚款2万元；

其他资料：①企业当年发生新技术研究开发费，单独归集记账发生额80万元，尚未计入期间费用和损益；②企业当年购置并实际使用节能节水设备一台，取得并认证了增值税专用发票，注明价款90万元，增值税15.3万元，已按照规定入账并计提了折旧。

要求计算：

（1）该企业的会计利润总额；

（2）该企业对收入的纳税调整额；

（3）该企业对广告费用的纳税调整额；

（4）该企业对业务招待费的纳税调整额；

（5）该企业对营业外支出的纳税调整额；

（6）该企业当年的应纳税所得额；

（7）该企业应纳的所得税额。

2. 某企业2024年来自境外W国的已纳所得税因超过抵免限额尚未扣除的余额为1万元，2025年在我国境内所得160万元，来自W国分公司税后所得20万元，在W国已纳税所得税5万元，其在我国汇总纳税多少所得税。

6 模块六 个人所得税计算与申报

学习目标

知识目标：

1. 掌握个人所得税的纳税主体、征税范围和税率
2. 熟悉个人所得税的税收优惠
3. 熟悉个人所得税的征收管理

能力目标：

1. 熟悉个人所得税计算中费用扣除的规定
2. 掌握个人所得税应纳税额的计算

素质目标：

1. 培养学生诚实守信、坚守准则的职业道德
2. 培养学生遵纪守法、依法纳税的法律意识
3. 提升学生的爱国情怀、责任意识和道德修养

本模块知识导图（见图6－1）

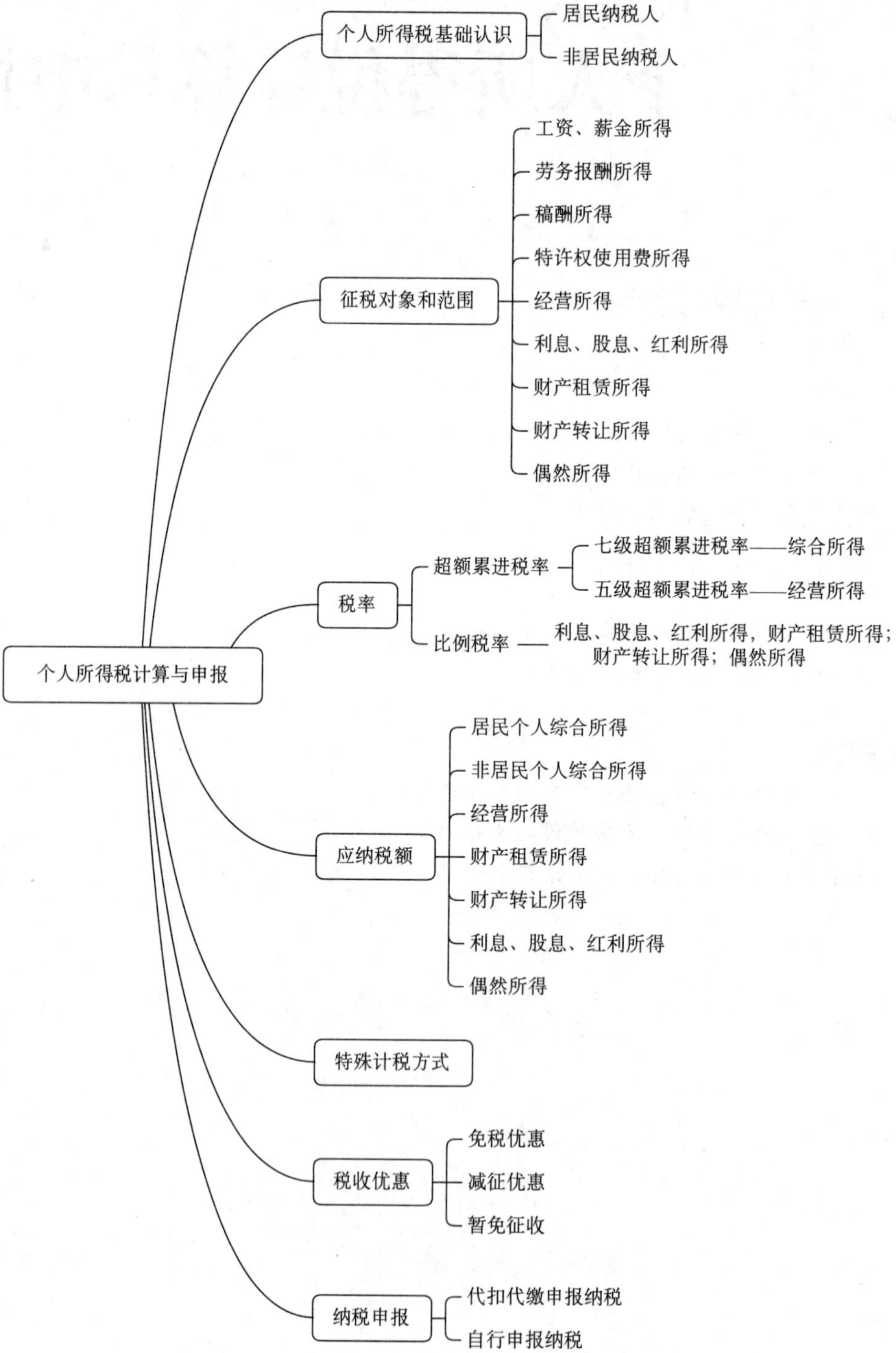

图6－1　模块知识导图

税收与民生

案例导入

张某是中国企业的高级经理。2024 年 1－6 月期间，张某每月取得工资收入 3 万元，另外，他还投资国库券，2 月获得利息收入 5 000 元。3 月张某乔迁新居，并将自己原有的房子转让给他人，获得房屋转让收入 120 万元，房屋原值为 50 万元。4 月张某购买了体育彩票中了一等奖，奖品为小轿车一辆。张某曾向某杂志社投稿，5 月该杂志社通知张某他的稿件已被采用，并取得稿酬 6 000 元。

请思考：张某取得以上所得是否应当纳税？如果纳税，应该如何计算税款？又如何缴税呢？

项目一
个人所得税基础认识

一、个人所得税概念及其特点

个人所得税是以自然人取得的各类应税所得为征税对象而征收的一种所得税，是政府利用税收对个人收入进行调节的一种手段。我国实施的个人所得税具有如下特点。

（一）实行分类所得税制和综合所得税制相结合

世界各国的个人所得税制大体可分为三种类型：分类所得税制、综合所得税制和混合所得税制。这三种税制各有所长。我国现行个人所得税采用的是分类所得税制和综合所得税制相结合的形式。

（二）实行超额累进税率与比例税率并用

我国现行个人所得税根据各类个人所得的不同性质和特点，将累进税率与比例税率这两种形式的税率综合运用于个人所得税制。比例税率计算简便，便于实行源泉扣缴；累进税率可以合理调节收入分配，体现公平。

（三）实行不同的费用扣除形式

各国的个人所得税均有费用扣除的规定，只是扣除的方法及额度不尽相同。我国本着费用扣除从宽、从简的原则，采用费用定额扣除和定率扣除两种方法。

（四）实行全员扣缴申报和自行申报两种征税方式

我国《个人所得税法》规定，对纳税人的应纳税额分别采取由支付单位源泉扣缴和纳税人自行申报两种方法。对凡是可以在应税所得的支付环节扣缴个人所得税的，均由扣缴义务人履行代扣代缴义务；对于没有扣缴义务人的，以及个人在两处以上取得工资、薪金所得的，由纳税人自行申报纳税。此外，对其他不便于扣缴税款的，亦规定由纳税人自行申报纳税。

税收与民生

世界部分国家个人所得税的特点

一、英国

英国是世界上最早实行个人所得税的国家，1799年就开始征收。英国个人所得税的计税依据是应税所得，是指所得税分类表规定的各种源泉所得，扣除必要费用后加以汇总，再统一扣除生计费用后的余额。而允许扣除的生计费用包括：基础扣除、抚养扣除、劳动所得扣除、老年人扣除、病残者扣除、寡妇（鳏夫）扣除和捐款扣除等。这些扣除项目的金额，按法律规定，每年随物价指数进行调整。

二、美国

美国于1861年首次成功地实行了个人所得税制度。在美国，每个纳税人都有一个唯一的社会保险号码，纳税人的各项收入信息汇集在它下面。美国国内收入局在要求纳税人如实申报纳税的同时，建立了严密高效的信息稽核系统，有效地实现了对纳税人诚信纳税的监控。一旦发现问题，立即从计算机系统中调出来单独审核。对故意逃税的人将给予严厉处罚。由于个人所得账户能及时显示个人的收入流量，并按照收入状况实行累进税，所以高收入者多纳税，不确定的临时性收入也可及时征税。另外，美国个人所得税有大量的不予征收的应税所得项目、所得扣除项目和税收抵免等优惠政策。

三、韩国

为照顾低收入人群和弱势群体，韩国在征收个人所得税方面采取免征、低税率、所得扣除等措施。韩国个人所得税的“免征点”是年收入1500万韩元以下的家庭（以四口之家为标准）和年收入482万韩元以下的个体营业者。而所得扣除指的是给予一些费用优惠或免征所得税，其中包括一部分家庭生活费、医疗费、学费、保险费、特殊稿费等。

二、个人所得税的纳税人

1. 纳税人的分类

个人所得税以所得人为纳税人，以支付所得的单位或个人为扣缴义务人。个人所得税的纳税人包括中国公民、个体工商户、个人独资企业、合伙企业投资者、在中国取得所得的外籍人员（包括无国籍人员）和香港、澳门、台湾同胞。

个人所得税的纳税人依据住所和居住时间两个标准，区分为居民个人和非居民个人，分别承担不同的纳税义务。

（1）居民个人。居民个人是指在中国境内有住所，或者无住所且一个纳税年度内在中国境内居住满 183 天的个人。

所谓在中国境内有住所的个人，是指因户籍、家庭、经济利益关系而在中国境内习惯性居住的个人。这里所说的习惯性居住，是判定纳税义务人属于居民还是非居民的一个重要依据。它是指个人因学习、工作、探亲等原因消除之后，没有理由在其他地方继续居留时，所要回到的地方，而不是指实际居住或在某一个特定时期内的居住地。一个纳税人因学习、工作、探亲、旅游等原因，原来是在中国境外居住，但是在这些原因消除之后，如果必须回到中国境内居住的，则中国为该人的习惯性居住地。尽管该纳税义务人在一个纳税年度内，甚至连续几个纳税年度，都未在中国境内居住过 1 天，他仍然是中国居民纳税义务人，应就其来自全球的应纳税所得，向中国缴纳个人所得税。

（2）非居民个人。非居民个人是指在中国境内无住所又不居住，或者无住所而一个纳税年度内在中国境内居住不满 183 天的个人。在现实生活中，习惯性居住地不在中国境内的个人，只有外籍人员、华侨或香港、澳门和台湾同胞。因此，非居民纳税义务人，实际上只能是在一个纳税年度中，没有在中国境内居住，或者在中国境内居住不满 183 天的外籍人员、华侨或香港、澳门、台湾同胞。

2. 纳税义务

（1）居民个人负有无限纳税义务，其所取得的无论是来源于中国境内还是中国境外，都要在中国缴纳个人所得税。

（2）非居民纳税义务人承担有限纳税义务，即仅就其来源于中国境内的所得，向中国缴纳个人所得税。

3. 所得来源地的确定

除国务院财政、税务主管部门另有规定外，下列所得，不论支付地点是否在中国境内，均为来源于中国境内的所得：

（1）因任职、受雇、履约等在中国境内提供劳务取得的所得；

（2）将财产出租给承租人在中国境内使用而取得的所得；

（3）许可各种特许权在中国境内使用而取得的所得；

（4）转让中国境内的不动产等财产或者在中国境内转让其他财产取得的所得；

（5）从中国境内企业、事业单位、其他组织以及居民个人取得的利息、股息、红利所得。

【做中学 1】根据个人所得税法律制度的规定，下列在中国境内无住所的外籍人员中，属于 2024 年度居民个人的有（　　）。

A. 亨利 2023 年 9 月 11 日来到中国境内，2024 年 1 月 11 日离开中国境内

B. 玛莉 2023 年 10 月 1 日来到中国境内，2024 年 5 月 1 日离开中国境内

C. 约翰 2023 年 4 月 1 日来到中国境内，2024 年 12 月 1 日离开中国境内

D. 罗斯 2023 年 9 月 1 日来到中国境内，2024 年 8 月 1 日离开中国境内

【正确答案】CD

【答案解析】选项 AB，亨利和玛莉 2023 年度在中国境内居住累计均不满 183 天，属于非居民个人；选项 CD，约翰、罗斯 2023 年度在中国境内居住累计满 183 天，均属于居民个人。

三、个人所得税的征税范围

1. 工资、薪金所得

工资、薪金所得，是指个人在任职或者受雇过程中取得的工资、薪金、奖金、年终加薪、劳动分红、津贴、补贴，以及因任职或者受雇而获得的其他所得。

除工资、薪金外，奖金、年终加薪、劳动分红、津贴、补贴也按工资、薪金缴纳个人所得税。

其中，年终加薪、劳动分红不分种类和取得情况，一律按工资、薪金所得课税；津贴、补贴等则有例外。根据我国目前个人收入的构成情况，规定对于一些不属于工资、薪金性质的补贴、津贴或者不属于纳税人本人工资、薪金所得项目的收入，不予征税。这些项目包括：

①独生子女补贴；

②执行公务员工资制度未纳入基本工资总额的补贴、津贴差额和家属成员的副食品补贴；

③托儿补助费；

④差旅费津贴、误餐补助。其中，误餐补助是指按照财政部门规定，个人因公在城区、郊区工作，不能在工作单位或返回就餐，根据实际误餐顿数，按规定的标准领取的误餐费。单位以误餐补助名义发给职工的补助、津贴不包括在内。奖金是指所有具有工资性质的奖金，免税奖金的范围在税法中另有规定。

此外，税法还对各项工资性质的收入作了以下规定：

（1）个人因公务用车和通信制度改革而取得的公务用车、通信补贴收入，扣除一定标准的公务费用后，按照“工资、薪金所得”项目缴纳个人所得税；

（2）退休人员再任职取得的收入，在减除按税法规定的扣除标准后，按“工资、薪金所得”项目缴纳个人所得税；

（3）离退休人员按规定领取离退休工资或养老金外，另从原任职单位取得的各种补贴、奖金、实物，不属于免税项目，应按“工资、薪金所得”项目缴纳个人所得税；

（4）出租汽车经营单位对出租车驾驶员采取单车承包或承租方式运营，出租车驾驶员从事客货营运取得的收入按“工资、薪金所得”项目缴纳个人所得税。

（5）企业和单位对营销业绩突出的雇员以培训班、研讨会、工作考察等名义组织旅游活动，通过免收差旅费、旅游费对个人实行的营销业绩奖励（包括实物、有价证券等），全额并入营销人员当期的工资、薪金，按“工资、薪金所得”项目缴纳计征个人所得税。

2. 劳务报酬所得

劳务报酬所得，是指个人从事劳务取得的所得，包括从事设计、装潢、安装、制图、化验、测试、医疗、法律、会计、咨询、讲学、翻译、审稿、书画、雕刻、影视、录音、录像、演出、表演、广告、展览、技术服务、介绍服务、经纪服务、代办服务以及其他劳务取得的所得。

在现实生活中，税法还对下列应税行为作出了明确的规定：

（1）在校学生因参与勤工俭学活动（包括参与学校组织的勤工俭学活动）而取得

属于《个人所得税法》规定的应税所得项目的所得，应依法缴纳个人所得税。

（2）个人担任董事职务所取得的董事费收入分两种情形：个人担任公司董事、监事，且不在公司任职、受雇的情形，属于劳务报酬性质，按“劳务报酬所得”项目征税；个人在公司（包括关联公司）任职、受雇，同时兼任董事、监事的，应将董事费、监事费与个人工资收入合并，统一按“工资、薪金所得”项目缴纳个人所得税。

（3）个人无须经政府有关部门批准并取得执照举办学习班、培训班的，其取得的办班收入属于“劳务报酬所得”应税项目，应按税法规定缴纳个人所得税；

（4）个人兼职取得的收入应按照“劳务报酬所得”项目缴纳个人所得税；

（5）证券经纪人从证券公司取得的佣金收入，应按照“劳务报酬所得”项目缴纳个人所得税。

（6）企业和单位对营销业绩突出的非雇员以培训班、研讨会、工作考察等名义组织旅游活动，通过免收差旅费、旅游费对个人实行的营销业绩奖励（包括实物、有价证券等），全额并入该营销人员当期的劳务收入，按照“劳务报酬所得”项目缴纳个人所得税。

探究与分享

劳务报酬所得与工资、薪金所得的区别

根据《国家税务总局关于印发〈征收个人所得税若干问题的规定〉的通知》（国税发〔1994〕89号）第十九条规定：“工资、薪金所得是属于非独立个人劳务活动，即在机关、团体、学校、部队、企事业单位及其他组织中任职、受雇而得到的报酬；劳务报酬所得则是个人独立从事各种技艺、提供各项劳务取得的报酬。两者的主要区别在于，前者存在雇佣与被雇佣关系，后者则不存在这种关系。

【做中学2】根据个人所得税法律制度的规定，下列情形中，属于“工资、薪金所得”的是（　　）。

A. 在校大学生被律师以个人名义聘请为其工作而取得的报酬

B. 演员以个人名义应邀参加某电视台综艺节目取得的报酬

C. 教师以个人名义到外校进行学术讲座获得的报酬

D. 研究人员从任职单位取得的科研奖励收入

【正确答案】D

【答案解析】选项ABC，属于“劳务报酬所得”。

3. 稿酬所得

稿酬所得是指个人因其作品以图书、报刊形式出版、发表而取得的所得。这里所说的作品，包括文学作品、书画作品、摄影作品，以及其他作品。作者去世后，财产继承人取得的遗作稿酬，亦应征收个人所得税。

特殊规定：

（1）任职、受雇于报刊等单位的记者、编辑等专业人员，在本单位的报刊、杂志上发表作品取得的所得，应与其当月工资收入合并按“工资、薪金项目”缴纳个人所得税；除上述专业人员以外，其他人员在本单位的报刊、杂志上发表作品取得的所得，应按“稿酬所得”项目缴纳个人所得税。

（2）出版社的专业作者撰写、编写或翻译的作品，由本社以图书形式出版取得的稿费收入按“稿酬所得”项目缴纳个人所得税。

4. 特许权使用费所得

特许权使用费所得，是指个人提供专利权、商标权、著作权、非专利技术以及其他特许权的使用权取得的所得；提供著作权的使用权取得的所得，不包括稿酬所得。

特殊规定：

（1）提供著作权的使用权取得的所得，不包括稿酬的所得，对于作者将自己的文字作品手稿原件或复印件公开拍卖（竞价）取得的所得，属于提供著作权的使用所得，故应按“特许权使用费所得”项目缴纳个人所得税。

（2）个人取得特许权的经济赔偿收入，应按“特许权使用费所得”应税项目缴纳个人所得税，税款由支付赔款的单位或个人代扣代缴。

（3）从2002年5月1日起，编剧从电视剧制作单位取得的剧本使用费，不区分剧本的使用方是否为其任职单位，统一按“特许权使用费所得”项目缴纳个人所得税。

前款第1项至第4项所得又称为综合所得，居民个人按纳税年度合并计算个人所得税，非居民个人按月或者按次分项计算个人所得税。

5. 经营所得

经营所得，是指：

（1）个体工商户从事生产、经营活动取得的所得，个人独资企业投资人、合伙企业的个人合伙人来源于境内注册的个人独资企业、合伙企业生产、经营的所得；

（2）人依法从事办学、医疗、咨询以及其他有偿服务活动取得的所得；

（3）个人对企业、事业单位承包经营、承租经营以及转包、转租取得的所得；

（4）个人从事其他生产、经营活动取得的所得。

特殊规定，如表6－1所示。

表6－1

所得项目		所属税目
与生产经营无关的所得		按有关规定计征
出租车司机	出租车属于个人所有	经营所得
	单车承包或承租方式运营	工资、薪金所得
企业为个人购买资应	个人独资企业、合伙企业投资者＋家庭成员	经营所得
	“非”个人独资企业、合伙企业投资者＋家庭成员	利息、股息、红利所得
	企业其他成员	工资、薪金所得

6. 利息、股息、红利所得

利息、股息、红利所得，是指个人拥有债权、股权而取得的利息、股息、红利所得。利息，是指个人拥有债权而取得的利息，包括存款利息、贷款利息和各种债券的利息。按税法规定，个人取得的利息所得，除国债和国家发行的金融债券利息外，应当依法缴纳个人所得税。股息、红利，是指个人拥有股权取得的股息、红利。按照一定的比率对每股发给的观金叫股息；公司、企业应分配的利润，按股份分配的叫红利。股息、红利所得，除另有规定外，都应当缴纳个人所得税。

7. 财产租赁所得

财产租赁所得是指个人出租不动产、机器设备、车船以及其他财产取得的所得。个人取得的财产转租收入，属于“财产租赁所得”的征税范围。在确认纳税人时，应以产权凭证为依据；对无产权凭证的，由主管税务机关根据实际情况确定。产权所有人死亡，在未办理产权继承手续期间，该财产出租而有租金收入的，以领取租金的个人为纳税人。

房地产开发企业与商店购买者个人签订协议，以优惠价格出售其开发的商店给购买者个人，购买者个人在一定期限内必须将购买的商店无偿提供给房地产企业对外出租使用。购买者个人少支付的购房价款，按“财产租赁所得”征税。

8. 财产转让所得

财产转让所得指个人转让有价证券、股权、建筑物、土地使用权、机器设备、车船以及其他财产取得的所得。目前我国对股票转让所得暂免征收个人所得税。

下列情形按“财产转让所得”计算缴纳个人所得税：

（1）个人通过网络收购玩家的虚拟货币，加价后向他人出售取得的收入；

（2）对个人转让限售股取得的所得；

（3）个人因各种原因终止投资、联营、经营合作等行为，从被投资企业或合作项目、被投资企业的其他投资者以及合作项目的经营合作人取得股权转让收入、违约金、补偿金、赔偿金以及其他名目收回的款项等，均属于个人所得税应税收入。

9. 偶然所得

偶然所得，是指个人得奖、中奖、中彩以及其他偶然性质的所得。得奖是指参加各种有奖竞赛活动，取得名次得到的奖金；中奖、中彩是指参加各种有奖活动，如有奖销售、有奖储蓄或者购买彩票，经过规定程序，抽中、摇中号码而取得的奖金。偶然所得应缴纳的个人所得税税款，一律由发奖单位或机构代扣代缴。

个人取得的所得，难以界定应纳税所得项目的，由主管税务机关确定。

个人所得的形式，包括现金、实物、有价证券和其他形式的经济利益。所得为实物的，应当按照取得的凭证上所注明的价格计算应纳税所得额，无凭证的实物或者凭证上所注明的价格明显偏低的，参照市场价格核定应纳税所得额；所得为有价证券的，根据票面价格和市场价格核定应纳税所得额；所得为其他形式的经济利益的，参照市场价格核定应纳税所得额。

【做中学3】 下列各项中，应按“财产转让所得”税目计征个人所得税的有（　　）。

A. 转让机器设备所得　　B. 提供著作权的使用权所得

C. 转让股权所得　　D. 提供非专利技术使用权所得

【正确答案】 AC

【答案解析】 选项BD，“无形资产”（土地使用权除外）使用权、所有权的转让均应按“特许权使用费所得”税目计征个人所得税。

四、个人所得税的税率

我国个人所得税采用超额累进税率和比例税率两种形式。

（一）超额累进税率

1. 居民个人综合所得

综合所得（工资薪金所得、劳务报酬所得、稿酬所得、特许权使用费所得），适用3%至45%的超额累进税率，见表6-2。

表6-2 个人所得税税率表一

（综合所得适用）

级数	全年应纳税所得额	税率/%	速算扣除数
1	不超过36 000元的	3	0
2	超过36 000元至144 000元的部分	10	2 520
3	超过144 000元至300 000元的部分	20	16 920
4	超过300 000元至420 000元的部分	25	31 920
5	超过420 000元至660 000元的部分	30	52 920
6	超过660 000元至960 000元的部分	35	85 920
7	超过960 000元的部分	45	181 920

注1：本表所称全年应纳税所得额是指居民个人取得综合所得以每一纳税年度收入额减除费用六万元以及专项扣除、专项附加扣除和依法确定的其他扣除后的余额。

注2：非居民个人取得工资、薪金所得，劳务报酬所得，稿酬所得和特许权使用费所得，依照本表按月换算后计算应纳税额。

2. 居民个人经营所得

经营所得（个体工商户的生产、经营所得、对企事业单位的承包经营、承租经营所得、个人独资企业和合伙企业的生产经营所得），适用5%至35%的超额累进税率，见表6-3。

表6-3 个人所得税税率表二

（经营所得适用）

级数	全年应纳税所得额	税率（%）	速算扣除数
1	不超过30 000元的	5	0
2	超过30 000元至90 000元的部分	10	1 500
3	超过90 000元至300 000元的部分	20	10 500
4	超过300 000元至500 000元的部分	30	40 500
5	超过500 000元的部分	35	65 500

注：本表所称全年应纳税所得额是指以每一纳税年度的收入总额减除成本、费用以及损失后的余额。

3. 预扣预缴适用税率表

预扣预缴适用税率，见表6－4、表6－5。

表6－4　　个人所得税预扣率表一

（居民个人工资、薪金所得预扣预缴适用）

级数	累计预扣预缴应纳税所得额	预扣率（%）	速算扣除数
1	不超过36 000元的部分	3	0
2	超过36 000元至144 000元的部分	10	2 520
3	超过144 000元至300 000元的部分	20	16 920
4	超过300 000元至420 000元的部分	25	31 920
5	超过420 000元至660 000元的部分	30	52 920
6	超过660 000元至960 000元的部分	35	85 920
7	超过960 000元的部分	45	181 920

表6－5　　个人所得税预扣率表二

（居民个人劳务报酬所得预扣预缴适用）

级数	预扣预缴应纳税所得额	预扣率（%）	速算扣除数
1	不超过20 000元的	20	0
2	超过20 000元至50 000元的部分	30	2 000
3	超过50 000元的部分	40	7 000

4. 非居民个人

非居民个人的工资、薪金所得，以每月收入额减除费用5 000元后的余额为应纳税所得额；劳务报酬所得、稿酬所得、特许权使用费所得，以每次收入额为应纳税所得额，适用按月换算后的非居民个人月度税率表（见表6－6）计算应纳税额。

表6－6　　个人所得税税率表三

（非居民个人工资、薪金所得，劳务报酬所得，稿酬所得，特许权使用费所得适用）

级数	应纳税所得额	税率（%）	速算扣除数
1	不超过3 000元的	3	0
2	超过3 000元至12 000元的部分	10	210
3	超过12 000元至25 000元的部分	20	1 410
4	超过25 000元至35 000元的部分	25	2 660
5	超过35 000元至55 000元的部分	30	4 410
6	超过55 000元至80 000元的部分	35	7 160
7	超过80 000元的部分	45	15 160

这里需要说明的是，由于综合所得所得在计算应纳个人所得税额时，适用的是超额累进税率，所以，计算比较烦琐。运用速算扣除数计算法，可以简化计算过程。速算扣除数是指在采用超额累进税率征税的情况下，根据超额累进税率表中划分的应纳税所得

额级距和税率，先用全额累进方法计算出税额，再减去用超额累进方法计算的应征税额以后的差额。当超额累进税率表中的级距和税率确定以后，各级速算扣除数也固定不变，成为计算应纳税额时的常数。

（二）比例税率

利息、股息、红利所得，财产租赁所得，财产转让所得，偶然所得和其他所得，适用比例税率，税率为20%。

项目二 个人所得税应纳税额计算

我国现行的个人所得税实行综合征收与分类征收相结合的方法。

对于居民个人而言，工资、薪金所得，劳务报酬所得，稿酬所得，特许权使用费所得属于综合所得。居民个人取得综合所得，按纳税年度合并计算个人所得税；有扣缴义务人的，由扣缴义务人按月或者按次预扣预缴税款，年度汇算清缴。

对于非居民个人而言，没有综合所得概念，非居民个人取得工资、薪金所得，劳务报酬所得，稿酬所得，特许权使用费所得，实行按月或者按次分项计算个人所得税；有扣缴义务人的，由扣缴义务人代扣代缴个人所得税，非居民个人无须汇算清缴。

对经营所得，利息、股息、红利所得，财产租赁所得，财产转让所得，偶然所得，仍采用分类征税方式，按照税法规定分别计算个人所得税。

一、居民个人综合所得应纳税额的计算

居民个人取得的综合所得，按年计算个人所得税；有扣缴义务人的，由扣缴义务人按月或者按次预扣预缴税款。

（一）居民个人综合所得年度汇算清缴

居民个人综合所得，以每一纳税年度的收入额减除基本费用60 000元以及专项扣除、专项附加扣除和依法确定的其他扣除后的余额，为应纳税所得额。综合所得年度税率和速算扣除数表见表6-1。

公式为：

应纳税所得额＝年度的收入额－6万－专项扣除－专项附加扣除－其他扣除

应纳税额＝应纳税所得额×适用税率－速算扣除数

1. 收入额的确定

在确定居民个人综合所得的收入额时，按照下列标准确定：

劳务报酬所得、稿酬所得、特许权使用费所得以收入减除20%的费用后的余额为收入额。稿酬所得的收入额减按70%计算。也就是说，在确定收入额时：

（1）劳务报酬所得、特许权使用费所得按照收入的80%确定收入额；

（2）稿酬所得按照收入的56%确定收入额。

2. 扣除项目的规定

专项扣除、专项附加扣除和依法确定的其他扣除，以居民个人一个纳税年度的应纳税所得额为限额；一个纳税年度扣除不完的，不结转以后年度扣除。综合所得的扣除项目规定，如表6－7所示。

表6－7　　居民个人综合所得扣除项目规定

<table>
<tr><td colspan="2">扣除项目</td><td colspan="3">具体规定</td></tr>
<tr><td colspan="2">基本费用</td><td colspan="3">每年60 000元</td></tr>
<tr><td colspan="2">专项扣除</td><td colspan="3">居民个人按照国家规定的范围和标准缴纳的基本养老保险、基本医疗保险、失业保险等社会保险费和住房公积金等。</td></tr>
<tr><td rowspan="12">专项附加扣除</td><td rowspan="6">子女教育</td><td rowspan="2">扣除范围</td><td>学前教育支出</td><td>学历教育支出</td></tr>
<tr><td>满3周岁至小学入学前一月</td><td>义务教育（小学和初中教育）、高中阶段教育（普通高中、中等职业教育）、高等教育（大学专科、大学本科、硕士研究生、博士研究生教育）</td></tr>
<tr><td>扣除方式</td><td>定额扣除</td><td>定额扣除</td></tr>
<tr><td>扣除标准</td><td colspan="2">2 000元/月/每个子女</td></tr>
<tr><td>扣除主体</td><td colspan="2">父母（法定监护人）各扣除50%
父母（法定监护人）选择一方全额扣除</td></tr>
<tr><td>注意事项</td><td colspan="2">1. 子女在境内学校或境外学校接受教育，在公办学校或者民办学校接受教育均可享受。
2. 子女已经不再接受全日制学历教育的不可以填报子女教育专项附加扣除。
3. 具体扣除方式在一个纳税年度内不能变更。
4. 纳税人子女在中国境外接受教育的，纳税人应当留存境外学校录取通知书、留学签证等相关教育的证明资料备查。</td></tr>
<tr><td rowspan="6">继续教育</td><td rowspan="2">扣除范围</td><td>学历继续教育支出</td><td>技能人员职业资格继续教育
专业技术人员职业资格继续教育</td></tr>
<tr><td>境内学历（学委）教育期间</td><td>取得证书的年度</td></tr>
<tr><td>扣除方式</td><td>定额扣除</td><td>定额扣除</td></tr>
<tr><td>扣除标准</td><td>400元/月
最长不超过48个月</td><td>3 600元</td></tr>
<tr><td>扣除主体</td><td>1. 本人扣除；
2. 个人接受本科（含）以下学历（学位）继续教育，可以选择由其父母扣除。</td><td>本人扣除</td></tr>
<tr><td>注意事项</td><td colspan="2">1. 对同时接受多个学历继续教育，或者同时取得多个职业资格证书的，只需填报其中一个即可。但如果同时存在学历继续教育、职业资格继续教育两类教育情形，则每一类都要填写。
2. 纳税人接受技能人员职业资格继续教育、专业技术人员职业资格继续教育的，应当留存相关证书等资料备查。</td></tr>
</table>

续表

<table>
<tr><td rowspan="18">专项附加扣除</td><td rowspan="6">大病医疗</td><td rowspan="2">扣除范围</td><td colspan="3">基本医保相关医药费除去医保报销后发生的支出</td></tr>
<tr><td colspan="3">个人负担（医保目录范围内的自付部分）累计超过15 000元的部分</td></tr>
<tr><td>扣除方式</td><td colspan="3">限额内据实扣除</td></tr>
<tr><td>扣除标准</td><td colspan="3">每年在80 000元限额内据实扣除</td></tr>
<tr><td>扣除主体</td><td colspan="3">1. 医药费用支出可以选择本人或者其配偶扣除；
2. 未成年子女发生的医药费用支出可以选择由其父母一方扣除。</td></tr>
<tr><td>注意事项</td><td colspan="3">1. 次年汇算清缴时享受扣除。
2. 纳税人应当留存大病患者医药服务收费及医保报销相关票据原件或复印件，或者医疗保障部门出具的纳税年度医药费用清单等资料备查。</td></tr>
<tr><td rowspan="6">住房贷款利息</td><td rowspan="2">扣除范围</td><td colspan="3">纳税人本人或其配偶单独或共同使用商业银行或住房公积金个人住房贷款为本人或其配偶购买中国境内住房，发生的首套住房贷款利息支出</td></tr>
<tr><td colspan="3">实际发生贷款利息的年度
（不超过240个月）</td></tr>
<tr><td>扣除方式</td><td colspan="3">定额扣除</td></tr>
<tr><td>扣除标准</td><td colspan="3">1 000元/月</td></tr>
<tr><td>扣除主体</td><td colspan="3">1. 经夫妻双方约定，可以选择由其中一方扣除，具体扣除方式在一个纳税年度内不能变更。
2. 夫妻双方婚前分别购买住房发生的首套住房贷款，其贷款利息支出，婚后可以选择其中一套购买的住房，由购买方按扣除标准的100%扣除，也可以由夫妻双方对各自购买的住房分别按扣除标准的50%扣除，具体扣除方式在一个纳税年度内不能变更。</td></tr>
<tr><td>注意事项</td><td colspan="3">1. 首套住房贷款是指购买住房享受首套住房贷款利率的住房贷款；
2. 纳税人应当留存住房贷款合同、贷款还款支出凭证。
3. 纳税人只能享受一次首套住房贷款的利息扣除。</td></tr>
<tr><td rowspan="6">住房租金</td><td rowspan="2">扣除范围</td><td colspan="3">纳税人在主要工作城市没有自有住房而发生的住房租金支出</td></tr>
<tr><td>直辖市、省会（首府）城市、计划单列市以及国务院确定的其他城市</td><td>市辖区户籍人
>100万</td><td>市辖区户籍人
≤100万</td></tr>
<tr><td>扣除方式</td><td colspan="3">定额扣除</td></tr>
<tr><td>扣除标准</td><td>1 500元/月</td><td>1 000元/月</td><td>800元/月</td></tr>
<tr><td>扣除主体</td><td colspan="3">1. 签订租赁合同的承租人；
2. 夫妻双方主要工作城市相同：只能由一方（即承租人）扣除；
3. 夫妻双方主要工作城市不同，且各自在其主要工作城市都没有住房的，分别扣除。</td></tr>
<tr><td>注意事项</td><td colspan="3">1. 主要工作城市是指纳税人任职受雇的直辖市、计划单列市、副省级城市、地级市（地区、州、盟）全部行政区域范围；纳税人无任职受雇单位的，为受理其综合所得汇算清缴的税务机关所在城市。
2. 夫妻双方主要工作城市相同的，只能由一方扣除住房租金支出。夫妻双方主要工作城市不相同的，且各自在其主要工作城市都没有住房的，可以分别扣除住房租金支出。
3. 住房租金支出由签订租赁住房合同的承租人扣除。
4. 纳税人及其配偶不得同时分别享受住房贷款利息专项附加扣除和住房租金专项附加扣除。
5. 纳税人应当留存住房租赁合同。</td></tr>
</table>

续表

<table>
<tr><td rowspan="12">专项附加扣除</td><td rowspan="6">赡养老人</td><td rowspan="2">扣除范围</td><td colspan="2">1. 纳税人赡养一位及以上赡养人的赡养支出；
2. 被赡养人是指年满60周岁（含）的父母，以及子女均已去世的年满60周岁的祖父母、外祖父母。</td></tr>
<tr><td>独生子女</td><td>非独生子女</td></tr>
<tr><td>扣除方式</td><td>定额扣除</td><td>定额扣除</td></tr>
<tr><td>扣除标准</td><td>3 000元/月</td><td>每人不超过1 500元/月
（分摊每月3 000元的扣除额度）</td></tr>
<tr><td>扣除主体</td><td>本人扣除</td><td>平均分摊：赡养人平均分摊
约定分摊：赡养人自行约定分摊比例
指定分摊：由被赡养人指定分摊比例</td></tr>
<tr><td>注意事项</td><td colspan="2">1. 父母，是指生父母、继父母、养父母。子女，是指婚生子女、非婚生子女、继子女、养子女。父母之外的其他人担任未成年人的监护人的，比照该条规定执行；
2. 指定分摊及约定分摊必须签订书面协议；
3. 指定分摊由于约定分摊；
4. 具体分摊方式在一个纳税年度内不得变更。</td></tr>
<tr><td rowspan="6">3岁以下婴幼儿照护</td><td rowspan="2">扣除范围</td><td colspan="2">纳税人照护3岁以下婴幼儿的相关支出</td></tr>
<tr><td colspan="2">从婴幼儿出生的当月至年满3周岁的前一个月</td></tr>
<tr><td>扣除方式</td><td colspan="2">定额扣除</td></tr>
<tr><td>扣除标准</td><td colspan="2">2 000元/月/孩</td></tr>
<tr><td>扣除主体</td><td colspan="2">父母（监护人）可以选择由其中一方按扣除标准的100%扣除。
父母（监护人）也可以选择由双方分别按扣除标准的50%扣除。</td></tr>
<tr><td>注意事项</td><td colspan="2">1. 具体扣除方式在一个纳税年度内不能变更。
2. 纳税人需要留存子女的出生医学证明等资料备查。</td></tr>
<tr><td rowspan="4">依法确定的其他扣除</td><td colspan="2">企业年金
职业年金</td><td colspan="2">1. 个人根据国家有关政策规定缴付的年金个人缴费部分，在不超过本人缴费工资计税基数的4%标准内的部分，暂从个人当期的应纳税所得额中扣除。
2. 单位按照有关规定缴费部分：免征个人所得税。</td></tr>
<tr><td colspan="2">商业健康保险</td><td colspan="2">对个人购买符合规定的商业健康保险产品的支出，允许在当年（月）计算应纳税所得额时予以税前扣除，扣除限额为2 400元/年（200元/月）。
单位统一为员工购买符合规定的商业健康保险产品的支出，应分别计入员工个人工资薪金，视同个人购买，按上述限额予以扣除。</td></tr>
<tr><td colspan="2">商业养老保险</td><td colspan="2">根据《关于开展个人税收递延型商业养老保险试点的通知》（财税〔2018〕22号）第一条第一款：“自2018年5月1日起，在上海市、福建省（含厦门市）和苏州工业园区实施个人税收递延型商业养老保险试点。试点期限暂定一年。”和第一条第二款第一项：“取得工资薪金、连续性劳务报酬所得的个人，其缴纳的保费准予在申报扣除当月计算应纳税所得额时予以限额据实扣除，扣除限额按照当月工资薪金、连续性劳务报酬收入的6%和10 00元孰低办法确定。”对试点地区符合条件的商业养老保险支出，允许按照规定限额扣除。</td></tr>
<tr><td colspan="2">其他项目</td><td colspan="2">国务院规定可以扣除的其他项目</td></tr>
</table>

探究与分享

国务院印发《关于提高个人所得税有关专项附加扣除标准的通知》

为进一步减轻家庭生育养育和赡养老人负担，依据《中华人民共和国个人所得税法》有关规定，国务院日前印发《关于提高个人所得税有关专项附加扣除标准的通知》，决定提高3岁以下婴幼儿照护、子女教育、赡养老人个人所得税专项附加扣除标准。自2023年1月1日起，3岁以下婴幼儿照护专项附加扣除标准，由每个婴幼儿每月1 000元提高到2 000元；子女教育专项附加扣除标准，由每个子女每月1 000元提高到2 000元；赡养老人专项附加扣除标准，由每月2 000元提高到3 000元，其中独生子女按照每月3 000元的标准定额扣除，非独生子女与兄弟姐妹分摊每月3 000元的扣除额度，每人分摊的额度不能超过每月1 500元。通知发布后，纳税人在9月份纳税申报期可按提高后的扣除标准执行，也可以在2 023年度个人所得税汇算清缴时执行。

【例6－1】 某职员2024年每月应发工资均为30 000元，每月减除费用5 000元，"三险一金"等专项扣除为4 500元，享受子女教育、赡养老人两项专项附加扣除共计5 000元，假设没有减免收入及减免税额等情况。每月取得劳务报酬所得8 000元。11月取得稿酬所得40 000元，12月取得特许权使用费所得2 000元。每月没有其他综合所得收入。用汇算清缴的方法计算该职员2024年的综合所得的个人所得税。

【答案】

汇算清缴计算解析：

工资收入额 $=30\ 000\times12=360\ 000$（元）

劳务报酬收入额 $=8\ 000\times12\times(1-20\%)=76\ 800$（元）

稿酬收入额 $=40\ 000\times(1-20\%)\times70\%=22\ 400$（元）

特许权使用费收入额 $=2\ 000\times(1-20\%)=1\ 600$（元）

综合收入额 $=360\ 000+76\ 800+22\ 400+1\ 600=460\ 800$（元）

各项扣除总额 $=(5\ 000+4\ 500+5\ 000)\times12=174\ 000$ 元，每月减除费用5 000元，"三险一金"等专项扣除为4 500元，享受子女教育、赡养老人两项专项附加扣除共计2 000元。

应纳税所得额 $=460\ 800-174\ 000=286\ 800$（元）

应纳税额 $=286\ 800\times20\%-16\ 920=40\ 440$（元）

【做中学4】 中国居民李某每月工资20 000元。李某为独生子，父母均已年满60岁，女儿正在上小学，儿子未满3岁。已知子女教育专项附加扣除由李某按照每个子女每月2 000元的标准定额扣除；赡养老人专项附加扣除标准为3 000元/月。李某每月可享受的个人所得税专项附加扣除总金额为（　　）。

A. 4 000元　　B. 5 000元　　C. 6 000元　　D. 7 000元

【正确答案】 D

【答案解析】（1）本题中，李某的儿子未满3周岁可以扣除3岁以下婴幼儿照护费用2 000元，女儿上小学，因此子女教育支出的每月扣除标准为2 000（元）；（2）赡养老人支出要求父母其中一方年满 60 周岁，本题中，李某的父母均已年满 60 周岁，满足条件可以按月扣除 3 000 元；(3) 李某每月可享受的个人所得税专项附加扣除总金额 = 2 000 + 2 000 + 3 000 = 7 000 (元)。

(二) 居民个人综合所得的预扣预缴

扣缴义务人在向居民个人支付综合所得时，需要预扣预缴个人所得税。

1. 工资、薪金所得的预扣预缴

扣缴义务人向居民个人支付工资、薪金所得时，应当按照累计预扣法计算预扣税款，并按月办理全员全额扣缴申报。具体计算公式如下：

本期应预扣预缴税额 =(累计预扣预缴应纳税所得额 × 预扣率 - 速算扣除数) - 累计减免税额 - 累计已预扣预缴税额

累计预扣预缴应纳税所得额 = 累计收入 - 累计免税收入 - 累计减除费用 - 累计专项扣除 - 累计专项附加扣除 - 累计依法确定的其他扣除

其中：累计减除费用，按照 5 000 元/月乘以纳税人当年截至本月在本单位的任职受雇月份数计算。

上述公式中，计算居民个人工资、薪金所得预扣预缴税额的预扣率、速算扣除数，按《个人所得税预扣率表一》(见表 6 - 3) 执行。

【例 6 - 2】 某职员甲 2019 年入职，2024 年每月应发工资均为 10 000 元，每月减除费用 5 000 元，“三险一金”等专项扣除为 1 500 元，从 1 月起享受子女教育专项附加扣除 2 000 元，假设没有减免收入及减免税额等情况。以前三个月为例，应当按照以下方法计算预扣预缴税额：

1 月份：(10 000 - 5 000 - 1 500 - 2 000) × 3% = 45 (元)；

2 月份：(10 000 × 2 - 5 000 × 2 - 1 500 × 2 - 2 000 × 2) × 3% - 45 = 45 (元)；

3 月份：(10 000 × 3 - 5 000 × 3 - 1 500 × 3 - 2 000 × 3) × 3% - 45 - 45 = 45 (元)；

【例 6 - 3】 职工乙 2019 年入职某公司，2024 年月每月工资收入为 30 000 元，每月减除费用 5 000 元，“三险一金”等专项扣除为 4 500 元，享受子女教育、赡养老人两项专项附加扣除共计 5 000 元，没有减免收入及减免税额等情况。以前三个月为例，应当按照以下方法计算预扣预缴税额：

1 月份：(30 000 - 5 000 - 4 500 - 5 000) × 3% = 465 (元)

2 月：(30 000 × 2 - 5 000 × 2 - 4 500 × 2 - 5 000 × 2) × 3% - 465 = 465 (元)

3 月：(30 000 × 3 - 5 000 × 3 - 4 500 × 3 - 5 000 × 3) × 10% - 2 520 - 465 - 465 = 1 200 (元)

由于乙 3 月累计预扣预缴的应纳税所得额为 46 500 元，已适用 10% 的税率，因此 3 月应预扣预缴税金有所增加。

2. 劳务报酬所得、稿酬所得、特许权使用费所得的预扣预缴

扣缴义务人向居民个人支付劳务报酬所得、稿酬所得、特许权使用费所得时应当按次或者按月预扣预缴个人所得税。

劳务报酬所得、稿酬所得、特许权使用费所得，以每次收入额为预扣预缴应纳税所

得额。劳务报酬所得适用20%至40%的超额累进预扣率（见表6－4），稿酬所得、特许权使用费所得适用20%的比例预扣率。

（1）收入额的确定。劳务报酬所得、稿酬所得、特许权使用费所得每次收入不超过4 000元的，减除800元费用后作为收入额；每次收入超过4 000元的，减除20%费用后作为收入额。其中，稿酬所得的收入额减按70%计算。

（2）每次收入的确定。劳务报酬所得、稿酬所得、特许权使用费所得，属于一次性收入的，以取得该项收入为一次；属于同一项目连续性收入的，以一个月内取得的收入为一次。

稿酬所得，以每次出版、发表取得的收入为一次，具体可分为：

①同一作品再版取得的所得，应视为另一次稿酬所得计征个人所得税；

②同一作品先在报刊上连载，再出版，或者先出版，再在报刊上连载的，应视为两次稿酬所得征税，即连载作为一次，出版作为另一次；同一作品在报刊上连载取得收入的，以连载完成后取得的所有收入合并为一次，计征个人所得税。

③同一作品在出版和发表时，以预付稿酬或分次支付稿酬等形式取得的收入，应合并计算为一次。

④同一作品出版、发表后，因添加印数而追加稿酬的，应与以前出版、发表时取得的稿酬合并计算为一次，计征个人所得税。

（3）应纳税额的计算，如表6－8所示。

表6－8

税目	预扣预缴的应纳税所得额（收入额）		预扣率	预扣预缴税额
劳务报酬所得	每次收入≤4 000	收入－800	3级超额累进预扣率（见表6－4）	预扣预缴应纳税所得额×预扣率－速算扣除数
	每次收入>4 000	收入×(1－20%)		
特许权使用费所得	每次收入≤4 000	收入－800	20%比例预扣率	预扣预缴应纳税所得额×20%
	每次收入>4 000	收入×(1－20%)		
稿酬所得	每次收入≤4 000	(收入－800)×70%	20%比例预扣率	预扣预缴应纳税所得额×20%
	每次收入>4 000	收入×（1－20%）×70%		

【例6－4】假如居民A个人取得劳务报酬所得2 000元，则这笔所得应预扣预缴税额计算过程为：

预扣预缴应纳税所得额：2 000－800＝1 200（元）

应预扣预缴税额：1 200×20%＝240（元）

【例6－5】假如居民A个人取得稿酬所得40 000元，则这笔所得应预扣预缴税额计算过程为：

预扣预缴应纳税所得额：（40 000－40 000×20%）×70%＝22 400（元）

应预扣预缴税额：22 400×20%＝4 480（元）

【例6－6】假如居民A个人取得特许权使用费所得2 000元，则这笔所得应预扣预缴税额计算过程为：

预扣预缴应纳税所得额：2 000－800＝1 200（元）

应预扣预缴税额：1 200 ×20% =240（元）

【例 6 -7】假如某居民个人 A，每月取得劳务报酬所得 8 000 元。11 月取得稿酬所得 40 000 元，12 月取得特许权使用费所得 2 000 元。每月没有其他综合所得收入。每月减除费用 5 000 元，“三险一金”等专项扣除为 4 500 元，享受子女教育、赡养老人两项专项附加扣除共计 5 000 元，假设没有减免收入及减免税额等情况。计算该居民 2024 年劳务报酬、稿酬、特许权使用费需要预缴的个人所得税。

【答案解析】

（1）每月预扣预缴。

每月劳务费预扣预缴个税 =8 000 ×（1 -20%）×20% -0 =1 280（元）

1 -12 月劳务费预扣预缴个税 =1 280 ×12 =15 360（元）

11 月稿酬所得，预扣预缴应纳税所得额：（40 000 -40 000 ×20%）×70% =22 400（元）

应预扣预缴税额：22 400 ×20% =4 480（元）

12 月特许权使用费所得，特许权使用费所得 2 000 元，则这笔所得应预扣预缴税额计算过程为：预扣预缴应纳税所得额：2 000 -800 =1 200（元）

应预扣预缴税额：1 200 ×20% =240（元）

根据以上计算，2024 年 1 -12 月，合计预扣预缴个税为 15 360 +4 480 +240 =20 080（元）。

【例 6 -8】居民小张从北京某互联网甲公司每月取得税前工资 20 000 元，年收入 240 000 元，每月个人负担社保 2 100 元，公积金 2 400 元，假设每月允许扣除的专项附加扣除额为 3 600 元，无劳务报酬等其他综合收入，也未发生大病医疗。其个税计算如下：

1 月份：（20 000 -5 000 -2 100 -2 400 -3 600）×3% =207（元）；

2 月份：（20 000 ×2 -5 000 ×2 -2 100 ×2 -2 400 ×2 -3 600 ×2）×3% -207 =207（元）；

3 月份：（20 000 ×3 -5 000 ×3 -2 100 ×3 -2 400 ×3 -3 600 ×3）×3% -207 -207 =207（元）；

后续月份，如表 6 -9 所示。

表 6 -9

项目 期间	税前工资	社保（个人）	公积金（个人）	减除费用	专项附加扣除	累计所得额	应纳税额
2024 年 1 月	¥20 000.00	¥2 100.00	¥2 400.00	¥5 000.00	¥3 600.00	¥6 900.00	¥207.00
2024 年 2 月	¥20 000.00	¥2 100.00	¥2 400.00	¥5 000.00	¥3 600.00	¥13 800.00	¥207.00
2024 年 3 月	¥20 000.00	¥2 100.00	¥2 400.00	¥5 000.00	¥3 600.00	¥20 700.00	¥207.00
2024 年 4 月	¥20 000.00	¥2 100.00	¥2 400.00	¥5 000.00	¥3 600.00	¥27 600.00	¥207.00
2024 年 5 月	¥20 000.00	¥2 100.00	¥2 400.00	¥5 000.00	¥3 600.00	¥34 500.00	¥207.00
2024 年 6 月	¥20 000.00	¥2 100.00	¥2 400.00	¥5 000.00	¥3 600.00	¥4 1 400.00	¥585.00
2024 年 7 月	¥20 000.00	¥2 100.00	¥2 400.00	¥5 000.00	¥3 600.00	¥48 300.00	¥690.00

续表

期间 \ 项目	税前工资	社保（个人）	公积金（个人）	减除费用	专项附加扣除	累计所得额	应纳税额
2024年8月	¥20 000.00	¥2 100.00	¥2 400.00	¥5 000.00	¥3 600.00	¥55 200.00	¥690.00
2024年9月	¥20 000.00	¥2 100.00	¥2 400.00	¥5 000.00	¥3 600.00	¥62 100.00	¥690.00
2024年10月	¥20 000.00	¥2 100.00	¥2 400.00	¥5 000.00	¥3 600.00	¥69 000.00	¥690.00
2024年11月	¥20 000.00	¥2 100.00	¥2 400.00	¥5 000.00	¥3 600.00	¥75 900.00	¥690.00
2024年12月	¥20 000.00	¥2 100.00	¥2 400.00	¥5 000.00	¥3 600.00	¥82 800.00	¥690.00
2025年汇算	¥240 000.00	¥25 200.00	¥28 800.00	¥60 000.00	¥43 200.00	¥82 800.00	¥5 760.00

由表6－9可知，2024年小张预缴的工资薪金的个人所得税为5 760元。

假设小张2024年12月从北京某网页设计乙公司取得劳务报酬5 000元，则2025年1月征期，丙公司应预扣预缴小张的劳务报酬个税：

应纳税额＝5 000×（1－20%）×20%＝800（元）。

小张在2025年个人所得税汇算清缴时：

2024年度应纳税所得额＝［240 000＋5 000×（1－20%）］－（25 200＋28 800）－60 000－43 200＝86 800（元）；

2024年度应纳个人所得税＝86 800×10%－2 520＝6 160（元）；

2024年度已预扣预缴个税＝工资所得个税预扣＋劳务报酬个税预扣＝5 760＋800＝6 560（元）；

2025年汇算清缴期应退税额＝6 560－6 160＝400（元）。

税收与民生

累计预扣法

2019年，提高“起征点”、调整税率表、增加专项附加扣除、实行累计预扣法等改革举措，让大众切实受益。

在广大纳税人欣喜体验个税红利的背后，创新、科学的扣缴方式发挥着至关重要的支撑作用，它就是累计预扣法。

累计预扣法，是指扣缴义务人在一个纳税年度内预扣预缴税款时，以纳税人在本单位截至当前月份工资、薪金所得累计收入减除累计免税收入、累计减除费用、累计专项扣除、累计专项附加扣除和累计依法确定的其他扣除后的余额为累计预扣预缴应纳税所得额。

大连新华税务师事务所有限公司董事长兼总经理张绍虹认为：“采用累计预扣法计算应纳税款，预扣预缴的税款与实际应缴的税款比较接近，让纳税人充分享受减税红利的同时，也减轻了年度汇算清缴的负担。这一方法让纳税人、扣缴义务人和税务机关三方受益。”

二、非居民个人取得工资、薪金所得，劳务报酬所得，稿酬所得，特许权使用费所得应纳税额的计算

非居民个人取得工资、薪金所得，劳务报酬所得，稿酬所得，特许权使用费所得，有扣缴义务人的，由扣缴义务人在向非居民个人支付所得时，按月或者按次代扣代缴个人所得税，不办理汇算清缴。

扣缴义务人在向非居民个人工资、薪金所得，劳务报酬所得，稿酬所得，特许权使用费所得时应按照以下方法按月或者按次代扣代缴税款：

（1）工资、薪金所得，以每月收入额减除费用5 000元后的余额为应纳税所得额：

应纳税所得额 = 每月收入额 − 5 000/月

（2）劳务报酬所得、特许权使用费所得，以每次收入减除20%的费用后的余额为应纳税所得额：

应纳税所得额 = 每次收入 ×（1 − 20%）

（3）稿酬所得，以每次收入减除20%的费用后的余额为收入额，其应纳税所得额以稿酬所得的收入额减按70%计算确定：

应纳税所得额 = 每次收入 ×（1 − 20%）×70%

非居民个人取得的工资、薪金所得，劳务报酬所得，稿酬所得，特许权使用费所得所得，依照个人所得税税率表三（见表6－5）计算应纳税额。其应纳税额的计算公式如下：

应纳税额 = 应纳税所得额 × 适用税率 − 速算扣除数

【例6－9】 某非居民约翰逊为北京某在线教育甲公司的全职员工，因其为与我国签订不参保协议的国家公民，不缴纳社会保险。其2024年1月从甲公司取得工资22 000元，利用业余时间为乙公司提供私教服务，一次取得劳务报酬10 000元。约翰逊2024年1月所得的应纳个人所得税额是多少？

【答案解析】

（1）甲公司2024年1月应代扣代缴约翰逊个人所得税：（22 000 − 5 000）×20% − 1 410 = 1 990元。

（2）乙公司2024年1月应代扣代缴约翰逊个人所得税：10 000 ×（1 − 20%）×10% − 210 = 590元。

（3）报酬支付单位代扣代缴的个税即为约翰逊2024年1月所得的应纳个人所得税额：1 990 + 590 = 2 580元。

三、经营所得应纳税额的计算

纳税人取得经营所得，按年计算个人所得税。经营所得适用个人所得税税率表二（综合经营适用）（表6－2），其应纳税额计算如下：

应纳税额 = 应纳税所得额 × 适用税率 − 速算扣除数

经营所得，以每一纳税年度的收入总额减除成本、费用以及损失后的余额，为应纳税所得额。即：

应纳税所得额 = 收入总额 − 成本、费用、损失

取得经营所得的个人，没有综合所得的，计算其每一纳税年度的应纳税所得额时，应当减除费用6万元、专项扣除、专项附加扣除以及依法确定的其他扣除。专项附加扣除在办理汇算清缴时减除。即：

应纳税所得额 = 收入总额 - 成本、费用、损失 - 6万元 - 专项扣除 - 专项附加扣除 - 其他扣除

从事生产、经营活动，未提供完整、准确的纳税资料，不能正确计算应纳税所得额的，由主管税务机关核定应纳税所得额或者应纳税额。

1. 收入总额

个体工商户的收入总额，是指个体工商户从事生产、经营以及与生产、经营有关的活动所取得的各项收入，包括商品（产品）销售收入、营运收入、劳务服务收入、工程价款收入、财产出租或转让收入、利息收入、其他收入和营业外收入。

个人独资企业和合伙企业的收入总额，是指从事生产经营以及与生产经营有关的活动所 取得的各项收入，包括商品（产品）销售收入、营运收入、劳务服务收入、工程价款收入、财产出租或转让收入、利息收入、其他业务收入和营业外收入。

对企事业单位承包、承租经营的收入总额，是指纳税人按照承包经营、承租经营分得的经营利润和工资、薪金性质的所得。

2. 准予扣除的项目

在计算应纳税所得额时，准予从收入总额中扣除的项目包括成本、费用、损失：

（1）成本、费用，是指生产、经营活动中发生的各项直接支出和分配计入成本的间接费用以及销售费用、管理费用、财务费用。

（2）损失是指是指生产、经营活动中发生的固定资产和存货的盘亏、毁损、报废损失，转让财产损失，坏账损失，自然灾害等不可抗力因素造成的损失以及其他损失。

四、财产租赁所得应纳税额的计算

（一）应纳税所得额的确定

税法规定：财产租赁所得，每次收入不超过4000元的，减除费用800元；每次收入超过4000元的，减除20%的费用，其余额为应纳税所得额。财产租赁所得以一个月内取得的收入为一次。

纳税人出租财产取得财产租赁收入，在计算征税时，除可依法减除规定费用和有关税、费外，还准予扣除能够提供有效、准确凭证，证明由纳税人负担的该出租财产实际开支的修缮费用。允许扣除的修缮费用，以每次800元为限，一次扣除不完的，准予在下一次继续扣除，直至扣完为止。

个人将承租房屋转租取得的租金收入，属于个人所得税应税所得，应按“财产租赁所得”项目缴纳个人所得税。取得转租收入的个人向房屋出租方支付的租金，凭房屋租赁合同和合法支付凭据允许从该项转租收入中税前扣除。

个人出租财产取得的财产租赁收入，在计算缴纳个人所得税时，应该依次扣除以下费用：

（1）财产租赁过程中缴纳的税费。

（2）向出租人支付的租金（个人承租住房转租收到租金时）。

（3）由纳税人负担的该出租财产实际开支的修缮费用。

（4）税法规定的其他费用扣除标准。

应纳税所得额的计算公式：

（1）每次收入不超过 4 000 元的，计算公式如下：

应纳税所得额 = 每次收入额 - 准予扣除项目 - 修缮费用(800 元为限) - 800 元

（2）每次收入超过 4 000 元的，计算公式如下：

应纳税所得额 = [每次收入额 - 准予扣除项目 - 修缮费用(800 元为限)] × (1 - 20%)

（二）应纳税额的计算

财产租赁所得适用 20% 的比例税率。但对个人按市场价格出租的居民住房取得的所得，自 2001 年 1 月 1 日起暂减按 10% 的税率征收个人所得税。计算公式为：

应纳税额 = 应纳税所得额 × 适用税率

【例 6 - 10】 董小姐于 2024 年 5 月份取得出租居民住房租金收入 3 000 元（按市场价出租，考虑增值税、城建税、教育费附加、房产税）当月因暖气漏水还发生了修缮费用 460 元。计算 5 月份出租住房应纳个人所得税。

【答案】 个人出租住房应按 5% 征收率减按 1.5% 计算应纳增值税税额。

当月应纳增值税税额 = 3 000 × 1.5% = 45（元）

当月应纳城建税额 = 45 × 7% = 3.15（元）

当月应纳教育费附加 = 45 × 3% = 1.35（元）

当月应纳房产税税额 = 3 000 × 4% = 120（元）

当月应缴纳的税费合计 = 45 + 3.15 + 1.35 + 120 = 168.15（元）

应纳个人所得税税额 = (3 000 - 168.15 - 460 - 800) × 10% = 157.19（元）

【做中学 5】 2024 年 9 月王某出租自有住房取得租金收入 6 000 元，房屋租赁过程中缴纳的税费 240 元，支付该房屋的修缮费 1 000 元，已知个人出租住房个人所得税税费暂减按 10%，每次收入 4 000 元以上的，减除 20% 的费用。计算王某当月出租住房应缴纳个人所得税税额的下列算式中正确的是（　　）。

A. (6 000 - 240 - 800) × 10% = 496（元）

B. (6 000 - 240 - 1 000) × 10% = 476（元）

C. (6 000 - 240 - 1 000) × (1 - 20%) × 10% = 380.8（元）

D. (6 000 - 240 - 800) × (1 - 20%) × 10% = 396.8（元）

【正确答案】 D

【答案解析】 房屋租赁期间发生修缮费用准予在税前扣除但以每月 800 元为限，多出部分在以后月份扣除；租金收入 6 000 元，扣除财产租赁过程中缴纳的税费 240 元，扣除修缮费用 800 元，收入额为 4 960 元 >4 000 元，费用扣除标准为 20%，出租住房应缴纳的个人所得税 = (6 000 - 240 - 800) × (1 - 20%) × 10% = 396.8（元）。

五、财产转让所得应纳税额的计算

（一）应纳税所得额的确定

财产转让所得，以转让财产的收入额减除财产原值和合理费用后的余额，为应纳税所得额。合理费用是指卖出财产时按照规定支付的有关税费。

财产原值是指：

（1）有价证券，为买入价以及买入时按照规定交纳的有关费用；

（2）建筑物，为建造费或者购进价格以及其他有关费用；

（3）土地使用权，为取得土地使用权所支付的金额、开发土地的费用以及其他有关费用；

（4）机器设备、车船，为购进价格、运输费、安装费以及其他有关费用。

其他财产，参照前款规定的方法确定财产原值。

纳税人未提供完整、准确的财产原值凭证，不能按照本条第一款规定的方法确定财产原值的，由主管税务机关核定财产原值。

（二）应纳税额的计算

应纳税额＝应纳税所得额×税率＝（收入总额－财产原值－合理费用）×20%

【例6－11】陈某于2024年6月转让一套已使用三年的私有住房，取得转让收入280 000元。该套住房购进时的原价为160 000元，转让时支付有关税费13 000元。计算陈某转让私房应缴纳个人所得税。

【答案】应纳税所得额＝280 000－160 000－13 000＝107 000（元）

应纳税额＝107 000×20%＝21 400（元）

六、利息、股息、红利所得、偶然所得应纳税额的计算

利息、股息、红利所得，偶然所得以纳税人每次取得的收入额为应纳税所得额，按照20%的税率计算应纳税额。利息、股息、红利所得，以支付利息、股息、红利时取得的收入为一次。偶然所得，以每次取得该项收入为一次。

应纳税所得额＝每次收入额

应纳税额＝每次收入额×20%

【例6－12】某公民一次取得股息4 000元，其应纳个人所得税税额的计算方法为：

【答案】应纳税额＝4 000元×20%＝800元

【例6－13】某公民一次购买社会福利彩票中奖20万元，其应纳个人所得税税额的计算方法为：

【答案】应纳税额＝20万元×20%＝4万元

【做中学6】2024年10月张某转让一处原值100万元的商铺，取得不含增值税收入150万元，发生合理费用5万元。已知财产转让所得个人所得税税率为20%。计算张某当月转让商铺应缴纳个人所得税 税额的下列算式中，正确的是（　　）。

A.（150－5）×20%＝29（万元）

B.（150－100－5）×20%＝9（万元）

C.（150－100）×20%＝10（万元）

D. 150×20%＝30（万元）

【正确答案】B

【答案解析】财产转让所得应纳税额 =（收入总额 - 财产原值 - 合理费用）× 20%。

【做中学 7】2024 年 12 月中国居民林某购买体育彩票支出 400 元，取得一次性中奖收入 40 000 元，将其中的 10 000 元通过非营利性社会团体捐赠给红十字事业。林某选择在偶然所得中扣除该笔公益捐赠支出。已知偶然所得个人所得税税率为 20%。林某当月该笔中奖收入应缴纳个人所得税税额为（　　）。

A. 6 000 元　　B. 7 500 元　　C. 7 400 元　　D. 5 920 元

【正确答案】A

【答案解析】（1）偶然所得以收入全额为应纳税所得额，不扣除任何费用；（2）公益性捐赠额未超过纳税人申报的“应纳税所得额”30% 的部分，可以从其“应纳税所得额”中扣除；（3）本题中应纳税所得额为 40 000 元，应纳税所得额的 30% = 40 000 × 30% = 12 000（元）> 捐赠额 10 000 元，则实际捐赠额可以在应纳税所得额中据实扣除。应纳税额 =（40 000 - 10 000）× 20% = 6 000（元）。

七、特殊情况下个人所得税的计税方法

（一）居民个人全年一次性奖金应纳税的计算

居民个人取得全年一次性奖金，符合《国家税务总局关于调整个人取得奖金等计算征收个人所得税方法问题的通知》（国税发〔2005〕9 号）规定的，在 2021 年 12 月 31 日前，不并入当年综合所得，以全年一次性奖金收入除以 12 个月得到的数额，按照按月换算后的综合所得税率表（月度税率表），确定适用税率和速算扣除数，单独计算纳税。计算公式为：

应纳税额 = 全年一次性奖金收入 × 适用税率 - 速算扣除数

居民个人取得全年一次性奖金，也可以选择并入当年综合所得计算纳税。

探究与分享

2005 年 1 月 1 日起，纳税人取得全年一次性奖金，单独作为一个月工资、薪金所得计算纳税，由扣缴义务人发放时代扣代缴。

2019 年 2 月，根据通知，居民个人取得全年一次性奖金，符合《国家税务总局关于调整个人取得全年一次性奖金等计算征收个人所得税方法问题的通知》规定的，在 2021 年 12 月 31 日前，不并入当年综合所得，以全年一次性奖金收入除以 12 个月得到的数额，按照“月度税率表”确定适用税率和速算扣除数，单独计算纳税。居民个人取得全年一次性奖金，也可以选择并入当年综合所得计算纳税。但从 2022 年 1 月 1 日起，居民个人取得全年一次性奖金，需要并入当年综合所得计算缴纳个人所得税。

2021 年 12 月 29 日，李克强主持召开国务院常务会议，决定延续实施部分个人所得税优惠政策。为减轻个人所得税负担，缓解中低收入群体压力，会议决定，一是将全年一次性奖金不并入当月工资薪金所得、实施按月单独计税的政策延至 2023 年底。二是将年收入不超过 12 万元且需补税或年度汇算补税额不超过 400 元的免予补税政策延至 2023 年底。三是将上市公司股权激励单独计税政策延至 2022 年底。上述政策一年

可减税1 100亿元。根据测算，单独计税适合工资收入大于年终奖的个人群体。进一步看，根据测算，年终奖高于3.6万元，且年终奖+年薪（五险一金、专项附加等扣除）高于9.6万的群体来说将主要受益。

2023年8月28日，财政部、税务总局发布《关于延续实施全年一次性奖金个人所得税政策的公告》如下：

一、居民个人取得全年一次性奖金，符合《国家税务总局关于调整个人取得全年一次性奖金等计算征收个人所得税方法问题的通知》（国税发〔2005〕9号）规定的，不并入当年综合所得，以全年一次性奖金收入除以12个月得到的数额，按照本公告所附按月换算后的综合所得税率表，确定适用税率和速算扣除数，单独计算纳税。计算公式为：应纳税额=全年一次性奖金收入×适用税率－速算扣除数。

二、居民个人取得全年一次性奖金，也可以选择并入当年综合所得计算纳税。

三、本公告执行至2027年12月31日。

【例6－14】假定居民个人甲2024年12月取得全年一次性终奖288 000元，请依照现行税法规定计算甲2024年度全年一次性奖金应缴纳的个人所税。

（1）每月奖金=288 000÷12=24 000（元）

（2）全年一次性奖金应缴纳个人所得税=288 000×20%　－1 410=56 190（元）

（二）关于个人领取企业年金、职业年金的政策

个人达到国家规定的退休年龄，领取的企业年金、职业年金，符合《财政部 人力资源 社会保障部国家税务总局关于企业年金职业年金个人所得税有关问题的通知》（财税〔2013〕103号）规定的，不并入综合所得，全额单独计算应纳税款。其中按月领取的，适用月度税率表计算纳税；按季领取的，平均分摊计入各月，按每月领取额适用月度税率表计算纳税；按年领取的，适用综合所得税率表计算纳税。

个人因出境定居而一次性领取的年金个人账户资金，或个人死亡后，其指定的受益人或法定继承人一次性领取的年金个人账户余额，适用综合所得税率表计算纳税。对个人除上述特殊原因外一次性领取年金个人账户资金或余额的，适用月度税率表计算纳税。

（三）关于解除劳动关系、提前退休的一次性补偿收入的政策

个人与用人单位解除劳动关系取得一次性补偿收入（包括用人单位发放的经济补偿金、生活补助费和其他补助费），在当地上年职工平均工资3倍数额以内的部分，免征个所得税；超过3倍数额的部分，不并入当年综合所得，单独适用综合所得税率表，计算纳税。

个人办理提前退休手续而取得的一次性补贴收入，应按照办理提前退休手续至法定离退休年龄之间实际年度数平均分摊，确定适用税率和速算扣除数，单独适用综合所得税率表，计算纳税。计算公式：

应纳税额={[(一次性补贴收入÷办理提前退休手续至法定退休年龄的实际年度

数）－费用扣除标准］×适用税率－速算扣除数｝×办理提前退休手续至法定退休年龄的实际年度数

（四）扣除捐赠款的计税方法

根据《个人所得税法》第六条第三款规定："个人将其所得对教育、扶贫、济困等公益慈善事业进行捐赠，捐赠额未超过纳税人申报的应纳税所得额30%的部分，可以从其应纳税所得额中扣除；国务院规定对公益慈善事业捐赠实行全额税前扣除的，从其规定。"

公益慈善事业的捐赠，是指个人将其所得通过中国境内的公益性社会组织、国家机关向教育、扶贫、济困以及遭受严重自然灾害地区等公益慈善事业的捐赠。计算公式为：

捐赠扣除限额＝申报的应纳税所得额×30%

允许扣除的捐赠额＝实际捐赠额≤捐赠扣除限额的部分；实际捐赠额大于捐赠扣除限额时，只能按捐赠扣除限额扣除。

应纳税额＝(应纳税所得额－允许扣除的捐赠额)×适用税率－速算扣除数

【例6－15】 张某2024年取得偶然所得80 000元，将其中30 000元通过当地政府机关捐赠给某贫困山区。请依照现行税法规定计算王某取得偶然所得应缴纳的个人所得税。

（1）捐赠扣除限额＝80 000×30%＝24 000（元），由于实际捐赠额大于扣除额，税前只能按扣除限额扣除。

（2）应缴纳的个人所得税＝(80 000－24 000)×20%＝11 200（元）

【做中学8】 2024年6月赵某在商场有奖竞赛活动中获得奖金2 000元，随后将其中800元直接捐赠给某农村小学。已知偶然所得个人所得税税率为20%。计算赵某该笔奖金应缴纳个人所得税税额的下列算式中，正确的是（　　）。

A.（2 000÷20%－800）×20%＝1 840（元）

B. 2 000×20%＝400（元）

C.（2 000－800）×20%＝240（元）

D. 800×20%＝160（元）

【正确答案】 B

【答案解析】

（1）直接捐赠不属于公益性捐赠，不得在计算个人所得税前扣除；（2）偶然所得以收入全额为应纳税所得额，适用税率为20%。

项目三
个人所得税税收优惠

为了支持社会福利、慈善事业，促进科技、文化等事业的进步，照顾某些特殊群体，更好地实现税收公平，我国个人所得税法对某些所得项目和纳税人给予优惠的政策。

一、免税项目

根据《个人所得税法》和相关法规、政策，对下列各项个人所得，免征个人所得税：

（1）省级人民政府、国务院部委和中国人民解放军军以上单位，以及外国组织、国际组织颁发的科学、教育、技术、文化、卫生、体育、环境保护等方面的奖金。

（2）国债和国家发行的金融债券利息。其中，国债利息是指个人持有中华人民共和国财政部发行的债券而取得的利息；所称国家发行的金融债券利息，是指个人持有经国务院批准发行的金融债券而取得的利息。

（3）按照国家统一规定发给的补贴、津贴。这是指按照国务院规定发给的政府特殊津贴、院士津贴、资深院士津贴和国务院规定免予缴纳个人所得税的其他补贴、津贴。

（4）福利费、抚恤金、救济金。其中，福利费是指根据国家有关规定，从企业、事业单位、国家机关、社会组织提留的福利费或者工会经费中支付给个人的生活补助费；救济金是指国家民政部门支付给个人的生活困难补助费。

（5）保险赔款。

（6）军人的转业费、复员费、退役金。

（7）按照国家统一规定发给干部、职工的安家费、退职费、基本养老金或者退休费、离休费、离休生活补助费；延长离、退休期间的工资薪金视同离退休工资免征个人所得税。

（8）依照《中华人民共和国外交特权与豁免条例》和《中华人民共和国领事特权与豁免条例》有关法律规定应予免税的各国驻华使馆、领事馆的外交代表、领事官员和其他人员的所得。

（9）中国政府参加的国际公约、签订的协议中规定免税的所得。

（10）企业和个人按照省级以上人民政府规定的比例提取并缴付的住房公积金、医疗保险金、基本养老保险金、失业保险金，不计入个人当期的工资、薪金收入，免予征收个人所得税。超过规定的比例缴付的部分计征个人所得税。个人领取提存的住房公积金、医疗保险金、基本养老保险金时，免予征收个人所得税。

（11）经国务院财政部门批准免税的所得。

二、减税项目

有下列情形之一的，可以减征个人所得税，具体幅度和期限，由省、自治区、直辖市人民政府规定，并报同级人民代表大会常务委员会备案：

1. 残疾、孤老人员和烈属的所得；
2. 因自然灾害遭受重大损失的。
3. 国务院可以规定其他减税情形，报全国人民代表大会常务委员会备案。

三、暂免征税项目

根据国家有关法律、法规的规定，对下列所得暂免征收个人所得税：

（1）外籍个人以非现金形式或实报实销形式取得的住房补贴、伙食补贴、搬迁费、洗衣费。

（2）外籍个人按合理标准取得的境内、境外出差补贴。

（3）外籍个人取得的语言训练费、子女教育费等，经当地税务机关审核批准为合理的部分。

（4）外籍个人从外商投资企业取得的股息、红利所得。

自2022年1月1日起，外籍个人不再享受住房补贴、语言训练费、子女教育费津补贴免税优惠政策，应按规定享受专项附加扣除。

（5）达到离休、退休年龄，但确因工作需要，适当延长离休、退休年龄的高级专家（指享受国家发放的政府特殊津贴的专家、学者），其在延长离休、退休期间的工资、薪金所得，视同离休、退休工资免征个人所得税。

（6）对国有企业职工，因企业依照《中华人民共和国企业破产法（试行）》宣告破产，从破产企业取得的一次性安置费收入，免予征收个人所得税。

（7）职工与用人单位解除劳动关系取得的一次性补偿收入（包括用人单位发放的经济补偿金、生活补助费和其他补助费用），在当地上年职工年平均工资3倍数额内的部分，可免征个人所得税。超过该标准的一次性补偿收入，应按照国家有关规定征收个人所得税。

（8）城镇企业、事业单位及其职工个人按照《失业保险条例》规定的比例，实际缴付的失业保险费，均不计入职工个人当期的工资、薪金收入，免予征收个人所得税。

（9）对工伤职工及其近亲属按照《工伤保险条例》（国务院令第586号）规定取得的工伤保险待遇，免征个人所得税。

（10）生育妇女按照县级以上人民政府根据国家有关规定制定的生育保险办法，取得的生育津贴、生育医疗费或其他属于生育保险性质的津贴、补贴，免征个人所得税。

（11）对符合地方政府规定条件的低收入住房保障家庭从地方政府领取的住房租赁补贴，免征个人所得税。

（12）对个人取得的教育储蓄存款利息所得以及国务院财政部门确定的其他专项储蓄存款或者储蓄性专项基金存款的利息所得，免征个人所得税。

（13）对个人或个体户，以及个人独资企业和合伙企业从事种植业、养殖业、饲养业、捕捞业（以下简称“四业”），取得的“四业”所得暂不征收个人所得税。

（14）个人转让5年以上并且是唯一家庭居住用房取得的所得，免征个人所得税。

（15）自2015年9月8日起，个人从公开发行和转让市场取得的上市公司股票，持股期限超过1年的，股息、红利所得暂免征收个人所得税。个人从公开发行和转让市场取得的上市公司股票，持股期限在1个月以内（含1个月）的，其股息、红利所得全额计入应纳税所得额；持股期限在1个月以上至1年（含1年）的，暂减按50%计入应纳税所得额。

（16）在中国境内无住所的个人，在中国境内居住累计满183天的年度连续不满六年的，经向主管税务机关备案，其来源于中国境外且由境外单位或者个人支付的所得，免予缴纳个人所得税；在中国境内居住累计满183天的任一年度中有一次离境超过30天的，其在中国境内居住累计满183天的年度的连续年限重新起算。

（17）在中国境内无住所的个人，在一个纳税年度内在中国境内居住累计不超过90天的，其来源于中国境内的所得，由境外雇主支付并且不由该雇主在中国境内的机构、场所负担的部分，免予缴纳个人所得税。

（18）单张有奖发票奖金所得不超过800元（含800元）的，暂免征收个人所得税；购买社会福利有奖募捐奖券、体育彩票一次中奖收入不超过1万元的暂免征收个人所得税。

（19）对乡、镇（含乡、镇）以上人民政府或经县（含县）以上人民政府主管部门批准成立的有机构有章程的见义勇为基金或者类似性质组织，奖励见义勇为者的奖金或奖品，经主管税务机关核准，免征个人所得税。

（20）个人举报、协查各种违法犯罪行为而获得的奖金，免征个人所得税。

（21）凡符合下列条件之一的外籍专家取得的工资、薪金所得，可免征个人所得税：

①根据世界银行专项借款协议，由世界银行直接派往我国工作的外国专家；

②联合国组织直接派往我国工作的专家；

③为联合国援助项目来华工作的专家；

④援助国派往我国专为该国援助项目工作的专家；

⑤根据两国政府签订的文化交流项目来华工作2年以内的文教专家，其工资、薪金所得由该国负担的；

⑥根据我国大专院校国际交流项目来华工作2年以内的文教专家，其工资、薪金所得由该国负担的；

⑦通过民间科研协定来华工作的专家，其工资、薪金所得由该国政府机构负担的。

【做中学9】 根据个人所得税法律制度的规定，下列各项中，应当征收个人所得税的是（　　）。

A. 市级民政部门支付给个人的生活困难补助费

B. 按照国务院规定发给的政府特殊津贴

C. 省级人民政府颁发给个人的科学方面的奖金

D. 公司发放给员工的科研奖金

【正确答案】 D

【答案解析】 选项ABC，免征个人所得税。

项目四 个人所得税缴纳与申报

我国个人所得税采用代扣代缴（预扣预缴）和自行申报纳税两种。

一、代扣代缴（或预扣预缴）纳税

个人所得税的征收基本上采用代扣代缴（或预扣预缴）的办法。

1. 扣缴义务人

个人所得税以所得人为纳税人，以支付所得的单位或者个人为扣缴义务人。凡支付个人应纳税所得的企业（公司）、事业单位、机关、社团组织、军队、驻华机构、个体户等单位或者个人，为个人所得税的扣缴义务人。扣缴义务人应当按照国家规定办理全员全额扣缴申报，并向纳税人提供其个人所得和已扣缴税款等信息。税务机关对扣缴义务人按照所扣缴的税款，付给 2% 的手续费。

2. 代扣代缴（或预扣预缴）的范围

扣缴义务人在向个人支付应纳税所得（包括现金支付、汇拨支付、转账支付和以有价证券、实物以及其他形式支付）时，不论纳税人是否属于本单位人员，均应代扣代缴（或预扣预缴）其应纳的个人所得税税款。

3. 扣缴义务人的义务和应承担的责任

扣缴义务人依法履行代扣代缴税款义务，纳税人不得拒绝。扣缴义务人应扣未扣的税款，其应纳税款仍然由纳税人缴纳，扣缴义务人应承担应扣未扣税款 50% 以上 3 倍以下的罚款。

扣缴义务人在扣缴税款时，必须向纳税人开具税务机关统一印制的代扣代收税款凭证，并详细注明纳税人姓名、工作单位、家庭住址和身份证或护照号码（无上述证件的，可用其他能有效证明身份的证件）等个人情况。对工资、薪金所得和股息、利息、红利所得等，因纳税人众多、不便一一开具代扣代收税款凭证的，经主管税务机关同意，可不开具，但应通过一定的形式告知纳税人已扣缴税款。纳税人为持有完税依据而向扣缴义务人索取代收税款凭证的，扣缴义务人不得拒绝。扣缴义务人向纳税人提供非正式扣税凭证的，纳税人可以拒收。

4. 扣缴义务人代缴税款的纳税期限

扣缴义务人每月所扣的税款，应当在次月 15 日内缴入国库，并向税务机关报送有关资料。

二、自行申报纳税

自行申报纳税是由纳税人在税法规定的期限内，自行向税务机关申报应税所得项目和数额，如实填写纳税申报表，并按照税法规定计算应纳税额，据此缴纳个人所得税的一种方法。

（一）申报纳税的所得项目

税法规定，有下列情形之一的，纳税人应当依法办理纳税申报：

（1）取得综合所得需要办理汇算清缴。

（2）取得应税所得没有扣缴义务人。

（3）取得应税所得，扣缴义务人未扣缴税款。

（4）取得境外所得。

（5）因移居境外注销中国户籍。

（6）非居民个人在中国境内从两处以上取得工资、薪金所得。

（7）国务院规定的其他情形。

（二）不同应税所得的纳税申报

1. 取得综合所得的纳税申报

（1）从两处以上取得综合所得，且综合所得年收入和减除专项扣除后的余额超过6万元。

（2）取得劳务报酬所得稿酬所得，特许权使用费所得中一项或者多项，且综合所得年收入额减除专项扣除后的余额超过6万元。

（3）纳税年度内预缴税额低于应纳税额。

（4）纳税人申请退税。

需要办理汇算清缴的纳税人，应当在取得所得的次年3月1日至6月30日内，向任职、受雇单位所在地主管税务机关办理纳税申报，并报送《个人所得税年度自行纳税申报表》。纳税人有两处以上任职、受雇单位的，选择向其中一处任职、受雇单位所在地主管税务机关办理纳税申报；纳税人没有任职、受雇单位的，向户籍所在地或经常居住地主管税务机关办理纳税申报。

纳税人办理综合所得汇算清缴，应当准备与收入、专项扣除、专项附加扣除、依法确定的其他扣除、捐赠、享受税收优惠等相关的资料，并按规定留存备查或报送。

2. 取得经营所得的纳税申报

个体工商户业主、个人独资企业投资者、合伙企业个人合伙人、承包承租经营者个人以及其他从事生产、经营活动的个人取得经营所得的，应当办理预缴纳税申报和汇算清缴。经营所得包括以下情形：

（1）个体工商户从事生产、经营活动取得的所得，个人独资企业投资人、合伙企业的个人合伙人来源于境内注册的个人独资企业、合伙企业生产、经营的所得；

（2）个人依法从事办学、医疗、咨询以及其他有偿服务活动取得的所得；

（3）个人对企业、事业单位承包经营、承租经营以及转包、转租取得的所得；

（4）个人从事其他生产、经营活动取得的所得。

从事生产、经营活动，未提供完整、准确的纳税资料，不能正确计算应纳税所得额的，由主管税务机关核定应纳税所得额或者应纳税额。

纳税人取得经营所得，按年计算个人所得税，由纳税人在月度或者季度终了后十五日内向税务机关报送纳税申报表，并预缴税款。预缴申报时，合伙企业有多个自然人合伙人的，应分别填报《个人所得税经营所得纳税申报表（A表）》。依法享受纳税人税收优惠等相关的资料，按规定留存备查或报送。纳税人在纳税期内没有应纳税款的，也应当按照规定办理申报纳税。

自2023年1月1日至2027年12月31日，对个体工商户经营所得年应纳税所得额不超过200万元的部分，在现行优惠政策基础上，再减半征收个人所得税。个体工商户不区分征收方式，均可享受。个体工商户在预缴税款时即可享受，其年应纳税所得额暂按截至本期申报所属期末的情况进行判断，并在年度汇算清缴时按年计算、多退少补。

若个体工商户从两处以上取得经营所得，需在办理年度汇总纳税申报时，合并个体工商户经营所得年应纳税所得额，重新计算减免税额，多退少补。

按月申报预缴经营所得个人所得税的市场主体办理歇业后，可自下一季度起调整为按季度预缴申报，一经调整，当年度内不再变更。

3. 取得应税所得，扣缴义务人未扣缴税款的纳税申报

纳税人取得应税所得，扣缴义务人未扣缴税款的，应当区别以下情形办理纳税申报：

（1）居民个人取得综合所得的，按照本公告第一条办理。

（2）非居民个人取得工资、薪金所得，劳务报酬所得，稿酬所得，特许权使用费所得的，应当在取得所得的次年6月30日前，向扣缴义务人所在地主管税务机关办理纳税申报，并报送《个人所得税自行纳税申报表（A表）》，见本项目最后表6-10。有两个以上扣缴义务人均未扣缴税款的，选择向其中一处扣缴义务人所在地主管税务机关办理纳税申报。

非居民个人在次年6月30日前离境（临时离境除外）的，应当在离境前办理纳税申报。

（3）纳税人取得利息、股息、红利所得，财产租赁所得，财产转让所得和偶然所得的，应当在取得所得的次年6月30日前，按相关规定向主管税务机关办理纳税申报，并报送《个人所得税自行纳税申报表（A表）》。

税务机关通知限期缴纳的，纳税人应当按照期限缴纳税款。

4. 取得境外所得的纳税申报

居民个人从中国境外取得所得的，应当在取得所得的次年3月1日至6月30日内申报纳税。居民个人取得境外所得，应当向中国境内任职、受雇单位所在地主管税务机关办理纳税申报；在中国境内没有任职、受雇单位的，向户籍所在地或中国境内经常居住地主管税务机关办理纳税申报；户籍所在地与中国境内经常居住地不一致的，选择其中一地主管税务机关办理纳税申报；在中国境内没有户籍的，向中国境内经常居住地主管税务机关办理纳税申报。

5. 因移居境外注销中国户籍的纳税申报

纳税人因依据境外注销中国户籍的，应当在申请注销中国户籍前，向户籍所在地主管税务机关办理纳税申报，进行税款清算。

（三）申报纳税地点

申报纳税地点一般应为收入来源地的税务机关。

（1）纳税人在两处或两处以上取得工资、薪金所得的，可选择并固定在一地税务机关申报纳税。

（2）从境外取得所得的，应向境内户籍所在地或经常居住地税务机关申报纳税。

（3）个体工商户向实际经营所在地主管税务机关申报。

（4）个人独资、合伙企业投资者兴办两个或两个以上企业的，区分不同情形确定纳税申报地点：

①兴办的企业全部是个人独资性质的，分别向各企业的实际经营管理所在地主管税

务机关申报。

②兴办的企业中含有合伙性质的，向经常居住地主管税务机关申报。

③兴办的企业中含有合伙性质，个人投资者经常居住地与其兴办企业的经营管理所在地不一致的，选择并固定向其参与兴办的某一合伙企业的经营管理所在地主管税务机关申报。纳税申报地点除特殊情况外，5年以内不得变更。

（5）除以上情形外，纳税人应当向取得所得所在地主管税务机关申报。纳税人不得随意变更纳税申报地点，因特殊情况变更纳税申报地点的，须报原主管税务机关备案。

（四）申报纳税期限

（1）居民个人取得综合所得需要办理汇算清缴的，应当在取得所得的次年3月1日至6月30日内办理汇算清缴。

（2）纳税人取得经营所得，按年计算个人所得税，由纳税人在月度或者季度终了后15日内向税务机关报送纳税申报表，并预缴税款；在取得所得的次年3月31日前办理汇算清缴。

（3）纳税人取得应税所得没有扣缴义务人的，应当在取得所得的次月15日内向税务机关报送纳税申报表，并缴纳税款。

（4）纳税人取得应税所得，扣缴义务人未扣缴税款的，纳税人应当在取得所得的次年6月30日前，缴纳税款；税务机关通知限期缴纳的，纳税人应当按照期限缴纳税款。

（5）居民个人从中国境外取得所得的，应当在取得所得的次年3月1日至6月30日内申报纳税。

（6）非居民个人在中国境内从两处以上取得工资、薪金所得的，应当在取得所得的次月15日内申报纳税。

（7）纳税人因移居境外注销中国户籍的，应当在注销中国户籍前办理税款清算。

（8）扣缴义务人每月或者每次预扣、代扣的税款，应当在次月15日内缴入国库，并向税务机关报送《个人所得税扣缴申报表》，见本项目最后表6-11。

纳税人办理汇算清缴退税或者扣缴义务人为纳税人办理汇算清缴退税的，税务机关审核后，按照国库管理的有关规定办理退税。

纳税期限的最后一日是法定休假日的，以休假日的次日为期限的最后一日。

（五）申报纳税方式

个人所得税的申报纳税方式主要有三种，即由本人直接申报纳税，委托他人代为申报纳税，以及采用邮寄方式在规定的申报期内申报纳税。其中，采取邮寄申报纳税的，以寄出地的邮戳日期为实际申报日期。

三、纳税调整

个人所得税法第八条规定：有下列情形之一的，税务机关有权按照合理方法进行纳税调整：

表 6－10

个人所得税自行纳税申报表（A 表）

税款所属期：　　年　月　日至　　年　月　日

纳税人姓名：

纳税人识别号：□□□□□□□□□□□□□□□□□□□　　　　金额单位：人民币元（列至角分）

自行申报情形	□居民个人取得应税所得，扣缴义务人未扣缴税款 □非居民个人取得应税所得，扣缴义务人未扣缴税款 □非居民个人在中国境内从两处以上取得工资、薪金所得　　□其他______	是否为非居民个人	□是 □否	非居民个人本年度境内居住天数	□不超过 90 天 □超过 90 天不超过 183 天

序号	所得项目	收入额计算			减除费用	专项扣除				其他扣除			减按计税比例	准予扣除的捐赠额	税款计算							备注
		收入	费用	免税收入		基本养老保险费	基本医疗保险费	失业保险费	住房公积金	财产原值	允许扣除的税费	其他			应纳税所得额	税率	速算扣除数	应纳税额	减免税额	已缴税额	应补/退税额	
1	2	3	4	5	6	7	8	9	10	11	12	13	14	15	16	17	18	19	20	21	22	23

谨声明：本表是根据国家税收法律法规及相关规定填报的，是真实的、可靠的、完整的。

纳税人签字：　　　　年　　月　　日

经办人签字： 经办人身份证件号码： 代理机构签章： 代理机构统一社会信用代码：	受理人： 受理税务机关（章）： 受理日期：　　年　　月　　日

国家税务总局监制

表 6－11

个人所得税扣缴申报表

税款所属期：　　年　　月　　日至　　年　　月　　日

扣缴义务人名称：

扣缴义务人纳税人识别号（统一社会信用代码）：□□□□□□□□□□□□□□□□□□□□

金额单位：人民币元（列至角分）

序号	姓名	身份证件类型	身份证件号码	纳税人识别号	是否为非居民个人	所得项目	本月（次）情况														累计情况（工资、薪金）									减按计税比例	准予扣除的捐赠额	税款计算							备注
							收入额计算			减除费用	专项扣除				其他扣除						累计收入额	累计减除费用	累计专项扣除	累计专项附加扣除					累计其他扣除										
							收入	费用	免税收入		基本养老保险费	基本医疗保险费	失业保险费	住房公积金	年金	商业健康保险	税延养老保险	财产原值	允许扣除的税费	其他				子女教育	赡养老人	住房贷款利息	住房租金	继续教育				应纳税所得额	税率/预扣率	速算扣除数	应纳税额	减免税额	已扣缴税额	应补（退）税额	
1	2	3	4	5	6	7	8	9	10	11	12	13	14	15	16	17	18	19	20	21	22	23	24	25	26	27	28	29	30	31	32	33	34	35	36	37	38	39	40
合计																																							

谨声明：本扣缴申报表是根据国家税收法律法规及相关规定填报的，是真实的、可靠的、完整的。

扣缴义务人（签章）：　　　　年　　月　　日

代理机构签章：	受理人：
代理机构统一社会信用代码：	受理税务机关（章）：
经办人签字：	
经办人身份证件号码：	受理日期：　　年　　月　　日

国家税务总局监制

（1）个人与其关联方之间的业务往来，不符合独立交易原则且无正当理由；

（2）居民个人控制的，或者居民个人和居民企业共同控制的设立在实际税负明显偏低的国家（地区）的企业，无合理经营需要，对应当归属于居民个人的利润不作分配或者减少分配；

（3）个人实施其他不具有合理商业目的的安排而获取不当税收利益。税务机关依照前款规定作出纳税调整，需要补征税款的，应当补征税款，并依法加收利息。

【做中学 10】根据个人所得税法律制度的规定，居民个人取得综合所得需要办理汇算清缴的，应当在取得所得的次年一定期间内办理汇算清缴。该期间为（　　）。

A. 1 月 1 日至 1 月 31 日　　B. 1 月 1 日至 3 月 31 日

C. 3 月 1 日至 6 月 30 日　　D. 2 月 1 日至 5 月 31 日

【正确答案】C

【答案解析】居民个人从中国境外取得所得的，应当在取得所得的次年 3 月 1 日至 6 月 30 日内申报纳税。

职业能力测评与考核

本模块职业能力测试与考核采用百分制，过程考核与结果考核相结合，加大技能考核比重。过程考核主要包括职业素养、组织纪律、团队合作、实训作业，占比 40%；结果考核以实务考核为主，占比 60%（见表 6－12）。

表 6－12　　考核评价记录表

过程考核（40%）				结果考核（60%）	
职业素养（20%）	组织纪律（20%）	团队合作（20%）	实训作业（40%）	考核评价内容	分值比重
根据学生表现评价	学生考勤评价	学生小组评价	根据学生的实训作业评分	基础知识	20%
				个人所得税应纳税额计算	40%
				税收优惠	20%
				个人所得税纳税申报	20%

道德与素养

经典案例分析

享个税红利，晒"幸福账单"

2019 年 1 月 1 日，备受关注的《个人所得税法实施条例》和《个人所得税专项附加扣除暂行办法》以及配套实施办法正式实施，新增的“子女教育、继续教育、大病医疗、住房贷款利息或者住房租金、赡养老人”等六项专项附加扣除，将减税红利深度释放。

改革带来的“幸福账”

以李先生为例，他的父母年过60，女儿在读书，妻子在家务农。此次个税改革前，他每个月10 552元的工资，扣社保1 280.62元后，要交个税599.28元，去年10月起，按照5 000元基本减除标准，每个月减少了382.14元，从今年1月开始，因享受“子女教育”“赡养父母”两项专项附加扣除，每个月只需要交个税38.14元。“这一年下来，工资就多了快7 000元，可是一笔‘大收入’。”李先生说。

兴平市某外资企业财务主管王先生也感慨，“我一个月12 000多元的工资，除去社保，从去年10月份开始，每月的个税从700多元降到300多元，今年1月份，可以享受子女教育、赡养父母、房贷和个人继续教育专项扣除，个税又降到每个月50多元，身边也有很多同事都不用交个税了，很大程度减轻了我们的生活压力！”

个税走进千家万户

个税“红包”精准“落袋”，是百姓获得幸福感的关键。在前期广泛宣传的基础上，各地税务机关围绕六项专项附加扣除、个税APP申报等重点难点工作，采取印发海报、折页，制作快板、H5，依托主流媒体、新媒体、办税服务厅等阵地开展集中宣传，并组织纳税人、扣缴义务人举办政策培训会，积极回应社会关切。不仅如此，税务部门“多渠道、立体化”的宣传，还在社会营造起公众关心、参与、支持个税改革的良好氛围。纳税人的更高获得感、更强幸福感，是个税改革带来的公平与温暖。

技能强化训练

一、单选题

1. 在中国境内有住所，或者无住所而一个纳税年度内在中国境内居住满（　　）的个人，为居民个人。

A. 365天　　B. 90天　　C. 183天　　D. 60天

2. 某大学于教授受某企业邀请，为该企业中层干部进行管理培训讲座，从企业取得报酬5 000元，该笔报酬在缴纳个人所得税时适用的税目是（　　）。

A. 工资薪金所得　　B. 劳务报酬所得

C. 稿酬所得　　D. 偶然所得

3. 居民个人，其从中国（　　）的所得，依照本法规定缴纳个人所得税。

A. 境内　　B. 境外

C. 境内和境外　　D. 境内或境外

4. 下列各项中，按照稿酬所得征税的是（　　）。

A. 北京晚报记者在湖南晚报上发表文章所得

B. 北京晚报记者在北京晚报上发表文章所得

C. 某大学老师帮出版社审稿所得

D. 某画家参加画会现场作画所得

5. 下列应税项目中不适用代扣代缴纳税方式的有（　　）。

A. 承包承租经营所得　　B. 财产转让所得

C. 偶然所得　　D. 个体户生产经营所得

6. 根据税法的规定，个人所得税的纳税义务人不包括（　　）。

A. 个体工商户　　B. 个人独资企业投资者

C. 有限责任公司　　D. 在中国境内有所得的外籍个人

7. 居民个人的综合所得，以每一纳税年度的收入额减除费用（　　）以及专项扣除、专项附加扣除和依法确定的其他扣除后的余额，为应纳税所得额。

A. 3 万元　　B. 4 万元　　C. 5 万元　　D. 6 万元

8. 个人综合所得，适用（　　）税率。

A. 3% 至 45% 的超额累进税率　　B. 4% 至 35% 的超额累进税率

C. 5% 至 35% 的超额累进税率　　D. 3% 至 35% 超额累进税率

9. 根据个人所得税法规定，纳税人在自行申报纳税时从两处或两处以上取得应纳税所得的，其纳税地点的选择是（　　）。

A. 收入来源地　　B. 税务局指定地点

C. 纳税人户籍所在地　　D. 纳税人选择固定一地申报纳税

10. 下列项目中，不构成个人所得税中工资、薪金所得的项目是（　　）。

A. 奖金　　B. 年终加薪

C. 独生子女补贴　　D. 加班费

二、多选题

1. 根据《个人所得税法》的规定，下列所得中，不适用累进税率的有（　　）。

A. 劳务报酬所得　　B. 稿酬所得

C. 薪金所得　　D. 个体工商户生产经营所得

2. 下列所得应纳入个体户生产经营所得缴纳个人所得税的有（　　）。

A. 个体户从事手工业所得

B. 个体户从事商业、饮食、服务业的收入

C. 个人经有关部门批准，取得执照行医而取得的报酬

D. 个体户银行储蓄存款的利息所得

3. 下列属于劳务报酬所得的项目有（　　）。

A. 某教师受聘在某企业庆典活动中进行口译取得的报酬

B. 个人担任董事职务取得的董事费收入

C. 某职员参加单位工会运动会取得的补助收入

D. 画家参加笔会现场作画表演取得的收入

4. 下列情形，纳税人应当依法办理纳税申报的是（　　）。

A. 取得综合所得需要办理汇算清缴　　　　B. 取得应税所得没有扣缴义务人
C. 扣缴义务人未扣缴税款　　　　D. 取得境外所得

5. 退休职工李某本月取得的下列收入中，不需要缴纳个人所得税的有（　　）。
A. 杂志上发表文字的稿酬 1 500 元
B. 获得的保险赔款 900 元
C. 为某公司提供咨询获得的劳务费 1 200 元
D. 退休工资 1 000 元

6. 根据个人所得税法的规定，下列各项中属于个人所得税居民纳税人的有（　　）。
A. 在中国境内有住所的个人
B. 在中国境内无住所而在中国境内居住满 183 天的个人
C. 在中国境内无住所又不居住
D. 在中国境内无住所而在中国境内居住不满 183 天的个人

7. 下列说法中，正确的是（　　）。

A. 居民个人的综合所得，以每一纳税年度的收入额减除费用 6 万元以及专项扣除、专项附加扣除和依法确定的其他扣除后的余额，为应纳税所得额。

B. 非居民个人的工资、薪金所得，以每月收入额减除费用 5 000 元后的余额为应纳税所得额；劳务报酬所得、稿酬所得、特许权使用费所得，以每次收入额为应纳税所得额。

C. 经营所得，以每一纳税年度的收入总额减除成本、费用以及损失后的余额，为应纳税所得额。

D. 财产租赁所得，每次收入不超过 4 000 元的，减除费用 800 元；4 000 元以上的，减除 20% 费用，其余额为应纳税所得额。

8. 下列各项所得，在计算个人所得税时不得减除费用的有（　　）。
A. 股息、利息、红利所得　　　　B. 稿酬所得
C. 劳务报酬所得　　　　D. 偶然所得

9. 下列各项个人所得，免征个人所得税的是（　　）。
A. 国债和国家发行的金融债券利息
B. 按照国家统一规定发给的补贴、津贴
C. 福利费、抚恤金、救济金
D. 保险赔款

10. 下列不允许扣除的捐赠支出有（　　）。
A. 向主管领导赠送新产品
B. 通过区民政部门向地震灾区捐款
C. 通过集团公司总部向灾区捐款
D. 纳税人直接向灾区捐款

三、判断题

1. 对个人独资企业投资者取得的生产经营所得应征收企业所得税，不征收个人所得税。（　　）

2. 税务机关应根据扣缴义务人所扣缴的税款，付给 1% 的手续费，由扣缴义务人用于代

扣代缴费用开支和奖励代扣代缴工作做得较好的办税人员。（　　）

3. 对商品营销活动中，企业和单位对营销成绩突出的雇员以培训班、研讨会、工作考察等名义组织旅游活动，通过免收差旅费、旅游费对个人实行的营销业绩奖励，应根据所发生的费用作为劳务收入，按照“劳务报酬”项目征收个人所得税。（　　）

4. 个人所得税的征税对象不仅包括个人还包括具有自然人性质的企业。（　　）

5. 个人所得税中，财产转让所得以转让财产的收入额减除合理费用后的余额，为应纳税所得额。（　　）

6. 个人因公务用车和通信制度改革而取得的公务用车、通信补贴收入，扣除一定标准的公务费用后，按照“工资、薪金所得”项目计征个人所得税。（　　）

7. 我国实行个人所得税代扣代缴和个人申报纳税相结合的征收管理制度。（　　）

8. 根据个人所得税法的规定，在中国境内居住满 365 天的个人为居民纳税人，在居住期内临时离境的，即一个纳税年度中一次离境不超过 30 天或多次离境累计不超过 90 天的，不扣减日数，连续计算。（　　）

9. 子女教育专项附加扣除指的是纳税人的子女接受学前教育和学历教育的相关支出，按照每个子女每年 12 000 元（每月 1 000 元）的标准定额扣除。（　　）

10. 纳税人在中国境内接受学历（学位）继续教育支出，在学历（学位）教育期间按照每月 500 元定额扣除。（　　）

四、计算题

假定居民个人张某 2024 年每月应取得工资收入为 33 000 元，每月减除费用 5 000 元、“三险一金”等专项扣除为 4 500 元、享受子女教育和赡养老人两项专项附加扣除 5 000 元。2024 年度张某只在本单位一处领取工资，没有其他收入，没有大病医疗和减免收入及减免税额等情况。请依照现行税法规定计算每月应预扣预缴税额和年终综合计算应纳税额。

7 模块七 其他税种计算与申报

学习目标

知识目标：

1. 能正确计算房产税、契税、土地增值税、城建税、教育附加费、印花税、资源税及环境保护税等税的应纳税额
2. 会根据企业经营实际情况，正确计算与缴纳各种税费的税额
3. 能够通过查阅有关资料完成相应的纳税任务

能力目标：

1. 能够熟练掌握房产税、契税、土地增值税、城建税、教育附加费、印花税、资源税、环境保护税等各税种的计算方法
2. 能够正确理解并适用房产税、契税、土地增值税、城建税、教育附加费、印花税、资源税、环境保护税等相关优惠政策
3. 能够进行房产税、契税、土地增值税、城建税、教育附加费、印花税、资源税、环境保护税等网上申报并正确填写纳税申报表

素质目标：

1. 培养学生独立进行纳税申报的能力，养成开放式学习、主动学习的职业习惯
2. 培养诚信敬业的职业道德，养成严谨踏实的工作作风
3. 培养学生的法治思维和依法纳税意识，树立社会主义核心价值观

本模块知识导图（见图 7－1）

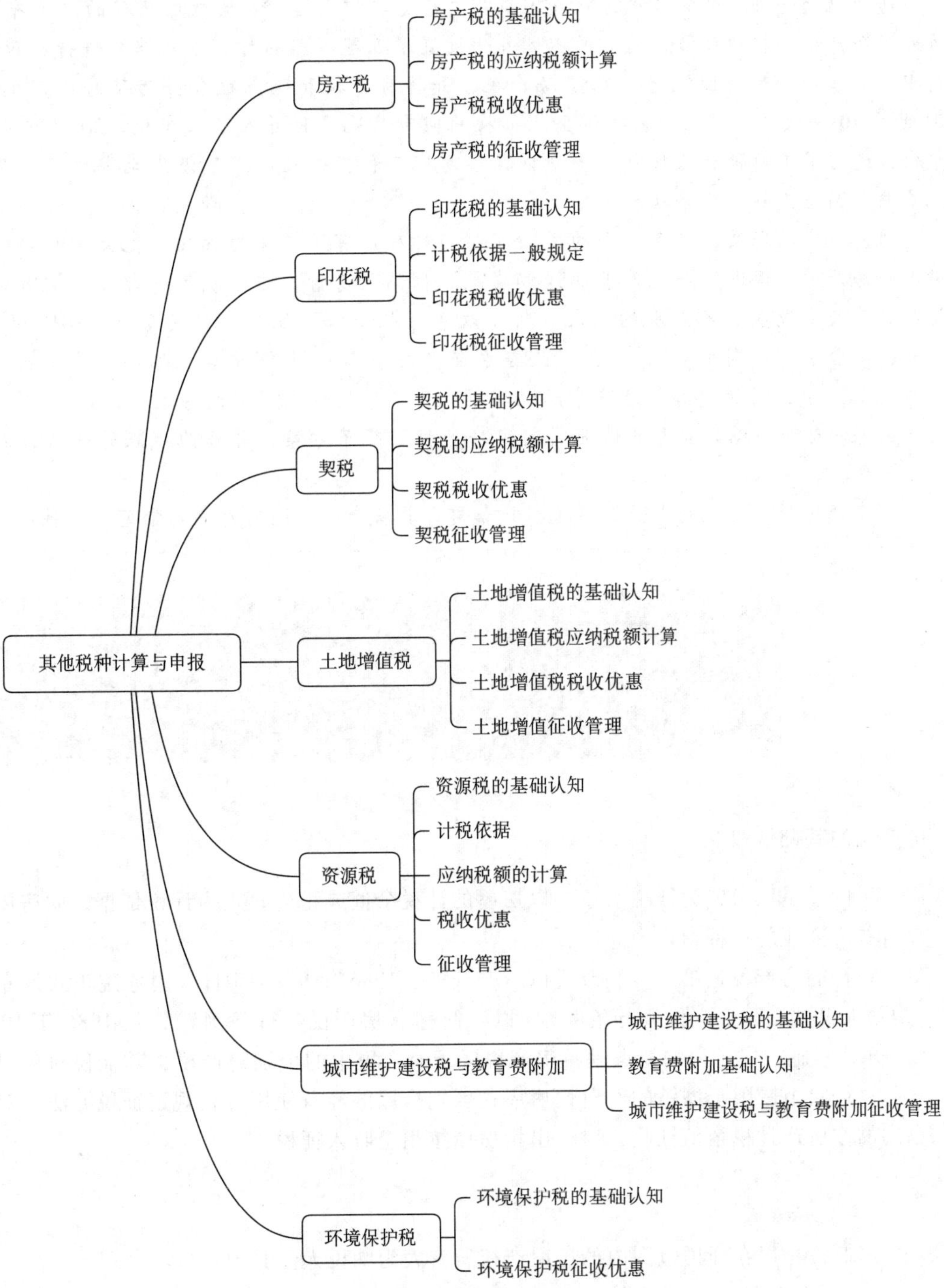

图 7－1 模块知识导图

小案例

房产税

房产税是一种古老的税种，在我国征收的历史非常久远。在古代，唐代的“廛布”拉开了房产税征收的序幕，随后的各朝各代设置了五花八门的称谓来对房产进行征税。新中国成立后，对全国统一开征了房产税，并将房产税和地产税合并为了房地产税。20世纪70年代，将对国营、集体企业征收的城市房地产税并入了工商税。20世纪80年代，进行了工商税制的改革，重新恢复了房地产税，并且颁布了沿用至今的《中华人民共和国房产税暂行条例》。

随着时代的发展，经济水平的提高，人们对房产有了特殊的青睐，把大量的钱财投入到房产中，促进了房地产业的蓬勃发展，拉高了房价，这造就了少部分人拥有大量房产、大多数人买不起房的状况。为了改善现状、保障住房、稳定房价，2010年，国务院出台了“新国十条”，并且发改委也在《关于2010年深化经济体制改革重点工作的意见》中，明确指出要推进房产税改革。为了积极响应国家的号召，2011年，重庆、上海两地政府结合自身的情况制定了房产税的改革方案，并作为试点开始试行新的房产税。

那房产税如今已演变成什么样子？该如何计算房产税？还有哪些不常见的税种？

项目一 房产税

一、房产税的基础认知

房产税是以房屋为征税对象，以房屋的计税余值或租金收入为计税依据，向房屋产权所有人征收的一种财产税。

现行的房产税是第二步利改税以后开征的，1986年9月15日，国务院正式发布了《中华人民共和国房产税暂行条例》（以下简称《房产税暂行条例》），从1986年10月1日开始实施。房产税的特点是：房产税属于财产税中的个别财产税，其征税对象只是房屋；征收范围限于城镇的经营性房屋；区别房屋的经营使用方式规定征税办法，对于自用的按房产计税余值征收，对于出租房屋按租金收入征税。

（一）纳税人

房产税是以在征税范围内的房屋产权所有人为纳税人。其中：

（1）产权属国家所有的，由经营管理单位纳税。产权属集体和个人所有的，由集体单位和个人纳税。

所称单位，包括国有企业、集体企业、私营企业、股份制企业、外商投资企业、外国企业以及其他企业和事业单位、社会团体、国家机关、军队以及其他单位；所称个人，包括个体工商户以及其他个人。

（2）产权出典的，由承典人纳税。所谓产权出典，是指产权所有人将房屋、生产资料等的产权，在一定期限内典当给他人使用，而取得资金的一种融资业务。这种业务大多发生于出典人急需用款，但又想保留产权回赎权的情况。承典人向出典人交付一定的典价之后，在质典期内即获抵押物品的支配权，并可转典。产权的典价一般要低于卖价。出典人在规定期间内须归还典价的本金和利息，方可赎回出典房屋等的产权。由于在房屋出典期间，产权所有人已无权支配房产，因此，税法规定由对房产税具有支配权的承典人为纳税人。

（3）产权所有人、承典人不在房屋所在地的，或者产权未确定及租典纠纷未解决的，由房产代管人或者使用人纳税。

所谓租典纠纷，是指产权所有人在房产出典和租赁关系上，与承典人、租赁人发生各种争议，特别是权利和义务的争议悬而未决的。此外还有一些产权归属不清的问题，也都属于租典纠纷。对租典纠纷尚未解决的房产，规定由代管人或使用人为纳税人，主要目的在于加强征收管理，保证房产税及时入库。

（4）无租使用其他房产的问题。纳税单位和个人无租使用房产管理部门、免税单位及纳税单位的房产，应由使用人代为缴纳房产税。

（二）征税范围

《房产税暂行条例》规定，房产税的征税范围为城市、县城、建制镇和工矿区。具体规定如下：

（1）城市是指国务院批准设立的市。

（2）县城是指县人民政府所在地的地区。

（3）建制镇是指经省、自治区、直辖市人民政府批准设立的建制镇。

（4）工矿区是指工商业比较发达、人口比较集中、符合国务院规定的建制镇标准但尚未设立建制镇的大中型工矿企业所在地。开征房产税的工矿区须经省、自治区、直辖市人民政府批准。

房产税的征税范围不包括农村，这主要是为了减轻农民的负担。因为农村的房屋，除农副业生产用房外，大部分是农民居住用房。对农村房屋不纳入房产税征税范围，有利于农业发展，繁荣农村经济，促进社会稳定。

（三）房产税的税率

我国现行房产税采用比例税率。由于房产税的计税依据分为从价计征和从租计征两种形式，所以房产税的税率也有两种：

（1）按房产原值一次减除10%至30%后的余额计征的，税率为1.2%。

（2）按房产出租的租金收入计征的，税率为12%。对个人按市场价格出租住房，不区分用途，按4%的税率征收房产税。

二、房产税的应纳税额计算

（一）计税依据

房产税的计税依据是房产的计税价值或房产的租金收入。按房产计税价值征税的，称为从价计征；按房产租金收入计征的，称为从租计征。

1. 从价计征

《房产税暂行条例》规定，房产税依照房产原值一次减除10～30%后的余值计算缴纳。各地扣除比例由当地省、自治区、直辖市人民政府规定。

（1）房产原值，是指纳税人按照会计制度规定，在会计核算账簿“固定资产”科目中记载的房屋原价。因此，凡按会计制度在账簿中记载有房屋原价的，应以房屋原价按规定减除一定比例后作为房产余值计征房产税；没有记载房屋原价的，按照上述原则，并参照同类房屋确定房产原值，按规定计征房产税。

值得注意的是：自2009年1月1日起，对依照房产原值计税的房产，不论是否记载在会计账簿固定资产科目中，均应按照房屋原价计算缴纳房产税。房屋原价应根据国家有关会计制度规定进行核算。对纳税人未按国家会计制度核算并记载的，应按规定予以调整或重新评估。

自2010年12月21日起，对按照房产原值计税的房产，无论会计上如何核算，房产原值均应包含地价，包括为取得土地使用权支付的价款、开发土地发生的成本费用等。宗地容积率低于0.5的，按房产建筑面积的2倍计算土地面积并据此确定计入房产原值的地价。

（2）房屋原值应包括与房屋不可分割的各种附属设备或一般不单独计算价值的配套设施。主要有：暖气、卫生、通风、照明、煤气等设备；各种管线，如蒸气、压缩空气、石油、给水排水等管道及电力、电讯、电缆导线；电梯、升降机、过道、晒台等。属于房屋附属设备的水管、下水道、暖气管、煤气管等应从最近的探视井或三通管起，计算原值；电灯网、照明线从进线盒连接管起，计算原值。

自2006年1月1日起，为了维持和增加房屋的使用功能或使房屋满足设计要求，凡以房屋为载体，不可随意移动的附属设备和配套设施，如给排水、采暖、消防、中央空调、电气及智能化楼宇设备等，无论在会计核算中是否单独记账与核算，都应计入房产原值，计征房产税。对于更换房屋附属设备和配套设施的，在将其价值计入房产原值时，可扣减原来相应设备和设施的价值；对附属设备和配套设施中易损坏、需要经常更换的零配件，更新后不再计入房产原值。

（3）纳税人对原有房屋进行改建、扩建的，要相应增加房屋的原值。房产余值是房产的原值减除规定比例后的剩余价值。此外，还应注意以下两个问题：

①对投资联营的房产，在计征房产税时区别对待。对于以房产投资联营，投资者参与投资利润分红，共担风险的，按房产余值作为计税依据计征房产税；对以房产投资，收取固定收入，不承担联营风险的，实际是以联营名义取得房产租金，应根据《房产税暂行条例》的有关规定由出租方按租金收入计缴房产税。

②对融资租赁房屋的情况，由于租赁费包括购进房屋的价款、手续费、借款利息等，与一般房屋出租的“租金”内涵不同，且租赁期满后，当承租方偿还最后一笔租

赁费时，房屋产权要转移到承租方。这实际是一种变相的分期付款购买固定资产的形式，所以在计征房产税时应以房产余值计算征收。根据财税〔2009〕128 号文件的规定，融资租赁的房产，由承租人自融资租赁合同约定开始日的次月起依照房产余值缴纳房产税。合同未约定开始日的，由承租人自合同签订的次月起依照房产余值缴纳房产税。

(4) 居民住宅区内业主共有的经营性房产缴纳房产税。从 2007 年 1 月 1 日起，对居民住宅区内业主共有的经营性房产，由实际经营（包括自营和出租）的代管人或使用人缴纳房产税。其中自营的，依照房产原值减除 10～30% 后的余值计征，没有房产原值或不能将业主共有房产与其他房产的原值准确划分开的，由房产所在地地方税务机关参照同类房产核定房产原值；出租的，依照租金收入计征。

(5) 凡在房产税征收范围内的具备房屋功能的地下建筑，包括与地上房屋相连的地下建筑以及完全建在地面以下的建筑、地下人防设施等，均应当依照有关规定征收房产税。上述具备房屋功能的地下建筑物是指有屋面和围护结构，能够遮风避雨，可供人们在其中生产、经营、学习、工作、娱乐、居住或储藏物资的场所。自用的地下建筑，按以下方式计税：

①工业用途房产，以房屋原价的 50～60% 作为应税房产原值。

应纳房产税的税额 = 应纳房产原值 × [1 - (10 - 30%)] × 1.2%

②商业和其他用途房产，以房屋原价的 70 - 80% 作为应税房产原值。

应纳房产税的税额 = 应纳房产原值 × [1 - (10 - 30%)] × 1.2%

房屋原价折算为应税房产原值的具体比例，由各省、自治区、直辖市和计划单列市财政和地方税务部门在上述幅度内自行规定。

③对于与地上房屋相连的地下建筑，如房屋的地下室、地下停车场、商场的地下部分等，应将地下部分与地上房屋视为一个整体，按照地上房屋建筑的有关规定计算征收房产税。

2. 从租计征

房产出租的，以房产租金收入为房产税的计税依据。

所谓房产的租金收入，是房屋产权所有人出租房产使用权所得的报酬，包括货币收入和实物收入。

如果是以劳务或其他形式为报酬抵付房租收入的，应根据当地同类房产的租金水平，确定一个标准租金额从租计征。

对出租房产，租赁双方签订的租赁合同约定有免收租金期限的，免收租金期间由产权所有人按照房产原值缴纳房产税。

出租的地下建筑，按照出租地上房屋建筑的有关规定计算征收房产税。

（二）应纳税额的计算

房产税的计税依据有两种，与之相适应的应纳税额计算也分为两种：一是从价计征的计算；二是从租计征的计算。

1. 从价计征的计算

从价计征是按房产原值一次减除一定比例后的余值计征，其计算公式为：

$$应纳税额=应税房产原值\times(1-扣除比例)\times1.2\%$$

如前所述，房产原值是“固定资产”科目中记载的房屋原价；减除一定比例是省、自治区、直辖市人民政府规定的10% ~30%的减除比例；计征的适用税率为1.2%。

【做中学1】 某企业的经营用房原值为3 000万元，按照当地规定允许减除25%后按余值计税，适用税率为1.2%。请计算其应纳房产税税额。

【答案】 应纳税额=3 000×(1-25%)×1.2%=27（万元）

【做中学2】 甲企业厂房原值2 000万元，2023年11月对该厂房进行扩建，2023年底扩建完工并办理验收手续，增加房产原值500万元，已知房产税的原值扣除比例为30%，房产税比例税率为1.2%，请计算甲企业2023年应缴纳房产税税额。

【答案】 应纳税额=(2 000+500)×(1-30%)×1.2%=21（万元）

2. 从租计征的计算

从租计征是按房产的租金收入计征，其计算公式为：

$$应纳税额=租金收入\times12\%\ （或4\%）$$

【做中学3】 某公司出租房屋8间，年租金收入未200 000元，适用税率为12%。请计算其应纳房产税税额。

【答案】 应纳税额=200 000×12%=24 000（元）

三、房产税税收优惠

目前，房产税的税收优惠政策主要有以下几项：

（1）国家机关、人民团体、军队自用的房产免征房产税。但上述免税单位的出租房产以及非自身业务使用的生产、营业用房，不属于免税范围。

上述“人民团体”，是指经国务院授权的政府部门批准设立或登记备案并由国家拨付行政事业费的各种社会团体。

上述“自用的房产”，是指这些单位本身的办公用房和公务用房。

（2）由国家财政部门拨付事业经费的单位，如学校、医疗卫生单位、托儿所、幼儿园、敬老院、文化、体育、艺术这些实行全额或差额预算的事业单位所有的，本身业务范围内使用的房产免征房产税。

（3）宗教寺庙、公园、名胜古迹自用的房产免征房产税。

宗教寺庙自用的房产，是指举行宗教仪式等的房屋和宗教人员使用的生活用房。

公园、名胜古迹自用的房产，是指供公共参观游览的房屋及其管理单位的办公用房。

宗教寺庙、公园、名胜古迹中附设的营业单位，如影剧院、饮食部、茶社、照相馆等所使用的房产及出租的房产，不属于免税范围，应照章纳税。

（4）个人所有非营业用的房产免征房产税。

个人所有的非营业用房，主要是指居民住房，不分面积多少，一律免征房产税。

对个人拥有的营业用房或者出租的房产，不属于免税房产，应照章纳税。

（5）经财政部批准免税的其他房产。主要有以下几种：

①对非营利性医疗机构、疾病控制机构和妇幼保健机构等卫生机构自用的房产，免

征房产。

②从 2001 年 1 月 1 日起，对按政府规定价格出租的公有住房和廉租住房，包括企业和自收自支事业单位向职工出租的单位自有住房，房管部门向居民出租的公有住房，落实私房政策中带户发还产权并以政府规定租金标准向居民出租的私有住房等，暂免征收房产税。

③经营公租房的租金收入，免征房产税。公共租赁住房经营管理单位应单独核算公共租赁住房租金收入，未单独核算的，不得享受免征房产税优惠政策。

四、房产税的征收管理

（一）纳税义务发生时间

（1）纳税人将原有房产用于生产经营，从生产经营之月起缴纳房产税。

（2）纳税人自行新建房屋用于生产经营，从建成之次月起缴纳房产税。

（3）纳税人委托施工企业建设的房屋，从办理验收手续之次月起缴纳房产税。

（4）纳税人购置新建商品房，自房屋交付使用之次月起缴纳房产税。

（5）纳税人购置存量房，自办理房屋权属转移、变更登记手续，房地产权属登记机关签发房屋权属证书之次月起，缴纳房产税。

（6）纳税人出租、出借房产，自交付出租、出借房产之次月起，缴纳房产税。

（7）房地产开发企业自用、出租、出借本企业建造的商品房，自房屋使用或交付之次月起，缴纳房产税。

（8）纳税人因房产的实物或权利状态发生变化而依法终止房产税纳税义务的，其应纳税款的计算截止到房产的实物或权利状态发生变化的当月末。

（二）纳税地点

房产税在房产所在地缴纳。房产不在同一地方的纳税人，应按房产的坐落地点分别向房产所在地的税务机关纳税。

（三）纳税期限

房产税实行按年计算、分期缴纳的征收方法，具体纳税期限由省、自治区、直辖市人民政府确定。

项目二 印花税

一、印花税的基础认知

印花税是对经济活动和经济交往中书立、领受、使用应税经济凭证和证券交易行为征收的一种行为税。因采用在应税凭证上粘贴印花税票作为完税的标志而得名。印花税兼有凭证税和行为税性质，具有征税范围广、税率低、税负轻、由纳税人自行完成纳税义务的特点。

（一）印花税纳税人

印花税的纳税人，是在中国境内书立应税凭证、进行证券交易，以及在中华人民共和国境外书立在境内使用的应税凭证的单位和个人。其中，书立应税凭证的纳税人，为对应税凭证负有直接权利义务关系的单位和个人。同一应税凭证，凡由两方或两方以上当事人共同书立并各执一份的，原则上其当事人各方都是印花税的纳税人。

所称应税凭证，是指《印花税法》所附《印花税税目税率表》列明的合同、产权转移书据和营业账簿；所称证券交易，是指转让在依法设立的证券交易所、国务院批准的其他全国性证券交易场所交易的股票和以股票为基础的存托凭证。印花税的纳税人具体包括立合同人、立据人、立账簿人、证券交易人和使用人。

（1）立合同人。是指对应税合同负有直接权利义务关系的单位和个人。但不包括应税合同的担保人、证人、鉴定人。当事人的代理人有代理纳税的义务，他与纳税人负有同等的税收法律义务和责任。采取委托贷款方式书立的借款合同纳税人，为受托方和借款人，不包括委托人；按买卖合同缴纳印花税的拍卖成交确定书纳税人，为拍卖标的的产权人和买受人，不包括拍卖人。

（2）立据人。是指产权转移书据的当事人。

（3）立账簿人。是指开立并使用营业账簿的单位和个人。

（4）证券交易人。在中华人民共和国境内进行证券交易的单位和个人。证券交易印花税对证券交易的出让方征收，不对受让方征收。

（5）使用人。是指在中华人民共和国境外书立在国内使用应税凭证的单位和个人。

（二）征税范围

印花税只对《中华人民共和国印花税法》中列举的凭证征税，没有列举的凭证是不征收印花税的。列举的凭证分为五类，即书面合同、产权转移书据、营业账簿、权利、证券交易。印花税具体列举凭证见表 7 - 1。

表 7 - 1　　印花税税目表

税目		具体范围
书面合同	买卖合同	指动产买卖合同，包括供应、预购、采购、购销结合及协作、调剂、补偿、易货等合同。还包括各出版单位与发行单位之间订立的图书、报纸、期刊和音像制品的征订凭证。如订购单、订数单等。发电厂与电网之间、电网与电网之间签订的购售电合同缴纳印花税；企业之间书立的确定买卖关系、明确买卖双方权利义务的订单、要货单等单据，且未另外书立买卖合同的，应当按规定缴纳印花税
	承揽合同	包括加工、定做、修缮、修理、印刷、广告、测绘、测试等合同
	建设工程合同	是指承包人进行工程建设，发包人支付价款的合同。通常包括建设工程勘察、设计、施工合同

续表

税　目		具体范围
书面合同	仓储合同	又称仓储保管合同，是保管人储存存货人交付的仓储物，存货人支付仓储费的合同
	租赁合同	指出租人将租赁物交给承租人使用，承租人定期向出租人支付约定的租金的合同。包括租赁房屋、船舶、飞机、机动车辆、机械、器具、设备等合同
	运输合同	指货运合同和多式联运合同，不包括管道运输合同
	保管合同	又称寄托合同、寄存合同，是指双方当事人约定一方将物交付他方保管的合同。保管合同是保管人有偿地或无偿地为寄存人保管物品，并在约定期限内或应寄存人的请求，返还保管物品的合同
	借款合同	银行及其他金融组织（不包括银行同业拆借）和借款人所签订的借款合同
	财产保险合同	包括财产、责任、保证、信用等保险合同，不包括再保险合同
	融资租赁合同	是指出租人根据承租人对出卖人、租赁物的选择，向出卖人购买租赁物，提供给承租人使用，承租人支付租金的合同
	技术合同	包括技术开发、转让、咨询、服务等合同，以及作为合同使用的单据。不包括专利权转让、专有技术使用权转让书据
产权转移书据	产权转移书据	土地使用权出让书据、土地使用权、房屋等所有权转让书据、股权转让书据、商标专用权、著作权、专利权、专有技术使用权转让书据
营业账簿	营业账簿	记载“实收资本”和“资本公积”的账簿
证券交易	证券交易	是指证券持有人依照交易规则，将证券转让给其他投资者的行为。证券交易一般分为两种形式：一种形式是上市交易，是指证券在证券交易所集中交易挂牌买卖。另一种形式是上柜交易，是指公开发行但未达上市标准的证券在证券柜台交易

（三）印花税税率表（表7－2）

表7－2　　印花税税率表

税目		税率
书面合同	买卖合同	价款的0.3‰
	承揽合同	报酬的0.3‰
	建设工程合同	价款的0.3‰
	运输合同	运输费用的价款的0.3‰
	技术合同	价款、报酬或使用费的价款的0.3‰
	仓储合同	仓储费的1‰
	租赁合同	租金的1‰
	财产保险合同	保险费的1‰

续表

<table>
<tr><th colspan="2">税目</th><th>税率</th></tr>
<tr><td rowspan="3">书面合同</td><td>保管合同</td><td>保管费的1‰</td></tr>
<tr><td>借款合同</td><td>借款金额的0.05‰</td></tr>
<tr><td>融资租赁合同</td><td>租金的0.05‰</td></tr>
<tr><td rowspan="2">产权转移书据</td><td>土地使用权出让书据、土地使用权、房屋等所有权转让书据、股权转让书据</td><td>价款的0.5‰</td></tr>
<tr><td>商标专用权、著作权、专利权、专有技术使用权转让数据</td><td>价款的0.3‰</td></tr>
<tr><td>营业账簿</td><td colspan="2">（“实收资本”＋“资本公积”）×0.25‰</td></tr>
<tr><td>证券交易</td><td colspan="2">成交金额的1‰</td></tr>
</table>

二、计税依据一般规定

（一）书面合同

（1）买卖合同，计税依据为合同上记载的购销金额，不得作任何扣除，特别是调剂合同和易货合同，均应包括调剂、易货的全额。

（2）融资租赁合同：收取或支付的租金作为计税依据。

（3）承揽合同，计税依据为合同中记载的加工费或者承揽收入。

①受托方提供原材料及辅料，并收取加工费且分别注明的，原材料和辅料按购销合同上记载的原材料金额计税，加工费按加工承揽合同计税。合同未分别记载原辅料及加工费金额的，一律就全部金额按加工承揽合同计税。

②委托方提供原材料，受托方收取加工费及辅料，双方就加工费及辅料按加工承揽合同计算贴花。

（4）建设工程合同，计税依据为合同中约定的价款。

（5）租赁合同，计税依据为租赁金额（即租金收入）。

（6）运输合同，计税依据为取得的运输费金额（即运费收入），不包括所运货物的金额、装卸费和保险费等。

（7）仓储合同，计税依据为收取的仓储费。

（8）保管合同，计税依据为收取（支付）的保管费。

（9）借款合同，计税依据为借款金额（即借款本金）。

（10）财产保险合同，计税依据为支付（收取）的保险费金额，不包括所保财产的金额。

（11）技术合同，计税依据为合同所载的价款、报酬或使用费。对技术开发合同，只对合同所载的报酬金额计税，研究开发经费不作为计税依据。

（二）产权转移书据

产权转移书据，计税依据为产权转移书据所列中所载的金额，不包括列明的增值税税款。

（三）应税营业账簿

记载资金的营业账簿，计税依据为实收资本和资本公积两项的合计金额。

（四）证券交易

证券交易，计税依据为成交金额。证券交易无转让价格的，按照办理过户登记手续时该证券前一个交易日收盘价计算确定计税依据；无收盘价的，按照证券面值计算确定计税依据。

三、应纳税额的计算

印花税的应纳税额按照计税依据乘以适用税率计算，计算公式为：

应纳税额＝应税凭证和证券交易计税金额×适用税率

【做中学4】 甲公司与乙公司签订了一份将货物从A市运送至B市的运输合同，合同约定货物运抵目的地前交由甲公司仓储，合同中列明的运费金额10万元，保管费金额2万元，请计算甲和乙公司上述运输合同应缴纳印花。

【答案】 甲和乙公司上述运输合同应缴纳印花税共计＝(100 000×0.3‰＋20 000×1‰)×2＝100（元）。

四、印花税税收优惠

根据《印花税法》有关规定，下列凭证免征印花税：

（1）应税凭证的副本或者抄本；

（2）依照法律规定应当予以免税的外国驻华使馆、领事馆和国际组织驻华代表机构为获得馆舍书立的应税凭证；

（3）中国人民解放军、中国人民武装警察部队书立的应税凭证；

（4）农民、家庭农场、农民专业合作社、农村集体经济组织、村民委员会购买农业生产资料或者销售农产品书立的买卖合同和农业保险合同；

（5）无息或者贴息借款合同、国际金融组织向中国提供优惠贷款书立的借款合同；

（6）财产所有权人将财产赠与政府、学校、社会福利机构、慈善组织书立的产权转移书据；

（7）非营利性医疗卫生机构采购药品或者卫生材料书立的买卖合同；

（8）个人与电子商务经营者订立的电子订单。

（9）个人销售或购买住房签订的产权转移书据暂免征收印花税；对个人出租、承租住房签订的租赁合同，免征印花税。

（10）对农牧业保险合同免税。

（11）凡附有军事运输命令或使用专用的军事物资运输结算凭证货物运输和附有县级以上（含县级）人民政府抢险救灾物资运输证明文件的运费结算凭证，免征印花税。

（12）对经县级以上人民政府及企业主管部门批准改制的企业因改制签订的产权转

移书据免征印花税。

（13）自2019年1月1日至2027年12月31日，对与高校学生签订的高校学生公寓租赁合同，免征印花税（同房产税）。

（14）为支持国家商品储备业务发展，对商品储备管理公司及其直属库资金账簿免征印花税；对其承担商品储备业务过程中书立的购销合同免征印花税，对合同其他各方当事人应缴纳的印花税照章缴纳（同房产税、城镇土地使用税）。

（15）自2018年1月1日起至2027年12月31日，对金融机构与小型、微型企业签订的借款合同免征印花税。

（16）在棚户区改造过程中，对改造安置住房经营管理单位、开发商与改造安置住房有关的印花税以及购买安置住房的个人涉及的印花税予以免征（同契税）。

（17）自2023年1月1日至2027年12月31日，对增值税小规模纳税人、小型微利企业和个体工商户减半征收印花税（不含证券交易印花税）（同房产税、城镇土地使用税、耕地占用税）。

五、印花税征收管理

（一）纳税义务发生时间

印花税的纳税义务发生时间为纳税人书立应税凭证或者完成证券交易的当日。证券交易印花税扣缴义务发生时间为证券交易完成的当日。纳税人应当根据书立印花税应税合同、产权转移书据和营业账簿情况，填写《印花税税源明细表》（见附录一），进行财产行为税综合申报。

（二）纳税期限

印花税按季、按年或者按次计征。实行按季、按年计征的，纳税人应当自季度、年度终了之日起十五日内申报缴纳税款；实行按次计征的，纳税人应当自纳税义务发生之日起十五日内申报缴纳税款。应税合同、产权转移书据印花税可以按季或者按次申报缴纳，应税营业账簿印花税可以按年或者按次申报缴纳，具体纳税期限由各省、自治区、直辖市、计划单列市税务局结合征管实际确定。

境外单位或者个人的应税凭证印花税可以按季、按年或者按次申报缴纳，具体纳税期限由各省、自治区、直辖市、计划单列市税务局结合征管实际确定。证券交易印花税按周解缴。证券交易印花税扣缴义务人应当自每周终了之日起五日内申报解缴税款以及银行结算的利息。

应税合同、产权转移书据未列明金额，在后续实际结算确定金额的，纳税人应当于书立应税合同、产权转移书据的首个纳税申报期申报应税合同、产权转移书据书立情况，在实际结算后下一个纳税申报期，以实际结算金额计算申报缴纳印花税。

（三）纳税地点

纳税人为单位的，应当向其机构所在地的主管税务机关申报缴纳印花税；纳税人为个人的，应当向应税凭证书立地或者纳税人居住地的主管税务机关申报缴纳印花税。

不动产产权转移的，纳税人应当向不动产所在地的主管税务机关申报缴纳印花税。

纳税人为境外单位或者个人，在境内没有代理人的，由纳税人自行申报缴纳印花税。

境外单位或个人可以向资产交付地、境内服务提供方或者接受方所在地（居住地）、书立应税凭证境内书立人所在地（居住地）主管税务机关申报缴纳；涉及不动产产权转移的，应当向不动产所在地主管税务机关申报缴纳。

（四）缴纳方法

印花税的纳税方法较其他税种不同，一般而言是由纳税人根据税法规定，自行计算应纳税额，通过购买印花税票，进行贴花和画销，履行纳税义务。同时，对特殊情形采取特定的贴花方式纳税。

1. 一般纳税方法

印花税通常由纳税人根据规定自行计算应纳税额，购买并一次贴足印花税票，完纳税款。纳税人向税务机关或指定的代售单位购买印花税票，就税务机关来说，印花税票一经售出，国家即取得印花税收入。但就纳税人而言，购买了印花税票，不等于履行了纳税义务。因此，纳税人将印花税票粘贴在应税凭证后，应即行注销，注销标记应与骑缝处相交。所谓骑缝处，是指粘贴的印花税票与凭证之间的交接处。

2. 简化纳税方法

为简化贴花手续，对那些应纳税额较大或者贴花次数频繁的，税法规定了以下两种简化的缴纳方法：

（1）以缴款书或完税证代替贴花的方法。某些应税凭证，如资金账簿、大宗货物的购销合同、建筑工程承包合同等，如果一份凭证的应纳税额数量较大，超过 500 元，贴用印花税票不方便的，纳税人可以采取将税收缴款书、完税凭证其中一联粘贴在凭证上或者由税务机关在凭证上加注完税标记代替贴花。

（2）按期汇总缴纳印花税的方法。同一种类应纳税凭证，需频繁贴花的，可由纳税人根据实际情况自行决定是否采用按期汇总申报缴纳印花税的方式。汇总缴纳的期限为 1 个月，采用按期汇总申报缴纳方式的，一年内不得改变。

项目三
契　　税

一、契税的基础认知

契税，是以在中华人民共和国境内转移土地、房屋权属为征税对象，按照当事人双方签订的合同（契约）以及所确定价格的一定比例，向产权承受人征收的一种财产税。契税除与其他税收有相同的性质和作用外，还具有其自身的特征：①征收契税的宗旨是为了保障不动产所有人的合法权益。通过征税，契税征收机关便以政府名义发给契证，作为合法的产权凭证，政府即承担保证产权的责任。因此，契税又带有规费性质，这是契税不同于其他税收的主要特点。②纳税人是产权承受人。当发生房屋买卖、典当、赠与或交换行为时，按转移变动的价值，对产权承受人课征一次性契税。③契税采用比例税率，即在房屋产权发生转移变动行为时，对纳税人依一定比例的税率课征。

（一）纳税义务人

契税的纳税义务人，是指在我国境内承受土地、房屋权属转移的单位和个人。

契税由权属的承受人缴纳。这里所说的“承受”，是指受让、购买、受赠、交换等方式取得土地、房屋权属的行为。土地、房屋权属是指土地使用权和房屋所有权；单位是指企业单位、事业单位、国家机关、军事单位和社会团体以及其他组织；个人是指个体经营者及其他个人，包括中国公民和外籍人员。

（二）征税范围

契税以在中华人民共和国境内转移土地、房屋权属为征税对象，向产权承受人征收的一种财产税。产权未发生转移的，不征收契税。契税的征税范围主要包括：

（1）国有土地使用权出让，指土使用者向国家交付土使用权出让费用，国家将国有土地使用权在一定年限内让与土地使用者的行为。

（2）土地使用权转让，指土地使用者以出售、赠与、交换等方式将土地使用权转移给其他单位和个人的行为（不包括农村集体土地承包经营权的转移）。其中，赠与是指土地使用者将其土地使用权无偿转让给受赠者的行为；土地使用权交换是指土地使用者之间相互交换土地使用权的行为。

（3）房屋买卖，即以货币为媒介，出卖者向购买者过渡房产所有权的交易行为。以下几种特殊情况，视同买卖房屋：

①以房屋抵债或实物交换房屋。经当地政府有关部门批准，以房抵债和实物交换房屋，均视同房屋买卖，应由产权承受人按房屋现值缴纳契税。

例如，贾某因无力偿还乙某的债务，而以自有的房产折价抵偿债务。经双方同意，有关部门批准，乙某取得贾某的房屋产权，在办理产权过户手续时，按房产折价款缴纳契税。

②以房产作投资、入股。这种交易业务属房屋产权转移，应根据国家房地产管理的有关规定，办理房屋产权交易和产权变更登记手续，视同房屋买卖，由产权承受方案契税税率计算缴纳契税。

以自有房产作股投入本人独资经营的企业，因未发生权属变化，不需办理房产变更手续，故免纳契税。

③买房者不论其购买目的是为了拆用材料还是为了得到旧房后翻建成新房，都要涉及办理产权转移手续，只要发生房屋权属变化，就要照章缴纳契税。

（4）房屋赠与，指房屋所有者将其房屋无偿转让给受赠者的行为。

（5）房屋交换，指房屋所有者之间相互交换房屋的行为。

（三）税率

契税采用比例税率，实行3%～5%的幅度税率。各省、自治区、直辖市人民政府可以在幅度税率规定范围内，按照本地区的实际情况确定。

二、契税的应纳税额计算

（一）计税依据

契税的计税依据为土地或不动产的价格。由于土地、房屋权属转移方式不同，定价方法不同，因而具体计税依据视不同情况而决定。

（1）国有土地使用权出让、土地使用权出售、房屋买卖，以成交价格为计税依据。成交价格是指土地、房屋权属转移合同确定的价格，包括承受者应交付的货币、实物、无形资产或者其他经济利益。计征契税的成交价格不含增值税。

（2）土地使用权赠与、房屋赠与，由征收机关参照土地使用权出售、房屋买卖的市场价格核定。

（3）土地使用权交换、房屋交换，以所交换的土地使用权、房屋的价格差额为计税依据。也就是说，交换价格相等时，免征契税；交换价格不等时，由多交付的货币、实物、无形资产或者其他经济利益的一方缴纳契税。

（4）以划拨方式取得土地使用权的，经批准转让房地产时，应由房地产转让者补交契税。计税依据为补交的土地使用权出让费用或者土地收益。

为了避免偷、逃税款，税法规定，成交价格明显低于市场价格并且无正当理由的，或者所交换土地使用权、房屋的价格的差额明显不合理并且无正当理由的，征收机关可以参照市场价格核定计税依据。

（5）房屋附属设施征收契税的依据。采取分期付款方式购买房屋附属设施土地使用权、房屋所有权的，应按合同规定的总价款计征契税。

（6）个人无偿赠与不动产行为（法定继承人除外），应对受赠人全额征收契税。

（二）应纳税额的计算

契税采用比例税率。当计税依据确定以后，应纳税额的计算比较简单。应纳税额的计算公式为：

$$应纳税额 = 计税依据 \times 适用税率$$

【做中学5】 某房地产开发企业以招标方式取得一宗土地使用权，支付土地出让金15 000万元，土地补偿费300万元，征收补偿费400万元，收到财政返还土地出让金2 000万元，契税税率4%，请计算应缴纳的契税。

【答案】 土地使用权出让的，计税依据包括土地出让金、土地补偿费、安置补助费、地上附着物和青苗补偿费、征收补偿费、城市基础设施配套费、实物配建房屋等应交付的货币以及实物、其他经济利益对应的价款。不得因减免土地出让金，而减免契税。应缴纳的契税 = (15 000 + 300 + 400) × 4% = 628（万元）。

三、契税税收优惠

（1）国家机关、事业单位、社会团体、军事单位承受土地、房屋用于办公、教学、医疗、科研和军事设施的，免征契税。

（2）非营利性的学校、医疗机构、社会福利机构承受土地、房屋权属用于办公、教学、医疗、科研、养老、救助。

（3）因不可抗力灭失住房，重新承受住房权属。

（4）土地、房屋被县级以上人民政府征用、占用后，重新承受土地、房屋权属的，由省级人民政府确定是否减免。

（5）承受荒山、荒沟、荒丘、荒滩土地使用权，并用于农、林、牧、渔业生产的，免征契税。

（6）婚姻关系存续期间夫妻之间变更土地、房屋权属。

（7）法定继承人通过继承承受土地、房屋权属。

（8）依照法律规定应当予以免税的外国驻华使馆、领事馆和国际组织驻华代表机构承受土地、房屋权属。

（9）自2023年8月1日至2027年12月31日，对银行业金融机构、金融资产管理公司接收抵债资产免征契税。

（10）城镇职工按规定第一次购买公有住房的，免征契税。

（11）对个人购买经济适用住房，在法定税率基础上减半征收契税。

（12）对个人购买保障性住房，减按1%的税率征收契税。

（13）对保障性住房经营管理单位回购保障性住房继续作为保障性住房房源的，免征契税。

（14）对易地扶贫搬迁贫困人口按规定取得的安置住房，免征契税。

（15）夫妻因离婚分割共同财产发生土地、房屋权属变更的，免征契税。

四、契税征收管理

（一）纳税义务发生时间

（1）契税的纳税义务发生时间是纳税人签订土地、房屋权属转移合同的当天，或者纳税人取得其他具有土地、房屋权属转移合同性质凭证的当天。

（2）因人民法院、仲裁委员会的生效法律文书或者监察机关出具的监察文书等发生土地、房屋权属转移的，纳税义务发生时间为法律文书等生效当日。

（3）因改变土地、房屋用途等情形应当缴纳已经减征、免征契税的，纳税义务发生时间为改变有关土地、房屋用途等情形的当日。

（4）因改变土地性质、容积率等土地使用条件需补缴土地出让价款，应当缴纳契税的，纳税义务发生时间为改变土地使用条件当日。

发生上述情形，按规定不再需要办理土地、房屋权属登记的，纳税人应自纳税义务发生之日起90日内申报缴纳契税。

（二）纳税期限

纳税人应当在依法办理土地、房屋权属登记手续前申报缴纳契税。

在依法办理土地、房屋权属登记前，权属转移合同、权属转移合同性质凭证不生效、无效、被撤销或者被解除的，纳税人可以向税务机关申请退还已缴纳的税款，税务机关应当依法办理。

（三）纳税地点

契税实行属地征收管理。纳税人发生纳税义务时，应向土地、房屋所在地的税务征收机关申报纳税。

项目四
土地增值税

一、土地增值税的基础认知

土地增值税是对有偿转让国有土地使用权、地上的建筑物及其附着物并取得收入的单位和个人，就其转让房产所取得的增值额征收的一种税。

（一）纳税人

土地增值税的纳税人为转让国有土地使用权、地上的建筑物及其附着物并取得收入的单位和个人。单位包括各类企业单位、事业单位、国家机关、军事单位和社会团体以及其他组织；个人是指个体经营者及其他个人，包括中国公民和外籍人员。

（二）征收范围

土地增值税征税范围包括转让国有土地使用权行为，地上的建筑物及其附着物连同国有土地使用权一并转让等房地产转让行为。

1. 基本征税范围

（1）转让国有土地使用权，不包括国有土地使用权的出让、出租和转让集体土地的行为。“国有土地”，是指按国家规定属于国家所有的土地。出售国有土地使用权是指土地使用者通过出让方式，向政府缴纳了土地出让金，有偿受让土地使用权后，仅对土地进行通水、通电、通路和平整地面等土地开发，不进行房产开发，即所谓“将生地变熟地”，然后直接将空地出售出去。

（2）地上建筑物及其附着物连同国有土地使用权一并转让。“地上的建筑物”，是指建于土地上的一切建筑物，包括地上地下的各种附属设施。“附着物”，是指附着于土地上的不能移动或一经移动即遭损坏的物品。

（3）存量房地产的买卖。存量房地产是指已经建成并投入使用的房地产，其房屋所有人将房屋产权和土地使用权一并转让给其他单位和个人。

2. 特殊征税范围

（1）房地产的继承。房地产的继承是指房产的原产权所有人、依照法律规定取得土地使用权的土地使用人死亡以后，由其继承人依法承受死者房产产权和土地使用权的民事法律行为。这种行为虽然发生了房地产的权属变更，但作为房产产权、土地使用权的原所有人（即被继承人）并没有因为权属变更而取得任何收入。因此，这种房地产的继承不属于土地增值税的征税范围。

（2）房地产的赠与。房地产的赠与是指房产所有人、土地使用权所有人将自己所拥有的房地产无偿地交给其他人的民事法律行为。但这里的“赠与”仅指以下情况：

①房产所有人、土地使用权所有人将房屋产权、土地使用权赠与直系亲属或承担直接赡养义务人的。

②房产所有人、土地使用权所有人通过中国境内非营利的社会团体、国家机关将房屋产权、土地使用权赠与教育、民政和其他社会福利、公益事业的。社会团体是指中国青少年发展基金会、希望工程基金会、宋庆龄基金会、减灾委员会、中国红十字会、中国残疾人联合会、全国老年基金会、老区促进会以及经民政部门批准成立的其他非营利性的公益性组织。

房地产的赠与虽发生了房地产的权属变更，但作为房产所有人、土地使用权的所有人并没有因为权属的转让而取得任何收入。因此，房地产的赠与不属于土地增值税的征税范围。

（3）房地产的出租。房地产的出租是指房产的产权所有人、依照法律规定取得土地使用权的土地使用人，将房产、土地使用权租赁给承租人使用，由承租人向出租人支付租金的行为。房地产的出租，出租人虽取得了收入，但没有发生房产产权、土地使用权的转让。因此，不属于土地增值税的征税范围。

（4）房地产的抵押。房地产的抵押是指房地产的产权所有人、依法取得土地使用权的土地使用人作为债务人或第三人向债权人提供不动产作为清偿债务的担保而不转移权属的法律行为。这种情况由于房产的产权、土地使用权在抵押期间产权并没有发生权属的变更，房产的产权所有人、土地使用权人仍能对房地产行使占有、使用、收益等权利，房产的产权所有人、土地使用权人虽然在抵押期间取得了一定的抵押贷款，但实际上这些贷款在抵押期满后是要连本带利偿还给债权人的。因此，对房地产的抵押，在抵押期间不征收土地增值税。待抵押期满后，视该房地产是否转移占有而确定是否征收土地增值税。对于以房地产抵债而发生房地产权属转让的，应列入土地增值税的征税范围。

（5）房地产的交换。这种情况是指一方以房地产与另一方的房地产进行交换的行为。由于这种行为既发生了房产产权、土地使用权的转移，交换双方又取得了实物形态的收入，按《土地增值税暂行条例》规定，它属于土地增值税的征税范围。但对个人之间互换自有居住用房地产的，经当地税务机关核实，可以免征土地增值税。

（6）合作建房。对于一方出地，一方出资金，双方合作建房，建成后按比例分房自用的，暂免征收土地增值税；建成后转让的，应征收土地增值税。

（7）房地产的代建房行为。这种情况是指房地产开发公司代客户进行房地产的开发，开发完成后向客户收取代建收入的行为。对于房地产开发公司而言，虽然取得了收入，但没有发生房地产权属的转移，其收入属于劳务收入性质，故不属于土地增值税的征税范围。

（8）房地产的重新评估。这主要是指国有企业在清产核资时对房地产进行重新评估而使其升值的情况。这种情况下，房地产虽然有增值，但其既没有发生房地产权属的转移，房产产权、土地使用权人也未取得收入，所以不属于土地增值税的征税范围。

（三）税率

土地增值税实行四级超率累进税率：

（1）增值额未超过扣除项目金额50%的部分，税率为30%。

（2）增值额超过扣除项目金额50%、未超过扣除项目金额100%的部分，税率为40%。

（3）增值额超过扣除项目金额100%、未超过扣除项目金额200%的部分，税率为50%。

（4）增值额超过扣除项目金额200%的部分，税率为60%。

上述所列四级超率累进税率，每级“增值额未超过扣除项目金额”的比例，均包括本比例数。土地增值税超率累进税率，如表7－3所示。

表7－3　土地增值税四级超额累进税率表

级数	增值额与扣除项目金额的比率	税率（%）	速算扣除系数（%）
1	不超过50%的部分	30	0
2	超过50%至100%的部分	40	5
3	超过100%至200%的部分	50	15
4	超过200%的部分	60	35

二、土地增值税应纳税额计算

（一）计税依据

土地增值税的计税依据是纳税人有偿转让国有土地使用权及地上建筑物和其他附着物产权所取得的增值额。增值额是指转让房地产取得的收入减除税法规定的扣除项目金额后的余额。

1. 应税收入

纳税人转让房地产取得的应税收入，包括转让房地产的全部价款及有关的经济利益，但不含增值税税款。形式上包括货币收入、实物收入和其他收入。

2. 扣除项目

计算土地增值税应纳税额，并不是直接对转让房地产所取得的收入征税，而是要对收入额减除国家规定的各项扣除项目金额后的余额计算征（这个余额就是纳税人在转让房地产中获取的增值额）。因此，要计算增值额，首先必须确定扣除项目。税法准予纳税人从转让收入额中减除的扣除项目包括如下几项：

（1）取得土地使用权所支付的金额。取得土地使用权所支付的金额包括两方面的内容：

①纳税人为取得土地所支付的地价款。如果是以协议、招标、拍卖等出让方式取得土地使用权的，地价款为纳税人所支付的土地出让金；如果是以行政划拨方式取得土地使用权的，地价款为按照国家有关规定补交的土地出让金；如果是以转让方式取得土地使用权的，地价款为向原土地使用权人实际支付的地价款。

②纳税人在取得土地使用权时按国家统一规定缴纳的有关费用。它是指纳税人在取

得土地使用权过程中为办理有关手续，按国家统一规定缴纳的有关登记、过户手续费。

（2）房地产开发成本。房地产开发成本是指纳税人房地产开发项目实际发生的成本，包括土地征用及拆迁补偿费、前期工程费、建筑安装工程费、基础设施费、公共配套设施费、开发间接费用等。

①土地征用及拆迁补偿费。包括土地征用费、耕地占用税、劳动力安置费及有关地上、地下附着物拆迁补偿的净支出、安置动迁用房支出等。

②前期工程费。包括规划、设计、项目可行性研究和水文、地质、勘察、测绘、“三通一平”等支出。

③建筑安装工程费。指以出包方式支付给承包单位的建筑安装工程费，以自营方式发生的建筑安装工程费。

④基础设施费。包括开发小区内道路、供水、供电、供气、排污、排洪、通信、照明、环卫、绿化等工程发生的支出。

⑤公共配套设施费。包括不能有偿转让的开发小区内公共配套设施发生的支出。

⑥开发间接费用。指直接组织、管理开发项目发生的费用，包括工资、职工福利费、折旧费、修理费、办公费、水电费、劳动保护费、周转房摊销等。

（3）房地产开发费用。房地产开发费用是指与房地产开发项目有关的销售费用、管理费用和财务费用。根据现行财务会计制度的规定，这三项费用作为期间费用，直接计入当期损益，不按成本核算对象进行分摊。故作为土地增值税扣除项目的房地产开发费用，不按纳税人房地产开发项目实际发生的费用进行扣除，而按《实施细则》的标准进行扣除。

《实施细则》规定，财务费用中的利息支出，凡能够按转让房地产项目计算分摊并提供金融机构证明的，允许据实扣除，但最高不能超过按商业银行同类同期贷款利率计算的金额。其他房地产开发费用，按《实施细则》第七条（一）、（二）项规定（即取得土地使用权所支付的金额和房地产开发成本，下同）计算的金额之和的5%以内计算扣除。凡不能按转让房地产项目计算分摊利息支出或不能提供金融机构证明的，房地产开发费用按《实施细则》第七条（一）、（二）项规定计算的金额之和的10%以内计算扣除，计算扣除的具体比例，由各省、自治区、直辖市人民政府规定。

上述规定的具体含义是：

①纳税人能够按转让房地产项目计算分摊利息支出，并能提供金融机构的贷款证明的，其允许扣除的房地产开发费用为：利息 +（取得土地使用权所支付的金额 + 房地产开发成本）×5%以内（注：利息最高不能超过按商业银行同类同期贷款利率计算的金额）。

②纳税人不能按转让房地产项目计算分摊利息支出或不能提供金融机构贷款证明的，其允许扣除的房地产开发费用为：（取得土地使用权所支付的金额 + 房地产开发成本）×10% 以内。

全部使用自有资金，没有利息支出的，按照以上方法扣除。上述具体适用的比例按省级人民政府此前规定的比例执行。

③房地产开发企业既向金融机构借款，又有其他借款的，其房地产开发费用计算扣除时不能同时适用上述①、②项所述两种办法。

④土地增值税清算时，已经计入房地产开发成本的利息支出，应调整至财务费用中计算扣除。

（4）与转让房地产有关的税金。与转让房地产有关的税金是指在转让房地产时缴纳的城市维护建设税、印花税。因转让房地产缴纳的教育费附加，也可视同税金予以扣除。

需要明确的是，房地产开发企业按照《施工、房地产开发企业财务制度》有关规定，其在转让时缴纳的印花税因列入管理费用中，故在此不允许单独再扣除。其他纳税人缴纳的印花税（按产权转移书据所载金额的0.5‰贴花）允许在此扣除。

（5）财政部确定的其他扣除项目。对从事房地产开发的纳税人可按《实施细则》第七条（一）、（二）项规定计算的金额之和，加计20%的扣除。在此，应特别指出的是：此条优惠只适用于从事房地产开发的纳税人，除此之外的其他纳税人不适用。这样的规定，目的是抑制炒买炒卖房地产的投机行为，保护正常开发投资者的积极性。计算公式如下：

加计扣除费用＝（取得土地使用权支付的金额＋房地产开发成本）×20%

（6）旧房及建筑物的评估价格。纳税人转让旧房的，应按房屋及建筑物的评估价格、取得土地使用权所支付的地价款或出让金、按国家统一规定缴纳的有关费用和转让环节缴纳的税金作为扣除项目金额计征土地增值税。对取得土地使用权时未支付地价款或不能提供已支付的地价款凭据的，在计征土地增值税时不允许扣除。

旧房及建筑物的评估价格是指在转让已使用的房屋及建筑物时，由政府批准设立的房地产评估机构评定的重置成本价乘以成新度折扣率后的价格。评估价格须经当地税务机关确认。重置成本价的含义是：对旧房及建筑物，按转让时的建材价格及人工费用计算，建造同样面积、同样层次、同样结构、同样建设标准的新房及建筑物所需花费的成本费用。成新度折扣率的含义是：按旧房的新旧程度作一定比例的折扣。例如，一栋房屋已使用近10年，建造时的造价为1 000万元，按转让时的建材及人工费用计算，建同样的新房需花费5 000万元，假定该房有六成新，则该房的评估价格为：5 000×60%＝3 000（万元）。

纳税人转让旧房及建筑物，凡不能取得评估价格，但能提供购房发票的，经当地税务部门确认，根据《土地增值税暂行条例》第六条第（一）、（三）项规定的扣除项目的金额（即：取得土地使用权所支付的金额、新建房及配套设施的成本、费用，或者旧房及建筑物的评估价格），可按发票所载金额并从购买年度起至转让年度止每年加计5%计算扣除。计算扣除项目时“每年”按购房发票所载日期起至售房发票开具之日止，每满12个月计1年；超过1年，未满12个月但超过6个月的，可以视同为1年。

对纳税人购房时缴纳的契税，凡能提供契税完税凭证的，准予作为“与转让房地产有关的税金”予以扣除，但不作为加计5%的基数。

对于转让旧房及建筑物，既没有评估价格，又不能提供购房发票的，地方税务机关可以根据《中华人民共和国税收征收管理法》第三十五条的规定，实行核定征收。

（二）应纳税额的计算

土地增值税按照纳税人转让房地产所取得的增值额和规定的税率计算征收。土地增值税的计算公式是：

$$应纳税额 = \sum（每级距的增值额 \times 适用税率）$$

由于分步计算比较烦琐，一般可以采用速算扣除法计算。即计算土地增值税税额，可按增值额乘以适用的税率减去扣除项目金额乘以速算扣除系数的简便方法计算。

具体税额计算可分为以下四步：

（1）计算增值额：增值额 = 房地产转让收入 - 扣除项目金额

（2）计算增值率：增值率 = 增值额 ÷ 扣除项目金额 ×100%

（3）确定适用税率：按照计算出的增值率，从土地增值税税率表中确定适用税率。

（4）计算应纳税额：土地增值税应纳税额 = 增值额 × 适用税率 - 扣除项目金额 × 速算扣除系数

【做中学6】某房地产开发公司转让商品房一栋，取得不含税收入为1 000万元，应扣除的购买土地的金额、开发成本的金额、开发费用的金额、相关税金的金额、其他扣除金额合计为400万元。请计算该房地产开发公司应缴纳的土地增值税。

【答案】

（1）增值额 =1 000 - 400 =600（万元）

（2）增值额与扣除项目金额的比率 =600 ÷400 ×100% =150%，确定税率

（3）应缴纳土地增值税 =600 ×50% -400 ×15% =240（万元）

【做中学7】2023年8月某房地产开发公司转让新建普通标准住宅一幢，取得转让不含增值税收入6 000万元，转让环节缴纳税费合计220万元（不含印花税和增值税）。已知该公司为取得土地使用权而支付的地价款和有关费用为1 600万元，房地产开发成本为900万元，利息支出210万元（能够按房地产项目计算分摊并提供金融机构证明，但其中有30万元属于超过贷款期限的利息）。另知，该公司所在地政府规定的其他房地产开发费用的计算扣除比例为5%。该公司应缴纳多少土地增值税。

【答案】

扣除项目金额 =1 600 +900 +（210 -30）+（1 600 +900）×5% +220 +（1 600 +900）×20% =3 525（万元）；

增值额 =6 000 -3 525 =2 475（万元）

增值率 =2 475 ÷3 525 ×100% =70.21%，适用税率40%，速算扣除系数5%

应缴纳土地增值税 =2 475 ×40% -3 525 ×5% =813.75（万元）

三、土地增值税税收优惠

（1）纳税人建造普通标准住宅出售，增值额未超过扣除项目金额20%的，予以免税；超过20%的，应按全部增值额缴纳土地增值税。

（2）因国家建设需要依法征用、收回的房地产，免征土地增值税。

（3）企事业单位、社会团体以及其他组织转让旧房作为公共租赁住房房源且增值额未超过扣除项目金额20%的，免征土地增值税。

（4）居民个人转让住房免征土地增值税。

四、征收管理

由于房地产开发与转让周期较长，造成土地增值税征管难度大，应加强土地增值税

的预征管理办法，预征率的确定要科学、合理。对已经实行预征办法的地区，可根据不同类型房地产的实际情况，确定适当的预征率。除保障性住房外，东部地区省份预征率不得低于2%，中部和东北地区省份不得低于1.5%，西部地区省份不得低于1%。

（一）纳税地点

土地增值税的纳税人应向房地产所在地主管税务机关办理纳税申报，并在税务机关核定的期限内缴纳土地增值税。“房地产所在地”，是指房地产的坐落地。纳税人转让的房地产坐落在两个或两个以上地区的，应按房地产所在地分别申报纳税。

在实际工作中，纳税地点的确定又可分为以下两种情况：

(1) 纳税人是法人的。当转让的房地产坐落地与其机构所在地或经营所在地一致时，则在办理税务登记的原管辖税务机关申报纳税即可；如果转让的房地产坐落地与其机构所在地或经营所在地不一致时，则应在房地产坐落地所管辖的税务机关申报纳税。

(2) 纳税人是自然人的。当转让的房地产坐落地与其居住所在地一致时，则在住所所在地税务机关申报纳税；当转让的房地产坐落地与其居住所在地不一致时，则在办理过户手续所在地的税务机关申报纳税。

（二）纳税申报

土地增值税的纳税人应在转让房地产合同签订后的7日内，到房地产所在地主管税务机关办理纳税申报．并向税务机关提交房屋及建筑物产权、土地使用权证书，土地转让、房产买卖合同，房地产评估报告及其他与转让房地产有关的资料。

纳税人因经常发生房地产转让而难以在每次转让后申报的，经税务机关审核同意后，可以定期进行纳税申报，具体期限由税务机关根据相关规定确定。

纳税人因经常发生房地产转让而难以在每次转让后申报，是指房地产开发企业开发建造的房地产、因分次转让而频繁发生纳税义务，难以在每次转让后申报纳税的情况，土地增值税可按月或按各省、自治区、直辖市和计划单列市税务局规定的期限申报缴纳。纳税人选择定期申报方式的，应向纳税所在地的税务机关备案。定期申报方式确定后，一年之内不得变更。

此外，根据《中华人民共和国土地增值税暂行条例实施细则》关于“纳税人在项目全部竣工结算前转让房地产取得的收入……可以预征土地增值税……具体办法由各省、自治区、直辖市税务局根据当地情况制定”的规定，对于纳税人预售房地产所取得的收入，凡当地税务机关规定预征土地增值税的，纳税人应当到主管税务机关办理纳税申报，并按规定比例预缴，待办理决算后，多退少补；凡当地税务机关规定不预征土地增值税的，也应在取得收入时先到税务机关登记或备案。

1995年5月17日，国家税务总局制定并下发了《土地增值税纳税申报表》。此表包括适用于从事房地产开发纳税人的《土地增值税纳税申报表（一）》（见国家税务总局网站），及适用于非从事房地产开发纳税人的《土地增值税纳税申报表（二）》（见国家税务总局网站）。国家税务总局同时规定，纳税人必须按照税法的有关规定，向房地产所在地主管税务机关如实申报转让房地产所取得的收入、扣除项目金额以及应纳土地增值税税额，并按期缴纳税款。

项目五 资源税

一、资源税的基础认知

资源税是以应税资源为课税对象，对在中华人民共和国领域和中华人民共和国管辖的其他海域开发应税资源的单位和个人，就其应税资源销售额或销售数量为计税依据而征收的一种税。

我国资源税只对特定资源征税，是落实税收法定原则、完善地方税体系的重要举措，是绿色税制建设的重要组成部分，促进对自然资源合理开发利用和筹集财政资金的作用。

（一）纳税人

资源税的纳税人是在中华人民共和国领域和中华人民共和国管辖的其他海域开发应税资源的单位和个人，为资源税的纳税人。

（二）税目和税率

资源税的税目反映征收资源税的具体范围，是资源税课征对象的具体表现形式。《中华人民共和国资源税法》采取正列举的方式，共设置5个一级税目，17个二级子税目，具体税目有164个。各税目的征税对象包括原矿或选矿，涵盖了所有已经发现的矿种和盐。根据《中华人民共和国资源税法》的规定，对取用地表水或者地下水的单位和个人试点征收水资源税。

《中华人民共和国资源税法》规定，对大部分资源税应税产品实行从价计征，部分应税产品从量计征，因此，税率形式有比例税率和定额税率两种。资源税的税率标准，依照《资源税税目税率表》执行。具体税率见表7-4。

表7-4 资源税税目税率表

税目		征税对象	税率
能源矿产	原油	原矿	6%
	天然气、页岩气、天然气水合物	原矿	6%
	煤	原矿或者选矿	2%~10%
	煤成（层）气	原矿	1%~2%
	铀、钍	原矿	4%
	油页岩、油砂、天然沥青、石煤	原矿或者选矿	1%~4%
	地热	原矿	1%~20%或者每立方米1~30元

续表

税目			征税对象	税率
金属矿产	黑色金属	铁、锰、铬、钒、钛	原矿或者选矿	1%～9%
	有色金属	铜、铅、锌、锡、镍、锑、镁、钴、铋、汞	原矿或者选矿	2%～10%
		铝土矿	原矿或者选矿	2%～9%
		钨	选矿	6.5%
		钼	选矿	8%
		金、银	原矿或者选矿	2%～6%
		铂、钯、钌、锇、铱、铑	原矿或者选矿	5%～10%
		轻稀土	选矿	7%～12%
		中重稀土	选矿	20%
非金属矿产	矿物类	高岭土	原矿或者选矿	1%～6%
		石灰岩	原矿或者选矿	1%～6%或者每吨（或者每立方米）1～10元
		磷	原矿或者选矿	3%～8%
		石墨	原矿或者选矿	3%～12%
		萤石、硫铁矿、自然硫	原矿或者选矿	1%～8%
		天然石英砂、脉石英、粉石英、水晶、工业用金刚石、冰洲石、蓝晶石、硅线石（矽线石）、长石、滑石、刚玉、菱镁矿、颜料矿物、天然碱、芒硝、钠硝石、明矾石、砷、硼、碘、溴、膨润土、硅藻土、陶瓷土、耐火黏土、铁矾土、凹凸棒石黏土、海泡石黏土、伊利石黏土、累托石黏土	原矿或者选矿	1%～12%
		叶蜡石、硅灰石、透辉石、珍珠岩、云母、沸石、重晶石、毒重石、方解石、蛭石、透闪石、工业用电气石、白垩、石棉、蓝石棉、红柱石、石榴子石、石膏	原矿或者选矿	2%～12%
		其他黏土（铸型用黏土、砖瓦用黏土、陶粒用黏土、水泥配料用黏土、水泥配料用红土、水泥配料用黄土、水泥配料用泥岩、保温材料用黏土）	原矿或者选矿	1%～5%或者每吨（或者每立方米）0.1～5元
	岩石类	大理岩、花岗岩、白云岩、石英岩、砂岩、辉绿岩、安山岩、闪长岩、板岩、玄武岩、片麻岩、角闪岩、页岩、浮岩、凝灰岩、黑曜岩、霞石正长岩、蛇纹岩、麦饭石、泥灰岩、含钾岩石、含钾砂页岩、天然油石、橄榄岩、松脂岩、粗面岩、辉长岩、辉石岩、正长岩、火山灰、火山渣、泥炭	原矿或者选矿	1%～10%
		砂石	原矿或者选矿	1%～5%或者每吨（或者每立方米）0.1～5元
	宝玉石类	宝石、玉石、宝石级金刚石、玛瑙、黄玉、碧玺	原矿或者选矿	4%～20%

续表

税目		征税对象	税率
水气矿产	二氧化碳气、硫化氢气、氦气、氡气	原矿	2%～5%
	矿泉水	原矿	1%～20%或者每立方米1%～30元
盐	钠盐、钾盐、镁盐、锂盐	选矿	3%～15%
	天然卤水	原矿	3%～15%或者每吨（或者每立方米）1～10元
	海盐		2%～5%

（三）税率（额）确定的依据

（1）《税目税率表》中规定实行幅度税率的，其具体适用税率由省、自治区、直辖市人民政府统筹考虑该应税资源的品位、开采条件以及对生态环境的影响等情况，在《税目税率表》规定的税率幅度内提出，报同级人民代表大会常务委员会决定，并报全国人民代表大会常务委员会和国务院备案。

（2）《税目税率表》中规定征税对象为原矿或者选矿的，应当分别确定具体适用税率。

（3）纳税人开采或者生产不同税目应税产品的，应当分别核算不同税目应税产品的销售额或者销售数量；未分别核算或者不能准确提供不同税目应税产品的销售额或者销售数量的，从高适用税率。

（4）纳税人开采或者生产同一税目下不同税率应税产品的，应当分别核算不同税率应税产品的销售额或者销售数量；未分别核算或者不能准确提供不同税率应税产品的销售额或者销售数量的，从高适用税率。

（5）水资源税根据当地水资源状况、取用水类型和经济发展等情况实行差别税率。

二、计税依据

（一）计税依据的一般规定

从价计征资源税的计税依据为应税产品的销售额。应税产品为矿产品的，包括原矿和选矿产品。

资源税应税产品的销售额，按照纳税人销售应税产品向购买方收取的全部价款确定，不包括增值税税款。

计入销售额中的相关运杂费用，凡取得增值税发票或者其他合法有效凭据的，准予从销售额中扣除。相关运杂费用，是指应税产品从坑口或者洗选（加工）地到车站、码头或者购买方指定地点的运输费用、建设基金以及随运销产生的装卸、仓储、港杂费用。

（二）计税依据的特殊规定

纳税人申报的应税产品销售额明显偏低且无正当理由的，或者有自用应税产品行为而无销售额的，主管税务机关可以按下列方法和顺序确定其应税产品销售额：

（1）按纳税人最近时期同类产品的平均销售价格确定。

（2）按其他纳税人最近时期同类产品的平均销售价格确定。

（3）按后续加工非应税产品销售价格，减去后续加工环节的成本利润后确定。

（4）按应税产品组成计税价格确定。

组成计税价格 = 成本 ×（1 + 成本利润率）÷（1 − 资源税税率）

上述公式中的成本利润率由省、自治区、直辖市税务机关确定。

（5）按其他合理方法确定。

三、应纳税额的计算

资源税的应纳税额，按照从价定率或者从量定额的办法，分别以应税产品的销售额乘以纳税人具体适用的比例税率或者以应税产品的销售数量乘以纳税人具体适用的定额税率计算。

（一）从价定率征收应纳税额的计算

实行从价定率方式征收资源税的，根据应税产品的销售额和具体的适用税率计算应纳税额。具体计算公式为：

应纳税额 = 销售额 × 适用税率

（二）从量定额征收应纳税额的计算

实行从量定额方式征收资源税的，根据应税产品的销售数量和规定的单位税额计算应纳税额。具体计算公式为：

应纳税额 = 课税数量 × 单位税额

【做中学8】 某煤矿 2024 年 11 月开采原煤 500 万吨，当月销售 400 万吨原煤，取得不含税销售额 16 000 万元；将 60 万吨原煤用于换取一套安全生产专用设备，原煤的资源税税率为 6%，该煤矿 2023 年 11 月应缴纳多少资源税。

【答案】 应纳资源税 = 16 000/400 ×（400 + 60）× 6% = 1 104（万元）

（三）开采或生产应税产品自用应纳资源税的规定

纳税人开采或者生产应税产品自用的，应当依照《中华人民共和国资源税法》的规定缴纳资源税；但是，自用于连续生产应税产品的，不缴纳资源税。

纳税人自用应税产品应当缴纳资源税的情形，包括纳税人以应税产品用于非货币性资产交换、捐赠、偿债、赞助、集资、投资、广告、样品、职工福利、利润分配或者连续生产非应税产品等。

四、税收优惠

（1）自 2018 年 4 月 1 日至 2027 年 12 月 31 日，对页岩气资源税（按 6% 的规定税率）减征 30%。

（2）2023年1月1日至2027年12月31日，对增值税小规模纳税人、小型微利企业和个体工商户减半征收资源税（不含水资源税）。

（3）从衰竭期矿山开采的矿产资源，资源税减征30%。

（4）从低丰度油气田开采的原油、天然气，减征20%资源税。

（5）高含硫天然气、三次采油和从深水油气田开采的原油、天然气，减征30%资源税。

（6）稠油、高凝油减征40%资源税。

（7）自2014年12月1日至2027年12月31日，对充填开采置换出来的煤炭，资源税减征50%。

（8）纳税人开采或者生产同一应税产品，其中既有享受减免税政策的，又有不享受减免税政策的，按照免税、减税项目的产量占比等方法分别核算确定免税、减税项目的销售额或者销售数量。

纳税人开采或者生产同一应税产品，同时符合两项或者两项以上减征资源税优惠政策的，除另有规定外，只能选择其中一项执行。

（9）纳税人的免税、减税项目，应当单独核算销售额或者销售数量；未单独核算或者不能准确提供销售额或者销售数量的，不予免税或者减税。

（10）纳税人享受资源税优惠政策，实行“自行判别、申报享受、有关资料留存备查”的办理方式，另有规定的除外。纳税人对资源税优惠事项留存材料的真实性和合法性承担法律责任。

五、征收管理

（一）纳税义务发生时间

纳税人销售应税产品，资源税纳税义务发生时间为收讫销售款或者取得索取销售款凭据的当日；自用应税产品的，纳税义务发生时间为移送应税产品的当日。

（二）纳税地点

纳税人应当在矿产品开采地或者海盐生产地缴纳资源税。海上开采的原油和天然气资源税由海洋石油税务管理机构征收管理。

（三）纳税期限

资源税按月或者按季申报缴纳；不能按固定期限计算缴纳的，可以按次申报缴纳。纳税人按月或者按季申报缴纳的，应当自月度或者季度终了之日起15日内，向税务机关办理纳税申报并缴纳税款；按次申报缴纳的，应当自纳税义务发生之日起15日内，向税务机关办理纳税申报并缴纳税款。

项目六
城市维护建设税与教育费附加

一、城市维护建设税的基础认知

城市维护建设税，是对从事经营活动，就其所缴纳增值税、消费税的税额为计税依据征收的一种税，主要目的是为了加强城市的维护建设，扩大和稳定城市维护建设资金的来源。

（一）纳税人

凡缴纳增值税、消费税的单位和个人，为城市维护建设税的纳税人。

（二）征税范围

城市维护建设税的征税范围从地域上看分布很广，具体包括城市、县城、建制镇，依据税法规定征收增值税、消费税的其他地区。

（三）税率

城市维护建设税的税率，是指纳税人应缴纳的城市维护建设税税额与纳税人实际缴纳的“两税”税额之间的比率。城市维护建设税按纳税人所在地区的不同，设置了三档地区差别比例税率，除特殊规定外，即：

（1）纳税人所在地区为市区的，税率为7%。

（2）纳税人所在地区为县城、建制镇的，税率为5%。撤县建制后，城市维护建设税适用税率为7%。

（3）纳税人所在地区不在市区、县城或者建制镇的，税率为1%；开采海洋石油资源的中外合作油（气）田所在地在海上，其城市维护建设税适用1%的税率。

城市维护建设税的适用税率，应当按纳税人所在地的规定税率执行。

（四）应纳税额的计算

1. 计税依据

城市维护建设税的计税依据，是纳税人实际缴纳的“两税”税额。纳税人违反“两税”有关规定而加收的滞纳金和罚款，是税务机关对纳税人违法行为的经济制裁，不作为城市维护建设税的计税依据，但纳税人在被查补“两税”和被处以罚款时，应同时对其偷漏的城市维护建设税进行补税、征收滞纳金和罚款。

城市维护建设税以“两税”税额为计税依据并同时征收，如果要免征或者减征“两税”，也就要同时免征或者减征城市维护建设税。但对出口产品退还增值税、消费税的，不退还已缴纳的城市维护建设税。

2. 应纳税额的计算

城市维护建设税纳税人的应纳税额大小是由纳税人实际缴纳的“两税”税额决定的，其计算公式为：

应纳税额＝纳税人实际缴纳的增值税、消费税税额×适用税率

【做中学9】某企业位于县城，2024年12月撤县设区，该企业2025年3月实际缴纳的增值税为300 000元，缴纳消费税200 000元。计算该企业应纳的城市维护建设税税额。

【答案】应纳城市维护建设税税额＝(300 000＋200 000)×7%＝35 000（元）

（五）税收优惠

城市维护建设税原则上不单独减免，但因城市维护建设税又具附加税性质，当主税发生减免时，城市维护建设税相应发生税收减免。城市维护建设税的税收减免具体有以下几种情况：

（1）海关对进口产品代征的增值税、消费税，不征收城市维护建设税。

（2）对由于减免增值税、消费税而发生退税的，可同时退还已征收的城建税，但对出口产品退还增值税、消费税的，不退还已缴纳的城市维护建设税。

（3）对增值税、消费税实行先征后返、先征后退、即征即退办法的，除另有规定外，对随增值税、消费税附征的城市维护建设税，则一律不予退（返）还。

（4）为支持国家重大水利工程建设，对国家重大水利工程建设基金免征城市维护建设税。

二、教育费附加基础认知

教育费附加是对从事经营活动的单位和个人，就其实际缴纳的缴纳增值税、消费税税额为计税依据征收的一种附加费，主要目的是为扶持教育事业发展，计征用于教育的政府性基金。

（一）纳税人

教育费附加的纳税人是指实际缴纳增值税、消费税的单位和个人。

（二）征税范围

教育费附加的征税范围为按税法规定征收增值税，消费税的对象。

（三）征收比率

现行教育费附加的征收比率为3%。

（四）应纳税额的计算

1. 计税依据

教育费附加的计税依据，是纳税人实际缴纳增值税、消费税的税额。纳税人违反增

值税、消费税的规定而加收的滞纳金和罚款，不作为教育费附加的计税依据。

2. 应纳税额的计算

教育费附加的应纳税额其计算公式为：

应纳教育费附加 = 纳税人实际缴纳的增值税、消费税税额 × 征收比率

【做中学10】 位于市区的某公司2023年12月应缴纳增值税170万元，实际缴纳增值税210万元（包括缴纳以前年度欠缴的增值税40万元）。当月因享受增值税先征后退政策，获得增值税退税60万元。则该公司当月应缴纳的城市维护建设税和教育费附加合计是多少？

【答案】 应缴纳的城市维护建设税和教育费附加 = 210 × (7% + 3%) = 21（万元）

（五）税收优惠

1. 海关对进口产品代征的增值税、消费税，不征收教育费附加。

2. 对由于减免增值税、消费税而发生退税的，可同时退还已征收的教育费附加，但对出口产品退还增值税、消费税的，不退还已缴纳的教育费附加。

3. 对国家重大水利工程建设基金免征教育费附加。

三、城市维护建设税与教育费附加征收管理

1. 纳税环节

城市维护建设税的纳税环节，实际就是纳税人缴纳“两税”的环节。纳税人只要发生“两税”的纳税义务，就要在同样的环节，分别计算缴纳城市维护建设税。

2. 纳税期限

由于城市维护建设税与教育费附加是由纳税人在缴纳增值税、消费税的同时缴纳的，所以其纳税期限分别与增值税、消费税的纳税期限一致，分别为1日、3日、5日、10日、15日、1个月或者1个季度。城市维护建设税与教育费附加的纳税期限比照增值税、消费税的纳税期限，由主管税务机关根据纳税人应纳税额的大小分别核定；不能按照固定期限纳税的，可以按次纳税。

3. 纳税地点

纳税人缴纳增值税、消费税的地点，就是该纳税人缴纳城市维护建设税与教育费附加的地点。但是，属于下列情况的，纳税地点为：

（1）代扣代缴、代收代缴“两税”的单位和个人，同时也是城市维护建设税的代扣代缴、代收代缴义务人，其城市维护建设税的纳税地点在代扣代收地。

（2）跨省开采的油田，下属生产单位与核算单位不在一个省内的，其生产的原油，在油井所在地缴纳增值税，其应纳税款由核算单位按照各油井的产量和规定税率，计算回拨各油井缴纳。所以，各油井应纳的城市维护建设税，应由核算单位计算，随同增值税一并汇拨油井所在地，由各油井在缴纳增值税的同时，一并缴纳城建税。

（3）对流动经营等无固定纳税地点的单位和个人，应随同“两税”在经营地按适用税率缴纳。

项目七
环境保护税

一、环境保护税的基础认知

环境保护税是对在我国领域以及管辖的其他海域直接向环境排放应税污染物的企事业单位和其他生产经营者征收的一种税。是我国第一部促进生态文明建设的单行税法。

（一）纳税人

环境保护税的纳税义务人是在中国领域和中国管辖的其他海域直接向环境排放应税污染物的企业事业单位和其他生产经营者。

（二）征税范围

环保税的征税范围主要分为大气污染物、水污染物、固体废物和噪声等4类，具体税目按照税目税额表的规定执行。对大气污染物、水污染物的征收范围，按每一排放口的污染物种类数以污染当量数从大到小的顺序，最多不超过3项（重金属污染物为5项）。省级人民政府可以根据本地区污染物减排的特殊需要，增加同一排放口征收环保税的应税污染物种类数。

（三）税率

环境保护税采用定额税率，其中，对应税大气污染物和水污染物规定了幅度定额税率，具体适用税额的确定和调整由省、自治区、直辖市人民政府统筹考虑本地区环境承载能力、污染物排放现状和经济社会生态发展目标要求，在规定的税额幅度内提出，报同级人民代表大会常务委员会决定，并报全国人民代表大会委员会和国务院备案。环境保护税税目税额，见表7－5。

表7－5　　环境保护税税目税额表

税目		计税单位	税额	备注
大气污染物	二氧化硫、氮氧化物、一氧化碳、氯气、氯化氢、氟化物等	每污染当量	1.2～12元	
水污染物	总汞、总镉、悬浮物、动植物油、氟化物、甲醛、苯等	每污染当量	1.4～14元	

续表

<table>
<tr><th colspan="2">税目</th><th>计税单位</th><th>税额</th><th>备注</th></tr>
<tr><td rowspan="4">固体废物</td><td>煤矸石</td><td>每吨</td><td>5 元</td><td></td></tr>
<tr><td>尾矿</td><td>每吨</td><td>15 元</td><td></td></tr>
<tr><td>危险废物</td><td>每吨</td><td>1 000 元</td><td></td></tr>
<tr><td>冶炼渣、粉煤灰、炉渣、其他固体废物（含半固态、液态废物）</td><td>每吨</td><td>25 元</td><td></td></tr>
<tr><td rowspan="6">噪声</td><td rowspan="6">工业噪声</td><td>超标 1 ~ 3 分贝</td><td>每月 350 元</td><td rowspan="6">1. 一个单位边界上有多处噪声超标，根据最高一处超标声级计算应纳税额；当沿边界长度超过 100 米有两处噪声超标，按照两个单位计算应纳税额
2. 一个单位有不同地点作业场所的，应当分别计算应纳税额，合并计征
3. 昼、夜均超标的环境噪声，昼、夜分别计算应纳税额，累计计征
4. 声源一个月内超标不足 15 天的，减半计算应纳税额
5. 夜间频繁突发和夜间偶然突发厂界超标噪声，按等效声级和峰值噪声两种指标中超标分贝值高的一项计算应纳税额</td></tr>
<tr><td>超标 4 ~ 6 分贝</td><td>每月 700 元</td></tr>
<tr><td>超标 7 ~ 9 分贝</td><td>每月 1 400 元</td></tr>
<tr><td>超标 10 ~ 12 分贝</td><td>每月 2 800 元</td></tr>
<tr><td>超标 13 ~ 15 分贝</td><td>每月 5 600 元</td></tr>
<tr><td>超标 16 分贝以上</td><td>每月 11 200 元</td></tr>
</table>

（四）应纳税额的计算

1. 计税依据

（1）应税大气污染物按照污染物排放量折合的污染当量数确定；

（2）应税水污染物按照污染物排放量折合的污染当量数确定；

（3）应税固体废物按照固体废物的排放量确定；

（4）应税噪声按照超过国家规定标准的分贝数确定。

2. 应纳税额的计算

（1）大气污染物的应纳税额 = 该污染物的排放量 ÷ 该污染物的污染当量值 × 适用税率

【做中学 11】某企业 2024 年 3 月向大气直接排放二氧化硫、氟化物各 100 千克，一氧化碳 200 千克、氯化氢 80 千克，假设当地大气污染物每污染当量税额 1.2 元，该企业只有一个排放口。其应纳税额计算如下：

【答案】

第一步：计算各污染物的污染当量数。

污染当量数 = 该污染物的排放量 ÷ 该污染物的污染当量值

据此计算各污染物的污染当量数为：

二氧化硫污染当量数 = 100 ÷ 0.95 = 105.26

氟化物污染当量数 = 100 ÷ 0.87 = 114.94

一氧化碳污染当量数 = 200 ÷ 16.7 = 11.98

氯化氢污染当量数 = 80 ÷ 10.75 = 7.44

第二步：按污染当量数排序。

氟化物污染当量数（114.94）> 二氧化硫污染当量数（105.26）> 一氧化碳污染当量数（11.98）> 氯化氢污染当量数（7.44）该企业只有一个排放口，排序选取计税前三项污染物为：氟化物、二氧化硫、一氧化碳。

第三步：计算应纳税额。

应纳税额 =（114.94 + 105.26 + 11.98）× 1.2 = 278.62（元）

（2）水污染物的应纳税额 = 该污染物的排放量 ÷ 该污染物的污染当量值 × 适用税率

【做中学 12】 某养殖场，2023年2月养牛存栏量为500头，污染当量值为0.1头，假设当地水污染物适用税额为每污染当量2.8元，当月应纳环境保护税税额计算如下：

【答案】

水污染物当量数 = 500 ÷ 0.1 = 5 000

应纳税额 = 5 000 × 2.8 = 14 000（元）

（3）固体废物的应纳税额 =（当期固体废物的产生量 − 当期固体废物的综合利用量 − 当期固体废物的贮存量 − 当期固体废物的处置量）× 适用税率

【做中学 13】 某企业2023年3月产生尾矿1 000吨，其中综合利用的尾矿300吨（符合国家相关规定），在符合国家和地方环境保护标准的设施贮存300吨。请计算该企业当月尾矿应缴纳的环境保护税。

【答案】

环境保护税应纳税额 =（1 000 − 300 − 300）× 15 = 6 000（元）

（4）工业噪声按超过国家规定标准的分贝数确定每月税额，超过国家规定标准的分贝数是指实际产生的工业噪声与国家规定的工业噪声排放标准限值之间的差值。

【做中学 14】 某工业企业只有一个生产场所，只在昼间生产，边界处声环境功能区类型为1类，生产时产生噪声为60分贝，《工业企业厂界环境噪声排放标准》规定1类功能区昼间的噪声排放限值为55分贝，当月超标天数为18天。请计算该企业当月噪声污染应缴纳的环境保护税。

【答案】

超标分贝数 = 60 − 55 = 5（分贝）

根据《环境保护税税目税额表》，可得出该企业当月噪声污染应缴纳环境保护税为700元。

（五）税收优惠

1. 暂免征税

下列情形，暂予免征环境保护税：

（1）农业生产（不包括规模化养殖）排放应税污染物的。

（2）机动车、铁路机车、非道路移动机械、船舶和航空器等流动污染源排放应税污染物的。

（3）依法设立的城乡污水集中处理、生活垃圾集中处理场所排放相应应税污染物，不超过国家和地方规定的排放标准的。

（4）纳税人综合利用的固体废物，符合国家和地方环境保护标准的。

（5）国务院批准免税的其他情形。

2. 减征税额

（1）纳税人排放应税大气污染物或者水污染物的浓度值低于国家和地方规定的污染物排放标准30%的，减按75%征收环境保护税。

（2）纳税人排放应税大气污染物或者水污染物的浓度值低于国家和地方规定的污染物排放标准50%的，减按50%征收环境保护税。

二、环境保护税征收管理

1. 纳税环节

环境保护税按照“企业申报、税务征收、环保协同、信息共享”的征管模式，纳税人向税务机关申报纳税，对申报的真实性和合法性承担责任；对重点监控（排污）纳税人和非重点监控（排污）纳税人进行分类管理；税务机关发现纳税人有申报数据明显不实、逃避纳税等行为的，可提请环保部门审核纳税人的污染物排放情况；环保部门和税务机关建立相关信息共享机制。

（1）环保部门应当将排污单位的排污许可、污染物排放数据、环境违法和受行政处罚情况等环境保护相关信息，定期交送税务机关。

（2）税务机关应当将纳税人的纳税申报、税款入库、减免税额、欠缴税款以及风险疑点等环境保护税涉税信息，定期交送环保部门。

（3）税务机关应当将纳税人的纳税申报数据资料与环保部门交送的相关数据资料进行比对。纳税人申报的污染物排放数据与环保部门交送的相关数据不一致的，按照环保部门交送的数据确定应税污染物的计税依据。

税务机关发现纳税人的纳税申报数据资料异常或者纳税人未按照规定期限办理纳税申报的，可以提请环保部门进行复核，环保部门应当自收到税务机关的数据资料之日起15日内向税务机关出具复核意见，税务机关应当按照环保部门复核的数据资料调整纳税人的应纳税额。

2. 纳税期限

环境保护税纳税义务发生时间为纳税人排放应税污染物的当日。环境保护税按月计算，按季申报缴纳。不能按固定期限计算缴纳的，可以按次申报缴纳。

纳税人按季申报缴纳的，应当自季度终了之日起15日内，向税务机关办理纳税申报并缴纳税款。纳税人按次申报缴纳的，应当自纳税义务发生之日起15日内，向税务机关办理纳税申报并缴纳税款。纳税人申报缴纳时，应当向税务机关报送所排放应税污染物的种类、数量，大气污染物、水污染物的浓度值，以及税务机关根据实际需要要求纳税人报送的其他纳税资料。

3. 纳税地点

（1）纳税人应当向应税污染物排放地的税务机关申报缴纳环境保护税。

（2）纳税人跨区域排放应税污染物，税务机关对税收征收管辖有争议的，由争议各方按照有利于征收管理的原则协商解决。

（3）纳税人从事海洋工程向中华人民共和国管辖海域排放应税大气污染物、水污染物或者固体废物，申报缴纳环境保护税的具体办法，由国务院税务主管部门会同国务院海洋主管部门规定。

职业能力测评与考核

本模块职业能力测试与考核采用百分制，过程考核与结果考核相结合，加大技能考核比重。过程考核主要包括职业素养、组织纪律、团队合作、实训作业，占比40%；结果考核以实务考核为主，占比60%。

表7-6　考核评价记录表

<table>
<tr><th colspan="4">过程考核（40%）</th><th colspan="2">结果考核（60%）</th></tr>
<tr><th>职业素养
（20%）</th><th>组织纪律
（20%）</th><th>团队合作
（20%）</th><th>实训作业
（40%）</th><th>考核评价内容</th><th>分值比重</th></tr>
<tr><td rowspan="5">根据学生表现评价</td><td rowspan="5">学生考勤评价</td><td rowspan="5">学生小组评价</td><td rowspan="5">根据学生的实训作业评分</td><td>基础知识</td><td>20%</td></tr>
<tr><td>房产税、契税、土地增值税应纳税额计算</td><td>20%</td></tr>
<tr><td>城建税、教育附加费应纳税额计算</td><td>20%</td></tr>
<tr><td>印花税、资源税及环境保护税应纳税额计算</td><td>20%</td></tr>
<tr><td>纳税申报</td><td>20%</td></tr>
</table>

道德与素养

经典案例分析

减税降费更多小微企业精准受益

近年来，我国持续加大减税降费力度，助力中小微企业和个体工商户降低经营成本。2023 年，在落实好小微企业普惠性减税降费政策的同时，我国进一步加大对小微企业和个体工商户包括减税降费在内的扶持力度，为广大中小微企业和个体工商户发展壮大再添助力。中小微企业在享受优惠政策时，需要关注和以前年度相比政策发生的以下变化。

在税收征管改革方面，简并税费申报，推出“首违不罚”。自 2021 年 6 月 1 日起，纳税人申报缴纳城镇土地使用税、房产税、车船税、印花税、耕地占用税、资源税、土地增值税、契税、环境保护税、烟叶税中一个或多个税种时，使用《财产和行为税纳税申报表》申报，简化其他表单选项，涉及税目的选项由原来的 25 个删减为 12 个，实现多税种“一张报表、一次申报、一次缴款、一张凭证”。国家税务总局公告“首违不罚”10 项事项清单及《长江三角洲区域税务轻微违法行为“首违不罚”清单》的 18 项事项。

小提示：对中小微企业说，由于办税人员专业知识较少，经常发生一些非故意的轻微违法，“首违不罚”将大幅减少中小微企业税务成本。

近年来，我国实施的减税降费政策切实减轻了中小微企业的负担，但随着中小微企业税负压力的日益减小，减税的政策空间已很有限。所以，从长期看，需要通过建立具有中国特色的社会主义现代财税体制，强化税收政策支持科技创新，支撑推动中小微企业转型升级。

就实际情况而言，中小微企业一般是劳动密集型企业，吸收劳动就业人员很多，人员工资及五险一金支出占比较大，可以尝试降低中小微企业社保费用比例或缴费基数来减轻企业负担。另外，针对中小微企业融资难融资贵问题，可以灵活运用“银税贷”等无抵押贷款方式，发挥税收数据在融资贷款中的作用。

技能强化训练

一、单项选择题

1. 下列房屋及建筑物中，属于房产税征税范围的是（　　）。

A. 农村的居住用房　　B. 建在室外的露天游泳池

C. 个人拥有的市区经营性用房　　D. 尚未使用或出租而待售的商品房

2. 下列各项中，应作为融资租赁房屋房产税计税依据是（　　）。

A. 房产售价　　B. 房产余值

C. 房产原值　　D. 房产租金

3. 下列情形中，应该从价计征房产税的是（　　）。

A. 单位出租地下人防设施的

B. 以劳务为报酬抵付房租的

C. 个人出租房屋用于生产经营的

D. 以居民住宅区内业主共有的经营性房产进行自营的

4. 下列房产转让的情形中，产权承受方免予缴纳契税的是（　　）。

A. 将房产赠与非法定继承人

B. 以获奖方式承受土地、房屋权属

C. 以自有房产投资入股本人独资经营的企业

D. 以金银首饰换入房屋

5. 下列关于契税征收管理的表述中，正确的是（　　）。

A. 纳税义务发生时间为纳税人签订土地、房屋权属转移合同的次日

B. 纳税人应当在依法办理土地、房屋权属登记手续后申报缴纳契税

C. 契税在土地、房屋所在地的税务征收机关缴纳

D. 契税在纳税人所在地的税务征收机关缴纳

6. 下列情形中，应当计算缴纳土地增值税的是（　　）。

A. 工业企业向房地产开发企业转让国有土地使用权

B. 居民甲某将自有住房赠与儿子

C. 双方合作建房，建成后按比例分房自用

D. 个人之间互换自有居住用房地产，并经核实

7. 下列情形中，可以享受免征土地增值税税收优惠政策的是（　　）。

A. 企业间互换办公用房

B. 企业转让一栋房产给政府机关用于办公

C. 房地产开发企业将建造的商品房作价入股某酒店

D. 居民因省政府批准的文化园项目建设需要而自行转让房地产

8. 下列关于城市维护建设税的说法，正确的是（　　）。

A. 只要缴纳增值税就应缴纳城建税

B. 只有同时缴纳增值税、消费税的纳税人才能成为城建税的纳税人

C. 只要退还增值税、消费税就退还城建税

D. 城市维护建设税的纳税人是在中国境内缴纳增值税、消费税的单位和个人

9. 位于市区的甲公司提供主要材料，委托位于县城的乙公司加工烟丝，乙公司代收甲公司消费税的同时代收城市维护建设税，其适用的城市维护建设税税率是（　　）。

A. 1%　　　　B. 5%

C. 7%　　　　D. 3%

10. 企业缴纳的下列税额中，应作为城市维护建设税计税依据的是（　　）。

A. 关税税额　　　　B. 消费税税额

C. 房产税税额　　　　D. 城镇土地使用税额

11. 下列凭证中，属于印花税征收范围的是（　　）。

A. 仲裁文书

B. 监察机关的监察文书

C. 总公司与分公司之间书立的作为执行计划使用的凭证

D. 货物运输合同

12. 下列应税污染物中，在确定计税依据时只对超过规定标准的部分征收环境保护税的

是（　　）。

A. 固体废物　　B. 工业噪声

C. 水污染物　　D. 大气污染物

13. 纳税人开采应税矿产品销售的，其计算缴纳资源税采用的数量为（　　）。

A. 开采数量　　B. 实际产量

C. 计划产量　　D. 销售数量

14. 下列关于矿产资源享受资源税减征优惠的说法中，正确的是（　　）。

A. 从低丰度油田开采的原油减征40%资源税

B. 稠油、高凝油减征40%资源税

C. 从衰竭期矿山开采的矿产品，减征20%资源税

D. 高含硫天然气减征20%资源税

15. 某企业2024年3月生产尾矿1 000吨，其中综合利用的尾矿600吨（符合国家相关规定），在符合国家和地方环境保护标准的设施贮存200吨。已知尾矿环保税适用税额为每吨15元，该企业当月尾矿应缴纳的环境保护税（　　）元。

A. 15 000　　B. 9 000

C. 6 000　　D. 3 000

二、多选题

1. 以下关于房产税纳税人的表述中，正确的有（　　）。

A. 外籍个人不缴纳房产税

B. 房屋产权出典的，承典人为纳税人

C. 房屋产权属于集体所有的，集体单位为纳税人

D. 房屋产权未确定及租典纠纷未解决的，代管人或使用人为纳税人

2. 下列有关房产税税率说法正确的有（　　）。

A. 个体户所拥有的用于水果生意的门店房，适用1.2%的房产税税率

B. 企业所拥有的用于经营的办公楼，适用1.2%的房产税税率

C. 公司将自有住房按市场价格向个人出租用于居住，适用4%的房产税税率

D. 个人出租住房用于饭店经营，适用12%的房产税税率

3. 下列房产中，可以免征房产税的有（　　）。

A. 单独建在地下的建筑物

B. 高校学生公寓

C. 宗教寺庙自用的房产

D. 从事大型民用客机发动机研制项目自用的办公房产

4. 下列行为中，应缴纳契税的有（　　）。

A. 个人将自有房产无偿赠与法定继承人

B. 企业以自有房产等价交换另一企业的房产

C. 个人以自有房产投入本人独资经营的企业

D. 企业以自有房产投资于另一企业并取得相应的股权

5. 下列方式获取的房屋权属中，可以免征契税的有（　　）。

A. 以实物交换取得的房屋权属

B. 因受赠取得的房屋权属

C. 婚姻关系存续期间夫妻之间变更房屋权属

D. 学校承受用于教学科研的办公楼

6. 下列项目中非房地产开发企业转让新建房可以扣除的有（　　）。

A. 取得土地使用权所支付的金额

B. 房地产开发成本

C. 房地产开发费用

D. 与转让房地产有关的税金

7. 下列情形中，可以享受免征土地增值税税收优惠政策的有（　　）。

A. 国家机关转让自用房产

B. 国外企业将境内办公楼用于抵债

C. 纳税人建造普通标准住宅出售，增值额未超过扣除项目金额的20%

D. 因国家建设需要而被依法征用的房产

8. 下列各项中，应作为城市维护建设税计税依据的有（　　）。

A. 纳税人被查补的增值税、消费税税额

B. 纳税人应缴纳的增值税、消费税税额

C. 经税务局审批的当期免征增值税税额

D. 缴纳的进口产品增值税税额和消费税税额

9. 甲企业与乙银行签订一份借款合同，丙企业是该合同担保人，丁企业是资产鉴定人，则该合同印花税纳税人有（　　）。

A. 甲企业　　B. 乙银行　　C. 丙企业　　D. 丁企业

10. 下列应税污染物中，按照污染物排放量折合的污染当量数作为环境保护税计税依据的有（　　）。

A. 噪声　　B. 煤矸石　　C. 水污染物　　D. 大气污染物

11. 下列污染物中，属于环境保护税征收范围的有（　　）。

A. 建筑噪声　　B. 二氧化硫　　C. 煤矸石　　D. 氮氧化物

12. 下列各项中，属于环境保护税纳税义务人的有（　　）。

A. 直接向河流排放污水的甲造纸企业

B. 向依法设立的生活垃圾集中处理场所排放固体废物的乙企业

C. 未经处理排放污水的丙养猪场

D. 排放大气污染物的丁化工厂

13. 企业生产或开采的下列资源产品中，应当征收资源税的有（　　）。

A. 人造石油　　B. 进口的天然气

C. 深水油气田开采的天然气　　D. 充填开采置换出来的煤炭

14. 下列各项中，应征资源税的有（　　）。

A. 开采的大理石　　B. 进口的原油

C. 开采的煤层气　　D. 生产用于出口的卤水

15. 下列各项中，属于资源税纳税义务人的有（　　）。

A. 进口盐的外贸企业　　　　　　　　B. 开采原煤的私营企业
C. 生产盐的外商投资企业　　　　　　D. 中外合作开采原油的企业

三、判断题

1. 印花税应税凭证应在书立、领受时自行贴花完税，不得延至凭证生效日期贴花。（　）
2. 以房屋为载体、不可随意移动的附属设备和配套设施，如果单独记账，价值没有计入房产原值，可以不计算缴纳房产税。（　）
3. 房地产企业开发的商品房在出售前已使用的商品房，暂不征房产税。（　）
4. 纳税单位与免税单位共用的房屋，应由纳税单位统一纳税。（　）
5. 城镇职工按规定第一次购买商品住房免征契税。（　）
6. 将原有房产用于经营的，从生产经营之月起，计征房产税。（　）
7. 宗教、公园、名胜古迹自用的房产免税，但其出租或用于经营的房产应征税。（　）
8. 某企业2024年3月投资1 500万元取得5万平方米的土地使用权，用于建造面积为3万平方米的厂房，建筑成本为2 000万元，2024年底竣工验收并投入使用。对该厂房征收房产税时，确定的房产原值是3 500万元。（　）
9. 纳税人在签订土地、房屋权属转移合同的当天为纳税义务发生时间。（　）
10. 记载资金的营业账簿，以实收资本和资本公积两项金额的合计为计税依据。（　）

四、实务题

1. 甲玩具公司2024年11月开业，发生如下业务：

（1）领受工商营业执照、商标注册证、土地使用证、专利证各一件

（2）甲公司与乙公司签订加工承揽合同一份，合同载明由甲公司支付的加工费为50万元。

（3）签订一份加工承揽合同，合同载明材料金额30万，加工费10万；

（4）签订一份财产保险合同，合同载明被保险财产价值1 000万，保险费1万。

已知加工合同印花税税率0.5‰，保险合同印花税税率1‰，权利许可证照的定额税率为每件5元，请计算甲公司应纳印花税额。

2. 某国有企业2024年在其所在城市市区有房屋3幢，其中2幢用于本企业生产经营，2幢房产账面原值共为400万元；另外1幢房屋租给某私营企业年租金收入为20万元（当地政府规定允许按房产原值一次扣除30%）。计算该企业2018年应缴纳房产税税额。

3. 某盐场2024年10月以自产的液体盐加工固体盐2 000吨，当月售出1 600吨；以外购液体盐820吨加工固体盐550吨，当月全部售出；另外还直接销售自产液体盐500吨，请计算该盐场当期应纳资源税税额。（该海盐固体盐单位税额为10元/吨，液体盐单位税额为2元/吨）

附录一

附表一　财产和行为税税源明细表

城镇土地使用税、房产税税源明细表

纳税人识别号（统一社会信用代码）：□□□□□□□□□□□□□□□□□□

纳税人名称：　　　　　　　　　　　　　　　　　　金额单位：人民币元（列至角分）；面积单位：平方米

<table>
<tr><td colspan="8">一、城镇土地使用税税源明细</td></tr>
<tr><td colspan="2">* 纳税人类型</td><td colspan="2">土地使用权人□ 集体土地使用人□ 无偿使用人□ 代管人□ 实际使用人□（必选）</td><td>土地使用权人纳税人识别号（统一社会信用代码）</td><td></td><td>土地使用权人名称</td><td></td></tr>
<tr><td colspan="2">* 土地编号</td><td colspan="2"></td><td>土地名称</td><td></td><td>不动产权证号</td><td></td></tr>
<tr><td colspan="2">不动产单元代码</td><td colspan="2"></td><td>宗地号</td><td></td><td>* 土地性质</td><td>国有□ 集体□（必选）</td></tr>
<tr><td colspan="2">* 土地取得方式</td><td colspan="2">划拨□ 出让□ 转让□ 租赁□ 其他□（必选）</td><td>* 土地用途</td><td colspan="3">工业□ 商业□ 居住□ 综合□ 房地产开发企业的开发用地□ 其他□（必选）</td></tr>
<tr><td colspan="2">* 土地坐落地址（详细地址）</td><td colspan="6">省（自治区、直辖市）　市（区）　县（区）　乡镇（街道）　（必填）</td></tr>
<tr><td colspan="2">* 土地所属主管税务所（科、分局）</td><td colspan="6"></td></tr>
<tr><td colspan="2">* 土地取得时间</td><td>年　月</td><td>变更类型</td><td colspan="2">纳税义务终止（权属转移□ 其他□）
信息项变更（土地面积变更□ 土地等级变更□ 减免税变更□ 其他□）</td><td>变更时间</td><td>年　月</td></tr>
<tr><td colspan="2">* 占用土地面积</td><td></td><td>地价</td><td>* 土地等级</td><td></td><td>* 税额标准</td><td></td></tr>
<tr><td rowspan="5">减免税部分</td><td rowspan="2">序号</td><td colspan="2" rowspan="2">减免性质代码和项目名称</td><td colspan="2">减免起止时间</td><td rowspan="2">减免税土地面积</td><td rowspan="2">月减免税金额</td></tr>
<tr><td>减免起始月份</td><td>减免终止月份</td></tr>
<tr><td>1</td><td colspan="2"></td><td>年　月</td><td>年　月</td><td></td><td></td></tr>
<tr><td>2</td><td colspan="2"></td><td></td><td></td><td></td><td></td></tr>
<tr><td>3</td><td colspan="2"></td><td></td><td></td><td></td><td></td></tr>
</table>

续表

<table>
<tr><td colspan="8">二、房产税税源明细</td></tr>
<tr><td colspan="8">（一）从价计征房产税明细</td></tr>
<tr><td colspan="2">* 纳税人类型</td><td colspan="2">产权所有人□ 经营管理人□ 承典人□
房屋代管人□ 房屋使用人□ 融资租赁承租人□
（必选）</td><td>所有权人纳税人识别号（统一社会信用代码）</td><td></td><td>所有权人名称</td><td></td></tr>
<tr><td colspan="2">* 房产编号</td><td colspan="2"></td><td>房产名称</td><td colspan="3"></td></tr>
<tr><td colspan="2">不动产权证号</td><td colspan="2"></td><td>不动产单元代码</td><td colspan="3"></td></tr>
<tr><td colspan="2">* 房屋坐落地址（详细地址）</td><td colspan="6">省（自治区、直辖市） 市（区） 县（区） 乡镇（街道） （必填）</td></tr>
<tr><td colspan="2">* 房产所属主管税务所（科、分局）</td><td colspan="6"></td></tr>
<tr><td colspan="2">房屋所在土地编号</td><td></td><td>* 房产用途</td><td colspan="4">工业□ 商业及办公□ 住房□ 其他□ （必选）</td></tr>
<tr><td colspan="2">* 房产取得时间</td><td>年 月</td><td>变更类型</td><td colspan="2">纳税义务终止（权属转移□ 其他□）
信息项变更（房产原值变更□ 出租房产原值变更□ 减免税变更□
申报租金收入变更□ 其他□）</td><td>变更时间</td><td>年 月</td></tr>
<tr><td colspan="2">* 建筑面积</td><td></td><td>其中：出租房产面积</td><td colspan="4"></td></tr>
<tr><td colspan="2">* 房产原值</td><td></td><td>其中：出租房产原值</td><td colspan="2"></td><td>计税比例</td><td></td></tr>
<tr><td rowspan="5">减免税部分</td><td rowspan="2">序号</td><td colspan="2" rowspan="2">减免性质代码和项目名称</td><td colspan="2">减免起止时间</td><td rowspan="2">减免税房产原值</td><td rowspan="2">月减免税金额</td></tr>
<tr><td>减免起始月份</td><td>减免终止月份</td></tr>
<tr><td>1</td><td colspan="2"></td><td>年 月</td><td>年 月</td><td></td><td></td></tr>
<tr><td>2</td><td colspan="2"></td><td></td><td></td><td></td><td></td></tr>
<tr><td>3</td><td colspan="2"></td><td></td><td></td><td></td><td></td></tr>
<tr><td colspan="8">（二）从租计征房产税明细</td></tr>
<tr><td colspan="2">* 房产编号</td><td colspan="2"></td><td>房产名称</td><td colspan="3"></td></tr>
<tr><td colspan="2">* 房产所属主管税务所（科、分局）</td><td colspan="6"></td></tr>
</table>

续表

承租方纳税人识别号（统一社会信用代码）			承租方名称			
*出租面积			*申报租金收入			
*申报租金所属租赁期起			*申报租金所属租赁期止			
减免税部分	序号	减免性质代码和项目名称	减免起止时间		减免税租金收入	月减免税金额
			减免起始月份	减免终止月份		
	1		年 月	年 月		
	2					
	3					

填表说明：

城镇土地使用税税源明细

1. 首次进行纳税申报的纳税人，需要填写全部土地的相关信息。此后办理纳税申报时，纳税人的土地及相关信息未发生变化的，可仅对已填报的信息进行确认；发生变化的，仅就变化的内容进行填写。

2. 城镇土地使用税税源明细填报遵循“谁纳税谁申报”的原则，只要存在城镇土地使用税纳税义务，就应当如实填报土地信息。

3. 每一宗土地填写一张表。同一宗土地跨两个土地等级的，按照不同等级分别填表。无不动产权证（土地使用权证）的，按照土地坐落地址分别填表。纳税人不得将多宗土地合并成一条记录填表。

4. 对于本表中的数据项目，有不动产权证（土地使用权证）的，依据证件记载内容填写，没有不动产权证（土地使用权证）的，依据实际情况填写。

5. 纳税人类型（必填）：分为土地使用权人、集体土地使用人、无偿使用人、代管人、实际使用人。必选一项，且只能选一项。

6. 土地使用权人纳税人识别号（统一社会信用代码）：填写土地使用权人纳税人识别号或统一社会信用代码。

7. 土地使用权人名称：填写土地使用权人的名称。

8. 土地编号：纳税人不必填写。由系统赋予编号。

9. 土地名称：纳税人自行填写，以便于识别。如：1号土地、第一车间土地等。

10. 不动产权证号：纳税人有不动产权证（土地使用权证）的，必填。填写不动产权证（土地使用权证）载明的证件编号。

11. 不动产单元代码：纳税人有不动产权证的，必填。填写不动产权证载明的不动产单元代码。

12. 宗地号：填写土地权属证书记载的宗地号，有不动产单元代码的不必填写。

13. 土地性质（必选）：根据实际的土地性质选择。选项为国有、集体。

14. 土地取得方式（必选）：根据土地的取得方式选择，分为：划拨、出让、转让、租赁和其他。

15. 土地用途（必选）：分为工业、商业、居住、综合、房地产开发企业的开发用地和其他，必选一项，且只能选一项，不同用途的土地应当分别填表。

16. 土地坐落地址（必填）：应当填写详细地址，具体为：××省（自治区、直辖市）××市（区）××县（区）××乡镇（街道）+详细地址。

17. 土地所属主管税务所（科、分局）：系统自动带出，纳税人不必填写。

18. 土地取得时间（必填）：填写纳税人取得该土地的时间。

19. 变更类型：有变更情况的必选。

20. 变更时间：有变更情况的必填，填至月。变更类型选择纳税义务终止的，税款计算至当月末；变更类型选择信息项变更的，自变更次月起按新状态计算税款。

21. 占用土地面积（必填）：根据纳税人本表所填列土地实际占用的土地面积填写，保留两位小数。此面积为全部面积，包括减税面积和免税面积。

22. 地价：地价为取得土地使用权支付的价款与开发土地发生的成本费用之和。若未支付价款和成本费用，则填0。

23. 土地等级（必填）：根据本地区土地等级的有关规定，填写纳税人占用土地所属的土地的等级。不同土地等级的土地应当分别填表。

24. 税额标准：系统自动带出，纳税人不必填写。

25. 减免性质代码和项目名称：有减免税情况的必填，按照税务机关最新制发的减免税政策代码表中最细项减免性质代码填写。适用不同减免性质政策的土地应当分行填表。纳税人减免税情况发生变化时，应当进行变更。

26. 减免起始月份：有减免税情况的必填。纳税人如有困难减免的情况，填写经税务机关核准的困难减免的起始月份。

27. 减免终止月份：有减免税情况的必填。纳税人如有困难减免的情况，填写经税务机关核准的困难减免的终止月份。

28. 减免税土地的面积：填写享受减免税政策的土地的全部面积。

29. 月减免税金额：本表所列土地本项减免税项目享受的月减免税金额。

从价计征房产税税源明细

1. 首次进行纳税申报的纳税人，需要填写全部房产的相关信息，此后办理纳税申报时，纳税人的房产及相关信息未发生变化的，可仅对已填报的信息进行确认；发生变化的，仅就变化的内容进行填写。

2. 房产税税源明细填报遵循“谁纳税谁申报”的原则，只要存在房产税纳税义务，就应当如实填报房产明细信息。

3. 每一独立房产应当填写一张表。即：同一不动产权证（房屋所有权证）有多幢（个）房产的，每幢（个）房产填写一张表。无不动产权证（房屋所有权证）的房产，每幢（个）房产填写一张表。纳税人不得将多幢房产合并成一条记录填写。

4. 对于本表中的数据项目，有不动产权证（房屋所有权证）的，依据证件记载的内容填写，没有不动产权证（房屋所有权证）的，依据实际情况填写。

5. 纳税人有出租房产的，应当先填写从价计征房产税税源明细，再填写从租计征房产税税源明细。

6. 纳税人类型（必选）：分为产权所有人、经营管理人、承典人、房屋代管人、房屋使用人、融资租赁承租人。必选一项，且只能选一项。

7. 所有权人纳税人识别号（统一社会信用代码）：填写房屋所有权人的纳税人识别号或统一社会信用代码。

8. 所有权人名称：填写房屋所有权人的名称。

9. 房产编号：纳税人不必填写。由系统赋予编号。

10. 房产名称：纳税人自行编写，以便于识别。如：1号办公楼、第一车间厂房等。

11. 不动产权证号：纳税人有不动产权证（房屋所有权证）的，必填。填写不动产权证（房屋所有权证）载明的证件编号。

12. 不动产单元代码：纳税人有不动产权证的，必填。填写不动产权证载明的不动产单元代码。

13. 房屋坐落地址：应当填写详细地址，具体为：××省（自治区、直辖市）××市（区）××县（区）××乡镇（街道）+详细地址，且应当与土地税源明细数据关联并一致。系统自动带出已填报的土地税源信息，供选择。一栋房产仅可选择对应一条土地信息。

14. 房产所属主管税务所（科、分局）：系统自动带出，纳税人不必填写。

15. 房屋所在土地编号：系统自动带出。

16. 房产用途（必选）：房产用途依据不动产权证（房屋所有权证）登记的用途填写，无证的，依据实际用途填写。分为工业、商业及办公、住房、其他，必选一项，且只能选一项，不同用途的房产应当分别填表。

17. 房产取得时间（必填）：填写纳税人取得该房产的时间。

18. 变更类型：有变更情况的必选。

19. 变更时间：有变更情况的必填，填至月。变更类型选择纳税义务终止的，税款计算至当月末；变更类型选择信息项变更的，自变更次月起按新状态计算税款。

20. 建筑面积（必填）：保留两位小数。

21. 出租房产面积：有出租情况的必填。

22. 房产原值（必填）：填写房产的全部房产原值。应包括：分摊的应计入房产原值的地价，与房产不可分割的设备设施的原值，房产中已出租部分的原值，以及房产中减免税部分的原值。

23. 出租房产原值：有出租情况的必填。

24. 计税比例：各地房产原值减除的比例。系统自动带出，纳税人不必填写。

25. 减免性质代码和项目名称：有减免税情况的必填。按照税务机关最新制发的减免税政策代码表中最细项减免性质代码填写。不同减免性质代码的房产应当分行填表。纳税人减免税情况发生变化时，应当进行变更。

26. 减免起始月份：有减免税情况的必填。纳税人如有困难减免的情况，填写经税务机关（人民政府）核准的困难减免的起始月份。

27. 减免终止月份：有减免税情况的必填。纳税人如有困难减免的情况，填写经税务机关（人民政府）核准的困难减免的终止月份。

28. 减免税房产原值：依据政策确定的可以享受减免税政策的房产原值。政策明确按一定比例进行减免的，该项为经过比例换算确定的减免税房产原值。例如：供热企业用于居民供热的免税房产原值 = 房产原值 × 实际从居民取得的采暖费收入/采暖费总收入。

29. 月减免税金额：本表所列房产本项减免税项目享受的月减免税金额。

从租计征房产税税源明细

1. 每一独立出租房产应当填写一张表。即：同一不动产权证（房屋所有权证）有多幢（个）房产的，每幢（个）房产填写一张表。无不动产权证（房屋所有权证）的房产，每幢（个）房产填写一张表。纳税人不得将多幢房产合并成一条记录填写。

2. 纳税人有出租房产的，应先填写从价计征房产税税源明细，再填写从租计征房产税税源明细。

3. 房产编号：由系统赋予编号，纳税人不必填写。

4. 房产名称：纳税人自行编写，以便于识别。与从价计征房产税明细信息关联并一致。

5. 房产所属主管税务所（科、分局）：系统自动带出，纳税人不必填写。

6. 承租方纳税人识别号（统一社会信用代码）：填写承租方的纳税人识别号或统一社会信用代码。

7. 承租方名称：填写承租方的单位名称或个人姓名。

8. 出租面积（必填）：填写出租房产的面积。

9. 申报租金收入（必填）：填写本次申报的应税租金收入。

10. 申报租金所属租赁期起（必填）：填写申报租金收入的所属租赁期起。

11. 申报租金所属租赁期止（必填）：填写申报租金收入的所属租赁期止。

12. 减免性质代码和项目名称：有减免税情况的必填。按照税务机关制发的减免税政策代码表中最细项减免性质代码填写，对于出租房产不适用 12%法定税率的，应当填写相关的减免税内容。

13. 减免起始月份：有减免税情况的必填。纳税人如有困难减免的情况，填写经税务机关（人民政府）核准的困难减免的起始月份。

14. 减免终止月份：有减免税情况的必填。纳税人如有困难减免的情况，填写经税务机关（人民政府）核准的困难减免的终止月份。

15. 减免税租金收入：填写本出租房产可以享受减免税政策的租金收入。

16. 月减免税金额：本表所列房产出租部分本项减免税项目享受的月减免税金额。

车船税税源明细表

纳税人识别号（统一社会信用代码）：□□□□□□□□□□□□□□□□□□□□

纳税人名称：

体积单位：升；质量单位：吨；功率单位：千瓦；长度单位：米

车辆税源明细												
序号	车牌号码	* 车辆识别代码（车架号）	* 车辆类型	车辆品牌	车辆型号	* 车辆发票日期或注册登记日期	排（气）量	核定载客	整备质量	* 单位税额	减免性质代码和项目名称	纳税义务终止时间
1												
2												
3												

船舶税源明细															
序号	船舶登记号	* 船舶识别号	* 船舶种类	* 中文船名	初次登记号码	船籍港	发证日期	取得所有权日期	建成日期	净吨位	主机功率	艇身长度（总长）	* 单位税额	减免性质代码和项目名称	纳税义务终止时间
1															
2															
3															

填表说明：

车辆税源明细

1. 车牌号码：在车辆登记管理部门登记的车辆，必填。根据车辆悬挂号牌填写。
2. 车辆识别代码（车架号）：必填。根据整车合格证、机动车登记证书和机动车行驶证等材料填写。
3. 车辆类型：必填。根据整车合格证、机动车登记证书和机动车行驶证等材料所载信息，按照《中华人民共和国车船税法》所附《车船税税目税额表》填写。
4. 车辆品牌：节约能源、使用新能源车辆，必填。根据机动车行驶证同名栏目所载信息，或整车合格证、机动车登记证书所载车辆品牌填写。
5. 车辆型号：节约能源、使用新能源车辆，必填。根据机动车行驶证同名栏目所载信息，或整车合格证、机动车登记证书所载车辆型号填写。
6. 车辆发票日期或注册登记日期：必填。有机动车销售发票的，填写销售发票日期；确无销售发票的，填写机动车登记证书的注册登记日期。
7. 排（气）量：乘用车，必填。根据整车合格证、机动车登记证书和机动车行驶证等材料填写。
8. 核定载客：客车，必填。根据整车合格证、机动车登记证书和机动车行驶证等材料填写。
9. 整备质量：货车、挂车、专用作业车、轮式专用机械车，必填。根据整车合格证、机动车登记证书和机动车行驶证等材料填写。
10. 单位税额：按照《中华人民共和国车船税法》所附《车船税税目税额表》填写。

11. 减免性质代码和项目名称：有减免税情况的，必填。按照税务机关最新制发的减免税政策代码表中最细项减免性质代码填写。

12. 纳税义务终止时间：发生盗抢、报废、灭失等情况的，必填。填写盗抢、报废、灭失的当月。

船舶税源明细

1. 船舶登记号：在船舶登记管理部门登记的船舶，必填。根据船舶检验证书、船舶所有权登记证书、船舶国籍证书和船舶最低安全配员证书等材料填写。

2. 船舶识别号：必填。根据船舶检验证书、船舶所有权登记证书、船舶国籍证书和船舶最低安全配员证书等材料填写。

3. 船舶种类：必填。根据船舶检验证书、船舶所有权登记证书、船舶国籍证书和船舶最低安全配员证书等材料，按照《中华人民共和国车船税法》所附《车船税税目税额表》填写。

4. 中文船名：必填。根据船舶检验证书、船舶所有权登记证书、船舶国籍证书和船舶最低安全配员证书等材料填写。

5. 初次登记号码：选填。根据船舶所有权登记证书等材料填写。

6. 船籍港：在船舶登记管理部门登记的船舶，必填。根据船舶所有权登记证书、船舶国籍证书等材料填写。

7. 发证日期：在船舶登记管理部门登记的船舶，必填。根据船舶所有权登记证书等材料填写。

8. 取得所有权日期：必填。填写取得船舶所有权的日期。

9. 建成日期：选填。填写船舶建成的日期。

10. 净吨位：机动船舶、非机动驳船，必填。根据船舶检验证书、船舶所有权登记证书、船舶国籍证书和船舶最低安全配员证书等材料填写。

11. 主机功率：拖船，必填。拖船按照发动机功率每1千瓦折合净吨位0.67吨计算征收车船税。

12. 艇身长度：游艇，必填。根据船舶检验证书、船舶所有权登记证书、船舶国籍证书和船舶最低安全配员证书等材料填报。

13. 单位税额：按照《中华人民共和国车船税法》所附《车船税税目税额表》填写。

14. 减免性质代码和项目名称：有减免税情况的必填。按照税务机关最新制发的减免税政策代码表中最细项减免性质代码填写。

15. 纳税义务终止时间：发生盗抢、报废、灭失等情况的，必填。填写盗抢、报废、灭失的当月。

契税税源明细表

纳税人识别号（统一社会信用代码）：□□□□□□□□□□□□□□□□□□

纳税人名称：　　　　　　　　　　　　　　　　　　金额单位：人民币元（列至角分）；面积单位：平方米

*税源编号	（系统自动带出）	*土地房屋坐落地址	（必填）	不动产单元代码	（有不动产权证的，必填）
合同编号	（有合同编号的，必 填）	*合同签订日期	（必填）	*共有方式	□ 单独所有 □ 按份共有 （转移份额：________） □ 共同共有 （共有人：________ ）
*权属转移对象	（必选）	*权属转移方式	（必选）	*用途	（必选）
*成交价格　（不含增值税）	（必填）	*权属转移面积	（必填）	*成交单价	（系统自动带出）
*评估价格	（系统自动带出）		*计税价格	（系统自动带出）	
*适用税率	（系统自动带出）		权属登记日期	（已办理权属登记的，必填）	
居民购房减免性质 代码和项目名称			其他减免性质代码和项目名称（抵减金额：________）		

权属转移对象、方式、用途逻辑关系对照表

权属转移对象			权属转移方式		用途
一级（大类）	二级（小类）	三级（细目）			
土地	国有土地	无	土地使用权出让		1. 住宅用地 2. 非住宅用地
			土地使用权转让	土地使用权出售（包括作价投资入股、偿还债务等应交付经济利益的方式）	1. 住宅用地 2. 非住宅用地
				土地使用权赠与（包括以划转、奖励、继承等没有价格的方式）	1. 住宅用地 2. 非住宅用地
				土地使用权互换	1. 住宅用地 2. 非住宅用地
	集体土地	无	土地使用权出让		1. 住宅用地 2. 非住宅用地
			土地使用权转让	土地使用权出售（包括作价投资入股、偿还债务等应交付经济利益的方式）	1. 住宅用地 2. 非住宅用地
				土地使用权赠与（包括以划转、奖励、继承等没有价格的方式）	1. 住宅用地 2. 非住宅用地
				土地使用权互换	1. 住宅用地 2. 非住宅用地
房屋	增量房	住房	1. 房屋买卖（包括作价投资入股、偿还债务等应交付经济利益的方式） 2. 房屋赠与（包括以划转、奖励、继承等没有价格的方式） 3. 房屋互换		居住用房
		非住房	1. 房屋买卖（包括作价投资入股、偿还债务等应交付经济利益的方式） 2. 房屋赠与（包括以划转、奖励、继承等没有价格的方式） 3. 房屋互换		非居住用房
	存量房	住房	1. 房屋买卖（包括作价投资入股、偿还债务等应交付经济利益的方式） 2. 房屋赠与（包括以划转、奖励、继承等没有价格的方式） 3. 房屋互换		居住用房
		非住房	1. 房屋买卖（包括作价投资入股、偿还债务等应交付经济利益的方式） 2. 房屋赠与（包括以划转、奖励、继承等没有价格的方式） 3. 房屋互换		非居住用房

填表说明：

1. 本表适用于在中国境内承受土地、房屋权属的单位和个人。

2. 税源编号：系统自动生成，纳税人不必填写。

3. 土地房屋坐落地址：必填。土地使用权转移，应填写土地坐落地址；房屋转移，应填写房屋坐落地址。

4. 不动产单元代码：有不动产权证并载明不动产单元代码的，必填。

5. 合同编号：有土地、房屋权属转移合同并载明合同编号的，必填。

6. 合同签订日期：必填。指承受方与转让方签订土地、房屋权属转移合同的当日，或者承受方取得其他具有土地、房屋权属转移合同性质凭证的当日。

7. 共有方式：必填。根据实际情况，勾选单独所有、按份共有、共同所有。如勾选按份共有，应填写具体转移份额，勾选共同共有，应填写承受土地、房屋权属的其他共同共有人的纳税人名称和纳税人识别号。

8. 权属转移对象：必选。分土地、房屋两类一级指标；土地下的二级指标设国有土地和集体土地；房屋下的二级指标设增量房和存量房；增量房和存量房下的三级指标均设住房和非住房。

9. 权属转移方式：必选。土地按“1. 土地使用权出让、2. 土地使用权出售、3. 土地使用权赠与、4. 土地使用权互换”填写；房屋按“1. 房屋买卖、2. 房屋赠与、3. 房屋互换”填写。

10. 用途：必选。土地按“1. 住宅用地、2. 非住宅用地”填写；房屋按“1. 居住用房，2. 非居住用房”填写。

11. 成交价格（不含增值税）：必填。按土地、房屋权属转移合同确定的价格（包括应交付的货币以及实物、其他经济利益对应的价款）填写；土地使用权互换、房屋互换的，在本栏次填写土地、房屋的成交价格，同时在“其他减免性质代码和项目名称”中选择土地使用权互换、房屋互换的减免性质代码并填写扣减金额。

12. 权属转移面积：必填。根据土地、房屋权属转移合同确定的转移面积填写。

13. 成交单价：系统自动计算，纳税人无须填写。单位面积的成交价格。

14. 评估价格：必填，可由系统自动带出。是指税务机关参照市场价格，采用房地产价格评估等方法依法合理确定的评估价格。

15. 计税价格：系统自动带出，纳税人无须填写。指由税务机关按照《中华人民共和国契税法》及有关规定确定的成交价格或者核定价格。

16. 适用税率：系统自动带出，纳税人无须填写。根据各省（自治区、直辖市）确定的适用税率填写。申报享受家庭唯一住房或第二套住房等减免税政策的，也应按适用税率填写。如，某省住房买卖适用税率为3%，申报享受个人购买90平米及以下家庭唯一住房减免税政策时，税率应按3%而非优惠税率1%填写。

17. 权属登记日期：指承受方取得应税土地、房屋权属的登记日期。在办理土地、房屋权属登记前申报缴纳契税的，不填此项；在办理土地、房屋权属登记后申报缴纳契税的，必填。

18. 居民购房减免性质代码和项目名称：有居民购房减免税情况的，必填。按照税务机关最新制发的减免税政策代码表中最细项减免性质代码填写。

19. 其他减免性质代码和项目名称：有居民购房以外其他减免税情况的，必填。按照税务机关最新制发的减免税政策代码表中最细项减免性质代码填写，并按规定填写扣减金额。

印花税税源明细表

纳税人识别号（统一社会信用代码）：□□□□□□□□□□□□□□□□□□□□

纳税人名称：

金额单位：人民币元（列至角分）

序号	应税凭证税务编号	应税凭证编号	*应税凭证名称	*申报期限类型	应税凭证数量	*税目	子目	*税款所属期起	*税款所属期止	*应税凭证书立日期	*计税金额	实际结算日期	实际结算金额	*税率	减免性质代码和项目名称	对方书立人信息		
																对方书立人名称	对方书立人纳税人识别号（统一社会信用代码）	对方书立人涉及金额
1																		
2																		
3																		

填表说明：

1. 应税凭证税务编号：纳税人不需填写。

2. 应税凭证编号：选填。填写纳税人书立的应税合同、产权转移书据或者营业账簿的编号，无编号不填写。

3. 应税凭证名称：必填。填写应税凭证的具体名称。

4. 申报期限类型：必填。填写应税凭证申报期限类型，填写按期申报或者按次申报。

5. 应税凭证数量：逐份填写应税凭证时填1，合并汇总填写应税凭证时填写合并汇总应税凭证的数量。合并汇总填写应税凭证时，只能合并适用同一税目且内容高度相似的应税凭证。合并汇总填写应税凭证时，对方书立人信息［对方书立人名称、对方书立人纳税人识别号（统一社会信用代码）、对方书立人涉及金额］不需填写。

6. 税目：必填。可填写项目包括：借款合同、融资租赁合同、买卖合同、承揽合同、建设工程合同、运输合同、技术合同、租赁合同、保管合同、仓储合同、财产保险合同、产权转移书据、营业账簿。

7. 子目：填写对应税目的征收子目，产权转移书据税目对应的子目必填，其他应税合同税目对应子目选填，其中融资租赁合同、买卖合同、保管合同、仓储合同、财产保险合同、营业账簿不需要填写子目。税目与子目对应关系如下：

借款合同：银行业金融机构借款合同、其他金融机构借款合同；

承揽合同：加工合同、定作合同、修理合同、复制合同、测试合同、检验合同；

建设工程合同：工程勘察合同、工程设计合同、工程施工合同；

运输合同：公路货物运输合同、水路货物运输合同、航空货物运输合同、铁路货物运输合同、多式联运合同；

技术合同：技术开发合同、技术许可合同、技术咨询合同、技术服务合同；

租赁合同：房屋租赁合同、其他租赁合同；

产权转移书据：土地使用权出让书据、土地使用权转让书据、房屋等建筑物和构筑物所有权转让书据（不包括土地承包经营权和土地经营权转移）、股权转让书据（不包括应缴纳证券交易印花税的）、商标专用权转让书据、著作权转让书据、专利权转让书据、专有技术使用权转让书据。

8. 税款所属期起：必填。按期申报的，填写所属期的起始时间，应填写具体的年、月、日。按次申报的，为应税凭证书立日期。

9. 税款所属期止：必填。按期申报的，填写所属期的终止时间，应填写具体的年、月、日。按次申报的，为应税凭证书立日期。

10. 应税凭证书立日期：必填。申报借款合同、融资租赁合同、买卖合同、承揽合同、建设工程合同、运输合同、技术合同、租赁合同、保管合同、仓储合同、财产保险合同、产权转移书据、营业账簿等税目的，填写应税凭证书立日期。合并汇总填报应税凭证时，应税凭证书立日期为税款所属期止。

11. 计税金额：必填。填写应税合同、产权转移书据列明的金额（不包括列明的增值税税款）；填写应税营业账簿中实收资本（股本）和资本公积合计金额。

12. 实际结算日期：未确定计税金额的应税合同、产权转移书据实际结算时，填写此列（同时填写实际结算金额列）。填写应税合同、产权转移书据实际结算日期。若未确定计税金额的应税合同、产权转移书据多次结算的，可增列（与实际结算金额同时增列）。合并汇总填报时，实际结算日期为税款所属期止。

13. 实际结算金额：未确定计税金额的应税合同、产权转移书据实际结算时，填写此列（同时填写实际结算日期列）。填写应税合同、产权转移书据实际结算金额。若未确定计税金额的应税合同、产权转移书据多次结算的，可增列（与实际结算日期同时增列）。合并汇总填报时，实际结算金额为本税款所属期内所有应税合同、产权转移书据实际结算金额的合计。

14. 税率：必填。按照《中华人民共和国印花税法》规定，填写税目对应的适用税率。

15. 减免性质代码和项目名称：有减免税情况的，必填。按照税务机关最新制发的减免税政策代码表中最细项减免性质代码填写。

16. 对方书立人名称：选填。填写应税合同、产权转移书据所有其他方书立人名称。对方书立人超过 2 人的，可增列［与对方书立人纳税人识别号（统一社会信用代码）、对方书立人涉及金额同时增列］。

17. 对方书立人纳税人识别号（统一社会信用代码）：选填。填写应税合同、产权转移书据所有其他方书立人纳税人识别号（统一社会信用代码），自然人填写身份证照号码。对方书立人超过 2 人的，可增列（与对方书立人名称、对方书立人涉及金额同时增列）。

18. 对方书立人涉及金额：选填。填写应税合同、产权转移书据其他方书立人涉及的价款或者报酬。对方书立人超过 2 人的，可增列［与对方书立人名称、对方书立人纳税人识别号（统一社会信用代码）同时增列］。

资源税税源明细表

税款所属期限：自　　年　月　日至　　年　月　日

纳税人识别号（统一社会信用代码）：□□□□□□□□□□□□□□□□□□

纳税人名称：　　　　　　　　　　　　　　　　　　　　　　　　金额单位：人民币元（列至角分）

<table>
<tr><td colspan="11">申报计算明细</td></tr>
<tr><td rowspan="2">序号</td><td>税目</td><td>子目</td><td>计量单位</td><td>销售数量</td><td>准予扣减的外购应税产品购进数量</td><td>计税销售数量</td><td>销售额</td><td>准予扣除的运杂费</td><td>准予扣减的外购应税产品购进金额</td><td>计税销售额</td></tr>
<tr><td>1</td><td>2</td><td>3</td><td>4</td><td>5</td><td>6 =4 -5</td><td>7</td><td>8</td><td>9</td><td>10 =7 -8 -9</td></tr>
<tr><td>1</td><td></td><td></td><td></td><td></td><td></td><td></td><td></td><td></td><td></td><td></td></tr>
<tr><td>2</td><td></td><td></td><td></td><td></td><td></td><td></td><td></td><td></td><td></td><td></td></tr>
<tr><td>合计</td><td></td><td></td><td></td><td></td><td></td><td></td><td></td><td></td><td></td><td></td></tr>
<tr><td colspan="11">减免税计算明细</td></tr>
<tr><td rowspan="3">序号</td><td>税目</td><td>子目</td><td>减免性质代码和项目名称</td><td>计量单位</td><td>减免税销售数量</td><td>减免税销售额</td><td>适用税率</td><td>减征比例</td><td colspan="2">本期减免税额</td></tr>
<tr><td rowspan="2">1</td><td rowspan="2">2</td><td rowspan="2">3</td><td rowspan="2">4</td><td rowspan="2">5</td><td rowspan="2">6</td><td rowspan="2">7</td><td rowspan="2">8</td><td colspan="2">9① =5 ×7 ×8</td></tr>
<tr><td colspan="2">9② =6 ×7 ×8</td></tr>
<tr><td>1</td><td></td><td></td><td></td><td></td><td></td><td></td><td></td><td></td><td colspan="2"></td></tr>
<tr><td>2</td><td></td><td></td><td></td><td></td><td></td><td></td><td></td><td></td><td colspan="2"></td></tr>
<tr><td>合计</td><td></td><td></td><td></td><td></td><td></td><td></td><td></td><td></td><td colspan="2"></td></tr>
</table>

填表说明：

税款所属期限：纳税人申报资源税所属期的起止时间，应填写具体的年、月、日。

申报计算明细

1. 申报从量计征税目的资源税纳税人需填写1－6栏。申报从价计征税目的资源税纳税人需填写1－4、7－10栏。无发生数额的，应填写0。不涉及外购应税产品购进数量扣减的，第5栏填0；不涉及运杂费扣除的，第8栏填写0；不涉及外购应税产品购进金额扣减的，第9栏填写0。

2. 第1栏“税目”：按照《中华人民共和国资源税法》后附《资源税税目税率表》规定的税目填写。多个税目的，可增加行次。

3. 第2栏“子目”：填写同一税目下不同的征税对象或明细项目，如“原矿”“选矿”等。

4. 第3栏“计量单位”：填写计税销售数量的计量单位，如“吨”“立方米”等。

5. 第 4 栏“销售数量”：填写纳税人当期应税产品的销售数量，包括实际销售和自用两部分。实际销售的应税产品销售数量按其增值税发票等票据注明的数量填写或计算填写；票据上未注明数量的，填写与应税产品销售额对应的销售数量。自用的应税产品销售数量据实填写。

6. 第 5 栏“准予扣减的外购应税产品购进数量”：填写按规定准予扣减的外购应税产品购进数量。扣减限额以第 6 栏“计税销售数量”减至 0 为限，当期不足扣减或未扣减的，可结转下期扣减。

7. 第 7 栏“销售额”：填写纳税人当期应税产品的销售额，包括实际销售和自用两部分。实际销售的应税产品销售额按其增值税发票等票据注明的金额填写或计算填写。自用的应税产品销售额按规定计算填写。

8. 第 8 栏“准予扣除的运杂费”：填写按规定准予扣除的运杂费用。

9. 第 9 栏“准予扣减的外购应税产品购进金额”：填写按规定准予扣减的外购应税产品购进金额。当期不足扣减或未扣减的，可结转下期扣减。

10. 第 8 栏“准予扣减的运杂费”、第 9 栏“准予扣减的外购应税产品购进金额”扣减限额之和以第 10 栏“计税销售额”减至 0 为限。

减免税计算明细

1. 适用于有减免资源税项目（增值税小规模纳税人减征政策除外）的纳税人填写。如不涉及减免税事项，纳税人不需填写，系统会将“本期减免税额”默认为 0。

2. 第 1 栏“税目”：按照《中华人民共和国资源税法》后附《资源税税目税率表》规定的税目填写。多个税目的，可增加行次。

3. 第 2 栏“子目”：同一税目适用的减免性质代码、税率不同的，视为不同的子目，按相应的减免税销售额和销售数量分行填写。

4. 第 3 栏“减免性质代码和项目名称”：有减免税情况的必填，按照税务机关最新制发的减免税政策代码表中最细项减免性质代码填写。

5. 第 4 栏“计量单位”：填写计税销售数量的计量单位，如“吨”“立方米”等。

6. 第 5 栏“减免税销售数量”：填写减免资源税项目对应的应税产品销售数量，申报从量计征税目和从价计征税目的纳税人均应填写。

7. 第 6 栏“减免税销售额”：填写减免资源税项目对应的应税产品销售收入，由申报从价计征税目的纳税人填写。

8. 第 7 栏“适用税率”：填写《中华人民共和国资源税法》后附《资源税税目税率表》规定的应税产品具体适用税率或各省、自治区、直辖市公布的应税产品具体适用税率。从价计征税目的适用税率为比例税率，如原油资源税率为 6%，即填 6%；从量计征税目的适用税率为定额税率，如某税目每立方米 3 元，即填 3。

9. 第 8 栏“减征比例”：填写减免税额占应纳税额的比例，免税项目的减征比例按 100%填写。

10. 第 9 栏“本期减免税额”：填写本期应纳税额中按规定应予减免的部分。申报从量计征税目的纳税人适用的计算公式为：9① = 5 × 7 × 8。申报从价计征税目的纳税人适用的计算公式为：9② = 6 × 7 × 8。

耕地占用税税源明细表

纳税人识别号（统一社会信用代码）：□□□□□□□□□□□□□□□□□□□□

纳税人名称：

面积单位：平方米；金额单位：人民币元（列至角分）

<table>
<tr><td rowspan="4">占地方式</td><td rowspan="3">1. 经批准按批次转用□
2. 经批准单独选址转用□
3. 经批准临时占用□</td><td>项目（批次）名称</td><td colspan="2"></td><td>批准占地文号</td><td colspan="2"></td></tr>
<tr><td>批准占地部门</td><td colspan="2"></td><td>经批准占地面积</td><td colspan="2"></td></tr>
<tr><td>收到书面通知日期（或收到经批准改变原占地用途日期）</td><td colspan="2">年 月 日</td><td>批准时间</td><td colspan="2">年 月 日</td></tr>
<tr><td>4. 未批先占□</td><td>认定的实际占地日期（或认定的未经批准改变原占地用途日期）</td><td colspan="3">年月日</td><td>认定的实际占地面积</td><td></td></tr>
<tr><td>损毁耕地</td><td colspan="2">挖损□ 采矿塌陷□ 压占□ 污染□</td><td colspan="2">认定的损毁耕地日期</td><td>年 月 日</td><td>认定的损毁耕地面积</td><td></td></tr>
<tr><td>税源编号</td><td>占地位置</td><td>占地用途</td><td>征收品目</td><td>适用税额</td><td>计税面积</td><td>减免性质代码和项目名称</td><td>减免税面积</td></tr>
<tr><td></td><td></td><td></td><td></td><td></td><td></td><td></td><td></td></tr>
<tr><td></td><td></td><td></td><td></td><td></td><td></td><td></td><td></td></tr>
<tr><td></td><td></td><td></td><td></td><td></td><td></td><td></td><td></td></tr>
</table>

填表说明：

1. 本申报表适用于在中华人民共和国境内占用耕地建设建筑物、构筑物或者从事非农业建设的单位和个人。耕地占用税纳税人应当在纳税义务发生之日起30日内填报本表，向耕地所在地税务机关申报纳税。

2. 占地方式：必选。根据实际情况选择“经批准按批次转用”“经批准单独选址转用”“经批准临时占用”“未批先占”四项之一，限选一项。当选择“经批准按批次转用”“经批准单独选址转用”“经批准临时占用”三项时，项目（批次）名称、批准占地文号、批准占地部门、经批准占地面积、收到书面通知日期（或收到经批准改变原占地用途日期）、批准时间为必填项；选择“未批先占”时，认定的实际占地日期（或认定的未经批准改变原占地用途日期）、认定的实际占地面积为必填项。

3. 项目（批次）名称：经批准按批次转用、经批准单独选址转用、经批准临时占用等占地方式，必填。按照农用地转用审批文件中标明的项目或批次名称填写。

4. 批准占地文号：经批准按批次转用、经批准单独选址转用、经批准临时占用等占地方式，必填。填写批准占地的农用地转用审批文件的文号。

5. 批准占地部门：经批准按批次转用、经批准单独选址转用、经批准临时占用等占地方式，必填。填写批准占地的审批农用地转用的政府部门名称。

6. 经批准占地面积：经批准按批次转用、经批准单独选址转用、经批准临时占用等占地方式，必填。填写农用地转用审批文件中批准的农用地转用面积。

7. 收到书面通知日期（或收到经批准改变原占地用途日期）：经批准按批次转用、经批准单独选址转用、经批准临时占用等占地方式，必填。收到书面通知日期是指纳税人收到自然资源主管部门办理占用耕地手续的书面通知的当日；收到经批准改变原占地用途日期是指纳税人收到经批准改变原占地用途的批准文件的当日。

8. 批准时间：经批准按批次转用、经批准单独选址转用、经批准临时占用等占地方式，必填。填写农用地转用审批文件的批准日期。

9. 认定的实际占地日期（或认定的未经批准改变原占地用途日期）：未批先占的，必填。按照《中华人民共和国耕地占用税法实施办法》（以下简称《实施办法》）第二十七条规定自然资源主管部门认定的纳税人实际占用耕地的当日填写；认定的未经批准改变原占地用途日期是指未经批准改变原占地用途的，经自然资源主管部门认定的纳税人改变原占地用途的当日。

10. 认定的实际占地面积：未批先占的，必填。按照《实施办法》第三十一条规定自然资源等相关部门认定的纳税人实际占用的面积填写。

11. 损毁耕地：选填。按照《实施办法》第十九条确定的挖损、采矿塌陷、压占、污染四项损毁耕地行为进行选择，可多选。

12. 认定的损毁耕地日期：损毁耕地的，必填。按照《实施办法》第二十七条规定自然资源、农业农村等相关部门认定损毁耕地的日期填写。

13. 认定的损毁耕地面积：损毁耕地的，必填。按照《实施办法》第三十一条规定自然资源等相关部门认定的纳税人损毁耕地的面积填写。

14. 税源编号：系统自动生成，纳税人无须填写。

15. 占地位置：必填。占用应税土地所在的市、县、乡（镇）、村、组、路详细地址位置。

16. 占地用途：必填。（1）经批准占用：土地储备、交通基础设施建设、水利工程、工业建设、商业建设、住宅建设、农村居民建房、军事设施、学校、幼儿园、社会福利机构、医疗机构、其他；（2）未经批准占用：交通基础设施建设、工业建设、商业建设、住宅建设、农村居民建房、军事设施、学校、幼儿园、社会福利机构、医疗机构、其他。

17. 征收品目：必填。按被占用土地的占地类型选择：耕地_基本农田、耕地_非基本农田、园地、林地、草地、农田水利用地、养殖水面、渔业水域滩涂、苇田、其他。

18. 适用税额：指该地类在当地适用的单位税额，按征收品目和征收子目对应的单位适用税额填写，由各省税务机关自行配置。

19. 计税面积：必填。按被占用土地的占地位置、占地用途、征收品目划分，填写本条税源对应的应税土地面积，单位为平方米。

20. 减免性质代码和项目名称：有减免税情况的，必填。按照税务机关最新制发的减免税政策代码表中最细项减免性质代码填写。

21. 减免税面积：有减免税情况的，必填。填写本条税源对应的符合减免税政策的占地面积。

附录二

土地增值税税源明细表

税款所属期限：自　　年　月　日至　　年　月　日

纳税人识别号（统一社会信用代码）：□□□□□□□□□□□□□□□□□□□□□□

纳税人名称：　　　　　　　　　　　　　　　　　　金额单位：人民币元（列至角分）；面积单位：平方米

<table>
<tr><td colspan="8">土地增值税项目登记表（从事房地产开发的纳税人适用）</td></tr>
<tr><td colspan="2">项目名称</td><td colspan="3"></td><td>项目地址</td><td colspan="2"></td></tr>
<tr><td colspan="5">土地使用权受让（行政划拨）合同号</td><td colspan="3">受让（行政划拨）时间</td></tr>
<tr><td colspan="5"></td><td colspan="3"></td></tr>
<tr><td colspan="5"></td><td colspan="3"></td></tr>
<tr><td colspan="2">建设项目起讫时间</td><td></td><td colspan="2">总预算成本</td><td></td><td>单位预算成本</td><td></td></tr>
<tr><td colspan="2">项目详细坐落地点</td><td colspan="6"></td></tr>
<tr><td colspan="2">开发土地总面积</td><td></td><td colspan="2">开发建筑总面积</td><td></td><td>房地产转让合同名称</td><td></td></tr>
<tr><td>转让次序</td><td colspan="2">转让土地面积（按次填写）</td><td colspan="3">转让建筑面积（按次填写）</td><td colspan="2">转让合同签订日期（按次填写）</td></tr>
<tr><td>第 1 次</td><td colspan="2"></td><td colspan="3"></td><td colspan="2"></td></tr>
<tr><td>第 2 次</td><td colspan="2"></td><td colspan="3"></td><td colspan="2"></td></tr>
<tr><td>……</td><td colspan="2"></td><td colspan="3"></td><td colspan="2"></td></tr>
<tr><td>备注</td><td colspan="7"></td></tr>
<tr><td colspan="8">土地增值税申报计算及减免信息</td></tr>
<tr><td colspan="8">申报类型：</td></tr>
<tr><td colspan="8">1. 从事房地产开发的纳税人预缴适用 □</td></tr>
<tr><td colspan="8">2. 从事房地产开发的纳税人清算适用 □</td></tr>
<tr><td colspan="8">3. 从事房地产开发的纳税人按核定征收方式清算适用 □</td></tr>
<tr><td colspan="8">4. 纳税人整体转让在建工程适用□</td></tr>
<tr><td colspan="8">5. 从事房地产开发的纳税人清算后尾盘销售适用 □</td></tr>
<tr><td colspan="8">6. 转让旧房及建筑物的纳税人适用 □</td></tr>
<tr><td colspan="8">7. 转让旧房及建筑物的纳税人核定征收适用 □</td></tr>
<tr><td colspan="2">项目名称</td><td colspan="2"></td><td colspan="2">项目编码</td><td colspan="2"></td></tr>
<tr><td colspan="2">项目地址</td><td colspan="6"></td></tr>
<tr><td colspan="2">项目总可售面积</td><td colspan="2"></td><td colspan="2">自用和出租面积</td><td colspan="2"></td></tr>
<tr><td>已售面积</td><td></td><td>其中：普通住宅已售面积</td><td></td><td>其中：非普通住宅已售面积</td><td></td><td>其中：其他类型房地产已售面积</td><td></td></tr>
<tr><td colspan="2">清算时已售面积</td><td colspan="2"></td><td colspan="2">清算后剩余可售面积</td><td colspan="2"></td></tr>
</table>

续表

申报类型	项目	序号	金额			
			普通住宅	非普通住宅	其他类型房地产	总额
1. 从事房地产开发的纳税人预缴适用	一、房产类型子目	1				—
	二、应税收入	2 = 3 + 4 + 5				
	1. 货币收入	3				
	2. 实物收入及其他收入	4				
	3. 视同销售收入	5				
	三、预征率（%）	6				—
2. 从事房地产开发的纳税人清算适用 3. 从事房地产开发的纳税人按核定征收方式清算适用 4. 纳税人整体转让在建工程适用	一、转让房地产收入总额	1 = 2 + 3 + 4				
	1. 货币收入	2				
	2. 实物收入及其他收入	3				
	3. 视同销售收入	4				
	二、扣除项目金额合计	5 = 6 + 7 + 14 + 17 + 21 + 22				
	1. 取得土地使用权所支付的金额	6				
	2. 房地产开发成本	7 = 8 + 9 + 10 + 11 + 12 + 13				
	其中：土地征用及拆迁补偿费	8				
	前期工程费	9				
	建筑安装工程费	10				
	基础设施费	11				
	公共配套设施费	12				
	开发间接费用	13				
	3. 房地产开发费用	14 = 15 + 16				
	其中：利息支出	15				
	其他房地产开发费用	16				
	4. 与转让房地产有关的税金等	17 = 18 + 19 + 20				
	其中：营业税	18				
	城市维护建设税	19				
	教育费附加	20				
	5. 财政部规定的其他扣除项目	21				
	6. 代收费用（纳税人整体转让在建工程不填此项）	22				
	三、增值额	23 = 1 − 5				
	四、增值额与扣除项目金额之比（%）	24 = 23 ÷ 5				

续表

申报类型	项目		序号	金额			
				普通住宅	非普通住宅	其他类型房地产	总额
2. 从事房地产开发的纳税人清算适用 3. 从事房地产开发的纳税人按核定征收方式清算适用 4. 纳税人整体转让在建工程适用	五、适用税率（核定征收率）（%）		25				
	六、速算扣除系数（%）		26				
	七、减免税额		27 = 29 + 31 + 33				
	其中：减免税（1）	减免性质代码和项目名称（1）	28				
		减免税额（1）	29				
	减免税（2）	减免性质代码和项目名称（2）	30				
		减免税额（2）	31				
	减免税（3）	减免性质代码和项目名称（3）	32				
		减免税额（3）	33				
5. 从事房地产开发的纳税人清算后尾盘销售适用	一、转让房地产收入总额		1 = 2 + 3 + 4				
	1. 货币收入		2				
	2. 实物收入及其他收入		3				
	3. 视同销售收入		4				
	二、扣除项目金额合计		5 = 6 × 7 + 8				
	1. 本次清算后尾盘销售的销售面积		6				
	2. 单位成本费用		7				
	3. 本次与转让房地产有关的税金		8 = 9 + 10 + 11				
	其中：营业税		9				
	城市维护建设税		10				
	教育费附加		11				
	三、增值额		12 = 1 − 5				
	四、增值额与扣除项目金额之比（%）		13 = 12 ÷ 5				
	五、适用税率（核定征收率）（%）		14				
	六、速算扣除系数（%）		15				
	七、减免税额		16 = 18 + 20 + 22				
	其中：减免税（1）	减免性质代码和项目名称（1）	17				
		减免税额（1）	18				
	减免税（2）	减免性质代码和项目名称（2）	19				
		减免税额（2）	20				
	减免税（3）	减免性质代码和项目名称（3）	21				
		减免税额（3）	22				

续表

申报类型	项目		序号	金额			
				普通住宅	非普通住宅	其他类型房地产	总额
6. 转让旧房及建筑物的纳税人适用 7. 转让旧房及建筑物的纳税人核定征收适用	一、转让房地产收入总额		1 = 2 + 3 + 4				
	1. 货币收入		2				
	2. 实物收入		3				
	3. 其他收入		4				
	二、扣除项目金额合计		（1）5 = 6 + 7 + 10 + 15 （2）5 = 11 + 12 + 14 + 15				
	（1）提供评估价格						
	1. 取得土地使用权所支付的金额		6				
	2. 旧房及建筑物的评估价格		7 = 8 × 9				
	其中：旧房及建筑物的重置成本价		8				
	成新度折扣率		9				
	3. 评估费用		10				
	（2）提供购房发票						
	1. 购房发票金额		11				
	2. 发票加计扣除金额		12 = 11 × 5% × 13				
	其中：房产实际持有年数		13				
	3. 购房契税		14				
	4. 与转让房地产有关的税金等		15 = 16 + 17 + 18 + 19				
	其中：营业税		16				
	城市维护建设税		17				
	印花税		18				
	教育费附加		19				
	三、增值额		20 = 1 − 5				
	四、增值额与扣除项目金额之比（%）		21 = 20 ÷ 5				
	五、适用税率（核定征收率）（%）		22				
	六、速算扣除系数（%）		23				
	七、减免税额		24 = 26 + 28 + 30				
	其中：减免税（1）	减免性质代码和项目名称（1）	25				
		减免税额（1）	26				
	减免税（2）	减免性质代码和项目名称（2）	27				
		减免税额（2）	28				
	减免税（3）	减免性质代码和项目名称（3）	29				
		减免税额（3）	30				

填表说明：

土地增值税项目登记表

1. 本表适用于从事房地产开发的纳税人，在立项后及每次转让时填报。

2. 凡从事新建房及配套设施开发的纳税人，均应在规定的期限内，据实向主管税务机关填报本表所列内容。

3. 本表栏目的内容如果没有，可以空置不填。

4. 纳税人填报本表时，应同时向主管税务机关提交土地使用权受让合同、房地产转让合同等有关资料。

土地增值税申报计算及减免信息

申报类型：必填。由纳税人根据申报业务种类以及适用的征收方式进行选择。

一、从事房地产开发的纳税人预缴适用

（一）表头项目

1. 本表适用于从事房地产开发并转让的土地增值税纳税人。

2. 纳税人应在自首次取得预收收入起至办理项目清算申报止的期间内，在每次转让时填报，也可按月或按各省、自治区、直辖市和计划单列市税务局规定的期限汇总填报。

3. 本表栏目的内容如果没有，可以空置不填。

4. 纳税人填报预缴信息表时，应同时向主管税务机关提交《土地增值税项目登记表》等有关资料。

5. 项目名称填写纳税人所开发并转让的且经国家有关部门审批的房地产开发项目全称；项目编码为纳税人进行房地产项目登记时，税务机关按照一定的规则赋予的编码，此编码跟随项目的预缴清算尾盘销售全过程。

（二）表中项目

1. 第 1 栏“房产类型子目”：主管税务机关规定的预征率类型，每一个子目唯一对应一个房产类型。

2. 第 3 栏“货币收入”：按纳税人转让房地产开发项目所取得的货币形态的收入额（不含增值税）填写。

3. 第 4 栏“实物收入及其他收入”：按纳税人转让房地产开发项目所取得的实物形态的收入和无形资产等其他形式的收入额（不含增值税）填写。

4. 第 5 栏“视同销售收入”：纳税人将开发产品用于职工福利、奖励、对外投资、分配给股东或投资人、抵偿债务、换取其他单位和个人的非货币性资产等，发生所有权转移时应视同销售房地产，其确认收入不含增值税。

二、从事房地产开发的纳税人清算适用

（一）表头项目

1. 本表适用于从事房地产开发并转让的土地增值税纳税人。

2. 税款所属期是项目预缴开始的时间，截止日期是税务机关规定（通知）申报期限的最后一日（应清算项目达到清算条件起 90 天的最后一日/可清算项目税务机关通知书送达起 90 天的最后一日）。

3. 项目名称填写纳税人所开发并转让的且经国家有关部门审批的房地产开发项目全称；项目编码为纳税人进行房地产项目登记时，税务机关按照一定的规则赋予的编码，此编码跟随项目的预缴清算尾盘销售全过程。

（二）表中项目

1. 第 1 栏“转让房地产收入总额”，按纳税人转让房地产开发项目所取得的全部收入额（不含增值税）填写。

2. 第 2 栏“货币收入”，按纳税人转让房地产开发项目所取得的货币形态的收入额（不含增值税）填写。

3. 第 3 栏“实物收入及其他收入”，按纳税人转让房地产开发项目所取得的实物形态的收入和无形资产等其他形式的收入额（不含增值税）填写。

4. 第 4 栏“视同销售收入”，纳税人将开发产品用于职工福利、奖励、对外投资、分配给股东或投资人、抵偿债务、换取其他单位和个人的非货币性资产等，发生所有权转移时应视同销售房地产，其确认收入不含增值税。

5. 第 6 栏“取得土地使用权所支付的金额”，按纳税人为取得该房地产开发项目所需要的土地使用权而实际支付（补交）的土地出让金（地价款）及按国家统一规定交纳的有关费用的数额填写。

6. 第 8 栏至 13 栏，应根据《中华人民共和国土地增值税暂行条例实施细则》（财法字〔1995〕6 号，以下简称《细则》）规定的从事房地产开发所实际发生的各项开发成本的具体数额填写。

7. 第 15 栏“利息支出”，按纳税人进行房地产开发实际发生的利息支出中符合《细则》第七条第（三）项规定的数额填写。如果不单独计算利息支出的，则本栏数额填写为“0”。

8. 第 16 栏“其他房地产开发费用”，应根据《细则》第七条第（三）项的规定填写。

9. 第 18 栏至 20 栏，按纳税人转让房地产时所实际缴纳的税金数额（不包括增值税）填写。

10. 第21栏“财政部规定的其他扣除项目”，是指根据《中华人民共和国土地增值税暂行条例》（国务院令第138号，以下简称《条例》）和《细则》等有关规定所确定的财政部规定的扣除项目的合计数。

11. 第22栏“代收费用”，应根据《财政部 国家税务总局关于土地增值税一些具体问题规定的通知》（财税字〔1995〕48号）第六条“关于地方政府要求房地产开发企业代收的费用如何计征土地增值税的问题”规定填写。

12. 第25栏“适用税率（核定征收率）”，适用查账征收方式的纳税人应根据《条例》规定的四级超率累进税率，按所适用的最高一级税率填写；适用核定征收方式的纳税人应根据主管税务机关确定的核定征收率填写。

13. 第26栏“速算扣除系数”，应根据《细则》第十条的规定找出相关速算扣除系数填写。

14. 第28、30、32栏“减免性质代码和项目名称”：按照税务机关最新制发的减免税政策代码表中最细项减免性质代码填报。表第29、31、33栏“减免税额”填写相应“减免性质代码和项目名称”对应的减免税金额，纳税人同时享受多个减免税政策应分别填写，不享受减免税的，不填写此项。

15. 表中每栏按照“普通住宅、非普通住宅、其他类型房地产”分别填写。

三、从事房地产开发的纳税人按核定征收方式清算适用

1. 本表适用于从事房地产开发并转让的纳税人清算方式为核定征收时填报，各行次应按不同房产类型分别填写。

2. 税款所属期是项目预缴开始的时间，截止日期是税务机关规定（通知）申报期限的最后一日。纳税人在填报本表时，应同时提交税务机关出具的核定文书。

3. 项目名称填写纳税人所开发并转让的且经国家有关部门审批的房地产开发项目全称；项目编码为纳税人进行房地产项目登记时，税务机关按照一定的规则赋予的编码，此编码跟随项目的预缴清算尾盘销售全过程。

4. 表中项目按税务机关出具的核定文书要求填写。

四、纳税人整体转让在建工程

（一）表头项目

1. 本表适用于从事房地产开发并转让的纳税人，及非从事房地产开发的纳税人，在整体转让在建工程时填报，数据应填列至其他类型房地产中。

2. 税款所属期：从事房地产开发并转让的纳税人是项目预缴开始的时间，截止日期是开发项目整体转让在建工程合同（协议）签订时间；非房地产开发纳税人是整体转让在建工程合同（协议）签订时间。

3. 项目名称：从事房地产开发并转让的纳税人填写纳税人所开发并转让的且经国家有关部门审批的房地产开发项目全称，项目编码为纳税人进行房地产项目登记时，税务机关按照一定的规则赋予的编码，此编码跟随项目的预缴清算尾盘销售全过程。

（二）表中项目

1. 第1栏“转让房地产收入总额”，按纳税人在转让房地产开发项目所取得的全部收入额（不含增值税）填写。

2. 第2栏“货币收入”，按纳税人转让房地产开发项目所取得的货币形态的收入额（不含增值税）填写。

3. 第3栏“实物收入及其他收入”，按纳税人转让房地产开发项目所取得的实物形态的收入和无形资产等其他形式的收入额（不含增值税）填写。

4. 第4栏“视同销售收入”，纳税人将开发产品用于职工福利、奖励、对外投资、分配给股东或投资人、抵偿债务、换取其他单位和个人的非货币性资产等，发生所有权转移时应视同销售房地产，其确认收入不含增值税。

5. 第6栏“取得土地使用权所支付的金额”，按纳税人为取得该房地产开发项目所需要的土地使用权而实际支付（补交）的土地出让金（地价款）及按国家统一规定交纳的有关费用的数额填写。

6. 第8栏至13栏，应根据《细则》规定的从事房地产开发所实际发生的各项开发成本的具体数额填写。

7. 第15栏“利息支出”，按纳税人进行房地产开发实际发生的利息支出中符合《细则》第七条第（三）项规定的数额填写。如果不单独计算利息支出的，则本栏数额填写为“0”。

8. 第16栏“其他房地产开发费用”，应根据《细则》第七条第（三）项的规定填写。

9. 第18栏至20栏，按纳税人转让房地产时所实际缴纳的税金数额（不包括增值税）填写。

10. 第21栏“财政部规定的其他扣除项目”，是指根据《条例》《细则》等有关规定所确定的财政部规定的扣除项目的合计数。

11. 第22栏“代收费用”，纳税人整体转让在建工程时，不填写本项。

12. 第25栏“适用税率（核定征收率）”，适用查账征收方式的纳税人应根据《条例》规定的四级超率累进税率，按所适用的最高一级税率填写；适用核定征收方式的纳税人应根据主管税务机关确定的核定征收率填写。

13. 第26栏“速算扣除系数”，应根据《细则》第十条的规定找出相关速算扣除系数填写。

14. 第28、30、32栏“减免性质代码和项目名称”：按照税务机关最新制发的减免税政策代码表中最细项减免性质代码填报。表第29、31、33栏“减免税额”填写相应“减免性质代码和项目名称”对应的减免税金额，纳税人同时享受多个减免税政策应分别填写，不享受减免税的，不填写此项。

五、从事房地产开发的纳税人清算后尾盘销售适用

（一）表头项目

1. 本表适用于从事房地产开发并转让的纳税人，在清算后尾盘销售时填报，各行次应按不同房产类型分别填写。

2. 税款所属期是房地产开发项目尾盘销售收入的纳税义务发生时间。

3. 项目名称填写纳税人所开发并转让的且经国家有关部门审批的房地产开发项目全称；项目编码为纳税人进行房地产项目登记时，税务机关按照一定的规则赋予的编码，此编码会跟随项目的预缴清算尾盘销售全过程。

4. 项目总可售面积应与纳税人清算时填报的总可售面积一致。

5. 清算时已售面积应与纳税人清算时填报的已售面积一致。

6. 清算后剩余可售面积 = 项目总可售面积 - 清算时已售面积。

（二）表中项目

1. 第1栏“转让房地产收入总额”，按纳税人在转让房地产开发项目所取得的全部收入额（不含增值税）填写。

2. 第2栏“货币收入”，按纳税人转让房地产开发项目所取得的货币形态的收入额（不含增值税）填写。

3. 第3栏“实物收入及其他收入”，按纳税人转让房地产开发项目所取得的实物形态的收入和无形资产等其他形式的收入额（不含增值税）填写。

4. 第4栏“视同销售收入”，纳税人将开发产品用于职工福利、奖励、对外投资、分配给股东或投资人、抵偿债务、换取其他单位和个人的非货币性资产等，发生所有权转移时应视同销售房地产，其确认收入不含增值税。

5. 第6栏“本次清算后尾盘销售的销售面积”，按申报税款所属期纳税人尾盘销售的建筑面积填报。

6. 第7栏“单位成本费用”。单位成本费用 = 清算申报时或清算审核确定的扣除项目金额 ÷ 清算的总已售面积。公式中的“扣除项目金额”不包括清算时扣除的“与转让房地产有关的税金”。

7. 第14栏“适用税率（核定征收率）”，适用查账征收方式的纳税人应根据《条例》规定的四级超率累进税率，按所适用的最高一级税率填写；适用核定征收方式的纳税人应根据主管税务机关确定的核定征收率填写。

8. 第15栏“速算扣除系数”，应根据《细则》第十条的规定找出相关速算扣除系数填写。

9. 第17、19、21栏“减免性质代码和项目名称”：按照税务机关最新制发的减免税政策代码表中最细项减免性质代码填报。表第18、20、22栏“减免税额”填写相应“减免性质代码和项目名称”对应的减免税金额，纳税人同时享受多个减免税政策应分别填写，不享受减免税的，不填写此项。

10. 表中每栏按照“普通住宅、非普通住宅、其他类型房地产”分别填写。

六、转让旧房及建筑物的纳税人适用

（一）表头项目

1. 本表适用于转让旧房及建筑物的纳税人，纳税人应在签订房地产转让合同后的七日内，向房地产所在地主管税务机关填报土地增值税纳税申报表。本表还适用于从事房地产开发的纳税人将开发产品转为自用、出租等用途且已达到主管税务机关旧房界定标准后，又将该旧房对外出售的。

2. 项目名称：从事房地产开发并转让的纳税人填写纳税人所开发并转让的且经国家有关部门审批的房地产开发项目全称，项目编码为纳税人进行房地产项目登记时，税务机关按照一定的规则赋予的编码，此编码会跟随项目的预缴清算尾盘销售全过程。

（二）表中项目

本表的各主要项目内容，应根据纳税人转让的房地产项目作为填报对象。纳税人如果同时转让两个或两个以上房地产的，应分别填报。

1. 第1栏“转让房地产收入总额”，按纳税人转让房地产所取得的全部收入额（不含增值税）填写。

2. 第2栏“货币收入”，按纳税人转让房地产所取得的货币形态的收入额（不含增值税）填写。

3. 第3、4栏“实物收入”“其他收入”，按纳税人转让房地产所取得的实物形态的收入和无形资产等其他形式的收入额（不含增值税）填写。

4. 第6栏“取得土地使用权所支付的金额”，按纳税人为取得该房地产项目所需要的土地使用权而实际支付（补交）的土地出让金（地价款）及按国家统一规定交纳的有关费用的数额填写。

5. 第7栏“旧房及建筑物的评估价格”，是指根据《条例》《细则》等有关规定，按重置成本法评估旧房及建筑物并经当地税务机关确认的评估价格的数额。本栏由第8栏与第9栏相乘得出。如果本栏数额能够直接根据评估报告填报，则本表第8、9栏可以不必再填报。

6. 第8栏“旧房及建筑物的重置成本价”，是指按照《条例》和《细则》规定，由政府批准设立的房地产评估机构评定的重置成本价。

7. 第9栏“成新度折扣率”，是指按照《条例》和《细则》规定，由政府批准设立的房地产评估机构评定的旧房及建筑物的新旧程度折扣率。

8. 第10栏“评估费用”，是指纳税人转让旧房及建筑物时因计算纳税的需要而对房地产进行评估，其支付的评估费用允许在计算增值额时予以扣除。

9. 第11栏“购房发票金额”，区分以下情形填写：提供营业税销售不动产发票的，按发票所载金额填写；提供增值税专用发票的，按发票所载金额与不允许抵扣进项税额合计金额数填写；提供增值税普通发票的，按照发票所载价税合计金额数填写。

10. 第12栏“发票加计扣除金额”是指购房发票金额乘以房产实际持有年数乘以5%的积数。

11. 第13栏“房产实际持有年数”是指，按购房发票所载日期起至售房发票开具之日止，每满12个月计一年；未满12个月但超过6个月的，可以视同为一年。

12. 第14栏“购房契税”是指购房时支付的契税。

13. 第15栏“与转让房地产有关的税金等”为第16栏至19栏的合计数。

14. 第16栏至19栏，按纳税人转让房地产时实际缴纳的有关税金的数额填写。开具营业税发票的，按转让房地产时缴纳的营业税数额填写；开具增值税发票的，第16栏营业税为0。

15. 第22栏“适用税率（核定征收率）”，适用查账征收方式的纳税人应根据《条例》规定的四级超率累进税率，按所适用的最高一级税率填写；适用核定征收方式的纳税人应根据主管税务机关确定的核定征收率填写。

16. 第23栏“速算扣除系数”，应根据《细则》第十条的规定找出相关速算扣除系数填写。

17. 第25、27、29栏“减免性质代码和项目名称”：按照税务机关最新制发的减免税政策代码表中的最细项减免性质代码填报。表第26、28、30栏“减免税额”填写相应“减免性质代码和项目名称”对应的减免税金额，纳税人同时享受多个减免税政策应分别填写，不享受减免税的，不填写此项。

七、转让旧房及建筑物的纳税人核定征收适用

1. 本表适用于转让旧房及建筑物的纳税人采用核定征收方式时填报。纳税人应在签订房地产转让合同后的七日内，向房地产所在地主管税务机关填报本表。本表还适用于从事房地产开发的纳税人将开发产品转为自用、出租等用途且已达到主管税务机关旧房界定标准后，又将该旧房对外出售的。纳税人在填报本表时，应同时提交税务机关出具的核定文书。

2. 项目名称：从事房地产开发并转让的纳税人填写纳税人所开发并转让的且经国家有关部门审批的房地产开发项目全称，项目编码为纳税人进行房地产项目登记时，税务机关按照一定的规则赋予的编码，此编码会跟随项目的预缴清算尾盘销售全过程；非从事房地产开发的纳税人填写纳税人进行房地产项目登记时税务机关赋予的项目名称及项目编码。

3. 表中项目按税务机关出具的核定文书要求填写。

附录三

环境保护税税源明细表

纳税人识别号（统一社会信用代码）：□□□□□□□□□□□□□□□□□□□□□

纳税人名称：

金额单位：人民币元（列至角分）

1. 按次申报□		2. 从事海洋工程□			
3. 城乡污水集中处理场所□		4. 生活垃圾集中处理场所□			
*5. 污染物类别		大气污染物 □水污染物 □固体废物 □噪声 □			
6. 排污许可证编号					
*7. 生产经营所在区划					
*8. 生态环境主管部门					
税源基础采集信息					
新增 □变更□删除 □					
*税源编号		(1)			
排放口编号		(2)			
*排放口名称或噪声源名称		(3)			
*生产经营所在街乡		(4)			
排放口地理坐	*经度	(5)			
	*纬度	(6)			
*有效期起止		(7)			
*污染物类别		(8)			
水污染物种类		(9)			
*污染物名称		(10)			
危险废物污染物子类		(11)			
*污染物排放量计算方法		(12)			
大气、水污染物标准排放限值	*执行标准	(13)			
	*标准浓度值（毫克/升或毫克/标立方米）	(14)			
产（排）污系数	*计税基数单位	(15)			
	*污染物单位	(16)			
	*产污系数	(17)			
	*排污系数	(18)			
固体废物信息	贮存情况	(19)			
	处置情况	(20)			
	综合利用情况	(21)			
噪声信息	*是否昼夜产生	(22)			
	*标准值——昼间（6时至22时）	(23)			
	*标准值——夜间（22时至次日6时）	(24)			

续表

申报计算及减免信息					
* 税源编号		(1)			
* 税款所属月份		(2)			
* 排放口名称或噪声源名称		(3)			
* 污染物类别		(4)			
* 水污染物种类		(5)			
* 污染物名称		(6)			
危险废物污染物子类		(7)			
* 污染物排放量计算方法		(8)			
大气、水污染物监测计算	* 废气（废水）排放量（万标立方米、吨）	(9)			
	* 实测浓度值（毫克/标立方米、毫克/升）	(10)			
	* 月均浓度（毫克/标立方米、毫克/升）	(11)			
	* 最高浓度（毫克/标立方米、毫克/升）	(12)			
产（排）污系数计算	* 计算基数	(13)			
	* 产污系数	(14)			
	* 排污系数	(15)			
固体废物计算	* 本月固体废物的产生量（吨）	(16)			
	* 本月固体废物的贮存量（吨）	(17)			
	* 本月固体废物的处置量（吨）	(18)			
	* 本月固体废物的综合利用量（吨）	(19)			
噪声计算	* 噪声时段	(20)			
	* 监测分贝数	(21)			
	* 超标不足 15 天	(22)			
	* 两处以上噪声超标	(23)			
抽样测算计算	特征指标	(24)			
	特征单位	(25)			
	特征指标数量	(26)			
	特征系数	(27)			

续表

污染物排放量（千克或吨）	大气、水污染物监测计算：(28)=(9)×(10)÷100(1000) 大气、水污染物产（排）污系数计算： (28)=(13)×(14)×M (28)=(13)×(15)×M pH 值、大肠菌群数、余氯量等水污染物计算： (28)=(9) 色度污染物计算：(28)=(9)×色度超标倍数固体废物排放量（含综合利用量）： (28)=(16)-(17)-(18)			
* 污染当量值（特征值）（千克或吨）	(29)			
* 污染当量数	大气、水污染物污染当量数计算：(30)=(28)÷(29)			
减免性质代码和项目名称	(31)			
* 单位税额	(32)			
* 本期应纳税额	大气、水污染物应纳税额计算： (33)=(30)×(32) 固体废物应纳税额计算：(33)=(28)×(32) 噪声应纳税额计算：(33)=0.5或1[(22)为是的用0.5；为否的用1] ×2或1［(23)为是的用2，为否的用1］×(32) 按照税法所附表二中畜禽养殖业等水污染物当量值表计算： (33)=(26)÷(29)×(32) 采用特征系数计算：(33)=(26)×(27)÷(29)×(32) 采用特征值计算：(33)=(26)×(29)×(32)			
本期减免税额	大气、水污染物减免税额计算： (34)=(30)×(32)×N 固体废物减免税额计算：(34)=(19)×(32)			
本期已缴税额	(35)			
* 本期应补（退）税额	(36)=(33)-(34)-(35)			

填表说明：

1. 表内带*的为必填项。本表包括两部分，分别为税源基础信息和申报计算及减免信息。

2. “按次申报”：勾选后无须填写税源基础信息，直接进行申报计算。

3. “污染物类别”：包括大气污染物、水污染物、固体废物、噪声，可多选。

4. “排污许可证编号”：已纳入国务院生态环境主管部门发布的《固定污染源排污许可分类管理名录》且取得排污许可证的纳税人必填。具有多张排污许可证的纳税人应全部填写。

5. “生产经营所在区划”：填写纳税人实际生产经营所在行政区，应具体到县（旗、区）。

一、税源基础信息

1. “新增”：首次填报本表或新增排放口（噪声源）、固体废物的纳税人须勾选“新增”。新增排放口（噪声源）和固体废物的，应填写新增排放口（噪声源）和固体废物及其对应的全部应税污染物信息。

“变更”：变更已填报排放口（噪声源）、固体废物信息的纳税人，须勾选“变更”。变更排放口（噪声源）和固体废物的，应填写变更排放口（噪声源）和固体废物及其对应的全部应税污染物信息。

“删除”：因排放口拆除、噪声源灭失、无固体废物产生等情形，导致排放口、噪声源、固体废物不存在的，应删除排放口（噪声源）和固体废物的相关信息。

2. 第1栏“税源编号”：该项由税务机关通过征管系统根据纳税人的排放口信息或者贮存、处置或综合利用固体废物情况赋予编号。纳税人首次申报或新增排放口（噪声源）、固体废物来源的无须填写。当纳税人发生税源变更情形时须填写该项。

3. 第2栏“排放口编号”：取得排污许可证的须按排污许可证载明的大气、水污染物排放口编号填写。

4. 第3栏“排放口名称或噪声源名称”：纳税人可结合排放口位置、噪声源位置或施工项目名称等自行命名每一个排放口名称或噪声源等的名称。

5. 第4栏“生产经营所在街乡”：填写纳税人实际生产经营所在街道乡镇。

6. 第5栏“经度”：取得排污许可证的纳税人，须按照排污许可证载明的经度填写。

7. 第6栏“纬度”：取得排污许可证的纳税人，须按照排污许可证载明的纬度填写。

8. 第7栏“有效期起止”：取得排污许可证的纳税人，填写排污许可证载明的有效期起止日期，未取得排污许可证的纳税人，填写污染物排放口启用时间、噪声源所在厂区的投入生产日期或施工项目实际起止日期等。

9. 第8栏“污染物类别”：填写大气污染物、水污染物、固体废物、噪声。

10. 第9栏“水污染物种类”：填写“第一类水污染物”或“其他类水污染物”；“其他类水污染物”包括第二类水污染物、pH值、色度、大肠菌群数、余氯量。

11. 第10栏“污染物名称”：大气污染物和水污染物根据《中华人民共和国环境保护税法》附表二的污染物名称填写。从事海洋工程的纳税人排放应税大气污染物的，填写大气污染物具体名称，如“二氧化硫—海洋工程（气）”“氮氧化物—海洋工程（气）”“一氧化碳—海洋工程（气）”等；从事海洋工程的纳税人排放应税水污染物的，填写水污染物具体名称：“石油类—海洋工程（生产污水和机舱污水）”“石油类—海洋工程（钻井泥浆和钻屑）”“总汞—海洋工程（钻井泥浆和钻屑）”“总镉—海洋工程（钻井泥浆和钻屑）”“化学需氧量（CODcr）—海洋工程（生活污水）”。固体废物和噪声根据《中华人民共和国环境保护税法》附表一填写，其中污染物名称为“固体废物（其他固体废物）”的，按照其他应税固体废物具体名称填写。产排污系数的污染物名称按照国务院生态环境主管部门发布的纳税人适用的产排污系数表中对应的“污染物指标”填写。采用《中华人民共和国环境保护税法》第十条第四项方法计算应税污染物排放量的，按照省、自治区、直辖市人民政府生态环境主管部门规定的抽样测算污染物名称填写。适用《中华人民共和国环境保护税法》所附《禽畜养殖业、小型企业和第三产业水污染物当量值》表的，按照表中“类型”填写，如“禽畜养殖场（牛）”“禽畜养殖场（猪）”“小型企业”等。

12. 第11栏“危险废物污染物子类”：按照国务院生态环境主管部门发布的国家危险废物名录填写。

13. 第12栏“污染物排放量计算方法”：填写“自动监测”“监测机构监测”“排污系数”“物料衡算”“抽样测算”。

14. 第13栏“执行标准”：按照孰严原则选择填写国家或地方污染物排放标准名称及编号。海洋工程纳税人排放应税大气或水污染物，无对应国家和地方标准的，本栏可不填写。

15. 第14栏“标准浓度值”：填写执行标准对应的浓度值。海洋工程纳税人排放应税大气或水污染物，无对应国家和地方标准的，本栏可不填写。

16. 第15栏“计税基数单位”：按照国务院生态环境主管部门发布的纳税人适用的产排污系数表中“单位”栏的分母项填写，即填写前述适用产排污系数表中的产品产量或原材料耗用量单位。

17. 第16栏“污染物单位”：按照国务院生态环境主管部门发布的纳税人适用的产排污系数表中“单位”栏的分子项填写，包括“吨”“千克”“克”“毫克”。

18. 第17栏“产污系数”：使用产污系数法计算污染物排放量的，填写国务院生态环境主管部门发布的纳税人适用的产污系数。

19. 第18栏“排污系数”：使用排污系数法计算污染物排放量的，填写国务院生态环境主管部门发布的纳税人适用的排污系数。

20. 第19栏“贮存情况”：填写贮存场所（设施）名称。

21. 第20栏“处置情况”：填写处置单位。

22. 第21栏“综合利用情况”：填写综合利用方式。综合利用方式填写“金属材料回收”“非金属材料回收”“能量回收”或“其他方式”。

23. 第22栏“是否昼夜产生”：填写“是”或“否”。

24. 第23栏“标准值——昼间（6时至22时）”：按照所属声功能区的执行标准中对应的“标准限值”填写。其中功能区类型可以分为0类、1类、2类、3类、4a类或4b类。0类声环境功能区指康复疗养区等特别需要安静的区域；1类声环境功能区指以居民住宅、医疗卫生、文化教育、科研设计、行政办公为主要功能，需要保持安静的区域；2类声环境功能区指以商业金融、集市贸易为主要功能，或者居住、商业、工业混杂，需要维护住宅安静的区域；3类声环境功能区指以工业生产、仓储物流为主要功能，需要防止工业噪声对周围环境产生严重影响的区域；4类声环境功能区指交通干线两侧一定距离之内，需要防止交通噪声对周围环境产生严重影响的区域，包括4a类和4b类，4a类为高速公路、一级公路、二级公路、城市快速路、城市主干路、城市次干路、城市轨道交通（地面段）、内河航道两侧区域，4b类为铁路干线两侧区域。

25. 第24栏“标准值——夜间（22时至次日6时）”：按照所属声功能区的执行标准中对应的“标准限值”填写。其中功能区类型可以参照第23栏“标准值——昼间（6时至22时）”中的分类。

二、申报计算及减免信息

1. 第1栏“税源编号”：税源基础信息采集后，填写征管系统赋予的税源编号。

2. 第2栏“税款所属月份”：按税款所属期分月填写，如“1月”“2月”“3月”。

3. 第3栏“排放口名称或噪声源名称”：填写税源基础信息采集的排放口名称或噪声源名称。

4. 第4栏“污染物类别”：填写税源基础信息采集的污染物类别。

5. 第5栏“水污染物种类”：填写税源基础信息采集的水污染物种类。

6. 第6栏“污染物名称”：大气污染物和水污染物根据《中华人民共和国环境保护税法》附表二的污染物名称填写。固体废物根据《中华人民共和国环境保护税法》附表一填写，其中污染物名称为“固体废物（其他固体废物）”的，按照其他应税固体废物具体名称填写。噪声填写“工业噪声超标1—3分贝”“工业噪声超标4—6分贝”“工业噪声超标7—9分贝”“工业噪声超标10—12分贝”“工业噪声超标13—15分贝”“工业噪声超标16分贝以上”。从事海洋工程的纳税人排放应税大气污染物的，填写大气污染物具体名称，如“二氧化硫—海洋工程（气）”“氮氧化物—海洋工程（气）”“一氧化碳—海洋工程（气）”等；从事海洋工程的纳税人排放应税水污染物的，填写海洋工程相应水污染物名称：“石油类—海洋工程（生产污水和机舱污水）”“石油类—海洋工程（钻井泥浆和钻屑）”“总汞—海洋工程（钻井泥浆和钻屑）”“总镉—海洋工程（钻井泥浆和钻屑）”“化学需氧量（CODcr）—海洋工程（生活污水）”；从事海洋工程的纳税人排放生活垃圾的，填写“生活垃圾—海洋工程”。水污染物是“pH值”时，根据实测pH值对应填写“pH值（0—1，13—14）”“pH值（1—2，12—13）”“pH值（2—3，11—12）”“pH值（3—4，10—11）”“pH值（4—5，9—10）”“pH值（5—6）”；适用《中华人民共和国环境保护税法》所附《禽畜养殖业、小型企业和第三产业水污染物当量值》表的，按照表中“类型”填写，如“禽畜养殖场（牛）”“禽畜养殖场（猪）”“小型企业”等。采用《中华人民共和国环境保护税法》第十条第四项方法计算应税污染物排放量的，按照省、自治区、直辖市人民政府生态环境主管部门规定的抽样测算污染物名称填写。

7. 第7栏“危险废物污染物子类”：填写税源基础信息采集的危险废物污染物子类。

8. 第8栏“污染物排放量计算方法”：填写税源基础信息采集的污染物排放量计算方法。

9. 第9栏“废气（废水）排放量”：污染物排放量计算方法为“自动监测”或“监测机构监测”的填写该项。

10. 第10栏“实测浓度值”：采用自动监测的，按自动监测仪器当月读数填写；当自动监测设备发生故障、设备维护、启停炉、停运等状态时，应当按照相关法律法规等规定，填写标记、处理后的自动监测数据。采用监测机构监测（含符合规定的自行监测）的，按监测机构出具的报告填写。

11. 第11栏“月均浓度”：按照《中华人民共和国环境保护税法实施条例》第十条规定填写。有折算浓度值的，填写折算浓度值；没有折算浓度值的，填写实测浓度值。

12. 第12栏“最高浓度”：采用自动监测的，按照应税大气污染物浓度值的最高小时平均值，或者应税水污染物浓度值的最高日平均值填写；采用监测机构监测（含符合规定的自行监测）的，按照当月监测的应税大气污染物、水污染物的最高浓度值填写。有折算浓度值的，填写折算浓度值；没有折算浓度值的，填写实测浓度值。

13. 第13栏“计算基数”：填写产品产量值或原材料耗用值。

14. 第14栏“产污系数”：填写税源基础信息采集的产污系数。

15. 第15栏“排污系数”：填写税源基础信息采集的排污系数。

16. 第16栏“本月固体废物的产生量”：填写当月产生的应税固体废物数量。

17. 第17栏“本月固体废物的贮存量”：填写当月在符合国家和地方环境保护标准的设施、场所贮存的固体废物数量。

18. 第18栏“本月固体废物的处置量”：填写当月在符合国家和地方环境保护标准的设施、场所处置的固体废物数量。

19. 第19栏“本月固体废物的综合利用量”：填写当月享受固体废物综合利用税收优惠的固体废物数量。

20. 第20栏“噪声时段”：填写“昼间”或“夜间”，同一噪声源昼、夜均超标的，应分别填写。

21. 第21栏“监测分贝数”：填写实际监测的最高分贝数，不足一分贝的按“四舍五入”原则填写。

22. 第22栏“超标不足15天”：超标天数区分昼、夜，分别计算。噪声源超标不足15昼（夜）的，填写“是”；达到或超过15昼（夜）的，填写“否”。

23. 第23栏“两处以上噪声超标”：沿边界长度超过100米有两处以上噪声超标的填写“是”；其他情况填写“否”。

24. 第24栏“特征指标”：按照《中华人民共和国环境保护税法》所附《禽畜养殖业、小型企业和第三产业水污染物当量值》表和省、自治区、直辖市人民政府生态环境主管部门公布的抽样测算方法填写，如“牛”“猪”“鸡”“床”等。

25. 第25栏“特征单位”：填写“特征指标”的具体单位，如“头”“羽”“张”“吨”等。

26. 第26栏“特征指标数量”：填写“特征指标”的数量，若“特征指标”是“牛”的，填写具体头数，如“500”。

27. 第27栏“特征系数”：填写参与污染当量数计算的系数项。

28. 第28栏“污染物排放量”：采用自动监测方法计算污染物排放量的，按照自动监测仪器当月读数填写，此时，该栏可不等于第9栏×第10栏。采用监测机构监测方法计算污染物排放量的，污染物排放量＝废气（废水）排放量×实测浓度值÷100（1000）（注：将污染物排放量换算成千克）。采用排污系数方法计算污染物排放量的，污染物排放量＝计算基数×排污系数（或产污系数）×换算值M（注：将污染物排放量换算成千克）。“污染物单位”为吨时，M为1000；“污染物单位”为千克时，M为1；“污染物单位”为克时，M为0.001；“污染物单位”为毫克时，M为0.000001。采用物料衡算方法计算污染物排放量的，按纳税人适用的物料衡算方法计算填写污染物排放量（注：将污染物排放量换算成千克）。当污染物是“pH值”“大肠菌群数（超标）”“余氯量（用氯消毒的医院废水）”时，污染物排放量＝废水排放量（污染物排放量换算成吨）。当污染物是“色度”时，污染物排放量＝废水排放量（污染物排放量换算成吨）×色度超标倍数。本月应税固体废物的排放量（含综合利用量）＝本月固体废物的产生量—本月固体废物的贮存量—本月固体废物的处置量。

29. 第29栏“污染当量值（特征值）”：根据《中华人民共和国环境保护税法》附表二中污染当量值和省、自治区、直辖市人民政府生态环境主管部门公布的特征值填写。

30. 第31栏“减免性质代码和项目名称”：按照税务机关最新制发的减免税政策代码表中最细项减免性质代码填写。

31. 第32栏“单位税额”：根据《中华人民共和国环境保护税法》附表一和各省、自治区、直辖市公布的应税大气污染物、水污染物具体适用税额填写。

32. 第34栏“本期减免税额”：享受大气污染物、水污染物减免税优惠的，本期减免税额＝“污染当量数”×“单位税额”×N（N为减免幅度，包括25%、50%、100%）；享受固体废物综合利用税收优惠的，本期减免税额＝“本月固体废物的综合利用量”×“单位税额”。

附录四

烟叶税税源明细表

税款所属期限：自　　年　月　日至　　年　月　日

纳税人识别号（统一社会信用代码）：□□□□□□□□□□□□□□□□□□□□

纳税人名称：　　　　　　　　　　　　　　　　　　　　　金额单位：人民币元（列至角分）

序号	烟叶收购价款总额	税率
1		
2		
3		
4		
5		
6		

填表说明：

1. 税款所属期限：纳税人申报烟叶税所属期的起止时间，应填写具体的年、月、日。
2. 烟叶收购价款总额：必填。填写纳税人收购烟叶实际支付的价款总额。
3. 税率：填写烟叶税适用税率。烟叶税的税率为20%。